SRA. ESCOBAR
MINHA VIDA COM
PABLO

VICTORIA EUGENIA HENAO

SRA. ESCOBAR
MINHA VIDA COM PABLO

CONHEÇA O HOMEM POR TRÁS DA LENDA

Tradução
Sandra Martha Dolinsky

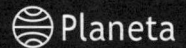

Planeta

Copyright © María Isabel Santos Caballero, 2018
Copyright © Editorial Planeta Colombiana S. A., 2018
Copyright © Editora Planeta do Brasil, 2019
Todos os direitos reservados.
Título original: *Mi vida y mi cárcel con Pablo Escobar*

Preparação: Diego Franco Gonçales
Revisão: Fernanda Guerriero Antunes e Project Nine Editorial
Diagramação: Project Nine Editorial
Capa: Rafael Brum
Imagem de capa: acervo da família Marroquín Santos

DADOS INTERNACIONAIS DE CATALOGAÇÃO NA PUBLICAÇÃO (CIP)
ANGÉLICA ILACQUA CRB-8/7057

> Henao, Victoria Eugenia
>   Sra. Escobar - minha vida com Pablo - conheça o homem por trás da lenda / Victoria Eugenia Henao; tradução de Sandra Martha Dolinsky. – São Paulo: Planeta do Brasil, 2019.
>   368 p.
>
> ISBN 978-85-422-1590-8
> Título original: Mi vida y mi cárcel con Pablo Escobar
>
> 1. Henao, Victoria Eugenia - Biografia 2. Escobar, Pablo, 1949-1993 3. Narcotraficantes - Colômbia - Cônjuges 4. Tráfico de drogas – Colômbia I. Título II. Dolinsky, Sanra Martha
>
> 19-0586   CDD 920

Índices para catálogo sistemático:
1. Henao, Victoria Eugenia - Biografia

2019
Todos os direitos desta edição reservados à
Editora Planeta do Brasil Ltda.
Rua Bela Cintra 986, 4º andar – Consolação
São Paulo – SP CEP 01415-002.
www.planetadelivros.com.br
faleconosco@editoraplaneta.com.br

A meus filhos Juan Pablo e Manuela, por sua coragem e resiliência ao suportar a violência atroz gerada por seu pai e as horríveis clausuras na infância.

A minha nora Ángeles, a quem considero como outra filha que Deus me deu, por seu afeto e sua lealdade incondicional.

A meu neto Juan Emilio, que me dá a força e a inspiração necessárias para eu me sobrepor a tudo, por essa mágica conexão de plenitude com minha vida.

A meus pais, minha família, meus professores, minhas amigas e amigos, e a todos que me ouviram todas as noites e leram meus escritos respeitando meu silêncio e minhas lágrimas. Obrigada a todos por seu amor ilimitado e constante.

SUMÁRIO

Prólogo	....	9
Epígrafe	Minha relação astral com a família de Pablo Escobar	13
Capítulo 1	A despedida final	20
Capítulo 2	Encurralados	37
Capítulo 3	A negociação	61
Capítulo 4	As mulheres de Pablo	101
Capítulo 5	Prepare-se para ser a primeira-dama	162
Capítulo 6	A fazenda Nápoles que poucos conhecem	185
Capítulo 7	Procurando um mundo diferente do de Pablo	196
Capítulo 8	As guerras que me coube viver com Pablo	217
Capítulo 9	A efêmera esperança de Moçambique	295
Capítulo 10	Argentina: uma segunda chance	305
Capítulo 11	O fantasma de Pablo não nos deixa em paz	329
Epílogo	O segredo que guardei durante anos	348

PRÓLOGO

"Como você conseguia dormir com aquele monstro?", perguntou-me uma das vítimas de meu marido, Pablo Escobar. "Você era cúmplice ou vítima? Por que não fez nada? Por que não o deixou? Por que não o denunciou?"

Essas perguntas são provavelmente as mesmas que milhares de pessoas se fazem sobre mim. A resposta é porque eu o amava e, embora para muitos isso seja insuficiente, a verdade é que essa foi a razão pela qual fiquei ao seu lado até o último dia de sua vida, apesar de uma infinidade de vezes não concordar com suas ações e suas decisões.

Conheci Pablo Escobar quando eu tinha meros 12 anos e ele, 23. Ele foi o primeiro e único amor de minha vida. Casei-me com ele na igreja, certa de que os votos matrimoniais devem ser cumpridos. Fui criada em uma cultura *paisa** machista na qual as mulheres aprendiam a seguir seus maridos sem fazer perguntas.

Cresci moldada por Pablo para ser sua esposa e a mãe de seus filhos, para não perguntar ou questionar seu comportamento e fazer vista grossa.

---

* Termo local colombiano de caráter social, geográfico e cultural que denomina aquele que habita os departamentos de Antioquia, Caldas, Quindío, Risaralda, noroeste de Tolima e norte do vale do Cauca, ou aquilo que é próprio dessas regiões. (N.T.)

Acabei o ensino médio depois de ter meu primeiro filho, e daí em diante minha vida girou em torno de meu marido, até o dia em que morreu.

Suportei amantes, desaforos, humilhações, mentiras, solidão, buscas policiais, ameaças de morte, atentados terroristas, tentativas de sequestro de meus filhos e até longas clausuras e exílios. Tudo por amor. É evidente que houve muitos momentos que me fizeram questionar se devia continuar ou não; porém, não fui capaz de deixá-lo, não só por amor, mas também por medo, impotência e pela incerteza, por não saber o que seria de minha vida e de meus filhos sem ele. Temi, inclusive, a possibilidade de que o homem mais perigoso da Colômbia pudesse me machucar se eu me afastasse dele.

Em 1984 – quando nossa situação ficou muito complicada devido ao assassinato do ministro da Justiça, Rodrigo Lara Bonilla – e nos nove anos seguintes, senti pânico, porque Pablo não mediu as consequências de seus atos e muito menos os efeitos sobre sua própria família. A irracionalidade em que caiu não permitia questionamentos nem crítica alguma, e, apesar disso, também não tive a força necessária para abandoná-lo quando muitos o fizeram.

Cada dia daqueles anos de fim da década de 1980 e começo da de 1990 foi uma questão de vida ou morte para todos os colombianos, reféns de uma guerra que também incluiu a mim e a meus filhos; esquivar-nos da barbárie desatada por meu marido foi um desafio.

Um carro-bomba com 700 quilos de dinamite explodiu na porta de nossa casa enquanto dormíamos. Assim começou a feroz guerra narcoterrorista, tendo a nós como alvo principal dos inimigos de meu marido. Sobrevivemos por milagre, mas, a partir daí, já não havia outra opção além de esperar as decisões de Pablo sobre como, quando e aonde ir.

Quando eu me dei conta de como estivera distante da realidade cruel que nos continha, já era tarde demais. Eu era muito jovem, ingênua e cega para a realidade, e por isso sucumbi; muitas vezes me senti confortável, mas sempre foi na ignorância de quem não tem direito a olhar, opinar, decidir, escolher nem perguntar.

Os últimos tempos de Pablo foram muito solitários; ele estava cercado de muitos homens, mas de poucos amigos. Sua voracidade e ambição desmedida o levaram a perder o controle de tudo. Ele pensava sozinho, definia sozinho, fez-se dono de nossa vida e se apropriava com violência da vida de todo aquele que atravessasse seu caminho. Eu não tive forças suficientes para confrontá-lo, mas muitas vezes censurei seu modo de agir. Ele nunca me deu ouvidos.

Minha vida e a de minha família deram uma guinada total com sua morte. A partir de então, eu tive que negociar nossa vida com seus inimigos, concertar uma saída com o Estado, mudar legalmente nossa identidade, encontrar um país que nos acolhesse e pensar em como sustentar meus filhos e minha nora.

O amor por eles revelou forças que eu não conhecia, e isso me permitiu fazer coisas que nunca pensei. Mas eu também percebi que não importava o que fizéssemos, meus filhos e eu continuaríamos sendo identificados como a família de Pablo Escobar, e carregaríamos até o túmulo todo tipo de preconceitos sociais.

Juan Pablo Escobar, hoje Sebastián Marroquín, decidiu mostrar a cara ao mundo em 2009 com o documentário *Pecados do meu pai*, no qual pediu perdão pelos crimes de Pablo. Ao publicar seus livros *Pablo Escobar, meu pai – As histórias que não deveríamos saber* e *Pablo Escobar em flagrante*, quis contar nossa história com a única intenção de que não se repetisse, que não fosse exemplo de nada. A coragem de meu filho me incentivou a seguir seu caminho, e com sua ajuda decidi também contar o que senti e vivi naquela época.

Levei vinte e cinco anos para me erguer, sair da clausura e vencer o medo para contar com minhas palavras como foi minha vida ao lado de Pablo Escobar. Apesar dos anos que vivi com ele, foi com as pesquisas que fiz para este livro que comecei a dimensionar e a entender totalmente o que aconteceu em nossa vida. Para chegar a isso, tive que vencer o medo de que me julgassem mal e conviver com as incertezas das muitas pessoas que me pediram que não o fizesse, que deixasse as coisas como estavam. Mas acho que tomei um caminho sem volta, porque queria deixar para trás tantos anos de silêncio. Contar minha história se tornou uma necessidade para mim.

Agora, com o olhar que a distância e a sabedoria dos anos permitem, vi de novo esse filme com atenção, e me dei conta de minhas responsabilidades e irresponsabilidades, de meus acertos e desacertos.

A pesquisa de campo para desenvolver este livro me serviu para descobrir que eu não sabia muitas coisas sobre meu marido, a ponto de, em muitas passagens da história, eu o desconhecer completamente e, em outras, francamente, ficar horrorizada.

Quando acabou de ler o texto, meu filho comentou que julgava saber quase tudo sobre seu pai, mas reconheceu que este livro mudara para pior a imagem e visão que tinha dele.

Esse processo foi doloroso e não livre de lágrimas, porque me levou a questionar muitas das minhas decisões e a refletir sobre o que fiz e deixei de fazer. Escrever foi uma catarse, uma viagem às profundezas para indagar sobre essa história que rasgou a alma e o coração de milhares de famílias.

Durante esse tempo, comecei a percorrer, uma por uma, as lembranças das pessoas que sofreram o horror da guerra do narcotráfico. Sinto tristeza e vergonha infinitas pela enorme dor que meu marido provocou e, ao mesmo tempo, lamento que suas ações tenham deixado graves sequelas em meus filhos e também em mim.

Muito poucos me reconhecem como María Isabel Santos. Não me olham como mulher, e sim como a extensão da maldade de meu marido. Questionam-me por seus atos, sem levar em conta meus esforços ou minha luta como mãe de família. O passado nos persegue e o fantasma de Pablo não nos deixa em paz. Sou – e tomara que deixe de ser a partir de agora – "a viúva de Pablo Escobar".

Nas mais de 300 páginas deste livro, os leitores encontrarão uma mulher muito diferente da retratada pelos meios de comunicação, filmes ou séries de televisão. Sou um ser humano que avançou em um processo de transformação, ciente de que meus filhos e eu somos portadores perenes de um sobrenome inexoravelmente associado ao mal.

Embora a lei protegesse meu direito de, como esposa, não denunciar o pai de meus filhos, eu sei que esta vida não será o bastante para pedir perdão por não ter abandonado e denunciado meu próprio marido. Fui apaixonada por ele e, em virtude disso, fiz tudo que esteve ao meu alcance para cuidar de minha família e de meu casamento. É provável que seja incoerente pedir compreensão ao leitor durante o relato de uma história que é em si mesma incompreensível.

Só quem já amou da maneira cega e incondicional que eu amei, como esposa e mãe devotada, talvez possa vislumbrar, sob minha perspectiva pessoal e íntima, como ocorreram certos fatos que hoje, com dor no coração, me atrevo a revelar. Peço com humildade e respeito ser ouvida como indivíduo e como mulher. Eu não tomei este caminho para tentar ser exonerada.

Pablo Escobar não é nenhum modelo a seguir; o falso herói que as séries de cinema e televisão recriam me motivou a contar a verdade sem meias palavras, para evitar a todo custo a repetição de tudo.

Este livro pretende ser também o resultado de uma introspecção sem precedentes na vida conjugal de Pablo Escobar, a um quarto de século de sua morte. E é, por sua vez, o diário de bordo de uma viagem sem volta às profundezas mais escuras de seu ser e de minha vida ao lado do homem mais procurado, do criminoso mais impiedoso da Colômbia do século passado. Por tudo isso, pelo que ele fez, peço perdão.

Victoria Eugenia Henao

MINHA RELAÇÃO ASTRAL COM A FAMÍLIA DE PABLO ESCOBAR

EPÍGRAFE

4 de dezembro de 1994

"Alô. Quem fala?", perguntei ao celular.

"A viúva", responderam do outro lado da linha.

"Viúva? Que viúva?", respondi secamente, pensando que era uma brincadeira.

"A viúva daquele que você disse na revista *Semana* que ia morrer."

Mas essa história começou uns dois anos antes, quando, ao dar seminários de astrologia na Fundação Santillana – dirigida pelo ex-presidente Belisario Betancur –, eu me interessei em conhecer o mapa astral dos principais personagens do país, entre eles, o de Pablo Escobar Gaviria.

Ele havia nascido em 1º de dezembro de 1949 – apenas um mês e três dias antes que eu. Eram 11h55 da manhã daquele dia quando nascia o terceiro filho de dona Hermilda Gaviria. Com esses dados, eu podia interpretar o libreto da vida dele.

Do ponto de vista da astrologia, o mapa astral natal é como uma carta de navegação da alma, como o libreto de um ator; e, nesse caso, o ator era Pablo Escobar. Obviamente não descreverei todos os símbolos de seu mapa, só aqueles que interessam para este relato.

Pablo Escobar era de Sagitário com ascendente em Peixes, uma das combinações mais difíceis do zodíaco. Sagitário é reconhecido como o signo da mente superior... para qualquer coisa. E Peixes se distingue por ser o das profundezas marinhas, onde se fazem as coisas que a pessoa não quer que ninguém saiba. Sagitário é Fogo e Peixes é Água, portanto, só podiam dar um curto-circuito em algum momento de sua existência.

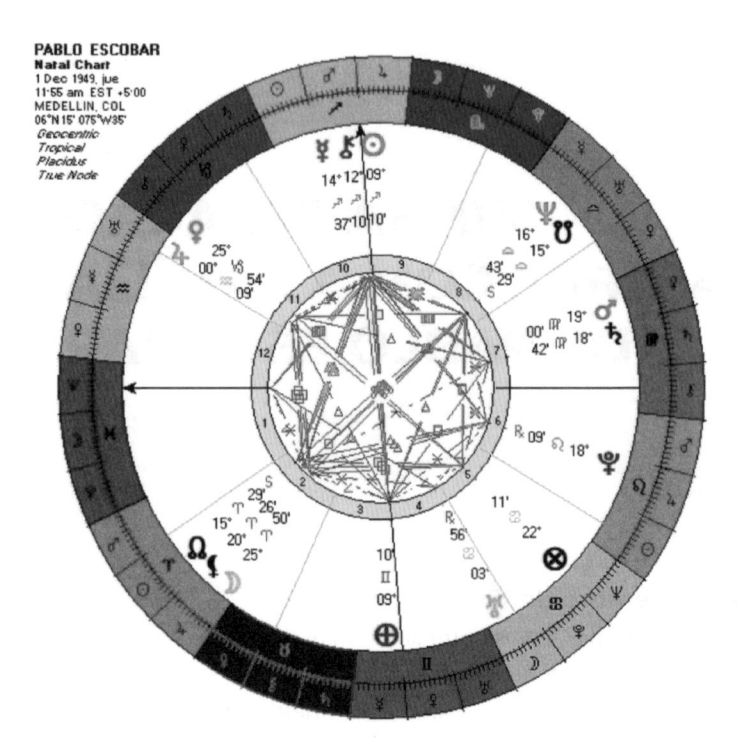

Mas ele havia nascido com a mais bonita de todas as conjunções: Vênus, o amor, e Júpiter, o benfeitor, na Casa 11, que é a do altruísmo e ajuda ao próximo. Mas também nascera com a pior de todas: Marte, a guerra, ao lado de Saturno, a morte, na Casa 7, a da sociedade e dos rivais conhecidos.

Não ajudava muito o fato de ter nascido com a Lua em conjunção com a Lua Negra na Casa 2, a do dinheiro, e no signo de Áries, regido pelo sangrento Marte. Esse aspecto me parecia muito arriscado em termos de segurança material. Foi assim que expliquei ao Nobel Gabriel García Márquez quando, anos depois, ele me entrevistou para seu livro *Notícia de um sequestro*, publicado no Brasil pelo grupo editorial Record, em 1996.

3 de julho de 1992

Como desde os 14 anos eu mantenho um diário detalhado de minha vida, que mais tarde me serviria como astrólogo, escrevi nele aquele dia: "Estive na casa de María Jimena Duzán com vários amigos". No momento de escrever este texto, não só uma amizade de mais de quarenta anos me une à jornalista María Jimena Duzán, mas também o que ela havia escrito sobre a morte de Luis Carlos Galán, que consultava os astros com o mesmo astrólogo que ela: comigo. Parece que não adiantou muito para Luis Carlos. Mas libreto é libreto. Os amigos daquela noite eram funcionários do governo que estavam sempre atentos ao que diziam os astros, desde que se havia feito o processo de paz com o M-19. Ainda mantenho com eles a mesma amizade de mais de trinta anos atrás.

Naquela noite, eu tinha uma notícia pouco agradável. Segundo meus cálculos, Pablo Escobar estava próximo a fugir da cadeia. Contei a eles.

"Por quê?", perguntou um deles, sentado em um sofá pardo.

"Porque Júpiter, o benfeitor, está transitando sobre o Saturno natal de Pablo Escobar; e se Saturno representa a morte e a clausura, Júpiter vai lhe abrir as portas." E assim foi.

Justamente em 22 de julho daquele ano, 1992, Pablo Escobar fugiu da penitenciária La Catedral, onde estava preso. Júpiter, como se levantasse o polegar, havia cruzado por sobre Saturno, o do polegar para baixo. Assim como nos estádios romanos, onde a posição do polegar do imperador decidia se o gladiador viveria ou morreria.

Não vem ao caso narrar como ele fez para fugir nem onde ficou durante todo o tempo que durou sua fuga.

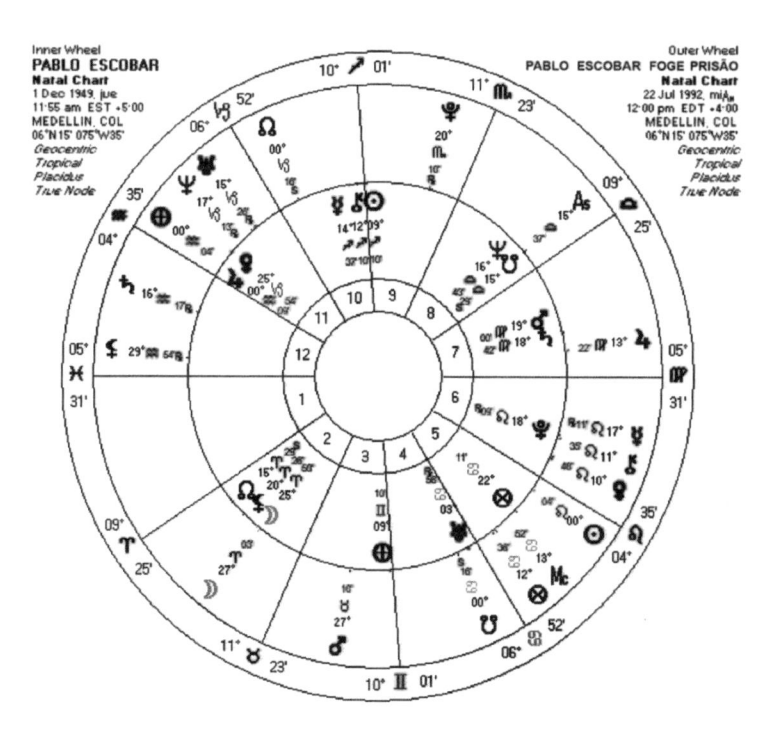

4 de maio de 1993

Em abril do ano seguinte, María Jimena me ligou para me dizer que a revista *Semana* queria me entrevistar para saber quem seria o próximo presidente da República e o que aconteceria com Pablo Escobar. Efetivamente, naquele dia saí na capa da *Semana* dizendo duas coisas: que o próximo presidente seria Ernesto Samper, que governaria com uma proteção especial contra os inimigos ocultos porque tinha Júpiter, o protetor, na Casa 12, a dos inimigos ocultos. Mas essa é outra história.

E eu também disse a quem me entrevistou que Pablo Escobar tinha um encontro com a morte antes do fim do ano. O que ele pensou e disse quando leu a revista é narrado por seu filho Juan Pablo Escobar em seu livro *Pablo Escobar, meu pai*, publicado no Brasil pela Editora Planeta em maio de 2015.

Lembro que o padre Rafael García-Herreros – Capricórnio – insistira incansavelmente em tentar entrar em contato com Escobar e convencê-lo a voltar à cadeia, mas jamais conseguira. Então, eu pensei: *Eu também sou Capricórnio, e a cabra não descansa até chegar à sua meta; quem sabe eu consigo entrar em contato com ele*. Então, organizei um seminário de astrologia que ministrei em Medellín em 10 de agosto daquele ano de 1993. Haviam se passado três meses desde a publicação da revista *Semana*, e eu achava que Escobar devia estar muito interessado em saber de onde eu havia tirado a sentença fatídica de sua morte antes do fim do ano. *De repente ele manda me buscar,* pensei. Mas não. Por mais que o evento tenha sido divulgado – depois eu saberia disso pela boca de sua viúva –, eles jamais souberam daquele seminário.

1º de dezembro de 1993

O tempo passava, e no final do ano, no mesmo dia em que Pablo Escobar completava 44 anos, o presidente César Gaviria me convidou a um almoço na Casa de Nariño em homenagem ao Prêmio Nobel da Paz, a guatemalteca Rigoberta Menchú. Afinal de contas, eu sou antropólogo de profissão, e ela indígena de nascença.

O importante da sincronização desse almoço com a data de nascimento de Escobar é que, durante a recepção, Ricardo Ávila, amigo e secretário particular do presidente, disse-me à queima-roupa:

"Suas previsões são bobagem; já é dezembro e nada de Escobar morrer."

Assim narrou o jornal *El Tiempo* de 5 de dezembro. Diante da queixa, eu respondi que esperasse um pouco, que o ano ainda não havia acabado. E não teve que esperar sentado; no dia seguinte, Pablo Emilio Escobar Gaviria foi morto ou se suicidou. Qualquer uma das alternativas se encaixava no veredicto final.

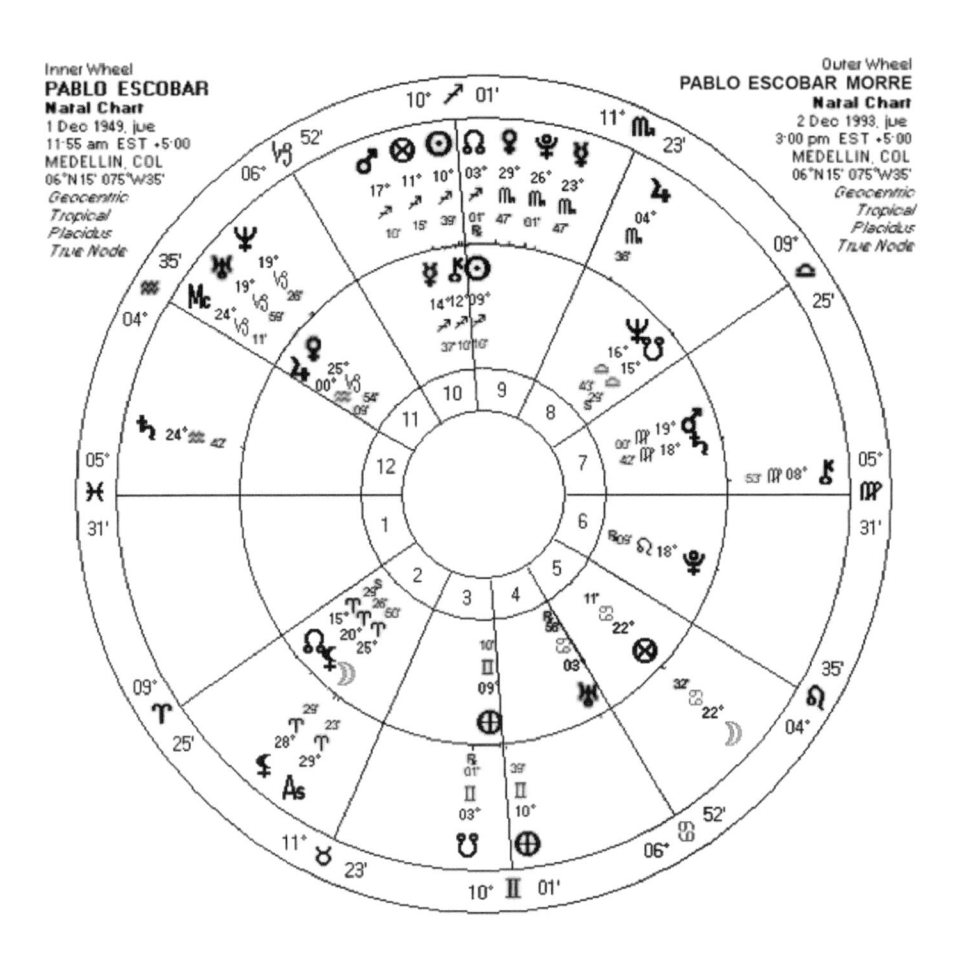

De onde eu havia tirado a previsão? Interpretando os símbolos astrais, parágrafos atrás mencionei que Saturno é a morte e a Casa 12 é o setor dos inimigos ocultos, mas também o dos locais de reclusão. Se ele não voltasse à cadeia, morreria. Assim determinava Saturno atravessando esse setor de seu mapa astral, o que faria mais ou menos a cada trinta anos.

Obviamente, havia outros fatores astrais que ajudavam no prognóstico, mas, para não entrar em detalhes, o mais importante era essa passagem de Saturno pelo setor da cadeia, hospital ou cemitério. Eu mesmo havia vivido uma grande tragédia pessoal seis anos antes, quando esse mesmo aspecto aparecia em meu mapa astral; de modo que eu sabia por que tinha esse pressentimento negativo acerca da morte de Pablo Escobar.

Então, assim se passou um ano cheio de entrevistas comigo em programas de televisão, ou feitas por vários escritores e jornalistas para escrever diferentes livros, periódicos e revistas. E um dia qualquer, meu celular tocou.

4 de dezembro de 1994

"Alô. Quem fala?", disse eu.

"A viúva", respondeu uma voz feminina do outro lado da linha.

"Viúva? Que viúva?", respondi secamente, pensando que era uma brincadeira.

"A viúva daquele que você disse na revista *Semana* que ia morrer."

Nesse momento, entendi de quem se tratava. Ela queria que eu fizesse o mapa astral dela e de seus dois filhos. Queria saber o que seria de sua vida. A viúva, que morava em um apartamento ao norte de Bogotá, não longe de onde eu moro, deu-me o endereço e eu me dirigi para lá.

Abriu a porta uma mulher de voz rouca e meio apagada, em cujo rosto se notavam de longe as dores que carregava. Foi uma surpresa ver, sentado na sala daquela casa, um parente distante de minha família materna de sobrenome Londoño White.

O que eu disse sobre os mapas astrais dela e de seus filhos, e sobre o que deveriam fazer, Juan Pablo, seu filho, narra ao pé da letra no livro que já citei. O rapaz, de 17 anos naquela época, viu em seu mapa astral que, se seguisse os passos de seu pai, Saturno também passaria por sua Casa 12 em algum momento da vida. Era melhor não dar oportunidade de que a história de seu pai se repetisse.

Em termos astrais, havia algo curioso no mapa astral de toda a família, incluindo no do falecido. Na astrologia existe uma cruz conhecida como Cruz Mutável, composta pelos signos de Gêmeos (Manuela), Virgem (a viúva), Sagitário (Escobar) e Peixes (Juan Pablo). Todos pertenciam a ela, e, portanto, a lei cármica de Saturno açoitava sem dó cada um deles.

Mas, para este livro escrito por sua viúva, o que me interessa narrar é o que ela me contou sobre o que aconteceu quando, um ano antes, seu marido havia lido a revista *Semana* com a fatídica previsão astral.

Segundo me disse ela, Escobar mandara várias pessoas me procurarem, sem jamais me encontrar nem saber o que havia acontecido com os encarregados de me achar. Como eu disse quando ela me contou isso, eu havia estranhado que Escobar não houvesse me encontrado, sendo que ele controlava toda uma rede de contatos para localizar quem quisesse. Quem poderia se esconder de Pablo Escobar?

"Era tão exato o que ia acontecer", disse eu, "que nem ele pôde ir contra o veredicto de Saturno. Eu mesmo fui a Medellín fazer um seminário de astrologia para que, quando ele soubesse, mandasse me buscar para lhe dizer pessoalmente o que dizia seu mapa astral."

"Nunca soubemos disso", respondeu ela.

Não vou contar o mar de amarguras pelo qual ela disse que sua existência havia navegado no último ano, porque certamente a viúva há de narrá-lo neste livro com suas próprias palavras. Desde então, a partir de nossa reunião astral, a vida armou uma série de encontros não programados por nós, mas sim pelo destino. Como aquele convite que recebi da embaixada da Colômbia no Panamá para em 22 de agosto de 2015 expor alguns dos meus livros e dar uma palestra sobre o que é a astrologia. E quando perguntei ao organizador que outros palestrantes iriam, ele disse que o filho de Pablo Escobar falaria acerca do livro que havia escrito sobre seu pai; e que a palestra seria exatamente no mesmo salão, logo depois da minha. Nem ele nem eu sabíamos de nada a respeito disso. Quando eu soube, mudei o tema de minha palestra.

Então, sobre a parede branca do recinto lotado de gente sentada até no chão, projetei mais ou menos a mesma história – mas em imagens – que escrevi neste breve texto, para que a palestra de Juan Pablo fosse uma extensão da minha. Fazia vinte e um anos que não nos víamos, e o rapaz daquela época havia crescido à sua maneira.

Trocamos um grande abraço e depois ligamos para sua mãe, em Buenos Aires, para lhe contar de nosso grande encontro depois de tantos anos sem nos vermos. Desde então, nos encontramos de vez em quando. Como certa noite fria de outubro de 2017, quando nos encontramos de surpresa caminhando pela rua 81 com a $10^{\underline{a}}$ em Bogotá. Ela, aproveitando que estava com seu editor, apresentou-nos enquanto me pedia, por favor, que lhe escrevesse o texto que me cabia astralmente escrever, para que fosse publicado no livro que estava redigindo.

Pois bem, minha querida viúva, como você me pediu, assim fiz, e aqui está.

Mauricio Puerta[*]

---

[*] Mauricio Puerta é um reconhecido astrólogo colombiano, antropólogo e arqueólogo de profissão. É o astrólogo pessoal de presidentes, políticos, empresários, banqueiros e figuras do *jet set* internacional.

CAPÍTULO 1

A DESPEDIDA FINAL

Passaram-se vinte e cinco anos desde aquele doloroso momento, e cada vez que o relembro sinto um nó na garganta. Estávamos em meados de agosto de 1993, e Pablo, nossos filhos – Manuela e Juan Pablo – e a namorada deste, Andrea, estávamos escondidos em um lugar conhecido como a casa azul. Meu marido e eu sabíamos que a despedida final chegaria mais cedo ou mais tarde, porque nossa situação era insustentável. Nos últimos dias, andava nos poupando da descisão e arranjávamos qualquer pretexto – como meu 33º aniversário, que estava próximo, ou uma possível visita familiar – para evitar o inevitável. Naqueles dias, mais que nunca, a morte estava ao virar a esquina.

A casa azul fica no setor de El Poblado, pela estrada Las Palmas, e de lá se tem uma linda vista de Medellín. Pablo havia chegado no início de agosto anterior, depois de escapar pela enésima vez da caça feroz das autoridades e de seus inimigos, o grupo clandestino Perseguidos por Pablo Escobar, os Pepes, que por pouco não o localizaram em um dos três esconderijos que ele frequentava no setor de Belén Aguas Frías, nas comunas sul-ocidentais da capital de Antioquia.

Mas o novo esconderijo não estava totalmente pronto, e por isso Pablo insistiu em contratar um pintor para pintar as paredes de azul-claro, de que ele tanto gostava. O desejo de que o esconderijo ficasse impecável, com sabor de lar, levou-o a se descuidar de sua própria segurança e a correr riscos ao permitir que um estranho fizesse o trabalho durante duas semanas, enquanto ele ficava trancado em um quarto.

Já àquela altura meu marido havia ficado praticamente sozinho, pois seu outrora poderoso exército desaparecera. Depois de fugir da penitenciária La Catedral em julho de 1992, seus inimigos haviam eliminado um a um seus homens de confiança; e outros, para se salvar, abandonaram-no e se entregaram à justiça. Na época, ele contava com Gladys e seu marido, o Gordo, um casal de confiança que ajudava com algumas tarefas da casa, bem como com Alfonso León Puerta, o Angelito, um dos últimos sicários que o acompanhavam, que fazia as vezes de guarda-costas e mensageiro.

Manuela, Andrea, Juan Pablo e eu chegamos à casa azul com os olhos vendados, depois de ficarmos escondidos durante várias semanas em um esconderijo situado também no setor de Belén Aguas Frías. Já reunidos no novo refúgio, fiquei surpresa quando Pablo me contou como a casa havia sido pintada.

"Pablo, você está louco? Como fez uma coisa dessas? Pelo amor de Deus…", foi a única coisa que me ocorreu dizer.

E ele me olhou e riu com ironia. É que o azul-claro sempre foi uma obsessão de meu marido: assim era pintado o pequeno quarto que ele ocupara durante a infância na fazenda de seus pais, na vereda El Tablazo, município de Rionegro, leste de Antioquia. Os rastros de azul-claro ainda se notam em um quartinho à entrada da casa. Anos depois, no final dos anos 1960, quando os Escobar Gaviria chegaram ao bairro La Paz de Envigado, onde nos conheceríamos, Pablo pintara seu quarto de azul-claro, bem como as estantes que faziam as vezes de biblioteca. Mais adiante, quando já era bem rico, mandara pintar de azul-claro uma parte da fazenda Nápoles conhecida como Nápoles Velha, e um Jeep Nissan Patrol com o qual costumava passear pelos arredores do município de Puerto Triunfo. Obviamente, em seu guarda-roupa não podiam faltar várias camisas e camisetas dessa cor. Também lembro que ele adorava os tons de azul-claro do quadro *La marina*, pintado pelo artista de Yarumal, Antioquia, Francisco Antonio Cano, que eu havia comprado e que ficou exposto em uma das paredes do edifício Mónaco.

A casa azul seria nosso último esconderijo, ao qual chegávamos depois de passar por dois portões: o primeiro, de correr, acionado por controle remoto e pintado de verde-escuro para se confundir com as árvores e a vegetação. Depois que entrava, o visitante não podia descer de seu veículo porque se encontrava diante de um enorme pastor-alemão e um ganso furioso de plumagem branca, de nome Palomo. Esse animal havia chegado à casa azul porque – segundo Pablo – era mais perigoso que um cachorro e tinha que ser alimentado de longe, porque era muito irascível. O Gordo comprara o ganso na Plaza Minorista de Medellín por 30 mil pesos.

Depois de passar pelo portão verde, pelo cachorro e pelo ganso, abria-se um segundo portão, azul-escuro, de 3 metros de altura. Em volta do local erguiam-se postes com arame farpado que formavam uma espécie de barreira para malograr a eventual chegada de intrusos.

Nosso quarto era escuro e desagradável, composto por uma cama de casal, um criado-mudo de cada lado e vários livros, entre eles *O maior vendedor do mundo*, de Og Mandino; *Vivendo, amando e aprendendo*, de Leo Buscaglia; e *Seus pontos fracos*, de Wayne Dyer. Ali também se encontrava um texto sobre exercícios para a memória, que Pablo me dera de presente e que mantive durante muito tempo, porque a dedicatória que ele escrevera era muito divertida: "Para minha burrinha Victoria, que da única coisa de que se lembra é de mim". Às vezes, antes de adormecer, Pablo se sentava à cabeceira e eu lia algumas frases, que ele escutava em silêncio.

Em geral, eu ia deitar à meia-noite, esgotada, mas acordava constantemente sobressaltada, com medo da horrível sensação de abrir os olhos e ver um fuzil apontado contra meu rosto, como havia acontecido em diversas ocasiões. Esse pesadelo que era acordar assustada, não conseguir dormir profundamente, haveria de me acompanhar até 2015, quando consegui superar esse trauma depois de mais de duas décadas de intenso trabalho com especialistas de várias disciplinas e retiros espirituais.

Por outro lado, como era seu costume já fazia anos, Pablo ia dormir de madrugada, quase sempre depois das 4 horas da manhã. Mas, diferentemente de outras épocas, em que as noites em claro tinham a ver com seus negócios ou suas mulheres, o outrora poderoso chefe do cartel de Medellín tinha que esperar o amanhecer porque precisava fazer a guarda de seu próprio esconderijo.

Enquanto meu marido dormia profundamente, eu me levantava às 7 horas da manhã para dar banho e o café da manhã a Manuela. Depois, às 10 horas, encarnava o papel de professora de espanhol, para que a menina, que na época tinha 9 anos e estava no quarto ano do ensino fundamental, não ficasse academicamente atrasada. Andrea lhe ensinava matemática, geografia, história e estética. Já Juan Pablo recebia cópia dos cadernos do melhor aluno de sua velha escola, bem como uma lista das tarefas e exercícios que devia fazer de cada matéria. Essa foi a única maneira que me ocorreu para não interromper totalmente a educação de meus filhos, pois já fazia cerca de seis anos que haviam deixado de frequentar uma escola normalmente.

Lembro que a educação de Manuela e Juan Pablo se complicou no dia em que Pablo me chamou à fazenda Nápoles e me notificou que por questões de segurança eles não poderiam voltar à escola.

"Isso que você está dizendo é impossível, *míster*. Isso não vai acontecer; a educação de nossos filhos está acima de qualquer coisa", disse eu.

Mas sua resposta me deixou sem argumentos.

"Tata, aceite minha decisão; ou prefere ver seus filhos desaparecidos, sequestrados ou mortos?"

Parar tudo e cancelar os estudos de Manuela e Juan Pablo era impensável, e eu achava uma loucura aceitar que a guerra nos tirasse o único espaço que meus filhos tinham para aprender, para se relacionar com crianças da mesma idade. Naquele momento eu fiquei aturdida e disse a Pablo:

"*Míster*, empreste-me o telefone do Jeep, porque eu vou achar uma solução para esse problema."

Liguei para a diretora da escola de meninas de La Paz e lhe pedi ajuda, porque eu sabia que ela tinha boas conexões e poderia conseguir que Manuela e Juan Pablo estudassem em casa, autorizados pela Secretaria da Educação de Medellín. Apresentamos os documentos necessários, e em um mês e meio Manuela tinha seis professores, que lhe ensinavam inglês, espanhol, matemática, educação cívica, teatro, canto e cultura geral. Já o caso de Juan Pablo eu resolvi com vários professores que haviam me dado aula no Liceo La Paz – onde fiz o ensino médio –, que aceitaram ir a nosso apartamento para lhe dar aulas de várias matérias. Eles tinham que quinzenalmente preencher as planilhas enviadas pela Secretaria da Educação para legalizar os avanços acadêmicos.

Enquanto vivemos em apartamentos ou casas, o assunto era manejável, mas, na clandestinidade – que foi a maior parte do tempo –, as coisas se complicavam demais, e por isso Andrea e eu tínhamos que fazer o papel de professoras. Como acontecia na casa azul, onde eu me encarregava de dar uma aula por dia à menina.

Uma vez terminada a cátedra improvisada, às 11 horas da manhã eu ia para a cozinha preparar o café da manhã/almoço para Pablo, que invariavelmente consistia em arroz, ovo frito, carne assada, banana madura frita, *arepa*, salada – de beterraba principalmente, com um pouquinho de tomate picado, limão e sal – e um copo de leite, segundo ele, vital para fortalecer os ossos. Além de seu cardápio diário, de vez em quando ele adorava comer pequenas porções de *arroz con leche* (arroz-doce), banana, *mazamorra* e *arepa de mote* (um tipo de milho) com queijinho e manteiga.

Mas quase sempre Pablo tomava cuidado com o excesso de comida, e manter seu peso era prioritário. E a vaidade o levava a controlá-lo de uma maneira muito curiosa: quando se levantava, pouco antes do meio-dia, pegava uma corda em uma gaveta, media sua cintura e marcava a medida com um nó; no dia seguinte, repetia a operação e confirmava se o nó continuaria no mesmo lugar ou se teria que o correr para frente ou para trás. Apesar de sua obsessão com o peso, era evidente que nessa última etapa de sua vida estava com alguns quilos a mais, devido ao estresse e à solidão.

A rotina de Pablo prosseguia com a leitura dos jornais *El Tiempo*, *El Colombiano* e *El Espectador*, que Gladys ou o Gordo saíam para comprar todas as manhãs; ele os folheava e ficava atento ao relógio para não perder os telejornais das 12h30. Era muito chato, porque ele mudava de canal constantemente, pois não queria perder as notícias que falavam sobre ele. Segundo a gravidade do que dissessem os noticiários, Pablo e eu nos sentávamos para conversar sobre os passos que deveríamos dar em relação a nossa segurança e a de nossos filhos.

Naquele momento, a guerra havia passado para segundo plano, porque Pablo perdera a capacidade de ordenar atentados terroristas, e então, quase tudo que diziam sobre ele estava relacionado com sua eventual segunda entrega à justiça, com as condições de segurança que exigia, bem como com a garantia de que nós iríamos para outra nação na qualidade de exilados.

A casa azul tinha um estacionamento espaçoso onde cabia uma dúzia de veículos, mas, diante da escassez de visitas, transformou-se em uma espécie de área de recreação, um espaço multiuso que servia também como quadra de futebol e basquete. Dado que os dias eram longos e as noites eternas, e como não podíamos sair, vimo-nos forçados a inventar um mundo ideal. Por isso, com certa frequência, e para aproveitar o sol, vestíamos trajes de banho e nos molhávamos com uma mangueira que tinha boa pressão. Pablo adorava curtir esses momentos porque o faziam relaxar. Essa era outra maneira de fugir de nossa dura realidade.

A rotina diária incluía segurar o espelho para ele fazer a barba. Depois, eu fazia suas unhas das mãos e dos pés. Durante os anos em que compartilhamos vida em família, eu sempre cortei o cabelo de meu marido. Muitas vezes eu disse que conhecia pessoas capacitadas que poderiam ir cortar seu cabelo em casa, mas ele nunca aceitou. Ainda bem que Pablo tinha um estilo definido de corte, fácil de fazer. Lembro que à medida que eu ia cortando, ele ia passando um pente preto, e então, pegava alguns pedacinhos de cabelo que sentia que estavam sobrando e me dizia: "Corte aqui, meu amor". Devo reconhecer que o resultado não era dos melhores, e o cabelo de meu marido ficava desigual; mas ele se sentia bem assim.

Até o último dia que passamos juntos, e mesmo nos piores momentos, Pablo manteve um costume que se tornou uma mania desesperadora: tomar banho e escovar os dentes por cerca de duas horas. Todos os dias. Não estou exagerando. Durante esse tempo, que parecia eterno, ele usava o fio dental, passava-o entre os dentes muitas vezes, com toda a calma do mundo, e depois os escovava uma infinidade de vezes com uma escova Pro para crianças.

"*Míster*, pare de ser tão exagerado... duas horas para tomar banho e escovar os dentes é demais."

"Tata, preciso cuidar muito deles porque não tenho possibilidade de ir a um dentista... não posso nem imaginar ter dor de dente."

De fato, Pablo nunca teve problemas com sua dentição, mas eu sim. Uma dessas vezes foi justamente na casa azul; certo dia, amanheci com uma dor de dente terrível. Era inevitável ir ao meu dentista, e muito contra sua vontade, meu marido não teve opção senão aceitar. Claro, ir para a cidade era muito arriscado, mas, ao mesmo tempo, era para mim uma oportunidade para tomar um pouco de ar, ver gente, observar algo diferente das quatro paredes da casa onde estávamos escondidos.

A consulta ao dentista, no centro comercial San Diego, a sudeste de Medellín, também incluiu Manuela e Andrea, que pelo menos por um tempo se distraíram da dura clausura. Saíamos as três de casa com óculos pretos e lenços na cabeça e andávamos olhando para baixo, para que ninguém nos reconhecesse. E enquanto o dentista fazia seu trabalho, Andrea andava com Manuela pelos arredores, mas morrendo de medo. A sensação de angústia por causa desses poucos minutos de liberdade era muito forte, porque achávamos que seríamos sequestradas ou que alguém atiraria em nós. Eu não ficava tranquila nem um segundo.

Não é errado afirmar que quem mais sofria com a clausura era Manuela. A menina queria ir à casa de sua avó Nora, de seus primos, de suas amiguinhas da escola, montar a cavalo, enfim, fazer as coisas normais de uma menina de sua idade, mas seu pai era estrito em relação a nos manter longe do mundo exterior por questões de segurança. Só excepcionalmente, quando Manuela chegava ao limite do desespero, Pablo concordava em deixá-la passar o fim de semana na casa de uma de suas professoras.

Por essa razão, todos nós tínhamos que nos esforçar para tornar mais suportável o dia a dia da menina. Uma das ideias que tivemos foi colar estrelas fluorescentes no teto de nosso quarto para que Manuela as visse quando se deitasse na cama com Pablo e comigo. Ela era especialmente carinhosa com seu pai e, de vez em quando, antes de adormecer, dizia a ele:

"Quando eu não puder vê-lo ou você não estiver comigo, papai, posso encontrá-lo nas estrelas olhando para o céu?"

Assim que ela dormia profundamente, nós a passávamos para uma espécie de cesta ao lado de nossa cama. Então, ela se sentia acompanhada. Em muitas ocasiões também, nas madrugadas, quando a angústia acabava com a tranquilidade da casa, Manuela e Pablo iam para a cozinha fritar mortadela e a comiam com arroz e Coca-Cola. Ainda hoje ela conserva esse costume, e de vez em quando pede a alguém que vem nos visitar em Buenos Aires que traga da Colômbia mortadela dessa marca, porque aqui não se consegue. Ela nunca esqueceu que comia isso com refrigerante ao lado de seu pai.

Lembro que uma vez, olhando as noites estreladas na casa azul, eu e Manuela descobrimos um astro azul-cobalto, muito especial, que se destacava no firmamento. Vinte e cinco anos depois, essa estrela ainda acompanha minha filha a cada lugar que vai; e em suas noites de insônia, na solidão da varanda de sua casa, com a dor que carrega nas profundezas de seu coração, ela sempre a procura para falar com Pablo.

Pablo sempre foi muito calado, mas eu sentia a solidão de meu marido. Notava-se nele certa impotência por ter ficado sozinho, sem ter em quem confiar. Quando teríamos que sair correndo de novo? Não sabíamos. Tínhamos muito poucas possibilidades: que ele se entregasse – processo de negociação que estava nas mãos de um de seus advogados, que mantinha contato direto com a Promotoria e com alguns funcionários do governo do presidente César Gaviria – e que nós saíssemos do país.

Naqueles dias de incerteza, Pablo me disse que estava pensando em fazer os arranjos necessários para mandar buscar sua mãe, de quem sentia saudades, pois não a via fazia vários meses. Tratava-se de uma operação arriscada e era necessário levá-la até o local com os olhos vendados, mas ele insistiu em realizá-la com dois homens de sua inteira confiança, ao mesmo tempo que começou a preparar um quarto na casa azul para alojá-la.

Por fim, ela chegou com vários pratos de comida *paisa*, que comemos com prazer. Depois, passamos várias horas falando de assuntos diferentes, até que Pablo disse:

"Mamãe, temos um quarto muito especial para você; levamos vários dias para arrumar o espaço, que espero que possamos compartilhar."

Silêncio sepulcral. Dona Hermilda o olhou nos olhos e respondeu:

"Pablo, não posso ficar... tenho que visitar Roberto na cadeia domingo."

Ele a observou em silêncio, baixou o olhar e replicou:

"Mãe, você tem mais oportunidades de ver Roberto que a mim; você sabe muito bem a complexidade da situação."

"Sim, Pablo, eu entendo, mas tenho que visitar Roberto. Essa é minha decisão e meu desejo."

Eu estava sentada em uma ponta da mesa e, ao escutar as palavras de minha sogra, senti meu coração se partir em mil pedaços. Eu não entendia por que ela não podia ficar com seu filho por uma semana, sabendo as dificuldades que ele atravessava. Ela foi embora e Pablo ficou com um sabor amargo na boca.

"Minha mãe pode ver Roberto sempre que quiser, mas a mim, não", disse, sem poder esconder sua amargura.

"A vida é assim, meu amor", respondi, e dei-lhe um longo abraço.

Esse episódio me marcou muito fortemente e ainda hoje o recordo, porque minha sogra não deu a oportunidade a seu filho de falar sobre seu futuro incerto.

Na casa azul, passavam-se os dias e as noites e continuávamos esperando uma carta, uma boa notícia, mas também que de uma hora para outra derrubassem as portas e aparecessem os verdugos que acabariam com nossa vida. As cartas iam e vinham, e Pablo mostrava certo otimismo, mas minha intuição me dizia que o panorama era mais que negro; e assim eu lhe dizia:

"Pablo, estão nos enganando; sua entrega não vai acontecer... não vão deixá-lo se entregar de novo; prefiro ficar aqui e que matem nossos filhos, você e eu. É o melhor que pode nos acontecer. Vamos todos embora deste mundo. Isto aqui é insustentável."

A verdade é que, com o passar dos dias, era evidente que Pablo estava ficando sem argumentos para me convencer de que haveria luz no fim do túnel. Ele sabia que, de alguma maneira, eu estava certa, porque havia se excedido em La Catedral, e o copo começou a se encher, e encher, até que seus excessos não deixaram ao governo outra opção senão ordenar sua transferência a outro lugar. Isso desencadeara sua fuga e o cenário adverso que estávamos vivendo. Ele tinha tanta consciência de que a situação se agravava com o passar das horas que, em dado momento, muito preocupado, disse-me:

"Meu amor, vá para outro país, e se puder se casar, faça-o o mais rápido possível; o importante é que consiga residência em outro lugar e arranje um novo sobrenome para você e nossos filhos. É a única maneira que temos de salvá-los, e eu prometo que quando me for possível, pegarei um barco e irei buscá-la em qualquer lugar do mundo onde você esteja."

As palavras de meu marido foram dramáticas e muito reais, mas as lágrimas não me permitiram falar. No fundo, eu sabia que tínhamos que fazer alguma coisa, e isso incluía encontrar um jeito de sobreviver em outro lugar, mesmo que já não estivéssemos juntos.

Naqueles dias, notei que Pablo começou a sair da casa com mais frequência para contemplar o colorido e a beleza de Medellín e do vale de Aburrá. Estava nostálgico, e seu olhar se perdia no horizonte, pois esse era seu único contato com o exterior, com o pouco de vida que ainda lhe restava.

Mas Pablo tinha mais uma preocupação: a progressiva falta de dinheiro. Certa manhã, escutei um comentário dele com Angelito; dizia que só lhe restavam alguns milhões de dólares em dinheiro – segundo ele, para "nos recuperarmos e ganhar essa guerra". Imaginando as enormes quantidades de dinheiro que Pablo chegou a manejar e a maneira como gastava, não era de se estranhar que lhe restassem mesmo muito poucos recursos. Ele sempre fora assim. Com ele, os dólares desapareciam em minutos.

Em setembro de 1993, mesmo o poder de Pablo sendo já praticamente coisa do passado, o fato de continuar foragido o tornava igualmente perigoso para o Estado e para os Pepes, que o procuravam como se fosse o primeiro dia. Por isso as cartas eram tão importantes; eram o único meio seguro de se comunicar com seu advogado e com os poucos homens que lhe restavam na rua. Foi dessa maneira que ele conseguiu manter um sistema infalível que consistia em fazê-las circular por quatro ou cinco casas ou apartamentos em Medellín, onde eram coletadas a cada quatro horas. A correspondência era reunida à noite no último lugar escolhido e levada à casa azul. Por exigência de Pablo, a operação era realizada à noite, com horários exatos. Qualquer atraso indicava que algo havia acontecido e que era hora de correr, como já tinha acontecido várias vezes no passado.

Embora pareça inacreditável, Pablo recebia todos os dias cerca de 50 cartas; muitas delas de seu advogado, de seu irmão Roberto, de sua mãe, das professoras de Manuela e de Juan Pablo, e também de seus homens presos. Essas mensagens chegavam de maneira diferente, eram levadas por mensageiros diferentes e nunca repetiam a mesma rota. Por isso, era muito difícil as rastrearem.

Pablo se sentava à escrivaninha depois das 4 horas da tarde, ficava longas horas lendo as cartas, e depois respondia às que lhe interessavam. Obviamente, priorizava as mensagens assinadas por seu advogado, que lhe reportava os avanços nas negociações com a Promotoria e o governo. E segundo o nível de estresse do momento, recorria a outro velho costume seu: rasgar a ponta das folhas do papel de carta, fazer bolinhas e jogá-las pela janela ao gramado. Outras vezes as comia.

"Fique tranquila, Ula", Pablo me chamava assim de brincadeira, porque já fazia tempo que eu tinha que cozinhar, limpar e passar, como fazia Eulalia, uma antiga empregada. "Meu advogado está ajudando com a saída de vocês do país. Essa é uma das condições para eu me entregar. O procurador De Greiff se comprometeu a arranjar refúgio para vocês, e depois eu me entrego."

Apesar da expectativa pela negociação e do relativo otimismo de Pablo, os dias passavam muito lentamente na casa azul e o estresse ia aumentando, porque as notícias que chegavam da rua indicavam que o Bloco de Busca e os Pepes estavam mais ativos que nunca atrás de meu marido. As revistas domiciliares eram coisa diária, e se tornaram frequentes os rumores de que as pessoas próximas a nós estavam em debandada.

Por esses dias, Pablo me surpreendeu ao me contar que uma das possíveis saídas para nossa situação era nos escondermos na selva, e que, por isso, havia comprado umas terras muito valiosas em um lugar que não especificou. Acrescentou que estava em processo de instalar as redes de energia elétrica e que a única pessoa que conhecia a localização exata do lugar era seu irmão Roberto, que estava preso e não representava risco algum para a segurança de seu projeto. Mas mais espantada fiquei quando ele disse que um de seus planos era ir para lá com a guerrilha. Foi aí que percebi que ele estava muito preocupado e que sua situação realmente estava chegando a um beco sem saída. Era evidente que meu marido estava procurando opções para sair da encruzilhada, mas sua revelação me deixou bastante intranquila. Qual seria o destino de Pablo? Quantos anos poderia ficar na selva? Qual guerrilha? Nós com ele na selva? Essas perguntas se somaram às outras muitas que me agoniavam dia após dia.

"Pablo, eu não sou a pessoa adequada para acompanhá-lo à montanha. Não tenho coragem de empunhar um fuzil nem de estar a seu lado em um enfrentamento. Como vamos levar duas crianças para sofrer na selva? O que vai acontecer com eles? Acho uma loucura. Isso não é uma possibilidade para nós."

Os dias se seguiam entre perguntas sobre quais poderiam ser nossas alternativas, mas a encruzilhada não nos levava a respostas possíveis, e o desassossego continuava se apoderando de mim.

Em meio a esse entorno tão complexo, chegaria meu aniversário de 33 anos. Seria em 3 de setembro de 1993. Durante muitos anos comemoramos em família quando um de nós completava mais um ano de vida, mas esse aniversário foi sombrio, triste, presságio de coisas ruins. Haviam ficado para trás as grandes celebrações, as festas luxuosas, os salões cheios de convidados, os presentes ostentosos.

Mesmo assim, tive uma agradável surpresa quando encontrei em cima da mesa da sala de jantar um bolo de aniversário delicioso da conhecida doceira Pepita, além de seis garrafas do fino champanhe Dom Perignon e vários presentes. Perguntei como aquelas coisas haviam chegado até ali, e me recordaram que no dia anterior Pablo havia violado as regras de segurança e organizado com Andrea um jeito de descer até Medellín com o pretexto de buscar a correspondência; mas, na realidade, eles haviam ido buscar as coisas para meu aniversário.

Como me contaram naquele momento, Andrea saíra da casa azul com Angelito, de olhos vendados, do mesmo jeito que havíamos chegado, para que ela não identificasse o lugar onde nos escondíamos caso fosse detida. Ela levara um susto enorme ao se ver de frente com uma tropa militar, mas, por sorte, não os pararam para revistá-los. Depois, Angelito a deixara no estacionamento de um edifício onde Pablo escondera um veículo, que Andrea usaria para ir buscar as coisas, e marcaram de se encontrar a certa hora em um lugar próximo depois que ela deixasse o carro de novo no estacionamento. Por instruções de Pablo, Andrea sabia que Angelito só a esperaria três minutos, e se ela não chegasse, iria embora.

O tempo era muito apertado, e Andrea tivera que correr para pegar as encomendas; mas não contara com o fato de que os pacotes eram muito pesados, pois continham o bolo, as seis garrafas de champanhe, a correspondência, os presentes e mais outras coisas. Os minutos se passavam, e Andrea começara a ficar angustiada, porque se não encontrasse Angelito na hora marcada, ficaria à deriva em Medellín.

"Senhor, ajude-me, não vou chegar", recordara Andrea ao relatar o drama que vivera. "Meus braços não davam conta, eu não sabia como segurar as sacolas."

Até que providencialmente se encontraram.

"Eu estava quase desfalecendo quando cheguei ao local de encontro, bem na hora que Angelito havia ligado o carro para ir embora. Quando entrei no carro, comecei a ver umas luzinhas e desmaiei."

Por sorte não aconteceu nada, mas meu aniversário quase acabou em tragédia.

Dois dias depois, tivemos o único momento de alegria dessa última etapa de nossa vida. E aconteceu por conta do futebol, um esporte que muito pouco me atraía; mas devo confessar minha simpatia pelo Deportivo Independiente Medellín. Foi um dia inesquecível, porque talvez tenha sido a última vez que vi Pablo alegre. Naquela tarde de 5 de setembro de 1993, a seleção colombiana, como visitante, goleou a Argentina por 5 a 0 na etapa final de sua classificação na Copa dos Estados Unidos, que aconteceria no ano seguinte. Foi um pequeno momento de felicidade; comemoramos e gritamos muito nos gols de Tino Asprilla, Freddy Rincón e de El Tren Valencia.

Esses noventa minutos fizeram Pablo esquecer a situação dramática que vivíamos. Foi efêmero, mas valeu a pena. A celebração e as repercussões da vitória colombiana durariam vários dias, e a salinha de televisão da casa azul seria o local de encontro desse momento tão especial.

Mas, como não há prazo que não se cumpra, a chegada de uma nova carta do advogado haveria de selar nosso futuro como família. Foi no sábado, 18 de setembro de 1993; Pablo leu com atenção a mensagem, e, de repente, levantou-se, aproximou-se de mim e me chamou para conversar a sós em um dos quartos do segundo andar.

Eu o segui sem fazer perguntas, mas meu coração começou a bater mais intensamente. Eram 3 horas da tarde de um dia ensolarado.

"Meu amor, arrume as malas; vocês vão morar no edifício Altos, sob a proteção do Estado", disse Pablo em tom grave, mas com certo ar otimista.

"Não, Pablo, eu não vou. Tenho certeza de que é uma armadilha", respondi depressa, como se soubesse de antemão que o anúncio da separação chegaria e que eu me negaria a ir.

"Como pode dizer uma coisa dessas?! Você sabe que depois de tantas cartas e tanto diálogo, o acordo mais importante era o de garantir a vida de vocês, e eu consegui isso."

"Pablo, por favor, não vamos nos separar. Eles estão nos enganando com a promessa de um exílio; para mim, tudo isso é falso, é uma estratégia para chegar a você... eles não vão cumprir, vão nos matar."

Pablo me olhou como se fosse perder a paciência. Estava pálido, e me assustei ao vê-lo respirar com dificuldade. Soltava baforadas de ar e não ficava quieto um segundo.

"Você tem que ir, meu amor. Querendo ou não, você tem que ir. Não serei irresponsável a ponto de continuar vivendo com vocês. Você não entende que no dia que nos encontrarem vão matar todos nós?"

"Não importa que matem todos nós. Seria o melhor que poderia acontecer; sermos mortos todos juntos e que essa história acabe de uma vez por todas. Além do mais, essa gente vai arrancar nossos olhos, Pablo; não quero nem imaginar a onda de violência que ainda nos resta viver. Eles vão nos matar depois que você morrer", repliquei mais uma vez, mas não pude conter o pranto.

"Isso que você está dizendo é uma irresponsabilidade. Temos dois filhos e a namorada de Juancho. Temos que conseguir que respeitem a vida de vocês", respondeu ele.

Mas, dessa vez, seu rosto refletia uma profunda tristeza.

Eu chorava sem parar. Havia me casado aos 15 anos na Igreja Católica. Havia me casado para sempre, profundamente apaixonada por Pablo.

Eu sabia que sua desmesura dos últimos anos havia nos metido naquela loucura descomunal, mas também sabia e sentia com profunda dor que tinha que deixar o pai de meus filhos justamente para salvá-los. Por isso, entendi que não havia nada a fazer. Era um fato: o momento da separação, o momento da despedida definitiva havia chegado.

Então, ele fez um comentário que foi como um ponto-final:

"Tata, vão arranjar um país para vocês, pode ir tranquila. Já lhe disse: se em algum país puder se casar com alguém, case-se, para obter uma nacionalidade. Mas eu prometo que quando sair dessa, pegarei um barco e atravessarei os oceanos que forem necessários até encontrar vocês, meu amor... onde estiverem."

Durante alguns segundos, Pablo e eu mergulhamos em um estranho silêncio que pareceu durar uma eternidade. Naquele instante, pensei que não sabia como viveria sem ele. De onde tiraria forças para seguir adiante e sobreviver com meus filhos? De repente, Pablo quebrou a letargia e foi direto ao ponto:

"Já é hora, Tata, não vamos ficar remoendo a situação; eu lhe peço, por favor, que comece a fazer as malas e que vá com as crianças para o Altos, onde estarão seguros."

Antes de sair do quarto, combinamos de dizer a Manuela que íamos viajar para um lugar muito bonito, mas sem seu pai. Com Juan Pablo não havia problema, porque ele entendia perfeitamente a complexidade do momento. Teríamos que esperar algumas horas para sair na escuridão. Durante esse tempo, a casa azul se transformou em um lugar ainda mais triste, porque sabíamos que a força do destino estava nos conduzindo a um afastamento definitivo. À medida que o sol se escondia no horizonte, meu coração parecia que ia explodir. Eu não conseguia imaginar como seria minha vida sem Pablo: quem contaria histórias a Manuela antes de dormir e quem cantaria para ela "La donna è mobile" [A mulher é volúvel], da clássica ópera de Giuseppe Verdi?

Os cerca de vinte anos que estive ao lado de Pablo passaram de uma forma vertiginosa diante dos meus olhos, como em um filme. Toda minha vida ao seu lado havia sido como um galope desenfreado. As coisas haviam acontecido de um jeito tão rápido que eu nunca tivera espaço para refletir sobre essa loucura. Foram muito poucos os anos de tranquilidade. Foram muitos mais os anos fugindo ou escondida. Aquela foi a encruzilhada mais dolorosa de minha vida... ter que deixar o amor de minha vida bem no momento em que o mundo estava sobre ele. Que dura realidade! Que difícil tomar a decisão de deixá-lo. Mas, ao mesmo tempo, eu tinha que ter a força necessária para não olhar para trás, para olhar para frente e salvar nossos filhos. Contudo, até o último minuto tentei evitar a separação, e, por isso, fiz uma nova tentativa de deter nossa tragédia. Falei com ele de novo:

"Não quero deixá-lo sozinho, meu amor. Prefiro que nos matem", insisti. "De verdade, prefiro que matem todos nós juntos, ao mesmo tempo", disse eu com lágrimas nos olhos e a voz entrecortada.

Ele me olhou com tristeza, e nesse momento seus olhos se umedeceram. Eu só pensava que, dada a situação em que estávamos, assim que nos entregássemos o risco de morrer seria o mesmo.

"Tivemos dois filhos, e um de nós dois tem que cuidar deles, educá-los, arranjar um espaço possível para que um dia a vida deles encontre um sentido", respondeu ele.

Minhas lágrimas não foram suficientes. Pablo me abraçou bem forte, mas não disse uma só palavra mais. Tínhamos que nos separar. Por fim, às 11 horas da noite, chegou o momento de partir. Enquanto Angelito e o Gordo acomodavam no porta-malas do carro as poucas coisas que poderíamos levar, começamos a nos despedir.

Paramos ao lado do veículo formando uma espécie de fila. Pablo me deu um grande abraço, prolongado, terno, afetuoso. Depois, acariciou meu rosto e meu cabelo, como sempre fizera, olhou-me com ternura e disse com a voz entrecortada:

"Eu te amo muito, Tata. Obrigado por cuidar de nossos filhos. Você terá sorte, vai se sair muito bem."

Ficou em silêncio, e então foi minha vez de abraçá-lo por um longo tempo. O último abraço de nossa vida. Depois, ele se despediu de Juan Pablo com um abraço afetuoso e apertado seguido de um beijo no rosto. Quando se aproximou de Manuela, começou a chorar. Nunca o havíamos visto soluçar, e isso tornou a despedida mais dolorosa e dramática. Instantes depois, olhou para Andrea, mas não pôde lhe dizer nada, porque estava muito consternado. Três dias depois, mandou uma carta ao Altos para ela, tentando se desculpar:

> *Chila, uma saudação muito especial para você. Eu lhe agradeço muito por tudo. Não tive forças para lhe dizer nada quando você foi embora. Gosto demais de você. Conte sempre comigo.*

A caminho da garagem, Pablo deu uma última instrução:

"Entreguem estes endereços dos Pepes ao pessoal do CTI que os receberá em Altos. Eles dizem que não os atacaram porque não têm boa informação. Agora terão."

Entramos no Chevrolet Sprint que Juan Pablo dirigiria e partimos. Pablo nos seguiu em outro carro, acompanhado por Angelito, até a ladeira que vai dar no edifício Altos. Antes de virar à esquerda e nós à direita, buzinou duas vezes e se perdeu nas penumbras da noite. Foi a última vez que o vi.

Restavam-lhe setenta e cinco dias de vida.

\ \ \

Depois de se despedir de nós naquela noite de 18 de setembro de 1993, Pablo voltou com Angelito à casa azul. Mas o que aconteceu com ele depois que fomos para o edifício Altos?

Encontrei a resposta com Gladys e o Gordo, o casal que trabalhava para nós naquela época. Falei com eles em julho de 2017, quando estava pesquisando para este livro. Estão separados desde 1997, mas cada um deles concordou em se encontrar comigo separadamente para me contar detalhes inéditos do que meu marido fez durante essas sete semanas que permaneceram juntos.

Segundo o relato deles, Pablo ficou muito afetado com nossa partida.

"Era muito triste vê-lo assim, patroa. Ele ficou sem comer dois dias e nunca mais fez a barba. Cresceu rápido. À noite, saía para olhar o céu e puxava a barba com a mão esquerda. Parecia desesperado", explicou Gladys.

O Gordo, por sua vez, contou-me que, com o passar dos dias, a falta de dinheiro já era um problema muito sério, e por isso Pablo decidira que não ia ficar parado. Então, pensara em realizar uma centena de sequestros no reconhecido setor de Llanogrande, no leste de Antioquia, e cobrar 500 milhões de pesos pela libertação de cada pessoa. A data definida fora a noite de 31 de dezembro de 1993. Pablo dissera ao Gordo que com o produto dos sequestros iriam para Bogotá, onde ninguém os encontraria.

Segundo o que o Gordo havia escutado, Pablo instruíra Angelito a ir a Moravia – onde, uma década antes, havia criado o programa Medellín Sem Barracos – e recrutar uma centena de jovens. Ao mesmo tempo, pedira ao Gordo que o acompanhasse para ver alguns lugares nas montanhas próximas a Medellín para esconder os reféns.

O plano avançava, mas fracassaria na noite de 6 de outubro, quando o Bloco de Busca matou Angelito e seu irmão no bairro Villa Linda em Medellín. O Gordo me contou que Angelito ignorara as advertências de Pablo e dele mesmo, e naquele dia insistira em ir entregar um dinheiro a seu irmão.

"Eu disse a ele que ficasse, que era perigoso descer para Medellín porque estavam oferecendo 100 milhões de pesos de recompensa por ele, e qualquer um poderia entregá-lo. Mas ele foi do mesmo jeito", recordou o Gordo.

A morte de um de seus últimos sicários afetou Pablo muito seriamente. Ele disse ao Gordo e a Gladys:

"Gordo, acabou. Não tenho mais com quem trabalhar. Tiraram meu braço direito de mim."

A solidão de Pablo piorou, e segundo o Gordo, ele começara a se comportar de um jeito estranho. Certa noite, por exemplo, mandara-o colocar um gorro e uma manta e foram caminhar pelo centro da cidade.

"Eu estava aterrorizado, mas ele parecia muito seguro."

Isso nunca havia acontecido, mas, um dia, pela primeira vez, a casa azul esteve na mira dos perseguidores de meu marido.

"Foi depois da morte de Angelito, quando dois helicópteros da polícia sobrevoaram a casa. Pablo se escondeu no armário de um dos quartos, e, para distraí-los, Gladys e eu fomos trabalhar no jardim. Que susto! Ficaram meia hora dando voltas e foram embora. Se o pessoal do Bloco de Busca chegasse, encontraria o patrão."

Gladys e o Gordo me contaram que os dias de Pablo se tornaram monótonos e que ele quase não saía de seu quarto. Estava preocupado, e de vez em quando se sentava à sua escrivaninha para escrever cartas.

Nesse panorama é que haveria de chegar o dia 27 de novembro de 1993, quando fomos para a Alemanha em uma tentativa desesperada de fugir da perseguição; mas o governo colombiano interveio e frustrou nossos planos. Por isso, dois dias depois, tivemos que voltar a Bogotá e nos hospedarmos, contra nossa vontade, no edifício Residencias Tequendama.

O Gordo foi testemunha da indignação de Pablo com o que estava acontecendo conosco, mas claramente se notava sua impotência, porque ele não podia fazer nada. Só lhe ocorrera escrever uma carta e pedir ao Gordo que a levasse a seu advogado, seu único contato com a Promotoria e o governo. Pablo dissera ao Gordo que tivesse cuidado, e este guardara o envelope no bolso do casaco. Mas algo acontecera:

"Cheguei ao parque Berrío e me dirigi ao escritório do advogado, no sétimo andar de um edifício; mas, quando saí do elevador e passei a grade de entrada, achei estranho ver quatro homens armados. Comecei a suspeitar, e, por sorte, o advogado estava ocupado atendendo a outra pessoa. Aproveitei para dizer que voltaria depois. Que susto! Saí dali, e para evitar que me seguissem, entrei no café El Ganadero e tomei duas caninhas. Depois, fiquei dando voltas por vários lugares e entrei em uma igreja para me assegurar de que não estavam me seguindo. Só então fui para a casa azul e contei ao patrão, que levou as duas mãos à cabeça e disse: 'A coisa se complicou'."

Um dia depois, Pablo dissera a Gladys e ao Gordo que iria para outro esconderijo, onde Limón (Álvaro de Jesús Agudelo) o esperava.

"A despedida foi normal. Mas, quando lhe dei a mão para dizer até logo, senti que não o veria nunca mais", disse-me o Gordo.

ENCURRALADOS

CAPÍTULO 2

Quando olhei para trás e Pablo buzinou duas vezes antes de virar à esquerda para se perder na escuridão, minha intuição me disse que nunca mais nos veríamos. Foi um momento muito estranho, porque o som rouco da buzina do carro parecia enviar uma mensagem subliminar, que dizia algo como: "Adeus para sempre, meu amor, adeus para sempre, meus filhos".

Em um ato suicida, às 11 horas da noite de 18 de setembro de 1993, Pablo havia nos acompanhado desde a casinha azul, o lugar onde nos escondíamos, até a entrada do edifício Altos, onde vários agentes do Corpo Técnico de Investigação da Promotoria, o CTI, nos esperavam. Eles nos protegeriam durante o avanço do processo da nova rendição de meu marido à Justiça. Naquele momento, conhecemos quatro funcionários do CTI que teriam contato direto conosco: Alfa – que por seu jeito parecia dirigir o grupo –, A1, Império e Pantera.

Já no estacionamento do edifício, descemos do veículo dirigido por Juan Pablo, e não pude evitar as lágrimas, pois uma sensação de pânico e angústia por nosso futuro incerto me invadia. Ficarmos reclusos em um apartamento, longe de Pablo, era a única saída que nos restava para sobreviver à inclemente perseguição a que havíamos sido submetidos nos últimos catorze meses, desde quando meu marido fugira da penitenciária La Catedral.

Enquanto subíamos ao quarto andar com a pouca bagagem que havíamos podido reunir em algumas malas, pensei que por fim poderíamos ir para outro país, andar na rua sem olhar para trás, sem escoltas, sem jornalistas à espreita, respirar ar puro, entrar em um supermercado. Em outras palavras, recuperar o cotidiano, voltar a meu papel de dona de casa, ver meus filhos em um parque alimentando pombos com seus amigos da escola.

Com essa expectativa, entramos no apartamento do edifício Altos, onde viveríamos por um tempo indeterminado. Nunca esquecerei o semblante de esperança de Manuela e Juan Pablo, que olhavam para mim como querendo dizer: "Agora, depende de você, mamãe". Naquele momento, todos nós acreditávamos que o passo que dávamos era para a vida, não para a morte.

Uma vez dentro do apartamento, pusemos as coisas no chão, porque estava completamente vazio. Vê-lo assim, sem uma cadeira onde sentar, deixou claro que nossa estadia ali não seria fácil. A imensidão do imóvel, de uns 500 metros quadrados, destacava ainda mais a falta de mobiliário. Por isso, sem pensar duas vezes, fui até uma vizinha, que nos emprestou uma mesa pequena de plástico com quatro cadeiras, e as pusemos na varanda. No quarto de empregada havia dois colchões, e neles dormimos aquela noite, muito desconfortáveis. Em um se acomodaram Juan Pablo e Andrea, que ocuparam o quarto principal; no outro nos deitamos Manuela e eu, depois de colocá-lo em um quarto de onde se via a portaria do edifício. No dia seguinte, consegui que a mesma vizinha me emprestasse mais dois colchões.

Naquela noite, tínhamos o propósito de dormir, em uma tentativa de esquecer o difícil momento que estávamos vivendo; mas muito rapidamente eu compreenderia que meus filhos, minha nora e eu éramos reféns do Estado, dos Pepes e de meu marido. Deles dependeria nossa segurança, e eles decidiriam se viveríamos ou morreríamos. Em outras palavras, estávamos encurralados, sem saber que 78 dias aterradores nos esperavam naquele lugar.

Na manhã seguinte, e durante os primeiros dias, uma vizinha gentil nos levou comida, e, com isso, ajudou-nos a resolver o problema da alimentação, porque não sabíamos como iríamos cozinhar ou abastecer a despensa para subsistir. Pouco depois, ela nos emprestou duas panelas, oito colheres, cinco toalhas e diversos utensílios de cozinha. Mais tarde, arranjamos uma empregada, que fazia as compras no mercado. Lavávamos a roupa em um apartamento que minha mãe tinha no mesmo edifício, mas que havia abandonado em fevereiro desse ano, depois de um atentado com carro-bomba.

No apartamento, tudo era incerteza, porque não tínhamos televisão nem telefone. Por sorte, havíamos tomado a precaução de comprar rádios de bolso, que se tornaram nosso único contato com o exterior. Sem falta, a cada hora escutávamos em várias emissoras o resumo de notícias, para saber o que estava acontecendo no país, e prestávamos muita atenção no que diziam de Pablo, porque queríamos saber se estava encurralado como nós.

Lembro que, em um dos quartos, encontramos uma cortina com um *black out* já muito velho, mas que de dia fazia sombra suficiente para descansarmos. Sentávamo-nos os quatro nesse quarto ruminando nossa amargura. O Altos tinha grandes áreas verdes, um coreto confortável, piscina semiolímpica, academia, hidromassagem, banho turco e sauna, mas não podíamos usar nada disso.

Quase de maneira imperceptível, o Altos se transformou em um forte. Os agentes do Corpo Técnico de Investigação da Promotoria, o CTI, construíram trincheiras com dezenas de sacos de areia e os puseram em cima do telhado da portaria e nas duas esquinas do edifício que davam para a avenida. Ao mesmo tempo, chegaram de Bogotá mais agentes do CTI, e, com isso, a guarda que nos protegia chegou a 40 homens armados com fuzis, pistolas e metralhadoras. As patrulhas dentro e nos arredores do edifício eram permanentes, e um alarme enorme e barulhento foi instalado no terraço. Pablo continuava sendo o inimigo público número um, e nós, sua família, a única maneira de chegar a ele.

O alarme foi estreado logo, porque em diferentes horas do dia e da noite começamos a ouvir rajadas de metralhadora e a portaria recebia dezenas de ligações ameaçadoras. Por isso, não tivemos mais opção além de nos mudarmos para o quarto de empregada, o lugar mais seguro diante de um eventual atentado, porque era o mais afastado da rua. É que, além disso, em volta do Altos havia edificações muito elevadas, de onde éramos o alvo perfeito de quem quisesse nos ferir. Estávamos reduzidos a isso: a um quartinho de 6 metros quadrados onde tínhamos que falar em voz baixa, esperando passar as horas enquanto outros decidiam nosso futuro. Todos nós perdemos o apetite, e chegou um momento em que precisávamos motivar uns aos outros para comer pelo menos ovo frito, *arepa* e chocolate.

O perigo iminente que espreitava e a desconfiança que nos provocavam os funcionários do CTI nos levaram a buscar proteção extra. Conseguimos que Juan Carlos Herrera Puerta, o Nariz, um rapaz amigo de infância de Juan Pablo, a quem mandamos uma mensagem por meio da babá Nubia, ficasse um tempo conosco. Nariz chegou com uma mochila com algumas roupas e uma escopeta com salvo-conduto; mas sua presença não caiu bem a A1, Alfa, Império e Pantera, porque achavam inadequado haver um estranho conosco. Tivemos várias discussões com eles porque queriam que Nariz fosse embora, mas o assunto passou para segundo plano quando se convenceram de que o amigo de meu filho seria uma ajuda em caso de emergência.

Naquele momento, as poucas famílias que habitavam o edifício começaram a ir embora devido aos constantes tiroteios, às ameaças e às revistas. No fim, ficaram no Altos só duas mulheres sozinhas, cada uma em um apartamento, e nós.

Durante dois ou três dias, tivemos poucas horas de descontração; mas, certa quinta-feira à tarde, a sirene tocou de novo porque se ouviram vários tiros, que logo se tornaram rajadas, e então, ouvimos uma batida muito violenta contra a parede externa do edifício. Os agentes do CTI correram a seus postos, porque parecia que estavam atacando o edifício. E nós, muito assustados, fomos para o closet do quarto principal. Nariz fechou a porta e aprontou sua escopeta para repelir qualquer intruso. O silêncio subsequente foi aterrador, e os minutos pareciam eternos. Enquanto Nariz e Juan Pablo se comunicavam em voz baixa através da porta, Manuela, Andrea e eu rezávamos.

Por fim, o alarme parou, e um agente do CTI – cujo apelido era Carro-bomba – chegou ao apartamento para informar que três homens haviam saído de dois carros no cruzamento da transversal inferior com a lombada do Club Campestre, e enquanto dois deles atiravam, o outro jogara uma granada que batera na parede do quinto andar do edifício, acima de onde estávamos. Por sorte, o projétil não havia explodido. Naqueles dias, realizamos com os agentes do CTI várias simulações de ataque ao edifício, e combinamos em que lugar ficaria cada um dentro do apartamento no caso de uma emergência real. Vivíamos com o coração na boca; o pânico era uma constante. Chorávamos muito. Era como viver em uma montanha-russa emocional. Muitas vezes eu pensara em abandonar Pablo por tudo que sofríamos, mas, ao mesmo tempo, negava-me a deixá-lo sozinho naqueles momentos tão críticos. Afinal de contas, ele havia me dado tanto na vida que eu não poderia ir embora. Era uma mistura de sentimentos contraditórios: ira e pesar. Eu teria me sentido muito ingrata se o houvesse abandonado.

A angústia era permanente e os dias imprevisíveis, a ponto de que muitas vezes dormíamos quase a manhã toda, porque passávamos a noite em claro, alertas para qualquer eventualidade. Esse estado de coisas levou Manuela a ter muitas dificuldades para dormir e Andrea a perder o apetite de tal maneira que, dias depois, desmaiou no banheiro, e tivemos que levá-la com urgência à Clínica Medellín, acompanhada por Nariz e uma dúzia de agentes do CTI.

Depois de examiná-la, o médico disse que seu estado era preocupante devido à desidratação avançada, e a advertiu do risco de morte que corria se não se alimentasse de um jeito adequado. Ele disse que era indispensável interná-la durante alguns dias, mas as precárias condições de segurança tornavam isso impossível. Muito contra sua vontade, o médico lhe deu alta e prescreveu injeções, soros, vitaminas e comprimidos. Andrea voltou ao Altos quase sem conseguir andar, e passou vários dias deitada no colchão enquanto seu corpo reagia. Juan Pablo teve que aprender a aplicar as injeções e o soro nela. Hoje, percebo que eu sempre dei por certo que Andrea estava ali, mas não me lembro de ter pensado, durante toda aquela época, nos esforços que ela fazia como mulher e nas muitas coisas que deixava de lado para acompanhar uma família que não tinha futuro nem esperança. Depois de tantos anos, reitero que, quando uma mulher ama de verdade, corre todos os riscos.

Em Bogotá, deviam achar nossa situação bastante desesperadora, porque, dois dias depois da crise que vivemos com Andrea, Pantera chegou com uma mensagem do procurador-geral, Gustavo de Greiff.

"Senhora, o doutor De Greiff mandou dizer que está procurando um país para vocês. Que não é que esteja adiando a solução, é que se trata de um assunto delicado que precisa ser tratado com discrição. Por isso as coisas demoram. Disse para confiarem que ele quer que seu marido se entregue."

As palavras de Pantera – que, na realidade, se chamava Luis Fernando Correa Isaza e era diretor regional do CTI em Antioquia – me tranquilizaram um pouco, mas continuávamos na mesma, porque eu não tinha como pedir a Pablo que se entregasse à justiça, que levasse em conta que um dia – mais cedo ou mais tarde – os Pepes nos matariam. Eu fazia um grande esforço para que Manuela não visse o medo refletido em meu rosto, e a única coisa que podia fazer era chorar na intimidade quando ela conseguia conciliar o sono. Naqueles momentos de angústia eu agradecia por Andrea estar ali – apesar do horror –, porque ela era um bálsamo para Juan Pablo, atormentado pelo peso da responsabilidade de cuidar de três mulheres.

De surpresa, certa tarde chegou Gloria, uma das irmãs de Pablo, com uma extensa carta escrita por ele na qual contava, em termos bem gerais, como estava avançando o novo processo de sua entrega à Justiça, e nos aconselhava a aumentar as medidas de segurança porque soubera dos constantes ataques ao edifício. Cada vez que uma pessoa conhecida chegava ao apartamento, nós morríamos de medo de pensar que havia sido seguida, que podia ser sequestrada ou morta.

Eu respondi a Pablo com outra carta contando o que estava acontecendo: a espreita de seus inimigos, o desconforto do apartamento, o desespero e o pranto incontrolável de Manuela devido à clausura, os questionamentos constantes dela perguntando por que não podíamos sair dali, onde estava sua avó, por que não podia ver seu pai ou seus primos. Minha alma se partia em mil pedaços e eu sentia muita frustração por ver meus filhos naquela situação.

Tentávamos distrair Manuela brincando, pintando, contando histórias. Às vezes, descíamos ao apartamento da vizinha. Nós três nos revezávamos para distraí-la, mas era muito difícil fazê-la entender o risco que correria se saísse. Quando chegava uma carta do pai, ela sorria. Em sua inocência, pensava que eram boas notícias e que de alguma maneira recuperaria a liberdade, porque Pablo lhe dizia para ter paciência, porque em pouco tempo ela viveria em outro país onde teria uma escola nova e poderia passear nos parques.

Nas cartas, eu também contava a Pablo sobre os riscos de segurança que corríamos, sobre como os agentes do CTI nos olhavam e os atentados que suportávamos constantemente. Mas tudo parecia infrutífero.

Por alguns dias, Gloria foi nosso único contato com Pablo, e apesar do risco que isso representava para sua vida, ela conseguiu trazer mensagens dele e levar as nossas. Quando ela saía do Altos, eu ficava muito preocupada com o que poderia lhe acontecer.

Foi por meio de uma dessas cartas que soubemos da maneira dramática como Pablo conseguira fugir de uma enorme operação do Bloco de Busca da Polícia e do Exército, que quase lhe custara a vida em Belén Aguas Frías, perto de Medellín, onde – segundo seu relato – praticamente se vira morto. Em quatro páginas, com uma riqueza de detalhes impressionante, ele disse que saíra correndo do esconderijo e fugira para uma área montanhosa cercada de precipícios, por onde tentara escapar; mas sua lanterna caíra e ele ficara totalmente no escuro. Depois, enfrentara uma chuva forte, e ele tivera que caminhar pelos precipícios, e várias vezes quase caíra no vazio. No fim do extenso relato escrito, meu marido disse que em certo momento se perguntara se iriam atrás dele no fundo de um daqueles abismos. A carta estava escrita em pedaços de papel colados com band-aid, e sua deterioração refletia claramente a difícil situação que ele vivia.

Contudo, Pablo havia se salvado mais uma vez. Mas, como sempre, nós sofreríamos as consequências. Um dia, de uma hora para outra, várias caminhonetes blindadas chegaram à porta do edifício. Saiu delas pelo menos uma dúzia de homens armados que se dirigiram aos elevadores. O pânico tomou conta de nós, e corremos para nos esconder, como havíamos planejado nas simulações, porque achávamos que se tratava do ataque de um comando dos Pepes. Vários minutos depois – que, como sempre, pareceram eternos –, soubemos que quem havia chegado era Ana Montes, diretora nacional da Promotoria e braço direito do procurador De Greiff.

A visita claramente não era de cortesia, e ela assim me fez saber quando entrou no apartamento, parou em frente a mim e disse em tom depreciativo, quase sem me cumprimentar:

"Veja, senhora; se Pablo não se entregar em três dias, retiraremos a segurança de sua família."

A mensagem em tom de ameaça foi muito dura, e só consegui responder que a rendição de meu marido à Justiça não dependia de nós, porque estávamos completamente isolados dele.

"Doutora, o melhor que pode acontecer é que nos deixem sair da Colômbia e que facilitem nossa chegada a outro país. Tenho certeza de que se isso acontecer, ele se entregará no dia seguinte. Mas saiba que eu sempre achei que o Estado colombiano não tem interesse em que Pablo se entregue. O que querem mesmo é matá-lo."

A diretora da Promotoria, mal-humorada e durona, saiu do edifício depois de reiterar sua ameaça, que cumpriria se não recebesse uma resposta positiva de Pablo. Meus filhos, minha nora e eu ficamos com uma nova incerteza, um dilema que não podíamos resolver. Contudo, depois dessa notícia terrível, dado que nossa vida estava por um fio, chegaram umas flores enviadas por Pablo para comemorar o Dia do Amor e da Amizade. Era um buquê para mim, outro para Andrea e outro para Manuela. Mandar flores naquele momento era tão irônico... o que tínhamos para comemorar? Além do mais, como ele se expunha daquela maneira? Poderiam tê-lo rastreado. Mas essas eram as incongruências de Pablo.

A situação se tornou tão complexa que em um desses dias o desespero nos levou a pensar na possibilidade de fugir do Altos. Para onde? Nem ideia. Mas só de pensar que a Promotoria retiraria os agentes do CTI ficávamos em pânico, porque nada nem ninguém poderia nos proteger dos inimigos de Pablo, que nos assassinariam da pior maneira para poder caçá-lo. Fugir do edifício era arriscado e absurdo, mas decidimos manter um plano B, por via das dúvidas. Para isso, a primeira coisa que fizemos foi pedir a Nariz que fizesse rondas pelo edifício e estabelecesse a localização, a rotina e os horários dos funcionários da Promotoria. Depois, pedimos aos porteiros – que eram os mesmos havia anos – que esperassem uma ordem nossa para abrir o portão da garagem, pois sairíamos na Sprint com que havíamos chegado semanas antes.

A estratégia estava pronta, mas, em duas ocasiões, bem quando íamos fugir, chegavam notícias do procurador-geral dizendo que as diligências para nossa realocação no exterior estavam indo por bom caminho. As mensagens pareciam convincentes, e por alguns momentos provocavam em nós certa tranquilidade. Mas eram placebos, porque a dura realidade se encarregava de nos fazer aterrissar de novo em nosso drama diário.

As coisas se complicaram mais em outubro de 1993. Diz o velho ditado que as piores notícias chegam primeiro, e foi o que aconteceu pouco antes das 10 horas da noite do dia 6 desse mês, quando Império, um dos agentes do CTI que nos protegiam no Altos, tocou a campainha do apartamento e Juan Pablo foi abrir a porta. O homem estava sorridente. Olhou fixamente para meu filho e disse:

"Juan Pablo, acabaram de matar Angelito. Ele e o irmão foram abatidos pelo Bloco de Busca quando estavam chegando a uma casa no bairro de Villa Hermosa, em Medellín."

Juan Pablo quase desabou no chão ao ouvir a notícia. Ele sabia que Alfonso León Puerta, o Angelito, era praticamente o último guarda-costas que restava a Pablo. Como pôde, ele dominou a surpresa e só respondeu:

"Quem é esse, Império?"

A notícia ainda não havia sido divulgada pelos meios de comunicação, e era claro que, por ser integrante do CTI da Promotoria, ele tinha informação de primeira mão sobre o ocorrido. Império e Juan Pablo haviam estabelecido certa relação de confiança nos últimos dias, a ponto de jogarem baralho e descerem ao porão do edifício para jogar partidas improvisadas de futebol de salão.

Quando Império foi embora, Juan Pablo me levou apressado ao closet e em voz baixa me contou o que havia acabado de saber.

"Não pode ser, não pode ser! O que vai acontecer com seu pai?", disse eu, levando as mãos à cabeça.

A morte de Angelito foi um golpe mortal para meu marido, que ficava cada vez mais sozinho. E para nós, era uma notícia péssima, porque ficávamos sem comunicação com Pablo. A última vez que havíamos visto Angelito fora três semanas antes, quando ele acompanhara Pablo até o Altos. Angelito era um rapaz silencioso, tímido. Tinha dificuldade de me olhar nos olhos, fora incondicional para com meu marido, jurara acompanhá-lo até o fim, e por isso entregara sua vida.

O isolamento quase total de Pablo após a morte de Angelito nos deixou ainda mais na incerteza, e as mensagens provenientes do gabinete do procurador De Greiff praticamente desapareceram. Por isso, não era errado pensar que ocorreria uma nova onda de ataques.

Assim foi; mas nunca imaginamos que os fatos que se dariam em meras 72 horas seriam tão selvagens e determinantes no desenlace de nossa tragédia.

No domingo, 7 de novembro de 1993, fechou-se ainda mais o círculo em torno de nós com o desaparecimento de Nariz. Desesperado para ver seu filho, naquela manhã ele nos pedira o fim de semana livre, mas dissemos que nossa preocupação era como sairia do edifício, porque, com seguranças do lado de fora, haveria inimigos à espreita. Era um risco muito grande; mas como tirar-lhe o direito de ver seu filho?

Nariz estava determinado a sair e não deu ouvidos a nosso conselho de ir a pé, atravessando um riacho que fica atrás do Altos por onde nós já havíamos escapado anteriormente para evitar as autoridades. Ele preferiu não molhar os sapatos, e aceitou entrar no veículo de dois agentes do CTI que lhe ofereceram carona até o centro da cidade. No entanto, chegou a segunda-feira e ele não apareceu. Na terça também não. Quando ligamos para sua família, confirmamos que efetivamente ele não havia chegado ao destino, e os funcionários da Promotoria se limitaram a explicar que o rapaz havia descido do carro no meio do caminho.

Nós não sabíamos disso naquele momento, mas o sequestro de Nariz era o primeiro episódio que logo confirmaria que havia começado uma nova fase da caça ao meu marido. Os Pepes sabiam que eliminando os elos da corrente que nos aproximava de Pablo, tiravam dele cada vez mais capacidade de manobra.

Não havíamos nos recuperado do golpe de ter perdido Nariz quando, dois dias depois, homens armados irromperam na casa de Alicia Vásquez, administradora do Altos, no setor de Las Vegas, Medellín, e a levaram.

Lembro que ela subia até nosso apartamento todos os dias para perguntar se precisávamos de alguma coisa, mas eu não me atrevia a lhe pedir nada. Mas meu olhar devia dizer sim, que precisávamos de muita ajuda para sair do inferno em que nos encontrávamos.

Com o passar dos dias, comecei a me aproximar dela, e pouco a pouco, contei-lhe nossa história, o drama que vivíamos. Alicia se compadeceu de nossa situação e se mostrou disposta a fazer certos favores, em total sigilo. Um deles foi comprar três *walkie-talkies* para nos comunicarmos com Pablo. Os aparelhos serviram para falar duas vezes com ele, mas o sinal era muito deficiente. Mesmo assim, em uma dessas conversas, Pablo nos deu um número de telefone para que falássemos com ele em caso de emergência. Alicia foi ficando mais próxima de nós, a ponto de me fazer favores cada vez mais perigosos, como levar cartas para Pablo e comprar comida, livros e materiais, entre outras coisas.

A correspondência que mandávamos para Pablo era deixada em um lugar específico, e depois alguém a recolhia. Eu sabia que passava por vários lugares antes de chegar a seu destino, para evitar que a seguissem.

Minhas correspondências pessoais com as professoras de meus filhos, minha família e meus amigos – que, na realidade, eram muito poucas, porque eu tentava evitar que as pessoas se metessem em problemas – Alicia levava.

Poucas horas depois do desaparecimento de Alicia, fiquei horrorizada ao saber que Alba Lía Londoño, minha professora do ensino médio no Liceo La Paz, que havia se tornado uma pessoa fundamental para que meus filhos não ficassem atrasados academicamente, havia sido tirada à força de sua casa no condomínio Los Almendros por homens que usavam uniforme das Empresas Públicas de Medellín. Depois de empurrá-la para dentro de um automóvel, os sequestradores tiraram da casa 50 caixas de diversos tamanhos e as puseram dentro de um caminhão. Deviam pensar que Alba Lía guardava informações secretas de Pablo, mas, na realidade, eram os livros e enciclopédias que eu havia comprado ao longo dos anos e que ela guardava sigilosamente em sua casa.

Os filhos de Alba Lía, de 14 e 16 anos, chegaram desesperados ao Altos para nos avisar e pedir ajuda para procurá-la, mas a única coisa que eu pude fazer foi abraçá-los bem forte e pedir-lhes força, porque sabia que Alba Lía não apareceria. Ela era outra vítima de uma guerra na qual seu único papel fora educar meus filhos.

Diante desses fatos, senti medo, tristeza e uma grande impotência. A morte rondava nosso círculo mais próximo, e a cada dia tínhamos menos pessoas em quem confiar. Em retribuição ao ocorrido, eu me dispus a cuidar dos filhos de Alba Lía como se fossem meus. Fiz o possível para acompanhar o processo de crescimento deles e dei apoio a sua educação. Era o mínimo que eu poderia fazer, porque sua mãe dera a vida por meus filhos.

Alba Lía e eu havíamos nos reencontrado quando os problemas nos levaram a viver na clandestinidade, o que não me permitiu mais levar meus filhos a escolas comuns devido às perseguições, às revistas e ao risco de que os sequestrassem. Rita – como eu a chamava para protegê-la – foi uma educadora incondicional e sensível a meu papel de mãe desesperada, que só queria uma vida mais ou menos normal para seus filhos. Ela arranjava os livros para que Manuela e Juan Pablo estudassem, e em duas ocasiões eu patrocinara viagens a Cuba para que ela se atualizasse acerca dos últimos avanços em pedagogia. Quando voltava à Colômbia, ela trazia suas malas cheias de livros que considerava úteis para a formação de meus filhos.

A proximidade de Alba Lía conosco teve tal alcance que, apesar do perigo, ela estava sempre disposta a receber Manuela em sua casa quando Pablo concordava em deixá-la sair para que descansasse da clausura em que vivíamos. Os filhos da professora recebiam Manuela com carinho, brincavam bastante com ela, disfarçavam-na com lenços e óculos, maquiavam-na, e iam de táxi percorrer a cidade e andar pelos centros comerciais ou ir ao cinema. Hoje, penso em como fui irresponsável, porque qualquer um poderia tê-la reconhecido e matado. Mas, em meu desespero, eu permitia, para que a menina tivesse uma folga.

As horas de terror que vivíamos estavam longe de acabar. O sequestro de Alba Lía havia sido às 11 horas da manhã, e já eram cerca de 6 horas da tarde quando nos demos conta de que se os Pepes haviam atacado pessoas tão próximas a nós, era bastante possível que atacassem a única que faltava: Nubia Jiménez, a babá de Manuela.

Sem pensar duas vezes, Juan Pablo desceu correndo para um dos apartamentos vazios do Altos para ligar para Nubia e lhe pedir que se escondesse imediatamente com seus filhos. Desci atrás dele e vi quando ele conseguiu falar com um deles, que foi correndo para a portaria do edifício. Mas não pôde fazer nada, porque sua mãe havia acabado de entrar em um táxi. Havia sido sequestrada também.

Nubia trabalhara vários anos conosco, e dado que nos sentíamos encurralados no Altos, isolados do mundo exterior, eu tivera que recorrer a ela e suplicar que nos ajudasse a levar e trazer cartas para que nos comunicássemos com Pablo. Ela aceitara, mas o nervosismo não a abandonava. Por isso, nunca deixei de lamentar que naquela época eu não houvesse tido consciência real do risco que a fazia correr. Manuela só soube o que aconteceu com a babá muitos anos depois.

Em menos de 72 horas, nossa situação no Altos havia se tornado mais que desesperadora, porque não só Nariz, Alicia, Alba Lía e Nubia estavam desaparecidos, como também tínhamos que proteger os dois filhos de Alba Lía que estavam conosco. Éramos seis pessoas morrendo de medo, socadas dentro do closet do apartamento. O estado de tensão em que vivíamos era tal que, a partir daí, Juan Pablo não soltou mais a escopeta que Nariz havia levado para nos proteger.

Não me equivoco ao dizer que aquelas noites de meados de novembro de 1993 foram as mais angustiantes de minha vida. Com o agravante de que, uma vez mais, o negócio de nossa saída do país parecia estancado, porque a diretora nacional da Promotoria, Ana Montes, mandara uma nova mensagem, dessa vez por Pantera: arranjariam um país aonde irmos se Pablo se entregasse primeiro.

Era o mesmo círculo vicioso. Não podíamos responder nada sobre a rendição de Pablo porque não tínhamos contato com ele. E não podíamos dar passo algum sem que ele nos dissesse como, quando e com quem.

Mas, como mais uma vez estávamos diante do dilema de sempre, viver ou morrer, na solidão do closet concluímos que os fatos recentes não nos deixavam opção senão procurar um lugar no mundo onde nos refugiarmos. Eu, Juan Pablo e Andrea analisamos as opções, e concluímos que não havia muitas, porque recentemente Luz María, uma das irmãs de Pablo, havia sido expulsa da Costa Rica.

Então, voltamos os olhos para a Alemanha. Por quê? Porque sabíamos que, tempos antes, Nicolás, filho mais velho de Roberto, irmão de Pablo, havia passado três anos lá sem impedimento algum. Da mesma forma, Alba Marina, outra irmã de meu marido, também havia passado três meses lá. *Se eles haviam podido, por que nós não?*, pensamos, e então, tomamos a decisão de comprar as passagens para ir o quanto antes a Frankfurt, e também de informar o procurador De Greiff.

Em uma agência de viagens que a vizinha nos recomendou, adquirimos quatro passagens para ir à Alemanha no voo que saía ao cair da tarde do sábado, 27 de novembro de 1993. Restava menos de uma semana para sairmos do país, e tínhamos que agir depressa. A primeira coisa que fiz foi cumprir o protocolo e notificar a Promotoria de que íamos partir; e, de quebra, solicitei proteção para nosso traslado ao aeroporto de Rionegro, e mais tarde nossa permanência no aeroporto El Dorado, em Bogotá, enquanto esperássemos o voo da Lufthansa.

Era tanta a nossa ansiedade de sair do Altos e do país que a partir desse momento deixamos quatro malas prontas, uma de cada um de nós.

Mas logo entenderíamos que a Promotoria não estava disposta a permitir que viajássemos enquanto não estivesse resolvida a entrega de Pablo. Soubemos disso quando anunciaram a chegada de Ana Montes, que entrou no apartamento com cara de fúria. Ela me olhou com um misto de ódio e indignação, e sem rodeios me informou que um promotor de Bogotá havia aberto duas investigações contra Juan Pablo: uma pela suposta violação de várias jovens em Medellín, e outra por porte ilegal de armas.

Isso me encheu de coragem, e imediatamente chamei Juan Pablo e lhe contei o que estava acontecendo. Ele ficou pálido de fúria e respondeu sem titubear:

"Veja, doutora, eu é que tive que suportar o assédio de muitas jovens de Medellín que queriam ser 'a namorada do filho de Pablo'. Não preciso chegar ao extremo da violação para satisfazer prazer algum, porque as garotas se aproximam de mim às dezenas."

A fria e distante diretora da Promotoria respondeu que se tratava de denúncias em processo de verificação, e que os traços morfológicos de meu filho batiam com os de um homem que antes de chegar em suas vítimas se identificava como filho de Pablo Escobar. Contudo, reconheceu que não havia provas sólidas para esse caso ainda, mas que para o outro sim, porque o haviam visto entrar no edifício com uma caixa de armas.

Mais uma vez, Juan Pablo respondeu:

"Vamos fazer uma coisa, doutora. Se quiser, eu fico aqui e a autorizo a virar o apartamento e o edifício de ponta-cabeça, se for necessário, até que encontre as armas com que dizem que entrei. Faça isso agora mesmo, mas, se não encontrar nada, o que vai fazer? A única arma que há aqui é a escopeta que Nariz deixou."

As palavras de Juan Pablo foram tão convincentes que a mulher deu um passo para trás, e antes de sair, limitou-se a dizer que acreditava em sua palavra.

Superado esse impasse, por fim chegou a agora de partir do Altos rumo a nosso futuro incerto. Qualquer coisa que acontecesse conosco era preferível ao calvário que vivíamos naquela clausura.

Ir para o aeroporto José María Córdoba requeria uma complexa operação de segurança, e devo reconhecer que a Promotoria fez seu trabalho muito bem. Depois do meio-dia, quando nos avisaram que 10 caminhonetes do CTI haviam chegado, nós nos reunimos na sala do apartamento e trocamos um forte abraço. Olhamo-nos nos olhos; o medo nos fortaleceu. Estávamos indo em busca da vida, apesar de tudo. Naquele momento, tudo dependia de nós; pelo menos, era nisso que acreditávamos. Depois, descemos do quarto andar e rezamos em silêncio para que não ocorresse nenhum ataque no caminho.

Manuela e eu entramos em uma Trooper branca, blindada, e Juan Pablo e Andrea foram em outra parecida, mas vermelha de cabine branca. À frente ia uma Trooper preta, vazia, para despistar o inimigo. Dentro do veículo em que estávamos o silêncio era sepulcral; abraçando minha filha, eu rezava para Maria Auxiliadora, advogada dos casos impossíveis, para que não nos acontecesse nada.

A cena parecia de filme. Enquanto avançávamos a toda velocidade rumo ao aeroporto, de baixo eu via vários helicópteros da polícia sobrevoando a caravana. As portas das aeronaves estavam abertas e eu podia ver os homens armados com fuzis e metralhadoras. O barulho era ensurdecedor, e dos dois lados da rua os veículos se afastavam como podiam.

Depois de tantas horas de tensão, de estar com o coração na boca, de temer um ataque provindo de qualquer lugar, por fim chegamos sem um arranhão ao aeroporto de Rionegro. Poucos minutos depois, às 13h15, estávamos dentro de um avião da Avianca rumo a Bogotá. Quando aterrissamos em El Dorado, fomos conduzidos à sala VIP do edifício internacional, onde em poucos minutos nos encontramos cercados de autoridades e jornalistas que rondavam por ali.

A agitação em torno de nós foi, até certo ponto, desproporcional, porque o vice-procurador-geral, Francisco José Cintura, enviara seu corpo de escoltas, composto por cerca de 20 homens. O Departamento Administrativo de Segurança (DAS) mobilizou mais 15 detetives, e nos arredores de onde estávamos postou-se meia centena de agentes da Polícia Nacional. Era um fato: sairíamos do país. Mas meu pensamento estava com Pablo, de quem não tínhamos notícias havia vários dias. O que me tranquilizava era saber que ele pelo menos não era mencionado na mídia, nem para bem nem para mal. Quem poderia imaginar que meu marido só tinha mais uma semana de vida?

Por questões de segurança, os primeiros a entrar no avião fomos nós, e nos sentamos na classe executiva. A aeronave estava lotada, e saiu no horário. Rapidamente subiu aos céus, mas eu não parava de olhar para a porta, porque tinha a impressão de que alguém ia entrar para nos tirar dali. A paranoia não me deixava em paz. Em certo momento, Juan Pablo e Andrea começaram a brincar de adivinhar quem encontrava primeiro um policial disfarçado entre os passageiros. Ela indicou vários, e ele dois em particular, sentados perto de nós, que foram os primeiros a se levantar quando o avião aterrissou em Frankfurt.

Durante a maior parte do tempo não conversamos. Nada de perguntas, só silêncios. Fazia cerca de dez anos que não dormíamos o suficiente, porque nossa vida havia passado entre atentados, perseguições, clausuras; tínhamos sempre que estar alertas. O cansaço me obrigava a fechar os olhos, mas logo os abria de novo, sobressaltada, porque tinha medo de dormir e perder meus filhos de vista.

Quando o avião já estava havia mais de uma hora em voo, respirei com certo alívio, confiando que estávamos a caminho da liberdade, da vida. Mas eu estava muito enganada, porque essa ilusão duraria meras quarenta e sete horas. Eu não sabia disso naquele momento, mas enquanto estávamos naquele avião com a esperança de reinventar nossa vida em um país europeu, estava em marcha na Colômbia um plano secreto que tinha como objetivo nos usar para caçar Pablo.

O que aconteceu naquela época eu fui saber com detalhes em abril de 2017, ou seja, vinte e quatro anos depois da morte de meu marido, quando li o livro *Óscar Naranjo, El General de Las Mil Batallas* [Óscar Naranjo, o general das mil batalhas], uma extensa entrevista realizada pelo jornalista e diretor da rede W Radio, Julio Sánchez Cristo, com o oficial da polícia que teve uma alta dose de participação na operação que culminou com a morte de Pablo. Para nossa desgraça, o relato do general Naranjo é impressionante, porque não deixa dúvida de que caímos em uma armadilha. O texto é o seguinte:

O desenlace dessa história havia começado no final de novembro de 1993, quando soubemos da intenção da família Escobar de ir para a Alemanha em busca de um eventual asilo. Então, surgiram três fatores que nos levaram a pensar que essa partida era perigosa para o país, e, por isso, tínhamos que fazer que não fossem recebidos naquela nação: um, porque se a família de Pablo estivesse protegida, ele endureceria e ficaria mais violento, porque já não teria nada a perder; dois, porque justamente a família era uma das possibilidades que tínhamos de localizá-lo; e três, porque se o asilo de sua família desse certo, ele teria um fôlego internacional que dificultaria as operações em marcha. O embaixador alemão na Colômbia teve um papel fundamental. Ele foi visitado pelo diretor da polícia, meu general Gómez Padilla, que o fez ver a gravidade que significava para a Alemanha receber – de forma permanente ou temporária – a família de Escobar. No entanto, enquanto as consultas eram feitas e as chancelarias dos dois países examinavam o assunto, os Escobar saíram do país em 27 de novembro, mas o general Gómez Padilla conseguiu fazer que dois oficiais da polícia viajassem disfarçados naquele voo que fazia a rota Bogotá-Frankfurt.

Estávamos havia duas horas no ar quando, de repente, apareceu um jovem que disse se chamar Óscar Ritoré, que trabalhava como repórter do telejornal *Noticias Uno*. Como ele sabia que estávamos naquele voo? Eu perguntei e ele respondeu com evasivas, mas era claro que alguém de muito alto nível em Bogotá havia vazado a informação. O jornalista foi direto ao ponto e disse que queria uma entrevista conosco, que julgava muito dolorosa a situação que estávamos vivendo, e se ofereceu para ajudar no que pudesse.

Ao longo dos anos, nem Pablo nem nós havíamos tido quase relacionamento algum com nenhum jornalista, mas a repentina presença de Ritoré caiu muito bem naquele momento, porque ele poderia ser um aliado, uma garantia para que não acontecesse nada conosco. Combinamos de nos encontrar quando chegássemos a Frankfurt. Não lhe prometemos nada, mas achamos que dar uma entrevista poderia ser útil para nossa causa.

As horas passaram mais depressa que o normal, e, de repente, a voz aguda do capitão anunciou a aterrissagem na cidade alemã. Eram 6 horas da manhã de 28 de novembro de 1993, e achei estranho o fato de o avião tocar terra, frear de maneira apressada e não continuar taxiando pela pista. Quando parou completamente, o capitão disse pelo alto-falante:

"Senhores passageiros, desculpem pela aterrissagem e pela demora. Estamos em solo alemão, algumas pessoas desembarcarão, e logo seguiremos até a área internacional para concluir nosso itinerário."

Quando o piloto acabou de falar, os dois homens que Juan Pablo havia indicado como policiais se levantaram e se dirigiram a mim. Um deles disse:

"Senhora, somos da Interpol, estamos aqui em nome do governo para protegê-los e garantir que não tenham problemas de segurança."

Isso que eu havia acabado de ouvir chamou muito minha atenção. Se o Estado não havia feito nada de concreto para facilitar nossa saída do país, eu não entendia, então, qual era sua preocupação com nosso bem-estar.

Depois que o avião parou, eu pensei: *Não pode ser, o pesadelo não acabou.* Muito assustada, olhei pela janela e notei o movimento de muitas viaturas da polícia ao redor da aeronave. Não havia dúvida: estavam ali por nossa causa. Fizeram-nos descer na pista no meio do nada. Naquele instante, todas as minhas esperanças desapareceram. A situação se tornou muito dramática, porque dois policiais armados pegaram Manuela pelo braço e a conduziram para uma das viaturas. Eu me precipitei sobre eles, chorando, e supliquei que não a levassem porque ela era uma menor, tinha 8 anos e ainda tomava mamadeira. Quase ao mesmo tempo, outros policiais fizeram o mesmo com Juan Pablo e com Andrea, e os levaram separados para outras viaturas.

"Senhor agente, não podem me separar dela. Por favor, eu lhe peço, não a levem."

Manuela gritava e esticava a mão para que eu a protegesse.

"Mamãe, não me deixe!"

Eu chorava desconsolada, e não me lembro com exatidão se alguém traduzia o que eu dizia, mas era tal minha súplica que deviam ter entendido a que eu me referia ou do que estava falando. Como eu gritava feito louca porque estavam me separando de meus filhos, principalmente de Manuela, um dos homens uniformizados disse em perfeito espanhol para me calar:

"Senhora, o que quer? Seu marido está ameaçando dinamitar todos os aeroportos da Alemanha."

Obviamente, eu não fazia ideia de se isso poderia ser verdade, mas minha prioridade naquele momento era manter Manuela ao meu lado

– coisa que aconteceu depois de um pouco de briga. Os alemães devem ter pensado que a menina não tinha culpa de nada, e de repente permitiram que me acompanhasse em uma das viaturas policiais. Da pista de aterrissagem nos levaram ao gabinete da Interpol no aeroporto, onde seríamos interrogados. Enquanto organizavam a logística necessária e arranjavam um tradutor, prenderam-nos separados em quartos desagradáveis onde só havia um beliche de cimento coberto com duas mantas que cheiravam muito mal. Além do mais, tínhamos que bater na porta para que um guarda armado nos acompanhasse ao banheiro.

Lembro que, antes de entrar nesses quartos que faziam as vezes de celas, nos revistaram minuciosamente, bem como a nossa bagagem. Juan Pablo usava mocassins modernos, adornados com várias linguetas de couro; uma delas escondia, muito bem colado, um papelzinho com o número de telefone que Pablo havia nos dado alguns dias antes. Não o encontraram.

O interrogatório a que me submeteram por mais de trinta horas contínuas foi uma das experiências mais humilhantes de minha vida. Era um atrás do outro perguntando as coisas mais díspares sobre meu marido: seu possível paradeiro, sua fortuna, seus sócios... e também o porquê de nossa decisão de ir à Alemanha, nossos contatos naquele país, o dinheiro que levávamos. Manuela ficou o tempo todo ao meu lado, sentada em um sofá, e me doía na alma vê-la adormecer com a mamadeira nas mãos. Eu a cobria com uma mantinha que levava na bolsa.

Os alemães nos designaram uma advogada oficial que falava espanhol perfeitamente. Suplicamos a ela que nos ajudasse a ficar na Alemanha, porque nossa volta à Colômbia seria morte certa. Aquela advogada de 35 anos, de olhos azuis e semblante sincero, ficou com os olhos marejados ao escutar nossa história; mas me fitou com impotência e disse:

"Não posso fazer muito pela senhora e seus filhos porque estou proibida."

"Por favor, doutora, peça ajuda aos Direitos Humanos. Não podemos voltar à Colômbia porque vão nos matar."

"Não posso, fui proibida de fazer isso. Não posso ajudá-la. Eu lhe desejo o melhor", disse, soluçando.

Depois, ouvi o grito de um alemão e ela teve que ir; mas, antes, apertou minhas mãos com força.

O funcionário que trabalhava na máquina de escrever parou de repente e saiu. O último oficial que havia conduzido o interrogatório disse que voltaria em alguns momentos. Voltou dez minutos depois e disse com uma voz forte:

"Senhora, um avião os está esperando para voltar à Colômbia. Recolha suas coisas e apronte seus filhos, porque partirão agora mesmo."

Não havia nada a fazer. Fomos tirados dali quase aos empurrões, e tivemos que andar depressa até as viaturas que nos levariam à pista de pouso onde esperava um avião comercial que partiria para Bogotá minutos depois. Entre gritos e soluços, eu disse aos policiais alemães que estavam nos mandando para uma morte certa, mas eles não se importaram. A advogada também discutia com eles, e por isso seguraram suas mãos com força.

"Estão condenando à morte duas mulheres e dois menores de idade inocentes", disse, sentida.

Subimos a escadinha e imediatamente as comissárias de bordo fecharam a porta principal, porque, segundo me disseram, o voo já acumulava várias horas de atraso. E o cúmulo dos males foi que o avião estava lotado de passageiros que nos olhavam com rancor, porque certamente nos culpavam pelo atraso. A verdade é que nós só soubemos que seríamos expulsos quando acabou o interrogatório e nos tiraram à força das dependências da Interpol.

A ida à Alemanha fora muito transgressora e ousada. Eu havia passado por cima do Estado, dos Pepes e de todos os inimigos de Pablo só para achar uma solução naqueles momentos tão angustiantes, quando víamos nossa vida pendendo por um fio. Eu tinha arriscado tudo, mas o destino mudara o rumo dos acontecimentos. Era um problema atrás do outro. Parecia que não havia um momento de calma. Tudo era uma tempestade constante, que jamais amainava.

Um longo e tedioso silêncio tomou conta do ambiente hostil dentro daquele voo que eu nunca quis. De novo fechei os olhos, tentando descansar; mas, uma hora depois de decolarmos, ouvimos a voz gentil e moderada do comandante da aeronave, acompanhada por um mapa da Europa que apareceu de repente nos monitores. O que o capitão disse, evidentemente, tinha a ver conosco:

"Senhores passageiros, lamento informar que teremos um novo atraso no voo; estamos sendo obrigados a desviar porque as autoridades francesas proibiram que sobrevoemos seu espaço aéreo porque neste avião estão os filhos e a esposa de Pablo Escobar. Obrigado por sua atenção."

Eu não podia acreditar. Havíamos acabado de ser expulsos da Alemanha e agora não nos permitiam passar a 10 mil pés de altura sobre a França. Eu queria que a terra me engolisse, sentia o olhar recriminador dos passageiros que deviam estar se perguntando: "Onde estão?", "Onde está a família de Escobar?".

As horas passavam entre o tédio e o desânimo, quando, de repente, cruzei a olhar com uma senhora vestida de vermelho, com um manto da mesma cor na cabeça. Era morena, bonita, com uma pinta que adornava seu rosto e grandes olhos pretos que irradiavam uma sensação de tranquilidade. De repente, ela se levantou da poltrona e se aproximou de mim com uma pequena Bíblia nas mãos.

"Senhora, como está? É um prazer cumprimentá-la. É muito triste o que está acontecendo com a senhora. Meu nome é Luz Miriam. Tome esta Bíblia. Leia o Salmo 23, que vai ajudá-la a sair da encruzilhada em que se encontra. Tenha fé e verá que tudo vai melhorar."

A Bíblia era um exemplar muito especial, porque tinha capa de couro cor de vinho, letras douradas e um marcador de páginas. Conversamos por vários minutos, e eu lhe contei as razões pelas quais havíamos sido forçados a voltar à Colômbia. Ela devia ter me achado tão angustiada que pediu uma caneta emprestada e em uma das páginas do livro sagrado anotou seu endereço e telefone em Bogotá, caso eu precisasse de alguma coisa. Naquele momento tão crítico, a Bíblia de presente e as palavras daquela mulher gentil foram um bálsamo, um sinal de que a vida me daria outra chance. Agradeci por alguém nos dirigir a palavra e disse:

"Obrigada, senhora, obrigada."

Depois de nos despedirmos, segui seu conselho e li o salmo que ela havia sugerido. Dizia assim:

> *O Senhor é o meu pastor, nada me faltará.*
> *Deitar-me faz em verdes pastos, guia-me mansamente a águas tranquilas.*
> *Refrigera a minha alma; guia-me pelas veredas da justiça, por amor do seu nome.*
> *Ainda que eu andasse pelo vale da sombra da morte, não temeria mal algum, porque tu estás comigo; a tua vara e o teu cajado me consolam.*
> *Preparas uma mesa perante mim na presença dos meus inimigos, unges a minha cabeça com óleo, o meu cálice transborda.*
> *Certamente que a bondade e a misericórdia me seguirão todos os dias da minha vida; e habitarei na casa do Senhor por longos dias.*

Ao ler o salmo, recordei que a misericórdia do Senhor havia nos protegido todos os dias. Sou católica crente. Acredito em Deus, em Sua condução e Sua justiça. Naquele momento, eu me aferrei a Ele; era a única esperança que me restava.

Ainda hoje tenho a Bíblia, que sempre ocupa um lugar especial em meu criado-mudo.

O momento de desassossego que me permitiu o encontro com Luz Miriam seria fugaz, porque nossa dura realidade nos forçava a olhar de frente o incerto panorama que nos esperava. *O que acontecerá conosco quando chegarmos à Colômbia?*, eu me perguntava sem parar, aterrorizada. Naquele momento, eu não tinha uma resposta, e, evidentemente, também não podia intuir que, enquanto íamos para a América do Sul, estava em marcha em Bogotá a segunda parte do plano secreto urdido pelas autoridades para localizar meu marido. A primeira parte da estratégia já havia funcionado, porque a Alemanha não nos permitira entrar em seu território.

Como já mencionei antes, o livro no qual Julio Sánchez Cristo entrevista o general Óscar Naranjo me revelou em 2017 o que de verdade aconteceu naquele 29 de novembro de 1993, enquanto atravessávamos o Atlântico rumo à Colômbia. O relato é impressionante:

> *Sou responsável pela sugestão de que eles (os Escobar) fossem para o Residencias Tequendama por questões de segurança. Tudo pensando que eles pediriam proteção, porque Escobar tinha certeza de que os Pepes os matariam. Então, dissemos que cuidaríamos deles, como de fato fizemos, desde que aceitassem ficar nesse hotel. A ideia era mantê-los sob vigilância em um lugar que pudéssemos controlar. Quando já era um fato que seriam deportados da Alemanha, instalamos microfones sem fio, bem artesanais, que nos permitiam escutar tudo que diziam no apartamento. E também grampeamos as linhas telefônicas.*

Eram cerca de 8 horas da noite quando o piloto anunciou a aterrissagem no aeroporto El Dorado de Bogotá. As palavras do capitão me provocaram uma insuportável sensação de angústia, e senti falta de ar. Estava com muito medo. Minhas pernas estavam pesadas, e por alguns momentos hesitei em me levantar. Abracei forte Manuela, Juan Pablo e Andrea e recordei uma frase muito usada em minha terra: *A la buena de Dios*, que significa deixar-se nas mãos de Deus.

Pouco depois de aterrissar, o avião parou na lateral da pista, e cinco minutos depois, a porta principal se abriu e entraram três agentes da Promotoria. Pediram aos passageiros que não saíssem de seus assentos até que nós descêssemos. Um homem que se identificou como A1 pediu nossos passaportes e disse que mandaria carimbá-los na Imigração.

Descemos do avião e nos vimos cercados de homens armados com fuzis. Estava muito frio. Com um tom de voz seco, A1 se aproximou e me disse:

"Senhora, para protegê-los, a única possibilidade que o Estado tem é levá-los a um hotel da Caixa de Aposentadoria das Forças Militares da Colômbia. Estamos indo para lá."

Eu não sabia da existência desse lugar, mas de cara não gostei.

"Não, obrigada. Prefiro que nos levem a outro hotel que tenha uma boa segurança, para que vocês possam nos proteger enquanto vemos o que vai acontecer conosco."

"Senhora, em outro lugar não podemos garantir sua segurança... tem que ser onde lhe disse, pois são as instruções que me deram. Vocês não têm outra opção."

Entramos em uma caminhonete blindada, e uma longa caravana de veículos nos conduziu ao centro da cidade, até o tradicional Hotel Tequendama, que tem como anexo uma torre de apartamentos privados. Cercados de homens armados, pegamos o elevador, que parou no 29º andar, e nos levaram a dois quartos no fim do corredor. Eram escuros, e de cara nos transmitiram nostalgia e tédio. Fisicamente eu estava esgotada e só pensava que meus filhos, minha nora e eu continuávamos pagando o pato pelas decisões de Pablo, e por isso não havia trégua para nós. Lembro que naquela primeira noite dormimos mal, com constantes sobressaltos, porque não sabíamos o que aconteceria ao amanhecer.

A partir de nossa chegada, o Residencias Tequendama se transformou em uma espécie de *bunker*. Ninguém podia subir ao nosso andar sem autorização da Promotoria, e nos arredores do hotel mais de cem homens da Polícia Militar vigiavam tudo com cães do esquadrão antibombas, e seguranças – vestidos à paisana – revistavam os carros com espelhos para detectar explosivos.

No dia seguinte, minha irmã ligou para saber como estávamos, mas minha maior preocupação era que não tínhamos notícias de Pablo. Por telefone eu não podia lhe pedir que descobrisse alguma coisa, não podia nem o mencionar. Eu tinha certeza de que os telefones estavam grampeados. E com todos os guardas que nos protegiam, eu só podia pensar que seria impossível para ele mandar alguma mensagem, e muito menos aparecer por ali.

Assim chegou o dia 1º de dezembro de 1993, dia do aniversário de Pablo. Como não tínhamos contato com ele, decidimos que Juan Pablo daria uma breve entrevista para uma emissora de rádio de Medellín para cumprimentá-lo pelo aniversário, para dizer que estávamos bem e lhe contar sobre a experiência ruim que havíamos vivido na Alemanha. Sabíamos que Pablo estaria ouvindo essa estação, porque, no passado, eles haviam sido respeitosos conosco e divulgavam sem restrição os comunicados que ele expedia.

No dia seguinte, 2 de dezembro, Juan Pablo falou com vários jornalistas que ligaram pedindo entrevistas, porém ele rejeitou todas. Mas aceitou receber um envelope que o jornalista Jorge Lesmes, da revista *Semana*, enviaria naquele dia com um questionário dirigido a Pablo. Foi o único contato que aceitamos com um meio de comunicação, porque, tempos atrás, aquele repórter havia falado com meu filho e tínhamos certa confiança nele.

Às 13 horas ligaram da recepção e me informaram que três generais, do Exército, Marinha e da Polícia, iam falar conosco, porque a gerência do hotel havia autorizado o reforço da segurança do edifício com mais 100 soldados, bem como o isolamento total do 29º andar.

Enquanto a tensa conversa com os visitantes inesperados avançava, tocou o telefone e Juan Pablo respondeu.

"Olá, 'vozinha'. Tudo bem? Não se preocupe, estamos bem, estamos bem", disse, cortante, e desligou.

Seu tom de voz chamou minha atenção, e pensei que, na realidade, ele havia falado com outra pessoa.

A conversa com os generais começou a se estender, e cinco minutos depois, o telefone tocou de novo. Juan Pablo atendeu.

"'Vozinha', por favor, não ligue mais, estamos bem."

Mas, dessa vez, meu filho não desligou, e disse que sua avó queria falar comigo. Fui correndo para o quarto ao lado enquanto Juan Pablo dispensava os generais.

Era Pablo. Senti uma imensa alegria ao escutá-lo, mas Juan Pablo entrou correndo e me mandou desligar logo porque era certo que estavam rastreando a chamada. Entendi a advertência e me despedi:

"*Míster*, cuide-se de todas as maneiras possíveis. Sabe que todos nós precisamos de você."

"Fique tranquilinha, meu amor, que eu não tenho outro incentivo na vida senão lutar por vocês. Estou em uma caverna, estou muito, muito seguro; a parte difícil já passou."

Mas ele não se rendia e continuava ligando. Juan Pablo desligou o telefone na cara dele mais duas vezes, mas tocava de novo e Pablo pedia para falar comigo ou com Manuela. Juan Pablo, desesperado, gritava:

"Desliguem! Desliguem agora, senão vão matá-lo! Desliguem! Peçam, por favor, para ele não ligar mais, digam que estamos bem! Que não se preocupe. Desliguem agora!"

Depois das 2 horas da tarde, já havíamos recebido o questionário da revista *Semana* e Juan Pablo estava respondendo às perguntas quando chegou outra ligação de Pablo. Meu filho colocou no viva-voz, e meu marido lhe pediu que lesse as perguntas devagar, porque Limón – o guarda-costas que o acompanhava – as anotaria em um caderno. Quando estava na quinta, Pablo o interrompeu e disse que ligaria em vinte minutos. Assim fez, e Juan Pablo continuou ditando as perguntas.

Mas, de repente, Pablo disse:

"Já ligo."

Enquanto isso acontecia, eu estava sentada em uma salinha que dividia os dois quartos, falando ao telefone com minha irmã. De repente, escutei um grito de Juan Pablo:

"Mataram meu pai? Não pode ser!"

Sem entender o que estava acontecendo, eu disse a minha irmã:

"Irmãzinha, descubra o que está acontecendo em Medellín. Estão dizendo que acabaram de matar Pablo."

Desliguei e saí correndo para falar com Juan Pablo. Notei que nesse momento Manuela estava tomando banho, cantando uma de suas canções preferidas. Minha irmã ligou de novo e confirmou que, de fato, Pablo estava morto. E acrescentou que nos arredores do lugar onde estava escondido ouvia-se o barulho de vários helicópteros.

Eu queria morrer. Chorei desconsoladamente. O desenlace que tanto temíamos havia chegado. Meu marido tinha morrido por causa de sua teimosia, por ignorar a mais importante de suas medidas de segurança: falar ao telefone. Seus inimigos por fim o haviam caçado.

Andrea ligou o rádio; as principais redes de notícias davam como fato a morte de Pablo em uma operação da polícia.

Dez minutos depois, recebemos uma ligação; Juan Pablo atendeu, muito perturbado. Fez um gesto indicando que era a jornalista Gloria Congote, que naquela época trabalhava no telejornal *QAP*. O curto diálogo que mantiveram foi dramático.

"Alô", disse a repórter.

"Ah, não me incomode agora que estamos vendo se é verdade a notícia sobre meu pai."

"Acabaram de confirmar... a polícia acabou de confirmar."

"Ah..."

"Ele estava no centro comercial Obelisco, no centro de Medellín."

"Fazendo o que lá?"

"Não sei... a polícia acabou de dar a informação... uma declaração oficial."

"Vida filha da puta! Não queremos falar neste momento. Mas vou matar quem o matou! Vou matar todos esses filhos da puta, vou matar sozinho esses filhos da puta!"

Juan Pablo desligou. Entreolhamo-nos. O tom ameaçador de suas palavras era mais que desafortunado, e foi o que Andrea e eu lhe dissemos.

"Não pode ser, não pode ser, filho! Você não pode dizer isso, você é filho de Pablo Escobar. Palavras violentas jamais, jamais, Juan Pablo. Você não pode ser violento, vão matá-lo. Não posso, não aguento mais tanta dor", disse eu, desesperada e chorando.

Quando escutei as palavras de Juan Pablo, meu mundo desabou. Sem medir as consequências, ele acabara de fazer uma declaração de guerra. Seu pai havia acabado de cair. Por acaso ele não percebia? Juan Pablo tinha perdido as estribeiras. Sua dor era tão grande, sentia-se tão abandonado, que falara sem pensar. Nunca, nunca me senti tão perdida quanto naquele momento.

No entanto, um momento de reflexão foi suficiente para que meu filho se arrependesse do que havia dito. Por isso, não teve dúvidas e entrou em contato primeiro com o jornalista Yamid Amat, diretor do telejornal *CM&*. Explicou o que havia acabado de acontecer e disse categoricamente que não vingaria a morte de seu pai. Depois, falou com Gloria Congote e lhe pediu para gravar uma curta declaração para dizer que não tomaria represálias e que dali em diante só cuidaria de sua sofrida família.

Os momentos seguintes foram de muita dor. Não cabia mais tristeza em meu coração, em meu ser, em minha vida. A desesperança era total. Quando consegui reunir um pouco de forças, combinei com Juan Pablo que nós dois juntos daríamos a notícia a Manuela. Pouco depois o fizemos. Não há palavras para descrever a dor de minha filha. Chorando sem parar, ela dizia:

"Não, não pode ser, mamãe. Meu pai, não, meu pai não está morto", repetia enquanto se arrastava, desesperada, pelo tapete.

Pablo estava morto, e nosso panorama era mais incerto que antes. Como sairíamos daquela situação? O que nos esperava?

A NEGOCIAÇÃO

CAPÍTULO 3

O que faço agora? Como começar uma nova vida sem Pablo? Essas e muitas outras perguntas para as quais eu não tinha resposta não me deixaram dormir aquela noite. Era 3 de dezembro de 1993 e havíamos acabado de voltar de Medellín, onde poucas horas antes sepultáramos o corpo de meu marido. Minha responsabilidade como mãe dizia claramente que eu tinha que tirar forças de onde não havia para mostrar a meus filhos Manuela e Juan Pablo, e à sua namorada, Andrea, que apesar da dor que nos embargava, a vida continuava e éramos obrigados a seguir em frente. Mas, como? Eu não tinha a menor ideia. No silêncio de meu quarto, pensei que o que nos esperava não seria nada fácil, porque com Pablo morto, nós, sua família, havíamos perdido todo o valor, e estávamos à mercê de seus muitos inimigos que queriam nos ver mortos. Também não representávamos nada para o Estado colombiano, e nosso futuro não importava a ninguém.

Dois dias depois, enquanto tentávamos encontrar uma saída para nossa complexa situação, uma visita inesperada foi crucial para começar a abrir o horizonte. Tratava-se de um velho conhecido, o aficionado por cavalos Fabio Ochoa Restrepo, que, no domingo, 5 de dezembro, chegou ao Residencias Tequendama. A chegada de Fabio, por quem Pablo sempre sentira uma espécie de veneração, foi muito boa, especialmente porque chegou com um banquete debaixo do braço. De seu restaurante La Margarita del 8, situado na estrada do norte de Bogotá, ele chegou com

– sem exagero – o equivalente a mais de uma centena de pratos de *bandeja paisa*, que foram suficientes para alimentar a nós, a dezenas de policiais, soldados, agentes da Promotoria e agentes secretos que nos protegiam.

A comilança de feijão, carne moída, toucinho, *arepa*, chouriço, banana madura fatiada e ovo foi memorável; mas, depois, não pude evitar a estranha culpa provocada pelo excesso. Mas, bem, valeu a pena.

O encontro com Fabio foi agradável. Durante a tarde toda conversamos sobre o que havia acontecido conosco nos últimos anos. Mas, quando se levantou do sofá para se despedir, disse, sério e preocupado, que devíamos ter cuidado, porque ouvira o rumor de que Fidel Castaño, o chefe dos Pepes, insistia em assassinar Juan Pablo, Manuela e eu para apagar qualquer marca da saga de Pablo Escobar.

A revelação de Fabio nos deixou mais que alarmados, e com a certeza de que a vigilância do hotel onde nos hospedávamos, no centro de Bogotá, seria insuficiente se Castaño decidisse ordenar um ataque contra nós. Estávamos no pior dos mundos: indefensos e à mercê do poderoso exército que conseguira vencer meu marido e sua rede criminosa.

Mesmo assim, depois de discutir diversas opções com Juan Pablo e Andrea, concluímos que a única saída que nos restava no momento era tentar nos aproximarmos de Fidel Castaño, com quem eu havia mantido uma curta amizade no início dos anos 1980. Para isso, liguei para Elsa Juliana, em Medellín, a jovem e bela esposa de um ex-sócio de Pablo com quem eu havia deixado de falar por causa da guerra, e lhe pedi que fosse a Bogotá porque precisava de ajuda urgente. Ela aceitou de imediato, e no dia seguinte foi nos visitar. Depois de lhe explicar a situação angustiante e urgente em que nos encontrávamos, ela concordou em levar uma mensagem para Castaño.

"Victoria, uma carta para Fidel será suficiente. Tenho certeza de que ele vai escutá-la. Sei que no passado vocês tiveram um bom relacionamento. Eu posso entregá-la."

Arregaçamos as mangas, e duas horas depois estava pronta uma curta e dramática mensagem na qual eu suplicava a Fidel que nos permitisse viver.

> *Você, mais que ninguém, sabe que estou passando pelo momento mais doloroso e confuso de minha vida. Dada a relação que tivemos no passado, eu lhe escrevo para lhe pedir que poupe minha vida e a de meus filhos. Você me conhece, conhece minha maneira de ser e de pensar, sabe que durante muito tempo eu supliquei a Pablo pela não violência, mas ele nunca me escutou. Nunca compreendeu o risco*

que dia a dia nos fazia correr como família. Meu papel sempre foi de uma mãe comprometida a cuidar e educar seus dois filhos. Peço-lhe que me ajude falando com todos os chefes de todos os cartéis. Fidel, por Deus, eu suplico, vão nos matar, preciso de sua compreensão.

A ação foi eficaz, porque, três dias depois, e em um gesto que nunca me cansarei de agradecer, Elsa Juliana estava de volta ao Residencias Tequendama com uma resposta tranquilizadora contida em três parágrafos:

Tata, não se preocupe, eu não tenho nada contra você nem contra seus filhos. De minha parte, nada vai acontecer com vocês. Eu sei que tipo de mulher você é, conte com meu apoio para o que precisar para poder resolver sua situação. Nos próximos dias mandarei meu irmão Carlos para que a acompanhe e a vá ajudando a dar os passos que tenha que dar.

Na mensagem também me informava que havia dado ordem a seu irmão de me devolver algumas obras de arte que os Pepes haviam roubado de nós durante a caça a Pablo, incluindo o famoso quadro *Rock and roll*, do pintor espanhol Salvador Dalí. Saber que o quadro estava nas mãos dos Castaño me causou alegria, porque, até esse momento, eu achava que havia sido queimado no ataque dos Pepes a nossa casa de campo no bairro El Diamante, em El Poblado.

A carta de Fidel tirou um enorme peso de cima de mim. Era como se houvesse acontecido um milagre, porque um dos homens mais temidos e sanguinários do país não só poupava nossa vida, como também oferecia a ajuda de seu irmão mais novo, Carlos. Na etapa final da perseguição a Pablo, Carlos havia se tornado o principal informante do Bloco de Busca, onde o conheciam como Alex ou o Fantasma.

Sem dúvida alguma, a rápida resposta de Fidel Castaño foi uma boa notícia, mas era evidente que nossos problemas estavam muito longe de se resolver. No fundo, eu sabia que chegariam dias muito cinzentos para mim, para meus filhos e minha nora, e não tinha a menor ideia de quanto tempo teria que se passar para que o labirinto sem saída em que nossa vida havia se transformado se resolvesse.

Jamais imaginei que um dia me serviria ter mantido uma relação de amizade mais ou menos próxima com Fidel, a quem Pablo me apresentara um dia na fazenda Nápoles como um amigo. Naquela ocasião, estávamos na sala de jantar, e além de Fidel, havia vários chefes do narcotráfico a quem Pablo convocara para definir a cota que cada um teria que dar para financiar a campanha contra a extradição. Durante o almoço, meu marido expôs as razões pelas quais era indispensável dispor de dinheiro suficiente para brigar contra o envio de colombianos aos Estados Unidos; os presentes o aplaudiram. Ele não disse nada naquele momento, mas já fazia vários anos que pagava de seu bolso todos os gastos relacionados a esse assunto. E achava que chegara a hora de envolver a máfia toda.

Em Fidel Castaño encontrei um homem respeitoso, inteligente e glamoroso que gostava de arte – como eu –, boa mesa e vinhos de qualidade. Não foram muitas as vezes que o vi, mas suficientes para conversarmos durante horas sobre os pintores de que gostávamos, as técnicas mais adequadas, as tendências artísticas mais perduráveis. Eu e Fidel encontramos afinidades que acabaram enchendo Pablo de inseguranças, até que se transformaram em ciúme não declarado.

Uma dessas vezes que encontrei Fidel foi na fazenda Nápoles, aonde ia com Pablo com muita frequência. Em um fim de semana, às vezes chegavam 200 convidados, e meu marido dedicava a maior parte do tempo a atendê-los. A algaravia era sufocante, e mesmo na imensidão do zoológico e da bela paisagem da fazenda, costumava acontecer de eu me sentir sozinha.

Naquela ocasião em que ele foi a Nápoles, Fidel me viu nos arredores da piscina da casa principal – conhecida como La Mayoría – e me pediu que o acompanhasse em uma caminhada até a entrada da fazenda. Respondi que sim, sem me dar conta de que entre a ida e a volta demoraríamos pouco mais de duas horas. Foi um passeio delicioso, porque além do fato de que nós dois gostávamos de caminhar e fazer esportes, paramos para observar a paisagem, os lagos, os animais exóticos e o entardecer, um verdadeiro presente da natureza. Quando voltamos, Pablo estava me esperando com cara de contrariado.

"Onde você estava, Tata?"

"Pablo, fui caminhar com Fidel porque estava entediada."

O mal-estar de meu marido era evidente, mas ele não disse nada, e logo continuou conversando com Fidel enquanto eu fui buscar Juan Pablo.

Como bom machista, era evidente que Pablo estava incomodado com Fidel Castaño, mas, diferentemente do típico ciumento, ele não fazia cenas nem comentários insidiosos. Lembro que, uma vez, meu marido devia ter me ouvido dizer que Fidel iria nos visitar no edifício Mónaco para conhecer nossa residência e, de quebra, ver minha coleção de arte. Então, limitou-se a fazer um comentário curto e direto:

"Tata, não leve Fidel ao Mónaco enquanto eu não autorizar."

Mas como dizer a Fidel Castaño que não fosse? Eu morria de vergonha, e acabei dizendo sim, mesmo sabendo que Pablo ficaria bravo comigo.

Na noite de quinta-feira da visita, esperei no *hall* de acesso à cobertura do edifício enquanto ele subia pelo elevador privado. Chegou vestindo um elegante smoking preto, e eu usava um vestido do designer italiano Clemente Valentino. Depois que nos cumprimentamos, notei que meu convidado acompanhava com olhar atento os elementos que decoravam o local, entre eles, uma escultura de Auguste Rodin, dois candelabros de madeira chineses com duas grandes velas e um vaso italiano com uns gladíolos brancos lindos que haviam chegado naquela manhã de Bogotá em um avião de Pablo. Depois, percorremos sem pressa os dois andares do espaçoso apartamento do edifício Mónaco, onde estava, orgulhosa, minha coleção de quadros. Entre eles, destacavam-se obras de Claudio Bravo, Alejandro Obregón, Fernando Botero, Édgar Negret, Enrique Grau, Oswaldo Guayasamín, Salvador Dalí e Igor Mitoraj. Eu também tinha esculturas de Auguste Rodin de mármore e bronze, tapeçarias de Olga de Amaral e o monumento *La vida*, do mestre Rodrigo Arenas Betancourt, que ficava na entrada principal do edifício Mónaco em Medellín.*

Quando fomos para a sala de jantar, Fidel disse que estava muito impressionado com a qualidade das obras, mas também com o cuidado que eu havia tido ao obter os certificados de autenticidade de cada uma.

Pablo não estava em casa essa noite, e Fidel e eu mantivemos uma conversa longa e interessante sobre arte, que nos levou a uma viagem imaginária por museus da Europa. Castaño me contou que gostava de ir a Paris porque tinha ali um apartamento luxuoso, em cujas paredes estavam pendurados vários de seus melhores quadros. Acrescentou que costumava visitar exposições e comprar uma ou outra obra de arte.

Falar de pintores, de obras, de museus não é uma ostentação de intelectualismo, nem pretendo impressionar os leitores. Em outro capítulo deste livro vou explicar com detalhes como mergulhei nesse mundo mágico, que durante alguns anos ajudou a amenizar o entorno adverso que me cercava por conta das aventuras de meu marido.

---

* No início dos anos 1980 existia uma norma urbanística em Medellín segundo a qual, para embelezar a cidade, os edifícios deveriam ter uma obra de arte na fachada. Como, em 1982, a construção do edifício Mónaco já estava em andamento, e eu também incursionava no mundo da arte, tive a oportunidade de conhecer o mestre Arenas Betancourt – um escultor risaraldense muito famoso naquela época –, a quem encomendei uma escultura que representasse Pablo, Juan Pablo e eu. Ele a intitulou *La vida*. Minha filha Manuela não aparece na obra porque nasceu em maio de 1984, no Panamá, e a levamos para viver no edifício em abril de 1985, antes que completasse seu primeiro ano. *La vida* tem 10 metros de altura e um valor aproximado de 1 bilhão e 200 mil pesos, uns 400 mil dólares a preços até a publicação deste livro.

O convite a Fidel Castaño para ir ao edifício Mónaco me custaria caro, porque Pablo ficou muito bravo e deixou de falar comigo por um mês. Claro que era um exagero, mas, conhecendo seu temperamento, decidi mandar várias cartas ao local onde ele se escondia, rogando que mandasse me buscar para eu lhe explicar o que havia acontecido. Por fim ele aceitou; foram me buscar e me levaram à fazenda La Pesebrera, em Loma del Chocho, na parte de cima do município de Envigado. Encontrei-o ainda muito bravo e sério, com um olhar frio e distante que me deixou intimidada. Demorei para conseguir quebrar o gelo, e lhe dei todas as explicações possíveis. Mas o senti ausente, com a cabeça em outro lugar.

De repente, dois empregados o chamaram de lado, disseram algo em voz baixa e ele foi direto para nosso quarto.

"Tata, Tata, Tata."

"O que aconteceu, Pablo?"

"Tenho que ir, surgiu um problema, conversaremos outra hora", disse, agitado.

Mas, antes de ir embora, demonstrou que não havia esquecido a história de Fidel e esgrimiu o clássico argumento do marido ressentido com seu suposto rival:

"Ah, Tata, quero que saiba que Fidel é bicha."

"Pablo, se Fidel é o que você está dizendo, não se preocupe mais."

Minha discussão com Pablo por causa de Fidel Castaño parecia superada, mas ainda haveria mais.

Dois meses depois, para retribuir meu convite ao edifício Mónaco, Fidel convidou a Pablo e a mim para jantar em sua mansão conhecida como Montecasino. No entanto, o encontro não foi muito agradável, porque Fidel ostentou justamente aquilo de que Pablo não gostava: etiqueta. Ele nos recebeu de smoking preto e no mínimo quatro garçons serviram o jantar em um elegante serviço de prata com cinco talheres. O máximo desconforto de Pablo foi quando teve que me perguntar em voz baixa como usar os utensílios para comer o caranguejo.

Quando acabamos a sobremesa, o anfitrião nos guiou por uma espécie de percurso por sua enorme residência, que evidentemente nos impressionou, porque tinha obras originais de Alejandro Obregón, Oswaldo Guayasamín, Fernando Botero, Joan Miró e Claudio Bravo, entre outros, bem como antiguidades belíssimas, tapetes persas e móveis italianos muito finos. O percurso por Montecasino culminou em uma grande adega de vinhos franceses.

A seguir, para irritação maior de meu marido, Fidel Castaño disse que o convite incluía banho turco e hidromassagem, que já estavam prontos.

Mas Pablo não soube disfarçar sua contrariedade, porque ficou pálido, e depois de me olhar com cara de surpresa, respondeu que precisávamos ir embora porque ele tinha um compromisso com outras pessoas em outro lugar de Medellín.

Semanas depois, eu soube que a cara de impaciência daquela noite se devia ao fato de que naquele outro lugar da cidade, a seis quadras de nossa casa, Wendy Chavarriaga, uma de suas amantes do momento, esperava Pablo em seu apartamento.

Essa foi uma das últimas vezes que vi Fidel Castaño. Pelos acasos da vida, a mim, esposa de Pablo Escobar, coube conhecer um homem sensível, especialista em arte, amante da boa mesa, de modos finos, que em nossos encontros jamais fez alusão a suas atividades criminosas. Sua outra faceta, bastante obscura, a propósito, eu conheceria tempos depois: a do narcotraficante que se tornaria o poderoso chefe das autodefesas de Córdoba e Urabá, do promotor dos primeiros massacres de camponeses no país e do criador do grupo Perseguidos por Pablo Escobar, os Pepes.

De volta a dezembro de 1993, recordo que a carta de Fidel Castaño na qual afirmara que por parte dele nada aconteceria a meus filhos e a mim causou certa tranquilidade, mas também novas incertezas. Não tive mais notícias dele, e tempos depois meu caminho se cruzaria com o de seu irmão Carlos.

A troca de mensagens com Fidel foi importante naquele momento, mas a solidão que vivemos no Residencias Tequendama nos dias e semanas posteriores à morte de Pablo foi impressionante. Três irmãs minhas, grandes companheiras de sempre, estavam fora do país com suas famílias, porque os Pepes as haviam sentenciado à morte e já haviam destruído algumas propriedades delas. Outra irmã minha, grávida, ficara em Medellín; preferira ficar para cuidar de minha mãe, que estava mergulhada em uma depressão tão profunda que não lhe permitia levantar da cama. O pior era que muitas pessoas que nos conheciam em Medellín e Bogotá não iam nos visitar porque seus documentos de identidade ficariam registrados, e se exporiam a uma investigação.

Muito de vez em quando tocava o telefone, e pelo interfone do hotel anunciavam a chegada de pessoas que não nos interessavam em absoluto, e não as deixávamos subir. Um dia, contrariados, autorizamos a entrada do político liberal José Ignacio "Nacho" Vives, que disse que havia visitado Pablo no esconderijo Filo de Hambre, e ofereceu nos ajudar a conseguir asilo em Cuba em troca de uma boa quantidade de dinheiro. O ex-congressista nos pareceu convincente, especialmente quando foi com meu irmão Fernando à sede da embaixada cubana em Bogotá para provar que tinha contatos de muito alto nível em Havana.

Outro dia, ele nos convidou a almoçar em sua casa e me perguntou se gostávamos de coisas do mar. Respondi que sim, mas não imaginei que nos serviria sopa de tartaruga. Lembro que Manuela, Fernando e eu queríamos que a terra nos engolisse, porque tinha gosto de pântano. Foi um momento muito constrangedor, porque nos entreolhávamos, sorríamos, queríamos sair correndo. Ainda bem que Juan Pablo salvou o momento, porque repetiu o prato. No fim, a história de Cuba não deu em nada.

Também não correram bem as inúmeras visitas que fiz em Bogotá a dezenas de embaixadas, com a esperança de que algum governo se apiedasse de nós e nos desse um visto para sair da Colômbia. Era muito doloroso comprovar que, embora Pablo já não existisse, os Escobar continuavam sendo considerados párias. Durante vários meses fui a muitas embaixadas, dos cinco continentes, desde Espanha, França e Canadá, até nações recônditas da África, e a resposta era sempre a mesma: "Vocês são Escobar, e não têm direito de entrar nesse país". Mas eu não me dava por vencida, e dizia aos funcionários dos consulados que estavam sendo injustos, porque nem eu nem meus filhos tínhamos antecedentes criminais, nem era justo que nos fizessem pagar pelos erros de Pablo Escobar, mas a resposta era mais humilhante ainda: "A senhora simplesmente não tem direito de entrar nesse país".

Também pedi ajuda à Cruz Vermelha Internacional, mas esperei em vão por uma resposta. Em meu desespero de encontrar uma saída para nossa situação, cheguei ao ato extremo de ligar para o ex-presidente Julio César Turbay, pai da jornalista Diana Turbay, assassinada após ter sido sequestrada. Lembro dessa ligação como se fosse hoje.

"Senhor presidente, aqui é Victoria Eugenia Henao, viúva de Pablo Escobar. Sinto muito pelo que aconteceu, mas estou ligando para lhe pedir, por favor, que me ajude a sair do país, que me forneça algum contato, porque vão matar meus filhos e eu, e temos que ir embora de qualquer jeito."

"Senhora, como se atreve a me ligar? Seu marido matou minha Dianita... lembre-se de Dianita, lembre-se de Dianita."

"Senhor presidente, tem toda a razão, mas eu não tenho culpa das loucuras que meu marido fez. Ajude-me, eu tenho uma filha pequena e um adolescente..."

"Muito bem, senhora. Apesar da dor que seu marido causou a minha família, vou ajudá-la."

Agradeci a atitude e realmente esperava que o ex-presidente Turbay tivesse compaixão de nós. Mas, nas semanas seguintes, liguei várias vezes e não consegui mais falar com ele.

Passei dias inteiros na rua procurando saídas para minha família, com o agravante de que a clausura estava acabando com meus filhos: Manuela me ligava chorando o tempo todo e Juan Pablo me implorava que voltasse porque tinha medo de que me acontecesse alguma coisa.

A tristeza e a dor eram nosso pão de cada dia. Mas, de uma hora para outra, o telefone começou a tocar, e pelo interfone anunciavam a chegada de mulheres que diziam estar ali em nome dos principais lugares-tenentes de Pablo, aqueles que se entregaram pela segunda vez à justiça depois de fugir da penitenciária La Catedral, em julho de 1992. As visitas aconteceram uma após outra, em dias diferentes, e, por isso, tivemos que arrumar um quartinho como local de reunião. Ali conversei com as esposas ou companheiras de Luis Carlos Aguilar, conhecido por Mugre; Otoniel González, codinome Otto; e Carlos Mario Alzate Urquijo, de apelido Arete, entre muitos outros. A mensagem que elas portavam era mais que preocupante, porque os chefes dos cartéis de Cali e Medellín que haviam perseguido Pablo estavam exigindo grandes quantias de dinheiro como indenização pelo que haviam investido na guerra contra meu marido.

Eu não acabara de digerir o novo complexo dilema referente aos funcionários de Pablo presos nas penitenciárias e às suas famílias, quando soubemos que havia acontecido um atentado contra meu cunhado, Roberto Escobar.

Foi em 19 de dezembro de 1993, três semanas depois da morte de Pablo. A informação fragmentada que nos chegou dizia que Roberto havia sido vítima de um ataque com uma carta-bomba no presídio de segurança máxima de Itagüí. Preocupados, tentamos – sem êxito – descobrir detalhes por telefone. Mas os noticiários dessa noite revelaram que Roberto abrira com tranquilidade um envelope pardo supostamente enviado pela Procuradoria, que explodira, causando-lhe ferimentos consideráveis nos olhos, mãos e abdômen.

No dia seguinte, uma de minhas irmãs ligou de Medellín e me contou que Roberto havia sido levado com urgência à clínica Las Vegas e que estava na UTI. Mas a clínica não tinha os equipamentos oftalmológicos necessários para operá-lo, e, por isso, decidimos transferi-lo ao Hospital Militar Central de Bogotá, porque dispunha de melhores ferramentas tecnológicas e também oferecia garantias de segurança, pois circulava o rumor de que os autores intelectuais do atentado haviam dado ordem de acabar o serviço onde quer que Roberto estivesse.

Sem pensar duas vezes, ofereci pagar os gastos da transferência de Roberto a Bogotá em uma ambulância aérea. Quando constatamos que ele já estava no Hospital Militar, Juan Pablo e meu irmão Fernando foram para lá. Voltaram quase doze horas depois, e fiquei preocupada ao vê-los cheios de incertezas devido às muitas coisas que haviam acontecido no hospital.

Segundo o extenso relato deles, tiveram que esperar cerca de duas horas na UTI até que um médico apareceu e lhes informou que era indispensável extrair os dois olhos de Roberto, porque haviam sido muito afetados pela onda expansiva da bomba. Mas Juan Pablo e Fernando se negaram a assinar a autorização requerida para legalizar o procedimento; ao contrário, pediram ao especialista que fizesse o necessário para evitar que Roberto perdesse a visão para sempre. O médico assentiu, e a cirurgia se prolongou por cerca de noventa minutos. Juan Pablo e Fernando esperaram pacientemente até que, ainda anestesiado, Roberto foi transferido para um quarto onde já o aguardava um guarda do Instituto Nacional Penitenciário e Carcerário (Inpec). Seu aspecto, disseram, era lamentável, pois estava com o rosto, o abdômen e a mão esquerda enfaixados.

Após uma longa espera, Juan Pablo e Fernando puderam entrar no quarto; viram que Roberto ainda estava embotado pela anestesia, mas, mesmo assim, cumprimentou-os e disse que via um pouco de luz, mas não conseguia definir as imagens. Passados alguns minutos, Roberto estava mais lúcido, e então Juan Pablo comentou que estávamos muito preocupados porque era bem possível que o próximo alvo dos inimigos de seu pai fôssemos nós. Várias vezes meu filho insistiu em perguntar a seu tio por uma saída para tal drama, até que obteve uma resposta inesperada que mudaria o rumo dos fatos. Juan Pablo e Fernando disseram que ficaram gelados quando Roberto pediu papel e lápis e disse que escrevessem "AAA", e que fossem o quanto antes à embaixada dos Estados Unidos em Bogotá para pedir ajuda da parte dele.

No dia seguinte, Juan Pablo e Fernando foram bem cedo para a embaixada norte-americana, e voltaram consternados duas horas depois. Embora possa parecer inacreditável, "AAA" era uma espécie de senha que abriu a porta a meu filho para falar sem maiores complicações com Joe Toft, o poderoso diretor do DEA na América Latina.

"Eu estava muito nervoso. Abri caminho entre as pessoas, e ao chegar à guarita de entrada da embaixada, peguei o papel e o encostei no vidro escuro. Quase imediatamente apareceram quatro homens corpulentos e começaram a nos fotografar. Depois, um deles se aproximou e me disse que o acompanhasse. Não me perguntaram quem eu era nem me revistaram", contou Juan Pablo, ainda surpreso.

Meu filho acrescentou que a conversa com Toft fora estéril, porque, em tom displicente, ele havia dito que a única ajuda que os Estados Unidos poderiam nos dar estaria condicionada a que entregássemos informações sobre os arquivos secretos de Pablo Escobar relativos ao cartel de Cali.

"Eu respondi", prosseguiu Juan Pablo, "que com a morte de meu pai, esses arquivos desapareceram, porque ele guardava tudo em sua memória. A conversa com Toft acabou aí; ele se limitou a me entregar um cartão de visita, e ao se despedir, disse que eu ligasse se me lembrasse de algo."

Como naquele momento não havíamos entendido muito bem aquela história de "AAA", nas semanas seguintes visitamos Roberto no hospital frequentemente, apesar dos riscos que corríamos. Assim que pude, eu arquei com todas as suas despesas, que foram bastante altas. Logo começamos a enfrentar a escassez de dinheiro, e um dia eu lhe disse que era impossível ajudá-lo mais. Ele não gostou nem um pouco, a tal ponto que esse seria o primeiro de uma série de inconvenientes que nos afastariam para sempre. Naquele momento, ficou claro para mim que fomos aceitos e tivemos certo valor na família de Pablo enquanto lhes demos dinheiro... depois, passamos a ser seus inimigos.

O processo de recuperação de Roberto após o atentado acarretaria complicações de outro tipo que contribuíram para manter nosso estado de tensão permanente. Por exemplo, sua namorada na época – que estava grávida – foi morar conosco no Residencias Tequendama para acompanhar a evolução dos ferimentos dele; o inconveniente era que a esposa dele – exilada na Argentina por conta da guerra naquela época – ligava o tempo todo para perguntar sobre seu estado de saúde. Era constrangedor ficar no meio das duas.

Os obstáculos que surgiam dia após dia depois que Pablo morreu pareciam infinitos. Especialmente após a repentina chegada de uma mulher no Residencias Tequendama que se identificou como Ángela e disse que estava ali em nome de seu namorado, John Jairo Velásquez Vásquez, conhecido como Popeye, preso na penitenciária La Modelo de Bogotá. Em uma conversa de menos de dez minutos, ela me notificou que Popeye mandara dizer que eu deveria visitar o narcotraficante Iván Urdinola Grajales naquela penitenciária porque ele era portador de uma mensagem dos chefes do cartel de Cali.

A fugaz visita da namorada de Popeye me deixou um profundo desassossego, mas eu não poderia me recusar a ir. Eu não sabia, mas estava prestes a realizar outra odisseia muito perigosa: a busca da paz com os chefes dos cartéis do narcotráfico que venceram meu marido. Eu também não tinha ideia de que em poucas horas compreenderia que continuar viva dependeria do butim que entregasse aos inimigos de Pablo.

Não houve muito tempo para pensar na conveniência ou não de entrar na boca do lobo, porque, nas semanas seguintes, com a cooperação da Promotoria – que administrava as permissões –, fui aos pavilhões de alta segurança das penitenciárias La Modelo e La Picota, em Bogotá e Itagüí, Antioquia, onde encontrei uma aterradora realidade que requeria muito cuidado; do contrário, os ventos de guerra se agitariam de novo.

O primeiro que visitei em sua cela da La Modelo foi Urdinola, o chefe do cartel do norte do Vale, que me recebeu de maneira cordial, mas não perdeu a oportunidade de falar muito mal de Pablo, qualificando-o de monstro da pior estirpe. Depois, disse-me que era muito importante que eu fosse a Cali para falar com os chefes Miguel e Gilberto Rodríguez, porque, apesar de Pablo estar morto, minha situação e a de meus filhos não estavam definidas.

Para não entrar em uma discussão desnecessária, preferi não comentar as opiniões de Urdinola sobre meu marido morto, e lhe disse que havia justamente ido falar com ele porque estava interessada em virar a página e selar a paz definitivamente com todos aqueles que haviam participado da guerra. Ele concordou e perguntou como estava nossa situação financeira. Respondi que estávamos enfrentando dificuldades porque não tínhamos dinheiro em efetivo, e não era fácil dispor das propriedades que Pablo deixara, porque ou estavam bloqueadas, ou nas mãos de terceiros, e também havia muitas outras das quais nem fazíamos ideia. Enfim, eu lhe disse que, com o Estado e nossos inimigos baforando em nossa nuca, era muito difícil monetizar muitos desses bens, porque, obviamente, estavam sob suspeita por proceder do narcotráfico. O que eu tinha nas mãos, acrescentei, eram algumas obras de arte que estava disposta a vender, e mencionei especificamente um quadro do pintor Alejandro Obregón. Ele me perguntou quanto valia, e quando lhe dei um valor aproximado em dólares, concordou em comprá-lo.

Quando acabei de falar com Urdinola, aproveitei a oportunidade para conversar com outros presos, como Popeye, Otto e Giovanni, que reclamavam dizendo que precisavam de dinheiro para sustentar a família e pagar os advogados que os defendiam em vários processos. As inquietudes dos homens de Pablo me chamaram a atenção, porque, pelo que eu sabia, eles haviam acumulado um bom capital por conta da generosidade de seu chefe, que retribuía muito bem todas as ações ilegais que eles executavam. Mesmo assim, respondi que não se preocupassem, que eu assumiria essa responsabilidade assim que entrasse em contato com os *caleños*, como chamávamos os chefes do Vale.

A carga emocional desse dia acabaria de forma inesperada, quando se aproximou um homem alto, magro, que demorei a reconhecer porque só o havia visto duas vezes havia muitos anos. Tratava-se de Jairo Correa Álzate, um antigo sócio de Pablo em Magdalena Medio, que acabara se tornando seu feroz inimigo. Conversamos um pouco cordialmente, sem mencionar o passado, e notava-se que ele sabia com detalhes o que havia acontecido conosco nos últimos tempos.

"Veja, senhora, tenho certeza de que é muito importante que vá a Cali resolver as coisas. Não demore", disse a título de conselho.

A conversa franca e amena com Correa acabaria com o oferecimento de que sua esposa Claudia e sua filha pequena fossem nos visitar no Residencias Tequendama para passar uma tarde conosco. A oferta se concretizou brevemente, e a filha de Correa conseguiu fazer que minha filha Manuela esquecesse por várias horas a dor que a embargava.

As conversas com os detidos nas penitenciárias tornaram-se o pão de cada dia, mas o tom que começaram a tomar dificultava as coisas, porque eu tinha que lidar com o estado de ânimo de cada um, suportar suas piadinhas de mau gosto e até me esquivar de propostas de duplo sentido. Eu me sentia muito mal, mas não havia nada a fazer. E a família de Pablo começou a contribuir com esse ambiente carregado de energia ruim, porque, um dia, quando estava saindo da penitenciária de alta segurança de Itagüí, encontrei dona Hermilda, que disse em seu habitual estilo distante e seco:

"Tata, você tem o dinheiro de Pablo... pague esses rapazes, eles precisam e estão passando muitas necessidades."

O comentário de minha sogra caiu como um soco no estômago; respondi, incomodada:

"Dona Hermilda, Pablo nunca me deu dinheiro para guardar, e muito menos para entregar a seus rapazes. O que ele me disse foi que ia deixar um dinheiro nas mãos de Roberto. Ele era o único que contava com proteção, porque estava na cadeia."

Essa história de dizer aos detidos que eu tinha o dinheiro de Pablo guardado começou a me criar graves problemas, porque as ligações se multiplicaram e as exigências se tornaram cada vez maiores. Senti que minha vida, outra vez, estava em sério perigo. A verdade é que a falta de compreensão de minha sogra acerca da situação delicada e arriscada que enfrentávamos era escandalosa. E o que era pior: desde a morte de Pablo e até seu próprio falecimento, dona Hermilda nunca se preocupou em saber qual era a situação financeira e emocional de seus netos, e também não teve problemas em ignorá-los em seu testamento e renegar seu filho Pablo perante a lei.

Por sorte, a coisa começaria a se desenrolar da maneira mais inesperada. Na tarde de 12 de fevereiro de 1994, a recepção anunciou a chegada de Alfredo Astado, um parente distante que havia vários anos estava radicado em alguma cidade dos Estados Unidos, para onde fugira com sua família. Eu sabia muito pouco dele, por isso, sua chegada repentina era sinônimo de tempestade. Da calorosa saudação passamos rapidamente ao motivo pelo qual ele havia voltado ao país sem avisar ninguém.

"Alfredo, por Deus, o que aconteceu? Por que você está aqui?", perguntei, assustada.

Sua razão era muito poderosa:

"Veja, Tata, eu estava em minha casa quando meu celular tocou, e qual não foi meu desconcerto quando o homem se identificou como Miguel Rodríguez Orejuela? Sem nem me cumprimentar, disse que precisava que eu fosse a Cali imediatamente. Atônito, respondi que só poderia ir à Colômbia dali a dois ou três meses, mas ele, cortante, disse que me dava quatro dias de prazo, ou, do contrário, iria me buscar do seu jeito. Por essa razão estou aqui, mas não sei para que querem que eu vá aonde eles estão."

"Como assim? Nãoooo... Alfredo, você não pode ir, não corra mais riscos, por favor. Se for a Cali, vão matá-lo", roguei.

Mas foi inútil.

"Não tenho saída, Victoria. Muito poucas pessoas tinham meu celular, e os Rodríguez conseguiram o número. Se já me encontraram uma vez, encontrarão de novo em qualquer lugar. Vou correr o risco. Já estou cansado de me esconder. Falei com minha esposa e disse que preferia morrer se ela e nossos filhos tivessem certa estabilidade. Estamos há cinco anos na clandestinidade, e não quero fugir mais."

Um longo silêncio e meu pranto se seguiram às dramáticas explicações de Alfredo, mas era evidente que ele estava decidido a ir ao encontro em Cali. Assim, preocupado com seu futuro e com o destino que o esperava, no dia seguinte ele foi bem cedo para o Vale do Cauca. Com o coração na boca esperamos o pior; até que dois dias depois Alfredo voltou ao Residencias Tequendama. Imediatamente nos contou detalhes de seu encontro com os chefes do cartel de Cali.

"Seguindo as instruções deles, eu me hospedei no Hotel Intercontinental, e, horas depois, um homem foi me buscar e me levou a uma casa luxuosa no bairro Cidade Jardim, onde estavam Miguel e Gilberto Rodríguez Orejuela e mais três pessoas. Miguel tomou a palavra e disse que sabiam muitas coisas de mim e que eu poderia ajudar a acabar com a guerra, porque muita gente inocente havia morrido. Acrescentou que queriam acabar com o confronto, e por isso estavam me pedindo para falar com a viúva de Pablo, para tentar uma aproximação. Entendi que eles não tinham intenções de brigar, e por isso até propus ir a Cali com você e Juan Pablo."

"E o que disseram?"

"Quando eu disse isso, Gilberto Rodríguez concordou em falar com você, mas descartou Juan Pablo com a seguinte frase: 'Ele come como pato, anda como pato, é um pato, igualzinho a Pablo. Ele é menor de idade, não podemos chegar a acordo nenhum com ele. Deixe-o embaixo da saia da mãe'. Por isso, Tata, temos que ir para Cali o quanto antes."

As palavras de Alfredo foram tão contundentes que não tivemos tempo de analisar a situação. O caminho que se abria era incerto, mas, pela primeira vez desde a morte de Pablo, surgia algum tipo de opção para nós. Os inimigos de meu marido haviam ganhado a guerra e não tínhamos outro caminho senão arranjar um jeito de encontrar um lugar neste mundo. Uma vez mais, tive que me mostrar forte diante de meus filhos, mas, por dentro, estava morrendo de medo.

A decisão de ir a Cali estava tomada, mas surgia outro problema: como sair do Residencias Tequendama sem ser descobertos por uma centena de soldados, policiais, detetives do DAS e agentes do CTI, pela Dijin e a Sijin, departamentos de inteligência policial que nos vigiavam. Depois de descartar várias opções, decidimos que a psicóloga seria perfeita, porque poderia fingir durante três dias seguidos que ia ao hotel para dar sequência ao intenso tratamento que fazia conosco. Por sorte, ela aceitou encenar a pantomima depois que lhe expliquei com detalhes o difícil momento que nos esperava. A estratégia funcionou, porque fingimos nos retirar para uma longa jornada de trabalho para que ela me ensinasse a lidar com a depressão. Ninguém suspeitou de nada.

Às 10 horas da noite eu estava pronta para sair, depois de Manuela adormecer profundamente. Juan Pablo e Andrea ficaram muito preocupados, mas cientes de que o passo que íamos dar era inevitável. Eu estava muito aflita, pois não sabia se tornaria a vê-los. O silêncio no hotel era sepulcral, e com o passar dos minutos, aumentavam a dor pela ausência de meu marido e a sensação de impotência por ter que enfrentar uma realidade incerta.

Cerrei os olhos, e as lágrimas rolaram por meu rosto quando fechei a porta para me dirigir à escada de incêndio, única rota de fuga segura. Desci os vinte e nove andares a pé, mas minhas pernas não respondiam. Era como se uma força estranha me segurasse pelos ombros para impedir minha saída. Por fim, cheguei ao primeiro andar e desci até o estacionamento do hotel, onde Alfredo me esperava em um carro alugado. Eu me acomodei na parte de trás do veículo e conseguimos evitar as áreas de vigilância dos porões do velho e imenso hotel. Já estávamos fora, e a aventura só havia começado.

Inacreditável: cinco órgãos de segurança do Estado nos vigiavam centímetro a centímetro e nessa noite nenhum deles percebeu que havíamos fugido.

Contar agora é fácil, mas, naquele momento, talvez eu não tenha medido a dimensão da confusão em que estava me metendo. Sem saber, em pouco tempo eu estaria diante dos protagonistas das muitas guerras contra meu marido. Eu tinha 33 anos de idade, era viúva, com dois filhos, e certa de que a única possibilidade de preservar nossa vida era conseguir fazer que os chefes do narcotráfico colombiano me escutassem, que tivessem piedade de nós. Só o que me acompanhava era o amor por meus filhos, e eu estava disposta a defendê-los, como as leoas defendem seus filhotes.

As oito horas do percurso foram eternas, cheias de perguntas, de incertezas. Acaso eu voltaria viva? Como seria a vida de meus filhos sem mim? Os inimigos de Pablo os devorariam depois? *Deus, esse pesadelo acabará um dia? Viveremos para contá-lo?*

A incerteza era tanta, e meus suspiros tão constantes, que Alfredo só me olhava, compassivo:

"Tata, Deus é grande e vai acompanhá-la nessa também."

Para aliviar um pouco a tensão da viagem, e como não havia uma hora certa para encontrarmos os *caleños*, decidimos ir primeiro a Palmira, à casa de minha avó Dolores. Eram 6 horas da manhã, e no Residencias Tequendama ninguém havia descoberto que na noite anterior eu saíra na surdina.

Tentei descansar, mas não foi possível. Havíamos acabado de chegar e tínhamos que esperar o contato de Miguel Rodríguez para saber a que hora iríamos.

No meio da manhã, Alfredo, que também não conseguira conciliar o sono, ligou para Miguel Rodríguez e disse que já havíamos chegado; mas o chefe se surpreendeu pela rapidez com que tínhamos atendido, e disse que teríamos que esperar alguns dias porque ele teria que convocar os outros, e esse processo poderia ser demorado.

Alfredo olhou para mim com cara de susto e respondeu a Rodríguez:

"Não, dom Miguel, eu trouxe a mulher às escondidas, ninguém notou, ninguém sabe que estamos aqui."

"Tenho que reunir todos. Eu aviso."

A ligação de Rodríguez se deu trinta e seis horas depois. Então, Alfredo anotou as indicações e fomos de imediato ao sul da cidade pela estrada que leva a Jamundí, e logo estávamos atravessando as pradarias que nos levaram ao setor de Cascajal, a uma fazenda colonial muito bonita, sede esportiva do time de futebol América de Cali.

Meu vestido de luto se destacava naquele lugar de paredes brancas. Miguel Rodríguez nos recebeu e disse que esperássemos um instante. Colocaram-nos em uma lateral da casa, não longe de um salão no qual começaram a entrar muitos homens. Minha sensação de pânico começou a aumentar, e em silêncio pedi a Deus que não me abandonasse naquele momento.

"Para que toda essa gente, Alfredo?", indaguei.

"Calma, Tata, eles vão entrar em uma reunião, mas com certeza você será atendida pelos chefes do cartel de Cali."

Ele estava enganado. Minutos depois, um homem armado nos levou a um grande salão onde se viam umas 40 pessoas sentadas ao redor de uma mesa de madeira fina. Eram nada mais, nada menos, que os principais chefes do narcotráfico da Colômbia. Com um sinal, ordenaram que eu me sentasse em uma cadeira vazia na parte central, ao lado esquerdo de Miguel Rodríguez. Observei o panorama; era aterrador. Na diagonal, do lado direito, estava Gilberto Rodríguez, que me olhava com um misto de desprezo e fúria. Também vi José "Chepe" Santacruz; Hélmer "Pacho" Herrera, Carlos Castaño, e muitos outros inimigos de meu marido. Com receio, notei que várias cadeiras eram ocupadas por sicários que a léguas se via que não tinham nada a ver com os chefes dos cartéis. Intuí que os haviam levado para me assustar e mandar a mensagem de que poderiam me reconhecer na rua um dia. Alfredo Astado se sentou em um dos cantos da mesa.

As quatro horas seguintes foram uma longa agonia. Durante esse tempo, os inimigos de Pablo se regozijaram por tê-lo eliminado, queixaram-se da maneira selvagem como meu marido os enfrentara e puseram em cima da mesa uma espécie de memorial de ofensas, que acabava em uma única coisa: queriam o dinheiro de Pablo para dividir entre eles em retribuição pelo que haviam gastado para caçá-lo.

Os murmúrios pararam de repente quando Gilberto Rodríguez fez um gesto indicando que tomaria a palavra.

"Bem, senhores, esta é a viúva de Pablo; estamos aqui para que cada um possa fazer sua exigência financeira. Todos nós sabemos quanto esse filho da puta nos prejudicou, e por isso estamos aqui para ouvir sua viúva. Diga o que tem a dizer, senhora", falou o chefe, visivelmente irritado.

"Vejam, senhores, este é um dos momentos mais dolorosos de nossa vida." Eu tinha que percorrer a mesa lentamente com o olhar, para que os chefes não sentissem desprezo de minha parte. "Estou disposta a fazer o que for preciso para que esse conflito tenha uma solução razoável. Vindo aqui, pretendo que, juntos, encontremos a paz, e que poupem a vida da família Escobar, de minha família, de nossos advogados, nossos amigos, funcionários de Pablo, de meus filhos e de mim mesma."

Sem comentar minhas palavras, Gilberto prosseguiu em seu papel de moderador.

"Vejamos o que cada um tem a dizer."

Miguel Rodríguez tomou a palavra e arremeteu com dureza contra Pablo, afirmando que a guerra havia custado mais de 10 milhões de dólares a cada um dos presentes, e que esperavam recuperá-los. Depois, explicou que outra razão da reunião era saber com certeza se a saga de Pablo Escobar estava disposta a buscar o fim da confrontação e alcançar a paz. E acrescentou:

"A propósito, senhora, não peça nada pelos irmãos desse filho da puta de seu marido. Nem por Roberto, Alba Marina, Argemiro, Gloria, Luz María, nem pela mãe, porque eles vão arrancar seus olhos. Nós escutamos as fitas que gravamos durante a guerra, e quase todos eles pediam mais e mais violência contra nós."

"Talvez tenham razão nesse ponto, dom Miguel, mas não negocio se a família de Pablo não estiver incluída, porque ele os amava muito; peço-lhe o favor de que sejam incluídos neste acordo."

Um longo silêncio foi sinal suficiente para que os outros presentes aproveitassem para atacar Pablo.

"Esse filho da puta matou dois irmãos meus. Quanto vale isso, além do dinheiro que investi em matá-lo?", disse um deles.

"Ele me sequestrou, e eu tive que lhe pagar mais de 2 milhões de dólares e lhe entregar umas propriedades para que me soltasse. E como se não bastasse, tive que fugir com minha família", disse outro, com veemência.

"Seu marido, senhora, queimou uma das minhas fazendas e também tentou me sequestrar, mas escapei e tive que sair do país por vários anos. Com quanto vai nos recompensar por isso?", disse mais um.

A lista de reclamações parecia interminável, mas a seguinte foi mais pesada ainda. E proveio de um chefe de Medellín cuja fúria se notava. Ele apertou os dentes para dizer o seguinte:

"Quero saber; quero que a senhora me responda: se nossas mulheres estivessem aqui sentadas com esse filho da puta de seu marido, o que ele estaria fazendo com elas? Responda!"

"Não posso nem imaginar, senhores, não tenho uma resposta", disse eu com a voz entrecortada e uma estranha sensação de medo que invadia meu corpo.

O olhar de todos eles era penetrante, escrutador. Eu só queria ter asas para sair dali e me perder na estratosfera, mas a realidade me forçava a continuar ali.

"Deus é muito sábio, senhores, e só ele pode saber por que motivo eu é que estou aqui sentada diante de vocês, e não suas esposas", respondi, já sem titubear.

O último a intervir foi Carlos Castaño, que se referiu a Pablo nos piores termos, e a seguir acrescentou:

"Senhora, eu conheci homens maus sobre a face da Terra, mas nenhum como seu marido. Ele era um filho da puta, e quero que saiba que procuramos a senhora e Manuela como agulha em um palheiro porque íamos picar as duas bem picadinhas, e as íamos mandar a Pablo dentro de um saco. Vocês eram a única coisa que podia causar dor nele."

O suplício que foi escutar tantas ofensas, tantas grosserias, tantas ameaças, mas também de saber das muitas coisas ruins que meu marido havia feito a eles é inenarrável. Mas o tormento estava longe de acabar, porque Gilberto Rodríguez falou de novo e mexeu com o que eu mais amo na vida: meus filhos.

"Senhora, nós, aqui presentes, podemos fazer as pazes com todo o mundo, menos com seu filho."

Eu sabia que esse momento ia chegar, mas não estava preparada. A simples menção a Juan Pablo me deixou apavorada, e não pude evitar o pranto. Mesmo assim, não fiquei calada.

"Dom Gilberto, paz sem meu filho não é paz. Eu respondo pelos atos dele diante de vocês, e até com minha própria vida; eu garanto que não deixarei que ele se desencaminhe. Se quiserem, vamos embora da Colômbia para sempre, mas eu garanto que ele seguirá o caminho do bem."

"Senhora, entenda que temos um medo justificado de que Juan Pablo fique cheio de dinheiro e um dia desses enlouqueça e comece a guerrear. Ele já ameaçou vingar a morte do pai. Por isso, nosso lema é que só as mulheres sobrevivam. Haverá paz, mas temos que matar seu filho."

A sentença de morte me deixou sem ar. Muitas coisas passaram por minha mente em frações de segundo, e pensei que seria melhor que matassem todos nós, para não sofrer mais. Para que continuar vivendo se matassem meu filho? No entanto, esse momento de alta tensão foi suavizado por Miguel Rodríguez, que aplacou os ânimos ao explicar a razão pela qual haviam aceitado que eu participasse dessa reunião da máfia:

"A senhora está sentada aí porque nós escutávamos suas conversas, e sempre tentava resolver as coisas; nunca disse a seu marido que continuasse com a guerra, que nos matasse. Ao contrário, sempre lhe pedia, chorava, suplicava que fizesse as pazes conosco. E certa vez a senhora mandou um mensageiro para marcar uma reunião conosco para tentar a paz, mas soubemos que Pablo não a deixou vir. Mas como é possível que a senhora apoiasse incondicionalmente aquele animal? Como pôde escrever cartas de amor àquele filho da puta que foi tão infiel? Nós deveríamos fazer nossas esposas escutarem o que a senhora dizia nas gravações para que aprendam como uma mulher deve apoiar o marido; quero lhe pedir que ensine nossas mulheres como amar e cuidar de seus maridos, apesar das infidelidades."

Os outros chefes assentiram com a cabeça em sinal de aprovação. Depois, Miguel Rodríguez fechou o encontro com uma sentença, como se fosse um juiz:

"Senhora, precisamos que fale com Roberto Escobar e com os sicários que estão nas penitenciárias para que paguem. Roberto tem que pagar 5 milhões de dólares, e os detidos 2 milhões cada um. A senhora deve a todos nós algo em torno de 120 milhões de dólares, e vá pensando como vai pagar, mas em dinheiro. Esperamos vocês daqui a dez dias com uma resposta séria e concreta."

Apesar da dureza das coisas que ele disse, durante vários momentos da reunião eu senti que Miguel Rodríguez me olhava com compaixão, com solidariedade. Essa sensação me causou certo alívio bem no momento em que eu me entregava à desesperança.

A reunião acabou e eu ousei dizer umas últimas palavras:

"Muito bem, senhores, vamos confiar na sabedoria de todos para que possamos devolver a paz e a tranquilidade a nossas famílias. Eu me comprometo a trabalhar no pedido de vocês, e voltarei em dez dias com uma proposta de pagamento."

Fomos para Palmira para dar notícias a meus familiares, mas o medo de que algo acontecesse nos fez voltar a Bogotá sem parar em lugar nenhum. Eu me sentia impotente, porque em meio a tanto ódio, era evidente que Juan Pablo não tinha possibilidade alguma de sobreviver. Chorei inconsolavelmente a maior parte da viagem, e sentia uma dor enorme na alma. Um abismo se abria a meus pés.

Quando por fim chegamos ao Residencias Tequendama, não pude contar a Juan Pablo que sua vida não estava incluída nos acordos com os *caleños*. Passaram-se vários dias sem que eu tivesse coragem de lhe dizer o que estava acontecendo, e só me restava me pôr nas mãos de Deus e lhe pedir que abrisse o coração dos chefes para que me escutassem, para que acreditassem que eu estava disposta a dar minha vida se meu filho se desviasse do caminho do bem.

A tarefa de montar o quebra-cabeça das propriedades de Pablo era urgente, por isso, liguei para o advogado Francisco Fernández, o mesmo que anos antes havia me assessorado quando eu o procurara porque estava decidida a me separar de Pablo. O jurista se mostrou reticente devido à complexidade do tema pelo qual eu o consultara agora, mas aceitou me representar, e a primeira coisa que fez foi falar com o promotor Gustavo de Greiff para fazer um diagnóstico de minha situação.

Ao voltar, o advogado pintou um panorama complicado.

"De Greiff disse que esses homens de Cali querem uma compensação direta porque gastaram muitos milhões de dólares na guerra, e disse que se a família não pagar, matarão todos os lugares-tenentes de Pablo que estejam na cadeia. O promotor também disse que os Pepes têm muito poder, e o governo não pode se dar ao luxo de permitir que os antigos membros da ala terrorista de Pablo sejam massacrados", resumiu o advogado, e eu fiquei pasma e absolutamente convencida de que devíamos atender aos Rodríguez.

Como o prazo para voltar com a lista de bens era curto, começamos a elaborar um balanço das propriedades de Pablo, bem como das poucas obras de arte minhas que haviam se salvado. Eu, Juan Pablo, sete advogados do escritório do doutor Fernández e dois assessores contábeis passamos horas compilando dados, e enquanto isso eu visitava as penitenciárias para fazer perguntas aos presos, porque não conhecíamos boa parte das posses que Pablo havia adquirido em vários lugares do país. A tarefa se complicou ainda mais, porque meu marido chegara a comprar mais de uma centena de casas que usava para se esconder, que punha no nome de pessoas de confiança que o ajudavam na clandestinidade.

Mesmo assim, conseguimos elaborar várias planilhas, que eu levaria à segunda reunião em Cali para que cada chefe escolhesse a propriedade que quisesse. Não podíamos nos arriscar a mentir nem esconder nada, pois era sabido que os Pepes já tinham todas as informações, porque muitos deles foram amigos ou sócios de Pablo.

No entanto, de forma estranha, uma lista mais completa das propriedades de Pablo chegara às mãos dos chefes de Cali antes de eu ir me encontrar com eles. Surpresa, eu confirmei que a família de Pablo a havia mandado escondida, deixando-nos em notória desvantagem. Mas não só isso. Dias depois, eu soube que minha cunhada Marina Escobar havia ido a Cali visitar os chefes com a intenção de averiguar sobre os contatos que eu havia feito até esse momento; mas também para levar o testamento de Pablo para tentar fazer que os chefes de Cali interviessem para incluir na partilha os edifícios Ovni, Dallas e Mónaco, que meu marido passara em vida ao nome de nossos dois filhos.

Ainda hoje eu questiono o comportamento dos tios de meus filhos, porque enquanto eu suplicava que respeitassem a vida deles, eles atentavam constantemente contra a nossa. E o que é pior: sua intenção era fazer que os chefes dos cartéis desconfiassem de mim e matassem meu filho.

Bem no meio desse momento difícil com a família de meu marido, dois homens que disseram representar as famílias Moncada e Galeano me chamaram a várias reuniões em Bogotá porque tinham urgência de olhar as propriedades, obras de arte ou antiguidades que eu deveria lhes entregar para fechar os acordos. Andrea, namorada de meu filho, ajudava-me a escapar dos agentes do CTI que nos vigiavam no bairro Santa Ana – aonde havíamos nos mudado em meados de março de 1994, apesar dos protestos dos vizinhos – e me deixava perto do endereço ao qual eu deveria chegar, quase sempre às 8 horas da noite. Depois, ela ia caminhar em um centro comercial próximo; mas quase todas as vezes acontecia de o lugar fechar, e como eu continuava em reunião, ela tinha que ficar dando voltas e mais voltas até que eu ligasse. Andrea chorava inconsolavelmente, preocupada com o risco que eu corria a cada encontro desses com os chefes ou com seus representantes.

Enquanto isso, por dentro eu sofria muito, porque a pressão era muito intensa e não faziam mais que insultar Pablo e qualificá-lo de monstro. Tomavam uísque sem parar, e quando me ofereciam, eu dizia que não gostava, e só tomava água. Lembro que eles tinham cálculos irreais sobre o valor das propriedades, porque claramente davam ouvidos às fofocas. A tal ponto, que em uma reunião um deles me disse:

"Senhora, eu sei que tem 200 milhões de dólares em obras de arte guardados em um depósito em Nova York."

Eu o olhei com segurança, pois o que ele dizia não era verdade. Então, disse:

"Senhor, se me mostrar onde estão, assino sem problema algum; mas, façamos um acordo: 150 milhões de dólares são para o senhor e 50 para mim. Então, espero notícias suas para selarmos esse pacto."

A título de curiosidade, dessas reuniões complexas e traumáticas, cheias de insultos e vexames, lembro que um dia, depois de ir ao banheiro, o guarda-costas de um daqueles personagens se aproximou e me disse:

"Ah, senhora, que difícil todas essas coisas que lhe dizem... vou dar um jeito de tirá-la daqui."

Os assuntos pendentes que meu marido havia deixado ocupavam boa parte de meu tempo, e os poucos minutos que me restavam eu os usava para tentar estar a par das coisas relacionadas a meus filhos e minha nora. Além do mais, tinha que estar atenta ao funcionamento da casa. A Promotoria e o Exército nos ofereciam proteção, mas não cuidavam da alimentação dos cerca de 50 homens que nos vigiavam. O apartamento em Santa Ana funcionava como um restaurante, onde diariamente era preciso dar comida a cerca de 70 pessoas, entre os homens da guarda, os empregados que nos ajudavam e as visitas que chegavam – advogados, professores, negociadores ou familiares. Além disso, eu tinha que evitar a depressão de meus filhos. Durante o tempo que vivemos lá – cerca de nove meses –, Juan Pablo só saiu umas cinco ou seis vezes. Alguns fins de semana levávamos Manuela ao restaurante La Margarita del 8 para montar a cavalo; assim, conseguíamos distraí-la um pouco da tristeza e da solidão que sentia.

Por essa mesma razão, apesar da dor intensa que ainda nos sufocava, decidimos que havia chegado a hora de Manuela enfim fazer sua primeira comunhão. Várias vezes havíamos adiado a cerimônia, mas não enrolamos mais e definimos a data para 7 de maio de 1994. Toda minha família e uma parte dos Escobar foram à missa e a uma pequena reunião familiar, mas foi um dia muito triste, porque a menina chorou o tempo todo, e sua aflição contagiou a todos. Evitar as circunstâncias não era fácil. Atender à minha família, à Promotoria, lidar com os residentes do bairro que não queriam que morássemos ali, assumir a negociação com os inimigos de meu marido, ir a todo tipo de reuniões e aos lugares mais inesperados era psicologicamente extenuante. A pressão que eu tinha que suportar era, às vezes, superior às minhas forças; mas, apesar disso, eu nunca tomei um comprimido para dormir. A força saía do amor por meus filhos, da busca por uma vida mais benevolente para com eles.

Duas semanas depois da primeira reunião, voltei a Cali acompanhada por meu irmão Fernando e o advogado Francisco Fernández. Levávamos a lista das propriedades de Pablo. Eu estava disposta a entregar tudo, a não esconder nada a fim de que poupassem nossa vida.

Fomos recebidos pelos mesmos *narcos* da primeira vez, na sede do Club América de Cali, no setor de Cascajal, e foi uma tranquilidade saber que estavam dispostos a abrir mão da proposta inicial de só receber dinheiro vivo, porque certamente confirmaram que meu marido havia gastado praticamente tudo na guerra. Também deviam saber que Pablo não era dado a guardar dinheiro em esconderijos e que gastava a rodo.

A reunião foi longa e tediosa, porque ficaram escolhendo um a um entre os 62 bens incluídos na lista que eu havia levado. Mas, diferentemente de nosso primeiro encontro, pareceu-me outro bom sinal terem aceitado receber 50% da dívida em bens bloqueados e o restante em propriedades prontas para comercializar, mas isentas de impostos judiciais, claro. Esse negócio de se apropriar de bens "com problemas" tinha uma explicação: suas conexões nas altas esferas do Estado os ajudariam a "lavar" os bens de Pablo, deixando seus herdeiros de fora. O que evidentemente aconteceu.

Para resumir, nesse encontro crucial com os inimigos de Pablo eu entreguei um lote de nove hectares que Alex, o Fantasma – assim Carlos Castaño era chamado quando integrava os Pepes –, exigiu por ordem de Fidel Castaño. O caro e extenso terreno ficava colado à mansão Montecasino, e, com isso, Fidel ampliou seu poderio econômico. Também cedi pelo menos uma dúzia de lotes em lugares bem localizados de Medellín, onde anos depois foram construídos hotéis de luxo e caros centros comerciais. A lista de bens incluía também um complexo de edifícios de apartamentos em El Poblado, perto da Loma del Tesoro, adquirido por Pablo na década de 1980. Nesse edifício ainda havia mais de dez apartamentos disponíveis, e os chefes os dividiram entre si. Minha sogra Hermilda morou ali, em uma cobertura, que depois uma de suas filhas herdou.

No inventário, estava incluída uma fazenda em Los Llanos Orientales, da qual eu jamais ouvira Pablo falar. Tinha cem mil hectares de extensão, e evidentemente foi muito cobiçada pelos inimigos de meu marido, entre outras coisas, porque tinha pista de pouso. Na rapina pelos bens de Pablo não podiam faltar aviões, helicópteros, dezenas de veículos, entre eles vários automóveis Jaguar, BMW e Mercedes-Benz; motos de altas cilindradas, lanchas e motos aquáticas. E embora eu houvesse entregado muitas propriedades, sabia muito bem que não eram suficientes para cobrir o valor descomunal de 120 milhões de dólares que os chefes pretendiam.

Como se soubesse o que eu estava pensando, de repente Carlos Castaño aproveitou um longo silêncio e me jogou um salva-vidas.

"Senhora, eu tenho seu Dalí, *Rock and roll*, que vale mais de 3 milhões de dólares; vou devolvê-lo para que feche as contas com essa gente", propôs.

Olhei Carlos nos olhos e recordei a promessa de seu irmão Fidel de me devolver a obra, mas também notei que os chefes, ansiosos, esperavam minha resposta. Em frações de segundo, surgiu em minha mente uma frase que Pablo várias vezes me havia dito: "No dia em que eu morrer, entregue a eles tudo que tiver, para que não matem você e nossos filhos".

"Carlos... agradeça a Fidel por cumprir sua palavra, mas minha decisão é que vocês fiquem com essa obra para contribuir com a causa; e em breve lhe enviarei os certificados originais."

Os chefes não esconderam sua surpresa diante do que eu havia acabado de dizer. Castaño, mais espantado ainda, concluiu:

"Dona Victoria, obrigado, obrigado por esse gesto... meu irmão ficará muito grato."

A reunião agitada ganhou outro tom a partir daí, e durante as três horas seguintes a enorme mesa se transformou em uma espécie de cartório onde se consumou a transferência dos bens de meu marido a seus inimigos, que não esconderam sua vitória, mas também reconheceram a quem haviam enfrentado:

"Aconteça o que acontecer, nem daqui a cem anos nascerá outro tigre igual a Pablo Escobar", resumiu Miguel Rodríguez, que deu por encerrada a reunião.

Já de saída, o chefe disse que queria me mostrar algo, e me levou para um lugar afastado da sede esportiva.

"Veja tudo que gravei e filmei. Durante anos, estivemos enfiados no rancho de seu marido, e mesmo assim, quase não o encontramos."

O que eu vi foi surpreendente: em uma sala de bom tamanho estavam guardadas centenas de fitas cassete, Betamax e VHS, que continham as interceptações telefônicas que os chefes de Cali haviam feito das comunicações de Pablo, bem como as filmagens que realizavam em nosso entorno familiar. Foi impressionante ver como nos seguiam dia após dia, e por isso me perguntei: como foi possível que, com toda essa informação sobre nós, não houvessem conseguido nos alcançar?

De novo, na volta de Cali não fiz mais que chorar. A dívida para com os principais chefes estava saldada, mas o assunto de meu filho Juan Pablo não estava resolvido. Sua vida continuava em risco. Mas, dessa vez, no meio do caminho, aconteceu algo inesperado e promissor, porque Alfredo recebeu uma ligação de Miguel Rodríguez:

"A viúva de Pablo não é nenhuma boba; fez um golaço hoje. Com o lance do quadro de Dalí ganhou no papo nem mais nem menos que Carlos Castaño, um dos homens mais sanguinários e perigosos do país."

As palavras do chefe do cartel de Cali não eram mixaria. Indicavam que eu estava no bom caminho. Eu havia prometido aos chefes do narcotráfico da Colômbia que assumiria a responsabilidade de pagar, e estava cumprindo.

Um pouco mais aliviada pela mudança positiva de atitude dos *caleños*, mantive as conversações com Carlos Castaño, que acompanhava passo a passo o processo de entrega dos bens de Pablo. Certo dia, ele me disse que era indispensável falar e chegar a um acordo com um dos principais líderes dos Pepes, que estava começando a ganhar força em Medellín. Como o eventual encontro com esse personagem teria que ser clandestino, combinamos de aproveitar uma próxima visita minha a Medellín. Assim aconteceu, e poucos dias depois Carlos Castaño me pegou com uma caminhonete blindada, e depois de um trajeto de vinte e cinco minutos pelas avenidas transversais do setor de El Poblado, chegamos a uma imponente casa de campo.

Descemos do veículo, e outra vez minhas pernas tremiam como se fizesse cinco graus abaixo de zero. Eu me sentia caminhar em câmera lenta, e bem no fundo de meu ser recusava-me a entrar na sala onde aquele homem me esperava. Como olharia nos olhos de mais um homem que havia liderado a caça a meu marido?

"Bom dia", cumprimentei quando por fim Castaño e eu entramos na espaçosa casa.

"*Buenas*", respondeu o homem com secura e desprezo.

Nossos olhares se cruzaram, e por um momento me pareceu que saíam faíscas de seus olhos. Então, ele fez a primeira recriminação:

"Vivendo tantos anos ao lado daquele monstro, a senhora deve se parecer com ele."

Era evidente que aquele personagem assustador tinha muita raiva de Pablo, e me olhava com ódio, com a fúria do passado próximo. Mas eu também não estava a fim de suportar tanto, porque já estava havia muitos dias aguentando todo tipo de insultos, até que uma estranha força interior gritou que não podia me calar mais. E não me calei:

"Peço-lhe, por favor, que não me agrida mais e não me trate assim!", disse, gritando.

"Não dá vontade de negociar com a senhora... aquele homem fez tanto mal..."

O chefe não parecia estar em um bom dia. Assustada, olhei para as grandes portas-balcão à minha frente e notei que cerca de vinte homens andavam bem devagar ao redor da piscina, segurando potentes fuzis. E respondi:

"As guerras são impiedosas, senhor. Veja só, mataram meu irmão Carlos, que era inocente, que nunca participou de guerra nenhuma nem do narcotráfico e era um trabalhador incansável."

"Senhora, isso foi um erro."

"Mesmo sendo um erro, quem vai devolver meu irmão vivo?"

"Seu marido é responsável por tudo. Se fosse por mim, eu tiraria aquele filho da puta do túmulo e o mataria de novo."

"Em uma guerra, todas as partes têm responsabilidades. O que aconteceu foi uma loucura total, uma falta de consciência sem limites", repliquei.

A conversa não estava indo a lugar nenhum, e Carlos Castaño deve ter percebido, porque interveio para acalmar as coisas:

"Ouçam, estamos aqui para acabar com esses problemas de uma vez por todas, mas parece que vocês querem continuar com essa guerra. Então, dona Victoria, vamos resolver isso."

O momento era muito complicado, porque eu estava diante de um homem que depois da morte de meu marido havia adquirido um grande poder em Medellín e no vale de Aburrá. Por sorte, Carlos Castaño estava ali, e decidi aproveitar sua presença.

"Veja, senhor, estou aqui reconhecendo que vocês ganharam a guerra e vim pedir que poupe a vida de meus filhos, da família de Pablo e minha, a dos funcionários, dos advogados e minha própria vida. E estou aqui para ressarcir boa parte desses danos", disse eu com a voz entrecortada.

Um gesto de Castaño me indicou que a reunião havia acabado, que o encontro crucial havia sido um fracasso. Saí acovardada, assustada, ainda mais quando os guarda-costas ficaram me olhando dos pés à cabeça, como se dissessem: "Se um dia a encontrarmos na rua...".

Entrei na caminhonete, e Castaño não tardou a me recriminar:

"Essa foi ruim, dona Victoria", disse enquanto eu chorava inconsolavelmente.

"Mas ele me tratou muito mal, você escutou?"

"Sim, senhora, mas é que agora ele é um dos que mandam aqui."

No dia seguinte, bem cedo, recebi uma ligação de Castaño, nervoso:

"O que vamos fazer? O homem está com muita raiva e se sentiu muito ofendido porque a esposa do chefe dos chefes ergueu a voz para ele. Ele não ficou muito satisfeito."

"Carlos, o que devo fazer? Por favor, não quero mais problemas", disse eu, certa de que a morte estava perto outra vez.

Nesses instantes de terror, ficou claro para mim que eu teria que medir cada frase, cada palavra, porque estava em desvantagem.

"Mande-lhe um presentinho."

Funcionou. Eu dei instruções ao advogado Fernández para procurá-lo e dizer-lhe que poderia escolher o que desejasse da lista de bens. E por meio dele lhe ofereci minhas desculpas pelo mal-estar que havia provocado.

"Ele ficou muito satisfeito e disse para deixarmos para trás aqueles maus momentos", resumiu Castaño, e por fim pude respirar com certa tranquilidade.

Mais um inimigo havia ficado para trás, mas existiam outros, como o comandante Chaparro, outro poderoso adversário de Pablo, com quem eu teria que negociar em Magdalena Medio, seu centro de operações. Como me reunir com ele era vital para as negociações, a Promotoria me autorizou a viajar acompanhada por Carlos Castaño, que foi me buscar com um automóvel blindado. Dirigimo-nos ao aeroporto de Guaymaral, ao norte de Bogotá, onde nos esperava um helicóptero que nos levaria a uma fazenda nos limites entre os departamentos de Caldas e Antioquia.

Enquanto a aeronave singrava os céus do oeste do país, Castaño e eu comentamos a dureza da guerra que nos envolvera e o longo caminho que ainda faltava percorrer.

"Fique tranquila, dona Victoria, eu vou acompanhá-la, como meu irmão Fidel lhe prometeu."

Agradeci o gesto, e a conversa desviou para uma revelação.

"Senhora, devo dizer que já estávamos desanimados. Havíamos matado 99% da gente de Pablo, mas nada de o encontrarmos. Quase jogamos a toalha. Inclusive, alguns Pepes importantes começaram a dizer que, se não houvesse resultados em dezembro, abandonariam a perseguição. E como se não bastasse, já haviam dado um ultimato aos coronéis da Polícia do Bloco de Busca."

No meio da manhã, chegamos ao local indicado. Das alturas, vi que uns 40 homens armados com fuzis faziam uma espécie de círculo para que o helicóptero aterrissasse no meio. Sentia falta de ar. Pareciam um pelotão de fuzilamento esperando a fatídica ordem "Preparar, apontar, fogo!" para alvejar sua vítima. Era como eu me sentia.

Quando descemos do helicóptero, a luz do sol aquecia com toda sua força, queimava. O susto me deu tempo para respirar e rezar: "Senhor, se me matarem hoje, o que vai acontecer com meus filhos, minha mãe, minha família? O que será deles? Que horror...". Eu precisava tirar forças de onde não tinha para que não notassem meu pânico e receios.

Aproximamo-nos do grupo de homens armados, em cujo extremo destacava-se uma pessoa pequena, que se dirigiu a nós. Castaño me apresentou o comandante Chaparro, e este, por sua vez, seu filho, que portava um potente fuzil. Ele me cumprimentou com frieza, distante.

Depois de falar de coisas banais durante alguns minutos, Castaño foi direto ao ponto:

"Comandante, ela está disposta a resolver todos os problemas com o senhor e a obter a paz. Dê o preço de todos os prejuízos que teve."

"Carlos, que preço posso pôr à morte de meu filho? E a todos os atentados que Pablo fez contra mim? E a todas as pessoas que matou?"

"É claro, comandante, mas eu estou aqui para que esse pesadelo acabe; ninguém quer guerrear mais, por isso ela está se submetendo a essa terrível situação... mil vezes só fala em paz, só em paz."

Quando a tensão diminuiu um pouco, eu ousei intervir.

"Comandante Chaparro, posso lhe oferecer duas fazendas, uma com uma pista de pouso e outra ao lado do rio, e algumas máquinas da fazenda Nápoles, como a motoniveladora e o gerador, que são muito boas e caras."

Chaparro ficou em silêncio; notei que me olhava, que me observava, como se quisesse saber muitas coisas. Então, tomei de novo a palavra:

"Comandante, muitas pessoas querem uma parte do que Pablo deixou, e tenho que atender a todas. Eu lhe suplico que compreenda que o que estou lhe entregando tem um valor importante."

Minha súplica surtiu efeito, porque o comandante Chaparro aceitou. Depois, trocamos um forte aperto de mãos e selamos o acordo.

Eu me sentia mais confiante, e não desperdicei a oportunidade para lhes perguntar sobre o paradeiro da babá de Manuela, Nubia Jiménez, e de nossa professora, Alba Lía Londoño, sequestradas pelos Pepes na primeira semana de novembro de 1993, quando a perseguição a Pablo já incluíra as pessoas mais próximas a nós.

"Senhora... senhora... veja estas extensões de terra... isto está cheio de desaparecidos; é impossível entregar-lhe os corpos, não há como encontrá-los."

As duras palavras de Chaparro me trouxeram de novo à minha triste realidade, e chorei sem parar durante um bom tempo. Depois, contemplei a extensa paragem, e não podia compreender quanta dor, quanta incerteza, quanta desesperança havia sepultada ali. Que resposta eu daria aos filhos da professora e da babá? Como lhes dizer que os corpos jamais apareceriam? Lembro que levei várias semanas para lhes contar, porque me sentia completamente arrasada. Pensava em meus filhos e me recusava a enfrentar a dor dos delas. Não tinha coragem de olhá-los nos olhos; muito menos era capaz de lhes contar o que descobrira. Não havia palavras, eu não queria lhes dizer que sua mãe jamais voltaria.

De repente, os motores do helicóptero foram acionados e o comandante Chaparro me deu a mão e eu agradeci por ter tido compaixão para conosco. Por um momento, achei que ia desmaiar; não tinha forças para entrar no helicóptero. Mas consegui, e já em voo, olhei para o céu e agradeci a Deus por me permitir voltar para casa e por me dar sabedoria para enfrentar cada reunião que teria que encarar. Outro difícil obstáculo havia ficado para trás.

Enquanto isso, dei continuidade a meu périplo pelas penitenciárias, que obviamente incluiu La Picota, no sul de Bogotá, onde falei com Arete, Tití e Mugre, acompanhada por dois agentes do CTI da Promotoria. Quando havia acabado de escutar seus problemas e me comprometido a resolver o da falta de dinheiro, outro rapaz se aproximou, também funcionário de Pablo. Era mensageiro de outra dificuldade:

"Patroa, Patroa, dom Leonidas Vargas quer vê-la em sua cela para ver se podem acertar uma conta pendente do patrão."

A negociação 89

Surpresa, respondi que sim, e então, o jovem me conduziu por vários corredores que me provocaram desolação, porque vi a miséria de seres tristes, maltratados, isolados, sem futuro. Estava tão absorta observando aquelas cenas dantescas que não me dei conta de que o mensageiro entrou em uma cela. Havia chegado à de Leonidas Vargas. Fiquei do lado de fora.

"Dom Leonidas, a viúva de Pablo está aqui."

"Mande-a entrar."

Encontrei um homem de baixa estatura, de pele trigueira, camponês, mas muito cuidadoso ao falar. Recebeu-me com muita gentileza, e poucos minutos depois me disse que Pablo ficara lhe devendo 1 milhão de dólares e que queria recuperá-los.

"Vamos pensar em como resolver isso da melhor maneira para nós dois", disse, cordial, mas com o tom de voz de quem está disposto a resolver por bem ou por mal.

Alguém já havia comentado que esse Leonidas Vargas era muito sério, mas também muito bravo, e que por isso era importante pagar a dívida sem enrolar muito. Mas havia um problema: não tínhamos dinheiro. Mas tínhamos uma solução à vista, porque, por esses dias, a Promotoria havia ordenado que nos devolvessem um avião de Pablo que ficara confiscado durante dez anos. Então, eu propus:

"Dom Leonidas, serve um avião de Pablo?"

Ele disse que certamente sim, e combinamos de realizar uma avaliação – que, por sorte, determinou que o valor da aeronave era quase igual ao da dívida. Em resumo, ele ficou com o aparelho depois de verificar que estava apto para voar. E saiu ganhando, porque em um hangar no aeroporto Olaya Herrera, em Medellín, estava armazenado um lote de peças de reposição que só serviam para esse avião, avaliadas em cerca de 300 mil dólares.

Mas faltava muito ainda. E isso ficou claro um dia, quando Miguel Rodríguez me ligou para contar que os irmãos de Pablo lhe haviam feito uma visita para pedir a ele e a seu irmão Gilberto que interviessem na partilha do testamento de meu marido. Acrescentou que a intenção de meus cunhados era passar por cima da vontade de Pablo, que em vida deixara alguns bens no nome de Manuela e Juan Pablo. No fim da ligação, ele me pediu que nas próximas reuniões todos os Escobar estivessem presentes para falar desse assunto. Eu recusei.

"Não, dom Miguel, lembre-se de que o senhor mesmo disse que eles iam me arrancar os olhos; não quero me reunir com eles porque é doloroso o fato de que tenham procurado vocês sem eu saber para tirar de meus filhos o que o pai lhes deixou."

"Senhora, faça isso por mim, que de boa vontade me ofereci para acompanhá-la nesse processo; portanto, agora precisa me ouvir."

"Está bem, dom Miguel, mas é só pelo senhor", respondi ao recordar a gratidão que sentia por ele ter se mostrado compassivo com nossa situação.

Dez dias depois eu estava de novo sentada à mesa; mas me chamou a atenção o fato de que a presença havia diminuído notoriamente, porque vários chefes já tinham considerado a dívida saldada. Contudo, esse novo encontro teria como ingrediente adicional a discussão sobre a vida de meu filho.

E Gilberto Rodríguez deixou isso bem claro assim que começou a reunião:

"Senhora, não se preocupe, porque depois disto haverá paz; mas vamos matar seu filho."

A reiteração da sentença de morte de Juan Pablo me encheu de medo; mas, diferentemente das reuniões anteriores, eu sentia que podia apelar à razão e convencer os chefes de Cali de que meu filho não tinha intenção alguma de prolongar a guerra, e que eu seria garantia disso.

"Senhores, por favor, ouçam-me mais uma vez. Neste processo estão incluídas pessoas de muito alta periculosidade. Não entendo por que vocês estão tão obstinados em tirar a vida de meu filho se ele é apenas um adolescente; eu sou a mulher que está dando as caras e o dinheiro para chegar a um acordo de paz, e em reconhecimento a meu empenho, eu lhes peço que lhe deem mais uma chance."

Silêncio total. Os chefes presentes ficaram um tempo falando em voz baixa, e depois alguns foram para outro lugar da casa para conversar. Meia hora mais tarde, por fim, deram-me uma grande notícia:

"Esperaremos pela senhora e seu filho daqui a dez dias para resolver se ele ficará vivo", resumiu Gilberto Rodríguez.

Era um fato: tínhamos que comparecer ao encontro em Cali, e nos preparar para o pior. A contagem regressiva havia começado, por isso, não perdi tempo e rezei a meus entes queridos mortos pedindo proteção e ajuda para amolecer o coração de nossos inimigos. É um velho costume meu a que recorro nos momentos críticos de minha vida; e deve funcionar, porque continuamos vivos. Os dias se passavam, e o ambiente no apartamento de Santa Ana se tornava cada vez mais tenso. Não só eu tinha que continuar suportando a hostilidade da vizinhança, como também partia meu coração ver a impotência de Juan Pablo, que sentia que sua morte estava perto. O momento que vivíamos era tão incerto que, embora pareça inacreditável, aos 17 anos, ainda menor de idade, meu filho se sentou diante do computador e escreveu seu testamento. Mas, bem no fundo, eu acalentava a esperança de que por se apresentar voluntariamente diante dos inimigos de Pablo, eles lhe dessem uma segunda chance. Eu pedia a Deus minuto a minuto que não me tirasse Juan Pablo, que desde os 7 anos havia tido que abandonar a escola, seus primos e amigos, suportar as clausuras, as perseguições e toda a série de adversidades que acompanharam Pablo em seus últimos anos. Eu aprendi a viver o dia a dia, e a além de suportar o insuportável. E agora, percebia que eles, meus filhos, não tinham razão para suportar essa barbárie herdada.

Como sempre, aproveitamos a escuridão da noite, e às 4 horas da madrugada saímos rumo a Cali junto com meu irmão Fernando, que dirigia um Toyota branco. A viagem foi tranquila, e enquanto cobríamos o trajeto de 500 quilômetros, analisávamos o jeito de abordar a conversa com os chefes para convencê-los a poupar a vida de Juan Pablo.

Pouco antes das 6 horas da tarde chegamos à capital do Vale e nos hospedamos em um hotel cujo proprietário era um dos chefes do cartel de Cali. Seguimos as instruções e não registramos nossa entrada, mas tivemos a precaução de não falar em voz alta, porque achávamos que haviam implantado microfones nos dois quartos que ocupamos. Também não pedimos comida no restaurante por medo de que nos envenenassem, e nos limitamos a tomar água da torneira.

À medida que avançavam as horas e chegava o momento do encontro com os chefes, Juan Pablo não podia evitar ser invadido por uma estranha sensação de angústia. Às 11 horas da noite, ele se ajoelhou durante um longo tempo, rezou o rosário e chorou. Ainda hoje valorizo o fato de meu filho conservar esse costume, bem como a fé com a qual se ajoelha todos os dias diante de Deus para agradecer a chance que Ele lhe deu de continuar vivo e lutar por um futuro melhor.

No dia seguinte, fomos a Palmira cumprimentar minha tia Lilia e outros parentes, e esperamos a ligação de algum *caleño* para saber aonde teríamos que ir. O dia passou sem maiores contratempos, até que às 10 horas da noite, logo depois que voltamos ao hotel, Hélmer "Pacho" Herrera ligou e nos convidou a almoçar – a nós e aos irmãos de Pablo – para falar da herança e da partilha dos bens.

"Dom Pacho, não se preocupe, resolveremos esse assunto em família, porque Pablo deixou um testamento. Estamos aqui porque dom Miguel Rodríguez nos chamou para falar de paz, e Juan Pablo, meu filho, veio tratar de sua situação", respondi cortante, e o chefe disse apenas que nos veríamos no dia seguinte.

A verdade é que não nos parecia adequado, em função do momento que vivíamos, sentarmo-nos com parentes por afinidade com quem tínhamos diferenças cada vez maiores, junto com os chefes que acabaram com a vida de meu marido.

Chegamos às 2 horas da tarde à reunião com os *caleños*, depois de um homem que dissera estar ali em nome de Miguel Rodríguez nos pegar em um Renault 18 com vidros espelhados e dez minutos depois entrar no porão de um velho edifício no centro da cidade. No trajeto, meu irmão Fernando devia ter notado a cara de pânico de Juan Pablo, e tentou acalmá-lo.

"Fiquem tranquilos, não vai acontecer nada", disse repetidamente, sem sucesso.

O motorista nos acompanhou até o último andar, e antes de se despedir, indicou a sala de espera que havia ali perto. Enquanto íamos para lá, fiquei aliviada quando não nos revistaram e também quando notei que não havia homens armados.

Mas qual não seria nossa surpresa quando encontramos ali minha sogra, Hermilda, minha cunhada Luz María com seu marido, Leonardo, meu cunhado Argemiro e Nicolás, filho de meu cunhado Roberto. O desconcerto de todos foi tão notório que mal nos cumprimentamos, e cada grupo ficou em uma ponta do local espaçoso.

A situação era muito desagradável, mas, por sorte, chegou nosso advogado, Fernández, com a lista das propriedades e o testamento de Pablo. Minutos depois, um garçom elegantemente vestido de preto nos levou a um salão maior, onde havia dois sofás de três lugares, cadeiras nas laterais e uma mesa de vidro no centro. Assim que nos sentamos, entraram Miguel Rodríguez, Hélmer "Pacho" Herrera e José Santacruz Londoño. Gilberto Rodríguez não apareceu.

Juan Pablo, Fernando e eu nos sentamos no sofá ao lado esquerdo de Miguel Rodríguez, que conseguia conter minha angústia porque, sem dizer nada, transmitia-me a sensação de que estava do meu lado, que era meu anjo da guarda. Ao lado de Rodríguez sentaram-se "Pacho" Herrera e Santacruz, e na outra ponta os Escobar e Fernández, o advogado. O longo silêncio que tomou conta do lugar me deu tempo para refletir sobre o absurdo que seria se uma reunião que definiria se meu filho seria sentenciado à morte houvesse sido adiada – a pedido de minha sogra! – para discutir primeiro a herança de Pablo. Em outras palavras, era inadmissível que a família de Pablo procurasse o cartel de Cali para resolver um assunto que só dizia respeito aos Escobar Henao.

Até que Miguel Rodríguez quebrou o gelo:

"Vamos falar da herança de Pablo; ouvi reclamações da mãe e dos irmãos dele porque querem que sejam incluídos na partilha os bens que ele deixou em vida para seus filhos", disse, sem cumprimentar ninguém.

"Sim, dom Miguel, estamos falando dos edifícios Mónaco, Dallas e Ovni, que Pablo pôs no nome de Manuela e Juan Pablo para protegê-los das autoridades, mas que eram dele, e não de seus filhos. Por isso, exigimos que entrem na herança", disse minha sogra, e o clima era tão denso que dava para cortar com uma tesoura.

Então, foi minha vez de falar:

"Dona Hermilda, desde que Pablo construiu esses edifícios, ficou bem claro que eram para seus filhos, porque ele deixou muitas outras coisas para sua família; a senhora sabe que sim, por mais que venham aqui, com todo o respeito, dizer coisas que não são verdade."

O exótico encontro não tardou a deixar evidentes duas tendências entre os chefes: "Pacho" Herrera se mostrava a favor de minha sogra e meus cunhados, ao passo que Miguel Rodríguez tendia para mim e meus filhos. E assim deixou claro em uma intervenção na qual, uma vez mais, atuou como juiz:

"Vejam, eu, por exemplo, tenho sociedades no nome de meus filhos, e essas sociedades têm bens que eu, em vida, decidi que seriam para eles; Pablo fez exatamente o mesmo. Então, os bens que ele queria que ficassem para seus filhos assim ficarão, e acabou a discussão. O que é de meus filhos é de meus filhos, e o que Pablo decidiu que era para seus filhos é para seus filhos. O que sobrar, dividam-no entre vocês segundo o testamento."

Ficamos todos calados. Os Escobar ficaram pálidos, pois nunca imaginaram que Miguel Rodríguez compreenderia nossa situação. Observei com atenção o comportamento da família de Pablo, seus olhares desconcertados, seu mal-estar em relação aos filhos de seu familiar morto. Eu pedi à vida, mesmo que fosse por um instante, que Pablo olhasse seus parentes nos olhos. Em meu coração de mãe eu sabia que ele estava defendendo o que lhes cabia.

Como diz o dito popular: nada é tão ruim que não possa piorar. Foi o que aconteceu depois da sentença de Miguel Rodríguez. E ficou por conta de Nicolás Escobar, que fez uma pergunta que acabou com a reunião.

"Um instante, Tata. Então, o que vamos fazer com os 10 milhões de dólares que meu tio Pablo ficou devendo a meu pai? Porque todo o mundo sabe que era meu pai que sustentava Pablo."

Depois dessa declaração absurda, dom Miguel me olhou nos olhos, malicioso, sorriu e deu uma piscadinha em sinal de desaprovação. Também notei que Juan Pablo ficara incomodado com o comentário do primo, e não aguentou a vontade de intervir:

"Vejam só! Ninguém cai nessa, Nicolás. Quer dizer que agora os pássaros é que atiram nas escopetas! Agora seu pai é que sustentava o meu? Não encha o saco."

Miguel Rodríguez, Pacho Herrera e Chepe Santacruz sorriram, levantaram-se das cadeiras e foram para o fundo do salão sem se despedir dos Escobar.

Imediatamente me levantei do sofá e fui atrás deles; pedi que dispusessem de cinco minutos para falar com Juan Pablo, e fiz um sinal a meu filho para que se aproximasse. Havia chegado a hora zero.

Eles assentiram, sentaram-se em outra sala e cruzaram os braços, como se quisessem dizer: "Fale agora, ou cale-se para sempre". Juan Pablo entendeu a mensagem e disse:

"Senhores, vim aqui porque quero lhes dizer que não tenho intenções de vingar a morte de meu pai; o que quero fazer, e vocês sabem, é sair do país para estudar e ter outras possibilidades diferentes das daqui. Minha intenção é não ficar na Colômbia para não incomodar ninguém, mas estou impossibilitado porque esgotamos todas as opções de encontrar uma saída. Eu sei muito bem que se quiser viver, tenho que ir embora."

Nunca esquecerei a palidez de meu filho quando pronunciou essas palavras. Como dói recordar sua angústia e desesperança! Mas algo bom começou a acontecer quando o chefe José Santacruz Londoño interveio:

"Moleque, o que você precisa saber é que não tem que se meter no 'agito' nem em coisas estranhas; entendo sua posição, mas você precisa saber, como todos nós sabemos, que nunca mais vai nascer um touro como seu pai."

"Não se preocupe, senhor; eu aprendi uma lição na vida, e por isso acho que o narcotráfico é uma maldição."

"Um minutinho, jovem", replicou Miguel Rodríguez, erguendo a voz. "Como pode dizer que o narcotráfico é uma maldição? Veja só, minha vida é muito boa, minha família vive bem, tenho uma casa grande, minha quadra de tênis, faço caminhada todos os dias..."

"Dom Miguel, entenda, a vida me mostrou algo muito diferente. Por causa do narcotráfico eu perdi meu pai, parentes, amigos, minha liberdade, minha tranquilidade e todos os nossos bens. Desculpe se o ofendi, mas não posso ver as coisas de outra maneira. Por isso, quero aproveitar esta oportunidade para dizer que, de minha parte, não haverá violência de nenhum tipo. Eu já entendi que a vingança não vai devolver meu pai; e insisto: ajudem-nos a sair do país. Eu estou tão limitado para buscar essa saída, e não quero que entendam que não quero ir embora; é que nem as companhias aéreas vendem mais passagens para nós."

Com um estranho tom de juiz e conselheiro, Miguel Rodríguez disse:

"Senhora, decidimos que vamos dar uma oportunidade a seu filho. Entendemos que ele é uma criança, e deve continuar sendo. De agora em diante, a senhora responde a nós pelos atos dele, com sua vida. Tem que prometer que não vai deixá-lo sair do caminho do bem, do respeito por nós e pela não violência. Vamos deixar os edifícios com vocês para que se defendam com eles. Vamos ajudar que os recuperem. Para isso, terão que colaborar também com dinheiro para as campanhas presidenciais. Pediremos a qualquer um que ganhe que os ajude, pois diremos que vocês colaboraram com suas campanhas."

Pacho Herrera, que havia mantido silêncio, interveio na conversa:

"*Mompa*, fique tranquilo, que enquanto não se meter com o narcotráfico, nada vai acontecer. Não tem mais nada a temer. Queríamos que viesse para nos certificarmos de que suas intenções eram boas. A única coisa que não podemos permitir é que fique com muito dinheiro, para que não vá enlouquecer por aí longe de nosso controle."

Miguel Rodríguez encerrou o curto encontro de vinte minutos:

"Não se preocupem mais. Inclusive, podem ficar morando aqui em Cali, se quiserem, ninguém vai lhes fazer nada. Temos mansões, carros e segurança para emprestar, senhora; não precisa se preocupar. Se quiserem, vão conhecer o negócio de minha esposa, de venda de roupa. E esperem para ver o que vai acontecer agora com o novo presidente, nós os ajudaremos", disse o chefe.

E a seguir, despediu-se com certa leveza, chamou o motorista e ordenou que nos levasse à loja de sua esposa, Martha Lucía Echeverry.

Agradeci o gesto e a boa intenção dos chefes do cartel de Cali, mas eu não tinha dúvidas de que, para reinventar uma nova vida para nós, teríamos que sair da Colômbia.

Em poucos minutos, chegamos a uma zona comercial de bom nível em Cali. Entrei em uma loja de roupas que o motorista me indicou. Atrás de uma mesa elegante encontrei a esposa de Miguel Rodríguez. Era uma mulher espigada, esbelta e bonita, que me saudou com gentileza. Senti que me olhava com olhos de compaixão, como se dissesse: "Você não sabe quanto a compreendo". Tentei ser cordial como ela e olhei algumas das finas peças que vendia, mas meu estado de ânimo estava péssimo, eu me sentia como um zumbi; a imensa dor guardada em meu coração me dominava. Fiquei ali cerca de uma hora, e espero que ela tenha conseguido entender que eu não estava em condições de comprar roupas. Quando saí, Juan Pablo já me esperava; ele havia comprado um roupão atoalhado com estampa escocesa.

Depois de travar mil batalhas para que não o assassinassem, ficara evidente que meu filho se salvara. Depois daquela reunião, tomei a decisão de, dali em diante, na medida do possível, não deixar escapar nenhum momento que pudéssemos passar juntos e celebrar a vida.

Também era evidente que as principais barreiras estavam começando a ficar para trás, como me informou Carlos Castaño, que acompanhara o processo de partilha dos bens de Pablo. Ele chegou a demonstrar tanta condescendência comigo que, em certa ocasião, quando estávamos dentro de um avião indo resolver algo relacionado com uma propriedade de Pablo que devia ser entregue a outro chefe, pronunciou uma frase que seria premonitória:

"Fique tranquila, dona Victoria; agora estamos resolvendo seu problema, mas não vai demorar muito para que nos matemos entre nós mesmos, da mesma maneira que aconteceu com Pablo."

Dias depois, eu me surpreendi com a ligação de Ismael, um homem que não havia aparecido até então e que me chamou a seu escritório, bem perto do Centro Comercial Andino, em Bogotá. Ele chegou a ser muito importante no cartel de Medellín, porque foi braço direito de Kiko Moncada; por isso, fui sem falta com meu irmão Fernando. Encontrei-o em um elegante escritório lindamente decorado, e em cima da mesa uma cara garrafa de uísque que ele esvaziou nas seis horas de duração da conversa. Não estou exagerando: 80% do tempo se passou em insultos de Ismael a meu marido, pelos horrores que havia cometido na guerra, porque havia perdido todo o dinheiro, porque se deixara influenciar demais por seus homens, pelos atentados terroristas...

"Seu marido era louco! Louco!"

A noite avançava e Ismael consumia longos tragos de uísque, até que chegou a hora da verdade.

"Ouça bem, a senhora vai morrer se não me entregar o que vou lhe pedir."

Então, meu irmão pulou feito uma fera:

"Você também vai morrer, Ismael. Ou acha que vai viver a vida toda?"

A inesperada reação de meu irmão foi tão contundente que Ismael ficou calado e baixou o olhar. Por isso eu amei tanto Fernando, porque ele foi uma grande companhia, um homem conciliador que nos acompanhou sem hesitar. Ainda hoje sinto sua ausência, porque sua dependência química e suas doenças terminais o levaram à morte em 16 de junho do 2014.

Enfim, depois de mais duas ou três reuniões, Ismael ficou com os bens de Pablo que pediu. E os entreguei sem reclamar, porque, além de ser influente em sua organização, ele era muito perigoso.

No fim dos encontros acidentados, Ismael me ofereceu desculpas pela morte de meu irmão Carlos, o mais velho, assassinado pelos Pepes em 2 de junho de 1993, quando chegava a Medellín proveniente de Cartagena. Disse que haviam sido amigos e que ele sabia que Carlos não estava envolvido em nada do que Pablo fazia. Também me disse que, quando se dera conta de que Carlos havia sido sequestrado, fizera várias ligações tentando evitar que o assassinassem; mas, quando conseguira se comunicar, já era tarde.

Para resumir, no final de agosto de 1994 fazia oito meses que estávamos na desgastante inquietação que narrei ao longo deste capítulo. Àquela altura, já havíamos entregado todos os bens deixados por Pablo, salvo os edifícios Dallas, Mónaco e Ovni, porque, segundo os acordos, pertenciam a meus filhos. Até que o Estado ficou com eles.

Resolvido o assunto da entrega dos bens de Pablo – tanto aos cartéis quanto à família Escobar –, tínhamos que nos concentrar em nosso futuro, que invariavelmente era sair do país. Era nossa única opção. Mas para onde? Tínhamos algumas possibilidades, mas eram muito incertas. Estávamos nessa quando, surpreendentemente, fui chamada de novo a Cali porque haviam surgido algumas dúvidas sobre a documentação de um avião e um helicóptero de Pablo.

Como sempre, fui logo, e cheguei à sede do Club América de Cali, em Cascajal, onde se encontravam umas quarenta pessoas – eu diria que as mesmas que da primeira vez. Por sorte, as ofensas e as ameaças de morte já eram coisa do passado, e o assunto do avião e do helicóptero foi resolvido com relativa facilidade. Das somas e subtrações dessa operação ficou um saldo a nosso favor, que os chefes se comprometeram a pagar devolvendo-nos duas aeronaves para ajudar a aliviar minha situação econômica naquele momento lamentável e, pela primeira vez, deram-me números de telefone para eu ligar e acertar os detalhes da entrega – que acabou nunca acontecendo.

Solucionado o motivo pelo qual haviam me convocado, todos nós nos levantamos, porque dom Miguel queria acrescentar algo mais:

"Senhora, queremos lhe agradecer por cumprir sua palavra durante esse processo. Nós nos sentimos respeitados, e a senhora ganhou nosso respeito."

Ninguém disse mais nada. Troquei um aperto de mãos com cada chefe, e em voz baixa todos reconheceram o cuidado que eu havia tido durante a negociação.

Antes de sair, reunimo-nos em uma espécie de círculo. Miguel Rodríguez, mais descontraído, recordou um episódio ocorrido quando a guerra com meu marido estava no ponto mais alto:

"A verdade é que se houvesse acontecido aquela aproximação que a senhora solicitou por meio de sua tia há alguns anos, certamente teriam sido evitadas tanta dor e tantas mortes."

"Sim, dom Miguel, mas todos sabem que meu marido não me deixou."

A história à qual Miguel Rodríguez se referia foi assim: enquanto Pablo tentava ganhar suas guerras, eu decidi fazer alguma coisa para acabar com elas por bem. Mas, como? A resposta surgiu de uma tia minha com quem eu sempre mantive um relacionamento muito próximo. Ela me contou que conhecia fazia algum tempo um homem muito próximo dos chefes do cartel de Cali. Sem pensar duas vezes, eu lhe pedi que falasse com seu amigo e que pedisse aos *caleños* que me atendessem para vermos de que maneira poderíamos acabar com o confronto.

Quando eu lhe propus isso, minha tia ficou pálida e achou que não seria capaz de dar um passo desses. Mas eu a tranquilizei:

"Claro que você é capaz, tia. E de outras coisas maiores, porque sempre foi uma lutadora, e nenhuma situação foi demais para você."

Eu a convenci, e sua intervenção foi bem-sucedida, porque seu contato não tardou a falar com os chefes de Cali, que se mostraram dispostos a se reunir comigo o mais rápido possível. Quando recebi a mensagem, fiquei feliz e me senti nas nuvens. Mas faltava convencer Pablo; estávamos escondidos em uma fazenda no leste de Antioquia. Passando por grandes dificuldades, eu havia chegado até ali para que ele visse seus filhos e passasse algumas horas com eles.

Achei que o melhor seria esperar a chegada de minha tia para dar a notícia a Pablo, que não fazia ideia do que estava acontecendo. Bem no fundo, eu estava preocupada com o que ele diria por eu ter entrado em contato com o pessoal de Cali sem lhe dizer nada. Às 7 horas da noite ela chegou, e a abracei muito forte porque queria sussurrar em seu ouvido:

"Tia, peça a Deus que Pablo nos escute."

"Sim, minha filha, ele vai nos escutar."

Aproximamo-nos lentamente de Pablo, que olhava o horizonte na varanda da casa. Estava com uma bermuda branca, camisa branca e tênis especiais, com cravos pretos que se agarravam à terra para facilitar uma eventual fuga.

"Pablo, eu e Tata estávamos pensando em como acabar com esse pesadelo, e ela me pediu que falasse com uma pessoa que conheço no cartel de Cali. Eles aceitaram recebê-la para conversar", explicou minha tia.

Pablo me olhou fixamente, cravando-me um olhar que eu conhecia de sobra. Era de reprovação.

"Tata está louca. Meus inimigos vão devolvê-la enrolada em arame farpado. Você nunca irá a Cali. Você é uma ingênua; falta-lhe malícia, Tata... não acredito que você sequer pensou em uma coisa dessas. Você está louca! Louca! Para você ir a Cali, eu tenho que estar morto."

Hoje, lamento que Pablo não tenha entendido que teria sido possível acabar com sua guerra contra o cartel de Cali. Para ele, era impensável que sua mulher embarcasse em tamanha aventura. Tinha medo de que me matassem, ou seu machismo o impedia sequer de pensar que sua esposa poderia enfrentar seus inimigos? Não sei. O triste, no fim dessa história de dor, é que só com sua morte eu pude me aproximar deles; mas, diferentemente do que ele pensava, não nos mataram – nem a mim, nem a meus filhos, nem a minha nora, e muitos anos depois encontramos uma nova vida.

AS MULHERES DE PABLO

CAPÍTULO 4

    Falar pela primeira vez das infidelidades de meu marido é especialmente doloroso, porque fere minha condição de mulher, minha dignidade, minha autoestima e o respeito por mim mesma.

    Em algumas sociedades, não é um drama o marido ser infiel; sempre se sabe, sempre se cala. É um segredo que todos sabem que acontece em milhares de famílias. Como mulheres, fomos criadas para não ver e não falar, para estar ali, em silêncio, cumprindo o dever de esposa e mãe. Vivíamos em um espaço de resignação, no qual o acusado se sentia ofendido pelas recriminações que sempre negava enfaticamente, e, no fim, acabavam as discussões. Não tínhamos direito de protestar ou espernear; para muitas, isso simplesmente significou perder a vida.

    Mesmo assim, entendo que este é um capítulo inevitável em um livro sobre a vida que vivi ao lado de Pablo Escobar, porque são conhecidos os muitos relacionamentos que ele manteve com todo tipo de mulher ao longo da vida. Por essa razão, acho que os leitores não me perdoariam se eu não me referisse extensamente ao adultério do qual fui vítima durante anos. Mesmo que isso me cause estupor, faça doer meu coração, minha pele, minha alma... minha vida.

    Narrar isso é mais doloroso porque, depois de tantos anos, comprovei que, em termos de infidelidade, meu marido teve muito mais aventuras do que eu cheguei a saber na época. Foram-me contadas agora, durante a investigação para este livro, quando voltei a Medellín e a outros locais de Antioquia para falar com muitas pessoas próximas do entorno de meu marido, que na época guardaram silêncio por medo ou por solidariedade de gênero.

Em outros espaços deste livro falo do Pablo Escobar que fez muito mal, que cometeu crimes, que desestabilizou um país, que desafiou um império; mas, neste capítulo em específico, falarei do homem, do pai, do amante.

Minha primeira lembrança dele remonta a 1972: vi um jovem andando pelas ruas do incipiente bairro La Paz, em Envigado, em uma moto italiana, uma Vespa chamativa branca e vermelha que um vizinho lhe vendera por 3.500 pesos e que ele se comprometera a pagar em parcelas mensais de 300 pesos. Seu sucesso com as mulheres era evidente, porque não eram poucas que sorriam para ele e faziam sinais pedindo para levá-las a dar uma volta pelos arredores. Era um verdadeiro galã, bom de bico, encantador. As garotas falavam dele o tempo todo e se referiam a ele como o "rapaz da moto".

Naquele momento, na verdade, não me interessei por saber sequer quem era ele, mas as rodinhas da vizinhança tornavam inevitável descobrir: chamava-se Pablo Emilio Escobar Gaviria, tinha 23 anos, cursava o ensino médio no Liceo de la Universidad de Antioquia, e se notava a léguas que já tinha uma bagagem de vida que contrastava com a minha – eu mal chegava aos 12 anos e tinha que pedir autorização para sair de casa. Pablo tinha complexo devido a sua baixa estatura – 1,67 metro –, e por isso se ofendia demais quando seus amigos o chamavam de anão, banana ou banana-maçã.

Minha família, Henao Vallejo, era das mais bem de vida do bairro, aonde havíamos chegado em 1961 procedentes de Palmira – uma pequena e próspera localidade do departamento do Vale do Cauca, sudoeste da Colômbia –, porque meus pais decidiram deitar raízes em terras *paisas*, pois estavam cansados de viajar por todo o país. Essa constante peregrinação em razão do trabalho de meu pai fez que boa parte de seus oito filhos nascessem em diferentes povoados e cidades do país.

Minha mãe, Leonor, que desde pequena era chamada de Nora, havia montado uma lojinha em uma parte da área social da casa, onde vendia de tudo um pouco: roupas, tecidos para uniformes escolares, artigos de papelaria, eletrodomésticos e perfumes. Meu pai, Carlos, era distribuidor de doces de uma empresa conhecida como La Piñata, e por essa razão o pessoal do bairro nos chamava de "los piñatos". Graças ao árduo trabalho de meus pais, nós, seus filhos – três homens e cinco mulheres –, crescemos cercados de certas comodidades, e estudamos em escolas particulares. Fiz aulas de natação e violão, estreava sapatos duas ou três vezes ao ano e com certa frequência uma de minhas tias trazia roupa de Nova York para nós. E nas férias de fim de ano era comum eu ir a Palmira, onde moravam minha avó Dolores e minhas tias Lilia e Fanny.

A situação dos Escobar Gaviria era bem diferente. Eles chegaram ao bairro em 1964, três anos depois de nós, e suas raízes estavam no campo, onde passaram muitas necessidades; durante a época da violência política de meados do século passado, foram forçados a vagar por diversas regiões da Antioquia para que o confronto entre liberais e conservadores não os atingisse. A mãe, Hermilda, professora infantil, e o pai, Abel, agricultor, tiveram quatro mulheres e três homens, dos quais Pablo era o terceiro.

O novo bairro de Envigado trouxe debaixo do braço uma escola, que imediatamente contratou dona Hermilda como professora graças à intervenção do ex-ministro e reconhecido político antioquense liberal Joaquín Vallejo Arbeláez – padrinho de batismo de Pablo –, que conseguiu que a Secretaria de Educação departamental a nomeasse. Mas a receita familiar era insuficiente, e por isso dom Abel não teve mais opção que trabalhar no bairro como zelador. Todas as noites, alguns membros da Junta de Acción Comunal vendiam fiado ao pai de Pablo um pacote de cigarros Pielroja e lhe davam uma garrafa térmica com café e o desjejum (pão e bolo).

Como eu via Pablo constantemente, comecei a notar que ele estava interessado em mim. Primeiro foi um olhar sedutor, depois uma piscadinha, e mais adiante uma breve saudação cada vez que me via. Mas ele devia saber que não seria fácil se aproximar, e pensou em pedir ajuda a Yolanda, uma jovem da vizinhança cuja família era próxima dos Escobar Gaviria e a quem eu já conhecia fazia tempo. Éramos grandes amigas. E funcionou, porque logo Yolanda se tornou a intermediária da futura relação.

Um dia, quando ela já havia começado a desempenhar seu papel, Yolanda me contou a frase com que Pablo a abordara para falar de mim:

"Yolanda, Tata é muito querida. Você me ajuda a sair com ela?"

Mas Yolanda o alertou sobre o que poderia acontecer, porque a diferença de onze anos entre mim e ele era notória demais.

"Pablo, lembre-se de que Mario (meu segundo irmão) é muito bravo. Se quiser, eu falo com ele; é meu professor de matemática, e eu digo que você está interessado nela. Além do mais, Mario o aprecia; mas não esqueça que Victoria é pré-adolescente, e você é velho demais para ela. Pablo, não quero ter problemas com os Henao, que são amigos de minha família. Você tem que falar com a mãe dela, mas saiba que ela também é muito brava."

Ele não entendeu os argumentos e foi muito além em suas intenções.

"A idade não importa. Não será o primeiro nem a último casal que se junte assim. Ela será a mãe de meus filhos... quero que seja minha mulher e que tenhamos cinco filhos."

Yolanda achou que Pablo era muito exagerado pensando daquela maneira sem ter trocado uma palavra comigo, mas pouco depois entenderia que ele estava falando bem sério. Longe de se resignar a se manter afastado, um dia, quando eu havia acabado de fazer 13 anos, ele se aproximou pela primeira vez e disse:

"Tatica, suba na moto e vamos dar uma voltinha."

"Nem pensar, Pablo! Meus pais não deixam eu subir na moto de ninguém", respondi, tentando deixar claro que eu cumpria estritamente as regras de minha casa.

Mas ele não se dava por vencido, e com certa frequência, à noite, quando eu andava pela vizinhança para encomendar o leite da manhã seguinte, ele surgia das sombras e me perguntava se podia me acompanhar. Eu assentia com um gesto e mudávamos o caminho para evitar que nos vissem andando pela rua principal do bairro. Durante o curto trajeto ele me dizia que me achava bonita, que eu tinha um sorriso sensual, que admirava minhas pernas. E como não, se naquela época a moda eram os chamados *hot pants*, shortinhos justos e curtos que ficavam bem em mim porque eu era magra, graças a horas e horas dedicadas à patinação e à natação.

Semanas depois, os elogios continuavam, mas agora a cantada ia acompanhada de uma caixa rosa de chicletes Adam's e uma barra de chocolate Jet grande, cujas embalagens guardei durante anos. A essa altura eu já estava gostando de Pablo, e muito, mas não tinha coragem de levá-lo a minha casa porque naquela idade não se podia namorar.

Era questão de tempo até que algo acontecesse entre nós. Com o passar das semanas, Pablo se encarregou de acelerar as coisas, com a ajuda de Yolanda, que pouco a pouco foi gerando confiança suficiente para que minha mãe me deixasse sair com ela aos sábados, das 7 às 9 horas da noite. Uma vez na rua, Yolanda me acompanhava até eu me encontrar escondida com Pablo em alguma das sorveterias próximas, entre elas La Iguana, que depois passou a se chamar El Passo; La Esvástica – que tinha sofazinhos para dois; El Trianón e outras mais. Embora curtas, as conversas com ele eram leves, e de longe se notava que Pablo era bom para falar e cativante contando histórias.

Como a missão de Pablo era me conquistar, os presentes não tardaram a chegar. O primeiro foi o relógio grande e quadrado que ele usava, mas não o coloquei por medo de meus pais; por isso, Yolanda ficou com ele durante vários meses. Depois, ele me deu um LP do cantor espanhol Camilo Sesto e me dedicou uma das canções, intitulada "Amor amar". Uma de suas estrofes parecia antecipar o futuro: "*Amor, si tu dolor fuera mío y el mío tuyo, qué bonito sería... amor... amar. No tengo hoy ni ayer, pero sí tendré un mañana para volar...*" [Amor, se sua dor fosse minha e a minha sua, que bonito seria... amor... amar... Não tenho hoje nem ontem, mas tenho amanhã para voar...]. Eu adorei.

Lembro que no dia dos namorados daquele ano eu estava brava com ele e fazia vários dias que não nos falávamos, porque suas infidelidades já eram muito notórias. O tempo todo ele ficava olhando e seduzindo as meninas do bairro, e eu era muito ciumenta. No entanto, Yolanda chegou com um vistoso anel de pérolas com turquesas.

"Pablo mandou para você, Tata, e disse que eu o entregasse para você não pensar que ele quis escapar de dar presente."

O anel era lindo, e segundo Pablo contara a Yolanda, ele o havia comprado na joalheria La Perla, em Medellín, e custara 1.700 pesos – 77 dólares da época –, um dinheirão.

Naqueles poucos meses de cortejo descobri um homem romântico, com pretensões de poeta, acostumado a dar constantes demonstrações de carinho, dono de um sorriso sensual, detalhista consumado, que frequentemente me mandava presentes e flores. Pouco a pouco, comecei a sentir que estava apaixonada, e muito deslumbrada. A diferença de idade entre nós fazia daquele relacionamento incipiente algo muito atraente, porque ele não era um adolescente, com inseguranças ou divagações, e sim um homem, que me fazia sentir que não estava atrás de uma aventura passageira.

Mas, como mentira tem perna curta, umas amigas de minha irmã Luz Marina me viram várias vezes com ele e acabaram contando a ela. Em casa, souberam imediatamente, e minha mãe não me deixou mais ir encomendar o leite, única oportunidade de ver Pablo. Eu fiquei muito triste; era muito difícil entender a atitude radical de minha mãe, que era incapaz de compreender que havia alguém interessado em mim e que eu queria saber o que era se apaixonar. Uma estranha sensação de rebeldia me invadiu, e pela primeira vez senti que não estava disposta a aguentar que meus pais, e principalmente minha mãe, interferissem em meu relacionamento com ele.

A partir daí, não pudemos mais nos ver durante a semana, porque não me deixavam sair de casa sem um dos meus irmãos; mas também porque com bastante frequência Pablo mandava Yolanda me dizer que ia viajar a negócios. Ela não era específica nos detalhes, e evidentemente eu não suspeitava, nem remotamente, que meu galã já havia começado a incursionar no obscuro mundo da delinquência. O feitiço que cercava nosso relacionamento levou Pablo a desafiar minha família, e nos primeiros meses de 1973, ele deu um passo para formalizá-lo. Eu soube disso certa noite, quando meu irmão Mario foi até meu quarto e disse que precisávamos conversar.

"Tata, sabe que eu gosto de Pablo, mas é meu dever de irmão adverti-la de que ele não é bom para você. Nós saímos com mulheres o tempo todo. Ele não é o melhor para você. Esqueça-o."

Escutei em silêncio, mas, em minha ingenuidade, seu comentário não me deixou triste, nem chegou a me perturbar. Era evidente que ele estava incomodado porque seu amigo gostava de sua irmã. Mas, mesmo assim, o tom que ele usou para tentar nos afastar foi conciliador. Mario tinha razão, porque justo naqueles dias tinham me contado, com todo tipo de detalhes, que Pablo havia tido um romance com a reitora do Liceo La Paz, onde eu estudava. Mas eu o justifiquei, achando que isso acontecera porque ainda não tínhamos uma relação formal.

Pablo sabia de sobra que se quisesse algo sério comigo teria que contar com minha família; por isso, ele aproveitou a proximidade com meu irmão Mario para aplainar o caminho, apesar de saber sua oposição. Convidou-o a tomar uísque na sorveteria La Iguana e conversaram por mais de duas horas, depois das quais Mario voltou para casa e foi falar com nossa mãe.

"Mãe, falei com Pablo, e ele disse que quer namorar Tatica. Por isso, quero preveni-la e dizer que esse sujeito não põe a cabeça no travesseiro, esse homem não dorme, parece um urubu."

"Oh, Deus, o que nos espera... E o que você disse?"

"Eu perguntei por que não se interessa por minhas outras irmãs, que são mais velhas; mas ele disse que não, que gosta de Tatica. Portanto, agora, depende de você, mas precisa ficar de olho nessa menina. Mãe, Pablo está falando sério; ele quer visitá-la em casa."

E foi assim que começamos... Na terça-feira, 1º de maio de 1973, feriado, ele me pediu oficialmente em namoro e selou o compromisso com um presente: a canção "Nuestra historia de amor", que havia acabado de ser lançada pela cantora colombiana Claudia.

Depois, disse com segurança:

"Meu amor, você será minha durante a vida toda. Nunca a trocarei por nada nem por ninguém."

Emocionada – e ingênua –, eu respondi que seria seu amor a vida inteira, incondicionalmente. Estávamos felizes e selamos o namoro com um beijo apaixonado e um longo abraço. Minha sorte estava lançada.

Por fim namorávamos, e de nada haviam valido as dúvidas de minha família em relação a ele. Eles viam nele todo tipo de defeitos: tinha onze anos a mais que eu, vestia-se muito mal, parecia muito baixinho ao meu lado, usava a goma Lechuga para alisar o cabelo. A lista de poréns era longa, mas não me importava.

As severas restrições que minha mãe impôs para eu poder ver Pablo demonstraram que não havíamos ganhado nada. O principal obstáculo era que só podíamos nos encontrar aos sábados das 7 às 9 horas da noite. Era um pesadelo, porque eu estava ao lado de um homem muito atraente. Mas tínhamos permissão para sair justo até a hora em que as discotecas começavam a abrir. Foi um milagre ele ser meu namorado, porque as garotas do bairro faziam fila para sair com ele. Quando chegava o dia esperado, eu começava a me arrumar bem cedo, de um jeito que minhas irmãs qualificavam como engraçado, porque eu punha a roupa em cima da cama, como se estivesse deitada, para combinar as cores: o sutiã embaixo e a blusa em cima; depois, a calcinha e a calça ou saia; mais embaixo, esticava as meias como se fossem minhas pernas, e no fim, os sapatos. Obviamente, eu mudava várias vezes as cores, porque era obsessiva tentando encontrar a harmonia nas roupas. Eu era meticulosa ao extremo, porque queria que Pablo me visse arrumada, atraente e sensual para ele. Acho que conseguia, porque meu namorado enlouquecia ao me ver.

Naqueles dias de felicidade, surgiu em minha vida um personagem bem peculiar. Era Marquitos, um jovem bonachão que víamos pelas ruas do bairro com uma câmera batendo fotos. Achávamos normal vê-lo andar por aí captando imagens, e ele já fazia parte da paisagem. Mas, desde que comecei a namorar Pablo, notei que ele batia fotos minhas em todos os lugares aonde eu ia. No começo fiquei incomodada, achei até estranho isso; mas logo relaxei quando descobri que meu namorado romântico o havia contratado. Tempos depois, Marquitos se apaixonou por mim e decidiu confrontar Pablo; e chegou ao extremo de quebrar garrafas de vinho no jardim de minha casa.*

Enquanto isso, Pablo andava pelo bairro em sua nova motocicleta, uma Lambretta modelo 1963. Mas, como eu já era sua namorada, comecei a fazer cenas de ciúmes e a arranjar briga quando o via conversando com outras garotas. Era uma tortura ver que ele gostava de parecer um beija-flor. Mas ele, fiel à sua condição de machista, não gostava que eu dançasse nem com meus irmãos, e quando ficava bravo por esse motivo,

---

* Marquitos ainda vive, e o encontrei um dia em Medellín, enquanto fazia a investigação para este livro. Ele disse que se lembrava de mim com nostalgia e que durante a guerra Pablo havia lhe mandado uma mensagem pedindo que destruísse todas as fotografias que havia tirado naquela época. Foi o que ele fez.

guardava um frio silêncio. Lembro uma vez que ele foi viajar por alguns dias, e embora triste, eu acabei indo a uma festa na escola e dançando com outro rapaz. Inocente – porque não havia feito nada de errado –, escrevi uma carta a Pablo e lhe contei. Como resposta, ele me mandou um envelope com os pedaços de uma foto 3x4 que eu lhe havia dado e uma folha de papel com uma mensagem escrita por ele, que dizia: "Isso é o que você vale para mim, Tata".

Tive que esperar várias longas semanas até ele me procurar. Foi nosso primeiro distanciamento provocado por seus ciúmes, mas, por fim, ele cedeu e me deu de presente uma bicicleta tipo monareta, amarela, com luzes, cestinha, buzina e pneus largos.

"Veja, Tatica, o que comprei para você. Trouxe do Equador."

"Pablo, você acha que essa bicicleta vai apagar a dor que você me fez sentir? Fique com ela."

"Tatica, por favor, ouça-me... eu te amo, e você é a coisa mais importante que tenho na vida."

As armas de sedução funcionaram, e, no fim, ele acabou quebrando minha resistência. Depois de pedirmos desculpas mutuamente pelo motivo da briga, concordamos em continuar o namoro, e então fui com a bicicleta para casa para mostrar o presente que meu namorado me havia dado.

Nas semanas seguintes, vivemos momentos muito felizes, porque ele me fazia sentir a princesa de um conto de fadas. E eu tinha certeza de que ele era meu tão esperado príncipe.

Esse encantamento de que estou falando era verdadeiro, e transcendeu às coisas mais mundanas, como o simples fato de dirigir um veículo. Pablo me ensinou a dirigir em um enorme Ford modelo 1954, um dos primeiros carros que chegaram ao bairro La Paz. Foi uma experiência fascinante, que incluiu não só a instrução necessária para dirigir, como também uma alta dose de sedução.

Ele sabia como tratar uma mulher e, evidentemente, teve muita paciência, porque no começo o carro morria na hora de trocar a marcha.

"Calma, não se desespere que logo ele liga de novo."

Minha irmã Luz Marina e seu namorado Óscar iam às aulas de direção. Eles não gostavam muito do plano, mas ficavam sentados na parte de trás do carro. No começo, treinávamos não longe de casa, em um bairro contíguo conhecido como Los Periodistas; mas, mais adiante, Pablo teve a ideia de dirigirmos nas partes altas, cheias de curvas e precipícios perigosíssimos. Não sei em que momento ele soltou o carro em minha mão, e enquanto eu ia morrendo de medo por Las Palmas tentando não o deixar morrer, ele me acariciava, passava a mão em meu cabelo, meloso.

Obviamente, o carro acabava morrendo, e então, Pablo puxava o freio de mão e fazia o papel de instrutor:

"Meu amor, primeira; meu amor, segunda; meu amor, terceira", dizia com uma doçura única.

Nunca durante as aulas Pablo foi grosseiro, acelerado ou impaciente. Nunca brigamos por isso... foi puro romance.

Depois que passou o medo de dirigir em lugares como aqueles, ficou clara a segunda intenção de Pablo: acabar a aula em El Peñasco, uma acolhedora, romântica e exótica discoteca incrustada em uma rocha da montanha, com uma linda vista de Medellín. Aquele dia estava muito frio, mas preferimos ficar do lado de fora com a única intenção de nos abraçarmos e beijarmos apaixonadamente.

A habilidade de Yolanda para convencer minha mãe a me deixar sair com Pablo durante poucas horas nos permitiu várias escapadas à discoteca Carrusel, situada em frente ao Centro Automotriz de Medellín. Nosso cupido de cabeceira dizia que íamos caminhar no parque de Sabaneta, mas, na realidade, íamos a essa discoteca, onde Pablo pedia meia garrafa de aguardente e eu refrigerante. Chegávamos às 5 horas da tarde e eu estava de volta a casa às 8 horas.

Mas, como nada é perfeito na vida, a intransigência de minha mãe e meu pai em relação a meu namorado não diminuía. Minha mãe era especialmente hostil com ele porque a incomodava sobremaneira a sua grosseria e sua falta de cuidado com a vestimenta. É que Pablo não ligava a mínima para a combinação de cores nas roupas, e tinha a mania de arregaçar as mangas e deixar a camisa fora da calça. E como se não bastasse, era frequente vê-lo andar pelas ruas do bairro com uma manta puída de lã branca. Por isso meus pais não poupavam um instante para criticá-lo.

"Minha filha, não se preocupe em ficar muito bonita, porque, de qualquer maneira, parece que você anda com um motorista", reclamou minha mãe uma vez.

"Mande-o deixar a manta em casa, que aqui ele não entra assim", disse meu pai em outra ocasião.

"Lembre-se de que tem que respeitar minha filha, porque desta porta você não passa", disse minha mãe a Pablo um sábado à noite, quando ele foi me deixar em casa.

Pablo era o contrário do que meus pais queriam para mim, mas eu era feliz ao seu lado, e isso bastava. Claro, até a hora que ele estragava tudo de novo, como no segundo semestre de 1974, quando desapareceu do bairro. Meu desconcerto foi total, porque ninguém sabia onde ele estava, nem mesmo Yolanda, a primeira a quem perguntei. Mas ela respondeu que não sabia de nada, só que havia saído com Rodrigo, um de seus amigos. Essa primeira ausência foi muito difícil, e durante vários dias chorei sem parar; além disso, a ansiedade de não saber de nada me levou a comer grandes quantidades de manjar branco do Vale, um dos muitos doces que meu pai distribuía.

Anos depois, Yolanda confessou que havia mentido para mim nessa e muitas outras ocasiões quando eu lhe perguntava sobre as repetidas ausências de Pablo durante nosso namoro.

"Eu não lhe contava nada porque, segundo Pablo, era melhor você não saber aonde ele ia. Lembro que uma vez ele voltou de uma viagem dessas e me perguntou: 'Como está minha boneca?'. 'Arrasada, você é muito cara de pau, Pablo', eu respondi, e ele se justificou: 'Não é culpa minha, Yolanda, tenho que ganhar a vida. Tenho que ajudar minha mãe, meus irmãos, e mais tarde, quero o melhor para ela'".

Como nem Yolanda nem seus amigos mais próximos faziam ideia de onde estava Pablo, tive que perguntar na casa de seus pais; em algumas ocasiões responderam que também não tinham informações sobre seu paradeiro. De qualquer maneira, era normal que negassem quando eu ligava. É que até a atitude de Teresita, empregada dos Escobar, que praticamente havia criado Pablo, era hostil comigo, e ela sempre atendia ao telefone de maus modos. Era mais que claro que a família de meu namorado não concordava com nosso relacionamento. E várias vezes dona Hermilda disse isso a Yolanda.

"Essa menina é encrenqueira, não é mulher para Pablo", disse Yolanda ao contar sobre os comentários de minha futura sogra.

Minha preocupação com Pablo teria resposta várias semanas depois de seu desaparecimento, quando um de seus amigos de bar chegou certa tarde para falar com minha mãe.

"Dona Nora, trouxe esta carta de Pablo para Tata; quero lhe pedir licença para entregá-la", escutei o mensageiro dizer.

Achei estranho, porque falavam em voz baixa, como se não quisessem que eu soubesse o que estava acontecendo. Depois de um longo tempo, o homem saiu e me entregou um envelope branco que continha uma folha de papel com um parágrafo escrito à mão. Era a letra de Pablo. Talvez ele soubesse que eu estava arrasada, e por isso enviara a carta, que dizia:

> *Victoria Eugenia. Na mais profunda solidão e saudade, cheio de tristeza e ainda sem esperanças de que você se lembre de mim, recorro a seu coração, que conheci cheio de ternura e de nobreza, para encontrar nele uma ilusão que possa me devolver o sentido*

da vida. Se me esquecer agora, vou pensar que seu carinho não foi sincero, que me esqueceu porque quis me esquecer; mas eu não a esqueço porque não posso. Se não me esquecer agora, prometo reunir toda a nobreza da Terra para levá-la para você, e se um dia meu carinho fosse motivo de sua infelicidade, eu me afastaria sem dizer nada, levando comigo só essas belas e gratas recordações que tenho de você. Com amor. Pablo.

Foi pior, porque não entendi nada. A mensagem era muito bonita e dava a certeza de que nosso amor continuava firme, porém nada mais. Mas a incerteza acabaria semanas depois, quando Pablo voltou ao bairro e o recebi de braços abertos, sem lhe fazer perguntas, pois me bastava vê-lo e senti-lo. Notei-o pálido, silencioso, preocupado, e ele disse apenas:

"Meu amor, eu estava procurando oportunidades de trabalho. Você sabe que tenho que progredir para que possamos nos casar."

Ele não disse mais nada. Então, eu acariciei seu cabelo e seu rosto, como se dissesse: descanse em meus braços, tenha fé que pouco a pouco você vai conseguir e seremos muito felizes.

Como naquela época eu não sabia por que razão Pablo havia desaparecido dois meses sem avisar, também não entendi o alcance de um comentário que minha mãe fez dias depois, no mesmo quarto onde, um ano antes, meu irmão Mario me incitara a refletir antes de começarmos a namorar. Ela estava séria, contrariada, quando fez uma pergunta que eu jamais esqueceria:

"Minha filha, você está disposta a passar a vida toda levando comida para Pablo na cadeia?"

"Sim, mamãe, estou disposta."

Diante de minha resposta, que saiu sem hesitação alguma, minha mãe ficou em silêncio. Era evidente que ela sabia o motivo da intempestiva ausência de Pablo, mas não me disse uma palavra a respeito. Pouco depois, eu saberia a verdade, como aconteceu muitas outras vezes durante a tortuosa vida que me coube viver ao lado dele. O que aconteceu foi que a polícia o pegou quando ele dirigia um Renault 4 roubado e o levou ao presídio La Ladera, situado no bairro Enciso, não longe do centro de Medellín. Foi libertado porque as evidências que o incriminavam desapareceram.

Agora que relembro esses episódios para contar minha história, as palavras de minha mãe já falecida retumbam em minha mente. Juro que não sei de onde saiu aquela resposta que dei quando ela me perguntou se eu estava disposta a levar comida para Pablo na cadeia.

Talvez tenha sido minha ingenuidade, talvez minha inexperiência, talvez o amor que sentia por ele. Hoje vejo; naquele momento, eu me deixei levar por meus sentimentos. Estava cega, surda. Como fui não dar ouvidos aos vaticínios de minha mãe, que se mostraram certos? Como não vi que uma tragédia se avizinhava em minha vida? Com aquela pouca idade, eu não tive capacidade de vislumbrar o que estava por vir.

Estar imersa nas infidelidades de meu namorado, enfrentar a vergonha por não ter forças para deixá-lo, foi criando entre mim e ele uma linguagem que muito provavelmente deve se repetir com casais que passam pela mesma situação. A rotina de ter ao lado o homem que eu amava, mas que era mulherengo, levou-me a aceitar que muitas situações acontecem, mas "nunca mais se toca no assunto". "Algumas coisas podem ser ditas, outras não" foi outra espécie de mandamento que regeu minha vida desde antes de eu chegar à maioridade. Ainda me lembro das palavras que Pablo pronunciava constantemente, segundo a época e as circunstâncias:

"Tata, não pergunte porque você não entende nada disso."

Essa frase marcou minha vida para sempre, mas, nas dificuldades, eu não ficava calada e respondia:

"Eu não sei de nada nem entendo nada, segundo você, Pablo. A única coisa que entendo é que temos que viver escondidos debaixo da terra. Isso eu entendo, porque é desumano o preço que temos que pagar por estar ao seu lado."

Meu relacionamento com Pablo não era exatamente um mar de rosas como muita gente acredita. O caminho estava cheio de espinhos, e meus pais não contribuíam muito, porque todos os dias inventavam alguma coisa que nos impedia de estar juntos. Mas a única coisa que conseguiam era que ele fizesse o impossível para se aproximar mais de mim. Vermo-nos, encontrarmo-nos, olharmo-nos a distância era – mais que um desafio – um suplício. Eu sentia que por pressão da família devia deixá-lo, embora o amasse. Os dias eram cinzentos e eternos, e em meus longos silêncios eu me perguntava: *Onde está o amor de minha vida? Ficaremos juntos um dia? Haverá um lugar para nós? Teremos uma família?* Àquela altura, eu já havia perdido a capacidade de escutar meus pais, coisa de que agora me arrependo. Quem dera os filhos os escutassem mais; essa sabedoria dada pela experiência não tem preço. Eu, definitivamente, não soube valorizá-la.

Naquela época, em um dos dois canais de televisão nacionais passavam uma novela venezuelana, *Esmeralda*, cuja trama me emocionava e me levava a imaginar um romance intenso com Pablo, no qual no fim o amor venceria. Os protagonistas eram os atores Lupita Ferrer e José Bardina. Ela fazia Esmeralda e ele, Juan Pablo Peñalver, e viviam uma história de amor cheia de obstáculos. Lembro que cheguei a admirar de tal maneira o personagem masculino que tomei a decisão de batizar com esse nome meu filho, se um dia o tivesse.

O drama de ter um namorado a quem eu não podia ver, somado à férrea oposição de meus pais, encontraria uma saída inesperada em março de 1976, quando Pablo me avisou por Yolanda que ia viajar durante dois meses e que me esperava na sorveteria El Passo para se despedir. Pedi permissão a minha mãe para vê-lo por meia hora, mas ela respondeu, cortante, que eu não podia sair porque tinha tarefas pendentes, e além disso, tinha que acordar cedo para ir à escola.

"Mamãe, por favor, não vou ver Pablo durante dois meses."

"Victoria, já disse que não!"

Soluçando, comecei a lavar a louça do jantar, enquanto pensava em como fazer para me encontrar com Pablo. De repente, um estranho impulso tomou conta de mim; tirei as mãos da pia cheia de sabão, tirei o avental, saí correndo de casa e cheguei à sorveteria para lhe dar um beijo furtivo. Ele estava muito contrariado, e tivemos um curto diálogo que definiria nossa vida.

"Tata, qual é o problema? Por que não podemos nos ver?"

"Você sabe, minha mãe não deixa."

"Qual é o problema de dona Nora comigo? Vamos embora daqui, meu amor, quero me casar com você", propôs, contrariado, e sugeriu que fôssemos para Pasto.

Um curto silêncio de cumplicidade foi suficiente. Não voltei. Fui com ele e passamos a noite na casa de Gustavo Gaviria e sua esposa, que prometeram guardar segredo, porque sabíamos que, quando minha ausência fosse descoberta, seria um grande escândalo.

Dito e feito. Pablo e Gustavo souberam bem cedo no dia seguinte que minha mãe chorava desconsoladamente e que estavam nos procurando como agulha em um palheiro. Também disseram a eles que não só havia muita confusão no bairro La Paz, como também que a maior parte dos vizinhos culpava Pablo e o recriminava por ele não ter feito as coisas direito, por bem. Também soubemos que meu irmão Mario estava feito um louco atrás de Pablo para cobrar na porrada a afronta de ter levado a "menina", como ele sempre se referia a mim.

Yolanda me contou que meu irmão disse:

"Ele é meu amigo, mas nunca perdoarei o que fez."

"O que os vizinhos vão dizer? Melhor que aconteça qualquer coisa, mas que ela não se case com esse homem. Era só o que me faltava", disse minha mãe a Yolanda, pesarosa.

No meio da manhã, fomos para o aeroporto Enrique Olaya Herrera, em Medellín, para pegar o voo para Cali; e demos tanto azar que estava atrasado três horas devido ao mau tempo. A angústia era enorme, porque achávamos que de uma hora para outra minha família chegaria. Pensei em dar para trás e voltar para minha casa.

"Pablo, o que vamos fazer? Meus pais vão me castigar, isto é uma loucura… é melhor eu voltar."

"Não, meu amor, eu vou me casar com você, não se preocupe, não vou falhar com você, prometo", replicou Pablo, e me deu um beijo que me fez derreter e cair de novo em seus braços.

Eu era uma menina de 15 anos, e não posso negar que a força de seus abraços me dava a segurança necessária para aguentar a longa espera e a agonia que sentia pelo mau passo que estava dando, por passar por cima dos ensinamentos e valores que meus pais haviam inculcado em mim. No entanto, uma vez superada a crise, optamos por ficarmos escondidos no banheiro e olhar de vez em quando. Mas, por sorte, não apareceu ninguém, e finalmente pudemos embarcar no avião.

Enquanto isso, meus pais e meus irmãos, desesperados, dedicaram-se à tarefa de perguntar de casa em casa por nosso paradeiro; até que Gustavo procurou minha mãe e disse:

"Dona Nora, não quero problemas com vocês. Vim lhe contar que Pablo dormiu em minha casa com Tata e já foram para Cali."

Alarmada, minha mãe ligou imediatamente para sua mãe, Lola, em Palmira, e lhe pediu que fosse para o aeroporto – situado não longe desse município do vale do Cauca – e não me deixasse ir com Pablo para Pasto. Ao mesmo tempo, Segundo e Alfredo, dois dos seus melhores amigos, foram para lá de caminhonete para tentar nos alcançar.

Desde o momento que fugi de casa com meu futuro marido, tudo foi vertiginoso. De repente, eu me vi sentada dentro de um avião sem ter ideia do destino que me esperava. Pablo estava feliz e ao mesmo tempo preocupado, e eu sentia um estranho misto de incerteza, ansiedade e terror devido à aventura que começava. Também pensava que perderia a boa reputação que tinha entre os vizinhos do bairro La Paz, e uma espécie de desassossego me rondava por não saber se eu voltaria a estudar, a ver minha família, minhas amigas do Liceo La Paz. O impulso de estar com Pablo não me deixara pensar, eu simplesmente atendera ao meu coração. Eu o amava e queria ficar com ele. Nada mais.

Chegamos a Cali, e quando nos dirigíamos à sala de espera do terminal nacional do aeroporto Alfonso Bonilla Aragón, ficamos surpresos ao ver minha avó Lola e as minhas tias Lilia e Fanny, que nos esperavam com cara de preocupação. Quando chegamos a elas, minha avó me pegou pelo braço com força e disse, dirigindo-se a nós dois:

"Venha para cá, filhinha. E Pablo, o que deu em você? Por que cometeram essa loucura?"

Então, com sua habitual suficiência ao falar, Pablo explicou a minha avó as razões pelas quais havíamos chegado ao ponto de fugir.

"Dona Lola, é que a situação foi ficando cada vez mais difícil. Dona Nora é muito dura e faz todo o possível para impedir que nos vejamos. E chegou ao ponto de não deixar eu me despedir de Tatica, e vou viajar por dois meses. Por isso estamos aqui, porque quero ficar com ela o resto de minha vida."

Minha avó pareceu entender a situação, e propôs a Pablo que ele fizesse sua viagem programada e que na volta conversassem de novo. Mas ele não aceitou.

"Não, dona Lola. Já chegamos até aqui, vou ficar até que tudo se resolva, porque quero me casar com sua neta."

As palavras iam e vinham, e eu escutava em silêncio, muito assustada. Para piorar, minha tia Lilia queria me matar com o olhar. Eu me sentia muito mal, porque meu futuro estava sendo decidido naquele momento por adultos, sem que eu pudesse intervir.

Contudo, as palavras de Pablo eram tão convincentes que minha avó disse que fôssemos para Palmira e ficássemos em sua casa, porque ela tinha certeza de que convenceria o bispo a autorizar nosso casamento. Não me pareceu impossível que ela conseguisse, porque em nossa família todos sabiam que ela era vizinha da catedral, e por conta de visitar os presos e fazer obras de caridade, havia conquistado o carinho dos religiosos.

O panorama já não era tão adverso: Pablo e eu tínhamos uma aliada em nossa aventura.

Bem nesse momento, enquanto nos dirigíamos à saída, chegaram Alfredo e Segundo, alarmados.

"Irmão, Pablo, por favor, ouça. Mario está furioso, e nós queremos ajudar você; mas temos que ligar para a família de Tata em Medellín porque eles estão supertristes e dona Nora está muito indignada", disse Segundo.

Pablo entendeu a ansiedade de seus amigos e nos dirigimos a uma cabine telefônica no segundo andar do aeroporto. Alfredo falou com minha mãe.

"Dona Nora, estou aqui com Tata e Pablo... não se preocupe, ficarei com eles até resolver as coisas. Dona Lola está com Tata, vai dar tudo certo, não se preocupe, prometo que ligarei para informar sobre o que acontecer."

Como havíamos pensado, as coisas eram muito complicadas, mas, mesmo assim, fomos para a casa de minha avó em Palmira. Fiquei lá com ela e minha tia Lilia, que desde o primeiro momento me fez sentir seu repúdio pelo que eu estava fazendo. No fundo, eu entendia seu comportamento, porque minha tia era solteira, beata e defensora da legalidade. Ela foi tão radical que, mesmo quando o casamento era um fato e minha mãe ligou para ela e lhe pediu que comprasse um anel e um vestido para mim, minha tia se recusou com o argumento de que eu não merecia nada. Por sua vez, Pablo, Segundo e Alfredo ocuparam um lugar afastado na casa principal, conhecido como "El rinconcito" [o cantinho].

No dia seguinte, após a insistência de Pablo, minha avó nos levou até o bispo de Palmira, monsenhor Jesús Antonio Castro, um homem bom e agradável com quem tivemos três encontros, nos três dias seguintes, de uma hora cada um. Reunimo-nos em uma sala ampla onde se destacava a grande poltrona na qual ele se sentava. Era um lugar magnânimo, no qual se sentia a presença de Deus.

"Victoria Eugenia, você está disposta a se casar?", perguntou o bispo, meio confuso quando soube que eu tinha apenas 15 anos de idade.

"Sim, senhor, quero me casar", respondi assustada, com a voz trêmula, depois de olhar para minha avó, Alfredo, Segundo e Pablo.

Mas o trâmite não seria tão rápido como havíamos pensado, porque teríamos que esperar que mandassem uns documentos de Medellín necessários para legalizar a união. Passaram-se duas semanas até estarmos com os papéis em ordem, e então, o bispo concedeu as licenças que nos permitiam contrair matrimônio.

O casamento foi realizado às 6 horas da tarde da segunda-feira, 29 de março de 1976, na igreja da Santíssima Trindade de Palmira. Minha mãe e meu pai não foram, e muito menos meus irmãos. Da família de Pablo também não foi ninguém. Alfredo e Segundo nos deram o único presente de casamento que ganhamos: um cartão de pêsames "Pelo mau passo que acabamos de dar". Sem dúvida foi uma brincadeira, bem característica deles, acostumados às piadas pesadas.

Eu, a noiva fugitiva, estava com a mesma roupa do dia em que fugira: calça verde militar de *terlete* – um tecido elástico que não precisava ser passado – e um suéter laranja. Estava me achando linda. Ele usava jeans e camisa de manga comprida arregaçada azul-clara.

Por coincidência, o sacerdote que nos casou era o mesmo que havia me batizado anos atrás. Trinta graus de temperatura acompanharam a cerimônia simples, mas o susto era tanto que eu nem sentia calor. Minha alegria tinha sabor agridoce, porque o medo do que viria depois me dominava: as recriminações de meus pais, de meus irmãos, da vizinhança. Estava com o coração na boca. Em algum momento da missa, Pablo, que estava muito contente, olhou-me fixamente nos olhos, abriu um sorriso e disse:

"Ficaremos juntos para sempre, meu amor."

Apesar do jeito acidentado de as coisas acontecerem a partir do momento em que fugi com Pablo, depois da cerimônia na catedral minha avó e minha tia Fanny, sempre amorosas, sem me censurar por ter decepcionado meus pais, prepararam um jantar delicioso para nós. Na espaçosa sala de jantar da casa, passamos várias horas juntos contando histórias e recordações; até que, à meia-noite, chegou o momento mágico de partir. Como já éramos casados, minha avó nos emprestou "El rinconcito". Aos beijos e abraços, envolvidos pelo feitiço da noite adornada por uma lua esplendorosa, Pablo e eu atravessamos o quintal florido e romântico da casa. Foi uma noite de amor inesquecível, que ficou tatuada em minha pele como um dos momentos mais felizes de minha vida. Eu queria que o tempo parasse, que o espaço de intimidade que estávamos vivendo durasse para sempre.

Pablo adiou sua viagem a Pasto, pois tínhamos que voltar a Medellín. Resignados, chegamos a um quarto emprestado por Alba Marina, uma das irmãs de Pablo que já era casada e vivia em uma casa no bairro La Paz. Minha mãe, que não escondia um enorme ressentimento, emprestou-nos uma velha cama de casal fabricada por meu pai quando ainda vivia em Palmira e era dono da marcenaria mais conhecida da cidade. Apesar do aperto, ter me casado era a melhor coisa que eu poderia ter feito na vida. Meu amor por Pablo era muito grande; eu gostava de seu riso e de seu humor. Era uma paixão com assombro e surpresa constantes. Eu queria ser uma mulher no amplo sentido da palavra, mas a realidade me fazia recordar que ainda era uma menina.

Eu estava muito assustada por ter que enfrentar minha nova vida, e por isso, durante duas semanas me recusei a sair de casa. Quando saí, comprovei que meu dia a dia seria muito complicado, porque tinha que suportar a censura de toda minha família, que condenava minha conduta; também foi difícil voltar à escola para continuar o primeiro ano do ensino médio, porque as pessoas me olhavam de um jeito depreciativo. Todo o peso da sociedade *paisa* conservadora e católica caiu em cima de mim. Eu havia perdido a reputação por ter fugido de casa e me casado atropeladamente com um homem mais velho.

Minha vida de esposa se passava entre ir à escola de manhã, voltar para casa e fazer as tarefas, cozinhar, limpar o quarto, lavar a louça e cuidar da roupa de Pablo. Nada emocionante, mas eu continuava encantada com meu novo papel. O que bem cedo me abalou, e para o qual eu não estava preparada, foi que Pablo começou a se ausentar para, segundo ele, ir trabalhar. Com quê? Não sei. A verdade é que tentar ganhar a vida sempre esteve acompanhado de sua velha mania de andar com outras mulheres. As fofocas sobre suas aventuras eram o pão de cada dia – e, não posso negar, eu sofria muito com isso. Lembro que chorava a noite toda esperando que ele chegasse de madrugada.

Sua infidelidade doía, mas eu não tinha coragem suficiente para deixá-lo. A história que eu mesma me contava para suportar esse drama era aquela velha frase: "Todos os homens são iguais". Então, eu pensava: *Não vou deixá-lo por causa disso*. E além do mais, em vista de seus antecedentes, quando nos casamos a traição estava dentro do provável, e por isso tomei a decisão de não o perseguir, não olhar sua agenda de telefones, não procurar batom na camisa. Quem procura, acha, diz o ditado, e eu preferia não achar.

A sensação de impotência que o comportamento de meu marido me provocava me levou a buscar conselhos. Yolanda havia representado perfeitamente o papel de cupido, mas as novas circunstâncias me levaram a uma pessoa que se tornaria meu ombro para chorar, meu apoio nos piores momentos.

Eu a conheci quando tinha 8 anos, e desde então a chamava de tia Inés, embora, na realidade, ela fosse uma professora reconhecida no bairro La Paz, muito amiga de minha mãe. Deixamos de nos ver durante muitos anos devido à guerra, e depois devido a meu exílio forçado, mas, em agosto de 2017, eu a visitei em sua casa em Medellín. A seus 88 anos de idade, ela ainda recordava com lucidez os momentos bons e maus que viveu ao nosso lado, porque, devo dizer, tia Inés sempre gostou de Pablo e o defendeu, e, por essa razão, ela foi determinante para eu aguentar o que aguentei.

Certa noite, a melhor maneira que encontrei de suportar aquilo foi indo para a casa dela. Dormimos juntas, na mesma cama. Assim fazíamos quando Pablo demorava e ela ia ficar comigo em minhas longas horas de insônia e pranto.

"Lembra, Tata, quando Pablo demorava para chegar e você ficava muito triste e conversávamos sobre como o receberia, como falaria com ele, como tinha que se fazer de desentendida, como ia disfarçar sua raiva?"

"Claro, tia. Ele chegava, fazia eu me afastar para a beira da cama e dizia: 'Cabemos os três aqui'. E falava sorridente... Ele vinha de outra cama, de outra aventura!"

Cenas como essa se repetiram muitas vezes, mas sempre, sempre, tia Inés me dizia a mesma coisa – dada sua idade e sua experiência – sobre o que era aguentar um casamento ruim. Isso parecia ser "normal". Hoje, recordo que sempre lhe perguntava o que fazer, e, em minha ingenuidade, aceitava seus conselhos como os mais sábios:

"Não seja bobinha, filhinha, não deixe que o tirem de você. Mime-o para que ele fique ao seu lado. Não perca a paciência, porque é seu dever de mulher esperá-lo e cuidar dele quando chegar a casa. Separar-se? Nem pensar. Tem que ficar, ele a ama, nunca vai deixá-la. Tem que aceitar que esta é uma cultura machista e que o sofrimento está incluído no casamento. Corta-me o coração vê-la assim."

Eu lhe dei ouvidos. Instruída por tia Inés, fiz meu melhor esforço como mulher, como amante, como esposa, como mãe, para que Pablo ficasse ao meu lado. Às vezes, ela me ajudava a escrever cartas de amor para seduzi-lo. O colar de pérolas formado pelos relacionamentos de meu marido com outras mulheres é muito comprido, mas a verdade é que, no fim, ele não me deixou. Nunca sequer propôs se separar para ficar com outra, e nos últimos instantes de sua vida foi a nós, a sua família, que ele recorreu.

É que seduzir mulheres era parte da essência de Pablo, uma espécie de desafio a si mesmo que o levava a realizar esforços de conquista que comprometiam o mínimo respeito pelas pessoas ao redor. Como naquela noite em que fomos a uma festa no salão Antioquia do Hotel Intercontinental de Medellín. Eu dancei com o marido de uma irmã e com um irmão meu. Pablo ficou bravo e não quis falar mais comigo na festa. Então, como eu não podia dançar e ele não estava ao meu lado, decidi ir embora sozinha. Pablo aproveitou o momento para ficar à vontade. Convidou Mónica, uma loura jovem e bonita, para dançar, e na lentidão de uma canção, beijou-a. Mas ele não contava com a presença de uma de minhas irmãs, e foi tal a indignação dela que não hesitou e deu um forte tabefe em meu marido. A mulher era esposa de um empregado dele.

No dia seguinte, minha irmã me contou o que havia acontecido na festa e fiquei cega de ira. Com o coração arrasado, a única coisa que me ocorreu fazer foi ir até o marido enganado e contar que sua mulher havia beijado meu marido, e que certamente haviam dormido no Hotel Intercontinental. O homem ficou furioso, e imediatamente foi para casa e deu uma surra tão forte na esposa que a fez parar no hospital. Nunca deixarei de me recriminar por ter ido reclamar com ele pelo comportamento inadequado de meu marido. Poderia ter acabado em tragédia. Por isso, nunca mais fiz o mesmo.

Nesse mesmo dia, mais uma vez, briguei com Pablo pelo que ele havia feito. Mas ele, hábil, esgrimiu as frases de sempre: que eu era a mulher de sua vida, que nosso casamento duraria para sempre, e que eu devia saber que havia muito mal-intencionado por aí que não queria nos ver juntos.

Dois meses depois de viver na casa de sua irmã Luz Marina Escobar, mudamo-nos para uma casa que Pablo comprou no bairro Los Colores com um empréstimo que pegou em um banco sob a nova modalidade Upac (Unidades de Poder Aquisitivo Constante, criadas no governo de Misael Pastrana Borrero). Lá, tentamos levar uma vida normal; continuei meus estudos no Liceo La Paz, mas logo ele voltou a suas andanças e continuou chegando de madrugada. Ou não chegava. Sofri muito, porque tinha medo de habitar uma casa tão grande em um bairro onde havia muitos terrenos baldios. Então, fui obrigada a pedir a minha mãe que permitisse que minha irmã mais nova, de 13 anos, morasse comigo, porque nem sempre tia Inés podia ir ficar lá.

Poucos dias depois, tive uma grande surpresa quando um caminhão chegou em casa com uns móveis enormes estilo Luís XV comprados por Pablo. Que exagero! Eram nossos primeiros jogos de quarto, sala de estar e de jantar. Quando ele os viu acomodados na casa – embora claramente fossem grandes demais para o espaço disponível –, ficou muito contente. Achei-os lindos, mas nunca entendi as prioridades de Pablo. Tínhamos móveis gigantes, mas ele não achava indispensável comprar uma geladeira, e por isso todos os dias eu tinha que ir ao mercado para comprar as coisas. Mas minha irmã e eu curtimos os móveis, porque brincávamos de parecer senhoras importantes. Além disso, ligávamos no volume máximo o equipamento de som, que tinha luzes fosforescentes, e dançávamos. Para mim, uma adolescente de 15 anos, tudo era brincadeira, e Pablo se encarregava de fazer que a fantasia me fizesse sentir como uma menina mimada.

Minha vida seguia aparentemente normal, porque minha irmã e tia Inés ajudavam a suavizar minhas crises pelo comportamento irregular de Pablo. A escola era uma espécie de oásis, porque as aulas e as tarefas me distraíam durante boa parte do dia. Além do mais, o Liceo la Paz não tinha transporte, e por isso íamos com um jipe Nissan Patrol amarelo-claro e branco que meu marido me emprestava quase todos os dias.

No entanto, na segunda-feira, 7 de junho de 1976, último dia de aula antes do meio do ano, ocorreria um episódio que mudaria nossa vida para sempre. Naquela manhã bem cedo, Pablo recebeu uma ligação e saiu correndo com seu jipe sem me dar explicação alguma. Minha irmã e eu não tivemos outra opção senão ir à escola de táxi. À 1 hora da tarde, saímos da aula e fomos para a casa de minha mãe, mas a encontramos muito angustiada.

"Mãe, o que aconteceu?"

Ela me olhou fixamente e seus olhos se umedeceram. Depois, respirou fundo e disse:

"Minha filha, prenderam Pablo, Mario, Gustavo e mais três pessoas."

"Como? O que aconteceu, mamãe?"

"Foram pegos com 26 quilos de pasta de coca."

Pasta de coca? O que é isso? Era a primeira vez que eu escutava falar disso. Mas ninguém sabia mais detalhes dos fatos. Atordoada pela repentina detenção de meu marido e sem entender totalmente a dimensão do que havia acontecido, eu e minha irmã voltamos à noite para casa, e antes de ir dormir, acendemos várias velas e rezamos para Maria Auxiliadora, padroeira dos casos impossíveis.

Os dias posteriores à prisão de Pablo foram muito difíceis, porque atrasamos o pagamento da parcela da casa e eu não podia visitá-lo porque ele e os outros continuavam nos calabouços do DAS, em Medellín. Em meio à minha incerteza, um dia recebi uma mensagem que Pablo escreveu em um saco de papel. Era o primeiro sinal de vida que ele mandava. "Meu amor, quero que saiba que estou bem, não se preocupe, que vai dar tudo certo. Em partes mais escuras a noite me pegou."

Então, não tive mais opção que baixar a cabeça e voltar vencida, derrotada, à casa de meus pais no bairro La Paz. Pouco depois, o banco tirou a casa de nós devido ao acúmulo de parcelas não pagas. Por sorte fui bem-recebida, mas minha mãe – como fazem quase todas as mães em situações como essa – começou a tomar distância de seu genro preso.

"Victoria, cuidado para não ter um filho com esse homem, é só o que falta."

"Fique tranquila, mamãe, não estou grávida", respondi, segura.

No entanto, ela, desconfiada, deu-me uma caixa de anticoncepcional, e a partir daí, todas as noites fazia que eu tomasse um na frente dela.

Por fim, Pablo e os demais detidos foram mandados para a penitenciária Bellavista, muito perigosa, segundo nos disseram, situada no município de Bello, ao sul de Medellín. No sábado seguinte, às 4 horas da manhã, minha mãe e eu estávamos prontas para ir visitá-los. Ir tão cedo foi bom, porque não tivemos grandes dificuldades para entrar, apesar da aglomeração, do mau cheiro e do ambiente pesado.

O encontro com meu marido depois de tantos dias provocou em mim emoções contraditórias, porque as evidências me mostravam, sem dúvida alguma, que ele trilhava o caminho da ilegalidade. No entanto, não pensei muito nisso, porque, no fundo, estava feliz por vê-lo. Além do mais, com sua desenvoltura verbal de sempre, ele disse que era inocente e resumiu sua situação em outra frase que também utilizaria com muita frequência para não ter que dar muitas explicações:

"Tata, uns amigos de Pasto me ligaram para que os ajudasse a sair de uma situação, mas não consegui e me pegaram. Por ajudar um amigo, veja só onde me meti, meu amor*."

E mudou de assunto.

Dias depois, voltamos para visitá-los; mas dessa vez fomos eu, Nohemí, esposa de Gustavo, e minha cunhada Alba Marina Escobar. Lembro que a entrada foi tortuosa, porque enquanto fazíamos fila comecei a vomitar sem parar por causa do mau cheiro. Eu não sabia o que tinha, mas, nos dias seguintes, descobri, aterrada, que estava esperando um filho. E longe de me alegrar, tive um ataque de pânico ao pensar no que minha mãe diria. Não contei a ninguém, e na semana seguinte, quando fui ver Pablo de novo, contei-lhe a boa-nova acompanhada de uma advertência:

"Pablo, que isso fique entre nós, porque se minha mãe souber, vai me matar."

Ele ficou feliz com a notícia de que seria pai; mas, incapaz de guardar segredo, sem levar em conta meu medo, logo contou à sua mãe, que havia ido visitá-lo, e a meu irmão, com quem dividia a cela. Eu fiquei furiosa, porque queria contar à minha mãe quando começasse a se notar. Agora, era questão de horas até que tudo viesse à tona, e me doía pensar que ela ia sofrer demais. Dona Hermilda me viu tão preocupada que teve uma ideia para evitar a fúria de minha mãe.

"Tata, calma, vamos fazer o seguinte: diga a sua mãe que vá a minha casa porque preciso falar com ela. Aí, eu conto que ela vai a ser avó."

Aceitei contrariada, e dois dias depois, minha mãe e eu chegamos à casa de minha sogra. Depois de uma saudação cordial, sentamo-nos na sala para tomar vinho tinto.

---

* Pouco depois, soubemos o que havia acontecido de verdade: agentes secretos do Departamento Administrativo de Segurança, DAS, detiveram em Pasto, fronteira com o Equador, um caminhão que levava escondido um carregamento de pasta de coca dentro do estepe. O motorista do veículo avisou Pablo, mas explicou que os detetives deixariam o carregamento chegar a seu destino em troca de 5 mil dólares em dinheiro vivo. Pablo aceitou, e marcaram de se encontrar às 6 horas da manhã do dia 7 de junho de 1976, em um café de La Mayorista, central de abastecimento de Medellín. Pablo, meu irmão Mario e Gustavo Gaviria foram para lá, mas caíram em uma armadilha, porque o plano dos agentes do DAS era pegar o bando todo e confiscar a pasta de coca. Uma vez capturado, Pablo foi registrado judicialmente sob o número 128482. Depois, tiraram uma fotografia dele, que se tornaria famosa, porque ele está sorridente.

"Dona Nora, imagine só", começou dona Hermilda.
Mas minha mãe a interrompeu:
"Imagino, dona Hermilda, que esta mocinha já está grávida."
Ficamos bestas. A intuição de minha mãe era impressionante.
"Sim, dona Nora."
"Vamos, filha", disse minha mãe.
Levantou-se da cadeira e se despediu.

Descemos da casa dos Escobar até a nossa – eram duas quadras, mas o trajeto pareceu imenso. Eu não respirava por causa da preocupação, e a noite me pareceu especialmente fria e triste. Então, minha mãe não aguentou mais:

"É o cúmulo, Tata. Você é uma irresponsável; não sei quando vai aprender a escutar; quanta dor e sofrimento vai continuar me causando na vida se continuar com esse homem!"

Chorei desconsoladamente e senti muita vergonha.

"Eu juro, mamãe, que nunca imaginei que isso fosse acontecer."

De volta à rotina diária, por insistência de Pablo retomei as aulas no Liceo la Paz. Mas, dessa vez, tinha dois motivos para ficar constrangida diante de meus colegas e professores: eu estava grávida e com o marido preso.

Enquanto isso, o martírio de ir à penitenciária Bellavista logo acabaria, porque Pablo deu um jeito de ser transferido para o presídio departamental de Yarumito, no município vizinho, Itagüí, uma espécie de casa de campo tão tranquila que não tinha guardas. A mudança foi benéfica, porque minha sogra e eu íamos todos os dias levar o café da manhã e o almoço para eles.

Claro, Pablo não conseguia ficar quieto, e duas semanas depois recebi uma ligação da cadeia para me dizer que ele havia fugido. Pelo que me contaram, Pablo havia desaparecido durante uma partida de futebol, com a cumplicidade de alguns jogadores, a quem pedira que chutassem a bola bem forte e longe para ele ir buscá-la. Assim aconteceu, e ele não voltou mais ao campo.

O pior foi quando eu soube que Pablo havia fugido com a única intenção de ir se refugiar nos braços de Noemí, viúva de um amigo morto alguns meses antes, com quem ele mantinha um romance desde que nós namorávamos. Eu não podia acreditar, que sem-vergonha! Ela tinha 30 anos e ele, 26. Minha alma doeu quando eu soube dessa infidelidade, e durante dias não quis saber dele. Eu me sentia impotente, porque havia lhe entregado meu mais puro amor e ele me enganava com uma mulher que tinha o dobro de minha idade. Mas, confesso que tive medo de perdê-lo porque ela era madura, com muita experiência, e achei difícil que ele acabasse a relação. E outra vez me perguntei: *E eu, como fico?* Estava indignada pela falta de respeito, mas parecia não ter saída... só me restava o apoio de meus pais e meus irmãos, porque, bem no fundo, eu não queria deixá-lo.

Mais de doze horas depois, Pablo apareceu de novo na cadeia, como se nada houvesse acontecido. Chegou depois de sua mãe, dona Hermilda, dizer-lhe por telefone, para convencê-lo, que não me fizesse sofrer mais e que me ligasse. Ele assim fez, e de muitas maneiras eu o fiz ver seu erro e lhe pedi que voltasse, em nome do bebê que já estava a caminho. De qualquer maneira, a escapada fugaz teve como consequência sua transferência à cadeia de Itagüí, um pouco maior e com maiores medidas de segurança.

Quando as águas já haviam se acalmado, fomos visitá-lo. Eu censurei suas ações, mas ele simplesmente respondeu que não havia encontrado outro lugar para se esconder. No entanto, alguém me contou, depois, que a viúva amante de meu marido tinha bastante dinheiro, e que no meio do romance ele dava um jeito de lhe pedir algum emprestado. Devo reconhecer que Pablo era um encantador de serpentes, um enrolador profissional que usava habilmente as frases floreadas, e por isso conseguiu me convencer de que o relacionamento com Noemí era passageiro, coisa sem importância. No fim, sucumbi a seus chamegos, a seus beijos apaixonados e a suas carícias, que tinham a força de me envolver como as ondas do mar. Nossa história de amor acabava se impondo, apesar do agravo.

Como com Pablo a turbulência era constante, certa tarde saí da escola e fui almoçar na casa de minha mãe. Mas a encontrei muito aflita, triste e preocupada, porque, pelo que lhe haviam dito, Pablo, Gustavo e Mario seriam logo transferidos para uma penitenciária na cidade de Pasto, na fronteira com o Equador. Sem pensar duas vezes, eu disse que iria para Itagüí tentar me despedir dele. Ela concordou, e me deu uma sacola com várias camisas, calças e um pouco de dinheiro para levar para eles. Não tive tempo de trocar de roupa e fui com o uniforme da escola. Quando cheguei à porta da cadeia, muitos soldados formavam um cordão de segurança. Consegui me aproximar e pedi a um deles que me deixasse entrar para entregar o pacote aos detidos.

Dei tanto azar que a sacola rasgou e várias peças de roupa e o dinheiro caíram no chão, o que causou certa confusão, pois nesse momento os três réus estavam saindo. Tudo aconteceu muito depressa, e me assustei, porque um militar me cutucou com o fuzil quando me agachei para pegar o que tinha caído. Quando tudo acabou, só consegui ver Pablo a bordo do caminhão que o levaria ao aeroporto Olaya Herrera. Como eu havia ido com o carro de minha mãe, saí atrás deles e consegui ficar em um dos terraços do terminal aéreo. No fim, Pablo subiu a escada do avião, e na distância, com as mãos algemadas, disse-me adeus.

Foi horrível. Ainda hoje é impactante recordar o drama angustiante que vivi naquele dia. Eu me sentia impotente, desolada, sem marido, sem ter onde morar, sem norte. Tinha 15 anos de idade e dois meses de gravidez. Estava muito sensível. Voltei à casa de meus pais com o coração apertado e chorando desconsoladamente.

Poucos dias depois, decidi ir a Pasto visitar Pablo. Era uma longa viagem por ar e terra. Minha sogra se ofereceu para me acompanhar, e dessa primeira vez saímos ao meio-dia de uma sexta-feira, depois das aulas; fomos de avião de Medellín a Cali e dali de ônibus a noite inteira até Pasto, aonde chegamos na madrugada do sábado. Eu estava cansada e com muito enjoo, coisa normal em meu estado. Fomos à praça do mercado comprar as coisas de que Pablo gostava e preparamos um almoço para levar para ele. Depois, comemos com ele dentro da cadeia. A conversa foi curta, dolorosa, triste. Não sabíamos quanto tempo duraria sua detenção, e por isso minha incerteza era infinita. Pablo devia perceber minha angústia, porque fazia esforços inúteis para me acalmar.

"Fique tranquila, Tata, esse pesadelo vai acabar logo; não se preocupe", dizia em tom tranquilo, com o mesmo semblante de muitas outras vezes, mesmo quando a água lhe chegava até o pescoço.

À tarde, ao fim da visita, chorei por ter que o deixar, por ter que voltar a Medellín, pela dura travessia que me esperava.

Nas semanas seguintes repeti a rotina, algumas vezes acompanhada por dona Hermilda. Eu adorava ir vê-lo, mas sofria muito, porque estava grávida e as visitas à cadeia eram horríveis: horas e horas de fila, exausta, com enjoo, uns cheiros horríveis, vômitos. Éramos 500 pessoas tentando visitar os presos, e a revista era infame. E para cúmulo dos males, dona Hermilda não era muito gentil comigo e o tempo todo tinha atitudes hostis, fazia comentários desagradáveis e dizia frases com duplo sentido. Era uma tortura. Eu sabia o que ela pensava sobre mim: que eu não era mulher para seu filho.

O esforço de ir com tanta frequência a Pasto, somado à ansiedade e à exaustão, cobrariam seu preço, e um belo dia, o ginecologista me proibiu de viajar porque eu estava com cinco quilos a menos que antes de engravidar, e o risco para a vida do bebê era enorme. Foi o que eu disse a Pablo, mas ele não entendeu a gravidade do que estava acontecendo.

"Você não me quer visitar... não me ama", disse, queixoso, no pátio da cadeia por onde caminhávamos.

Apesar da advertência do médico, continuei indo a Pasto, mas as condições melhoraram de uma hora para outra, porque Pablo deu um jeito de conseguir que o deixassem sair da cadeia aos fins de semana e ficarmos em uma suíte de dois quartos, sala de estar, sala de jantar e cozinha no Hotel Morasurco, o melhor e mais tradicional de Pasto. Eu e ele ficávamos em um dos quartos, e no outro, minha sogra ou quem estivesse me acompanhando. Nesses momentos efêmeros eu me sentia realizada. O romance era total. Lembro que em um desses fins de semana eu faria 16 anos, e comemorei no hotel com Pablo. Tocou meu coração o momento em que ele me dedicou a canção "Muñequita negra", interpretada pelo cantor mexicano José Alfredo Jiménez. A letra era linda, e Pablo a cantarolava. *"Duérmete conmigo, duérmete en mis brazos que tanto te quieren porque son tu abrigo/ cierra tus ojitos, calla tu boquita y acurrucadita como ya dije duérmete feliz/ Olvida que el mundo va a ser cruel contigo y piensa que nunca, que nunca en la vida tendrás que sufrir"* ["Durma comigo, durma em meus braços que tanto a amam porque são seu abrigo/ feche seus olhinhos, cale sua boquinha e aconchegadinha como já disse durma feliz/ Esqueça que o mundo lhe será cruel e pense que nunca, que nunca na vida terá que sofrer].

Por fim, em novembro de 1976, cinco meses depois de sua prisão, ficamos muito felizes porque Pablo saiu da cadeia, segundo ele, absolvido de todas as acusações.

"Agora sim vamos começar uma nova vida, meu amor, eu serei o melhor marido e um grande pai, prometo", disse ele quando chegou de Pasto ao bairro La Paz.

Contudo, o panorama era muito incerto. O médico que me atendia ordenou repouso total, pois eu estava muito fraca e existia a possibilidade de o bebê morrer se nascesse naquele momento. Decidimos, então, mudarmo-nos para a casa de meus pais, que nos cederam o quarto principal. Fiquei de cama durante o mês e meio seguinte, atendida por minha inigualável mãe, que cuidava de mim com esmero, mesmo sem esconder sua contrariedade em relação a Pablo. Era tão notório seu desgosto que um dia ela me perguntou se ele me ameaçava, pois não conseguia entender por que eu não o deixava. Minha resposta foi simples:

"Mãe, estou com ele porque o amo."

No entanto, morar com os sogros com sua mulher grávida não era uma opção para Pablo; notava-se seu desconforto. Mas, nesse pouco tempo, ele manteve uma relação cordial com meu pai, minha mãe e meus irmãos. O assunto se resolveu dois meses depois, em janeiro de 1977, quando ele alugou um apartamento bem pequeno no bairro La Candelaria, perto do parque de El Poblado. Nós nos mudamos em um fim de semana, e, evidentemente, na mudança não puderam faltar os móveis Luís XV – foi uma verdadeira tortura acomodá-los. O único jeito foi pôr a sala de jantar na área social e a sala de estar em um dos quartos, com o inconveniente de que não dava para abrir as portas do armário. Outro paradoxo dessa história é que morávamos em um apartamento alugado, com muitas limitações, mas na garagem Pablo tinha um luxuoso Porsche último tipo, cor de vinho com estofamento de couro bege. Como ele havia arranjado um carro tão caro? Era dele? Muitas perguntas surgiam em situações como essa, mas o entorno de nosso relacionamento me dizia que era melhor não perguntar. Essas sempre foram as contradições de meu marido, que faltando apenas vinte dias para eu dar à luz, comprou a geladeira que tanta falta nos fazia. Devo reconhecer que na parte final da gravidez Pablo cuidou de todos os detalhes do parto. Acho que nesse momento ele concluiu que eu havia me comportado muito bem com ele quando esteve na cadeia e que por conta do sacrifício de ir visitá-lo em Pasto minha saúde havia se deteriorado. Foram umas poucas semanas de tranquilidade e sossego.

Assim chegou o dia 24 de fevereiro de 1977, dia do nascimento de meu primeiro filho. Eu estava no primeiro ano do ensino médio, e naquela manhã, fui à escola porque tinha aula de matemática e prova de inglês com um professor terrível. Quando me levantei, senti alguns sintomas que indicaram que o bebê estava perto de nascer, mas preferi não perder a prova e ganhar um zero e depois ter meu filho. Como fui inconsciente! Isso só demonstrava minha imaturidade, que não me permitiu estabelecer prioridades em relação a meu estado de saúde. Contudo, na prova de inglês tirei seis, ou seja, só o necessário para passar. Quando o professor José "muelas" – nós o chamávamos assim porque ele tinha uns dentes enormes que pareciam sair da boca quando falava – me entregou a nota, eu me levantei e disse:

"Professor, tenho que ir porque a bolsa rompeu", disse com voz entrecortada, porque as constantes contrações mal me permitiam levantar da carteira.

"Não é hora de pedir para sair, Victoria", respondeu ele, sem entender o que eu havia dito.

Meus colegas de classe, uns 25, começaram a protestar em voz alta e mostraram ao professor que ao lado de minha carteira havia uma poça d'água. Uma colega se ofereceu para ir à sala dos professores para pedir que me deixassem sair do colégio porque eu estava prestes a dar à luz. Por fim me deram a autorização, e com fortes dores andei duas quadras até a casa de minha mãe; mas tinha que parar a cada dez segundos por causa das contrações. Quando cheguei, minha avó – que viera de Palmira para receber seu bisneto –, meus pais e meus irmãos estavam me esperando. Fomos para a clínica de El Rosario, no centro de Medellín, mas, antes, eu pedi que passássemos para pegar Pablo no apartamento de La Candelaria. Tudo aconteceu muito depressa, porque, meia hora depois de chegar ao hospital, o bebê nasceu, e à 1 hora da tarde eu já estava ligando para minhas amigas da escola para lhes dar a notícia e dizer que fossem me visitar.

"Não pode ser! Você acabou de sair da escola... está mentindo, Tata", disse uma colega de classe.

Pablo ficou ao meu lado o tempo todo; via-se sua felicidade por ter tido um filho homem. No dia seguinte, uma funcionária do cartório entrou no quarto, e como meu marido não estava naquele momento, aproveitei para dar-lhe o nome de Juan Pablo. Assim, realizei meu antigo desejo de pôr em meu primeiro filho o mesmo nome do personagem principal da novela *Esmeralda*. Claro, quando Pablo soube, não gostou muito de eu ter posto um nome composto em seu filho, porque várias vezes já havíamos falado sobre isso e ele queria que se chamasse simplesmente Pablo.

Os médicos me deram alta dois dias depois e voltamos ao apartamento em La Candelaria. Eu logo disse a Pablo que estava decidida a acabar os estudos, porque faltavam apenas dois anos para eu me formar. De modo que voltei ao colégio três semanas depois, porque queria aproveitar que minha mãe cuidaria do bebê enquanto eu estudasse. Durante esse período, Pablo saía para dar voltas de moto com seus amigos, comprava-me rosas e nos fins de semana cuidava de Juan Pablo, conversava com ele, cantava canções, chamava-o carinhosamente de Juancho ou Grégory* e gostava de levá-lo para passear de carro conversível.

Mas, como nada é perfeito na vida, Pablo costumava desaparecer com bastante frequência porque dizia que ia trabalhar. Só que esse "trabalhar" incluía estar com outras mulheres boa parte do tempo, de dia e de noite. Afora isso, ele se esmerava para estar presente nos assuntos básicos de nosso lar.

Quase imperceptivelmente, nossa vida haveria de mudar por conta da progressiva melhora da situação financeira de Pablo e de seu primo Gustavo. De uma hora para outra, notei que o crescimento da fortuna

---

* Pablo chamava seu filho de Grégory porque eles viam juntos filmes sobre os tzares da Rússia; meu marido adorava a personalidade de Grigori Yefimovich, o Rasputin, um místico russo que teve grande influência no final da dinastia Romanov. Esse mesmo apelido Pablo usava quando mandava cartas a seu filho na clandestinidade.

de meu marido era constante, e que as penúrias estavam começando a ficar no passado. Assim, no primeiro trimestre de 1978, ele comprou por 3 milhões de pesos – 76 mil dólares da época – uma casa no bairro Provenza, uma área em franco desenvolvimento na parte de cima da rua 10, no coração de El Poblado. Era uma casa com piscina, vários quartos, garagem e um *hall* muito grande, com vitrais gigantes. Lá foram parar os antiquados móveis Luís XV de que tanto Pablo e eu gostávamos, e como o espaço era mais amplo, acomodei-os o melhor que pude.

Quando nos mudamos para nossa casa nova, Pablo montou um escritório no primeiro quarto, que ficava na entrada, onde ele e Gustavo começaram a atender todo tipo de pessoas. Imagino que tinham a ver com seus "negócios", por isso eu não aparecia por lá. Meu irmão Mario deve ter percebido que esses "visitantes" nos causariam problemas, e sugeriu a Pablo que mudasse o escritório para outro lugar, porque achava um erro misturar os negócios com a vida privada. Meu marido concordou, e três meses depois se mudaram para uma velha casa na rua 9, um lugar feio e de mau gosto que chamavam de "Los tamales de Aliria".

Não vou me aprofundar aqui no modo como Pablo ficou milionário porque tratarei desse assunto em outros capítulos deste livro, mas quero enfatizar que a abundância de dinheiro foi diretamente proporcional à sua corrida frenética para estar acompanhado por todo tipo de mulheres. Com umas ficava por diversão, porque lhe proporcionavam prazer e companhia; outras ele conquistou pelo mero interesse de favorecer seus negócios; e com outras manteve intensos romances porque estrategicamente eram fundamentais para ter acesso a segredos de Estado. Mas posso afirmar com certeza que nem com umas, e muito menos com outras, nosso casamento esteve em perigo em algum momento.

Assim, a partir de 1978 e durante os dez anos seguintes, Pablo ficou imensamente rico e seu poder econômico lhe permitiu, primeiro, incursionar no mundo do automobilismo por meio de suas participações na Copa Renault de 1979 e 1980. Depois, implementou diversas obras sociais para favorecer as classes mais necessitadas e fomentou o esporte por meio da construção de dezenas de campos de futebol. Também criou o império da fazenda Nápoles no Magdalena Medio antioquense, e não aguentava de vontade de participar da política, em que sonhava chegar muito longe – como de fato chegou, até que fracassou, e esse foi seu fim. Em todos esses cenários de sua vida sempre, sempre meu marido esteve cercado de mulheres. Os negócios e ocupações de Pablo prosperavam, era notável, mas eu não tinha consciência de onde provinha o dinheiro, pois era ainda uma adolescente e jovem ingênua de família, em um contexto social machista no qual o papel da mulher se circunscrevia ao cuidado exclusivo dos filhos e do lar, não a opinar sobre o que o homem da casa fazia ou deixava de fazer para sustentar sua família. Eu aproveitei a bonança para estudar, viajar para muitos lugares de meu país e do mundo e comparecer às melhores feiras de design de interiores e de moda na Itália e na França, pois sonhava em ser uma profissional respeitada e reconhecida; mas não consegui.

Desde o primeiro dia, genuinamente pensei que Pablo se dedicava ao contrabando, e como tal, não considerava isso algo ruim, porque era uma atividade habitual de muitos moradores do bairro que buscavam um modo de subsistência. Quando namorávamos, em algum momento vi Pablo vender roupa íntima San Michel no bairro. Minha mãe, inclusive, ia até Maicao, na fronteira com a Venezuela, e trazia perfumes, tecidos e outras mercadorias para vender em sua lojinha. Esse sempre havia sido um negócio próspero que beirava o ilegal, mas era aceito, porque as autoridades não o perseguiam. Ainda hoje é uma prática que não tem a mesma conotação que o tráfico de entorpecentes. Pablo nunca me disse de um jeito solene, explícito, que era traficante de narcóticos. E eu também não saberia dizer quando ele passou do contrabando ao narcotráfico.

Para Pablo, nunca houve espaço para mim no terreno profissional. Eu existia para outro âmbito. Era uma divisão de papéis rígida e infranqueável. De um lado, ele e seus negócios, e do outro, nós, sua família. Naqueles primeiros anos, eu nunca pensei que suas atividades fossem especialmente perigosas nem ruins; simplesmente não eram tema de conversa, fosse por despreocupação ou por ignorância. Em meu entorno não se falava de drogas, nem de cocaína e muito menos do cartel de Medellín. Meu deslumbramento com Pablo não me permitiu elucidar qual poderia ser o futuro.

Como dizia, o ano de 1978 marcou a decolagem econômica de Pablo, e saltou à vista de todos de uma hora para outra, como em uma espécie de efeito Alka Seltzer. A primeira coisa que Pablo e Gustavo fizeram foi se interessar por competições de motocross; disputaram várias corridas em uma pista conhecida como Furesa, nos arredores da Sofasa, montadora de veículos franceses Renault situada em Envigado. Durante alguns meses, ele tirou proveito de sua potente motocicleta IT 200 cc, mas logo descobriria uma aventura mais emocionante: corridas de carro. O brinquedo do novo milionário se tornaria uma paixão que duraria cerca de dois anos. Naquela época, havia competições informais nos arredores de Medellín, como na incipiente via Las Palmas ou na subida para Santa Helena, onde os pilotos buscavam as melhores marcas, especialmente em corridas contra o tempo. Pablo dirigia seu potente Porsche, e era bem evidente que sentia atração por velocidades extremas.

Como é comum que uma coisa leve a outra, o gosto pelas corridas de carros levaria Pablo e Gustavo a ampliar seus horizontes, porque justamente nesse ano, e pela primeira vez, as normas da prestigiosa Copa Renault – que ocorria todos os domingos no autódromo internacional de Bogotá e algumas vezes em Cali e Medellín – permitiram a participação de pilotos novatos. Literalmente, Pablo e Gustavo, mas mais Pablo, gastaram os tubos; adquiriram uma frota de veículos Renault 4, alugaram durante o ano de 1979 inteiro o último andar do Hotel Hilton, no centro internacional de Bogotá, e boa parte desse ano ele e Gustavo foram no sábado de helicóptero a Bogotá, hospedaram-se no Hilton, competiram no domingo e voltaram para Medellín na segunda-feira de manhã. Fomos juntos algumas vezes de helicóptero ou de avião, mas, na maioria das vezes, eles foram sozinhos para a capital.

Até aí, tudo ia muito bem; mas não podia faltar o ingrediente de sempre: as mulheres. Elas chegaram por meio de duas jovens que corriam em uma das categorias da Copa Renault. Uma delas era cantora do programa musical *El Show de Jimmy*, e sua rápida amizade com Pablo se traduziu em fins de semana – quando eu não ia para Bogotá – de festas intermináveis no Hilton, às quais montes de mulheres compareciam.

Os foliões contavam com reforços. Como Héctor Roldán, patrocinador da equipe Roldanautos, que, em novembro de 1979, foi campeão na categoria novatos com o piloto Álvaro Mejía. Pelo que eu soube tempo depois, Pablo e Roldán, que já eram velhos conhecidos, deram rédea solta a seu gosto desmedido por mulheres e fizeram farras memoráveis no Hilton.

A proximidade entre eles duraria, e chegou ao ponto de, no início de 1984, quando eu estava grávida de Manuela, meu marido ter a desfaçatez de me propor que seu amigo fosse padrinho de batismo de nossa filha. A ideia me deixou furiosa:

"Pablo, enquanto eu viver, Héctor Roldán jamais será padrinho de minha filha… caso você não saiba, os padrinhos têm responsabilidades para com os afilhados para o dia em que os pais não estejam mais neste mundo. Você quer Héctor porque ele lhe traz aviões cheios de mulheres. Que falta de respeito!"

Ele declinou a contragosto, e então, optamos por outro amigo dele, Juan Yepes, colega de equipe na Copa Renault. Ele já era conhecido como John Lada porque foi o primeiro importador dos jipes russos da marca Lada para a Colômbia.

No começo da década de 1980, Pablo Escobar, meu marido, já era um homem imensamente rico e estava começando a ficar poderoso. De maneira quase imperceptível, essa mistura de dinheiro e poder nos envolveu em um turbilhão que não nos permitiu dimensionar a desgraça que se avizinhava.

Muitas das coisas que conto neste capítulo eu só soube agora, quando fui para a Colômbia para fazer as pesquisas para este livro e falar com pessoas próximas a nós naquela época. E tive grandes surpresas, porque descobri que, por exemplo, tia Inés havia escondido de mim inúmeros episódios de infidelidade de Pablo para que eu não sofresse. Eu também soube que ele ordenara a seus homens, inclusive sob ameaça, que tomassem muito cuidado e não me contassem nada de suas aventuras.

Falando em cumplicidades e silêncios para favorecer as infidelidades de Pablo, lembro com amargura o papel que teve Alba Marina, sua irmã, encarregada de organizar suas festas, atender a suas amantes e lhes comprar presentes. Fiquei indignada ao saber que ela o encobria, mas me abalou ainda mais o que aconteceu no Residencias Tequendama quatro dias depois da morte de Pablo, quando os Escobar foram nos visitar. De repente, Alba Marina fez uma pausa e disse:

"Victoria, quero que você saiba de uma coisa: eu sempre disse às namoradas de Pablo que ele adorava você acima de qualquer relação."

Tão querida minha cunhada... Jamais esperava que ela tivesse a cara de pau de me olhar nos olhos e me contar tamanha desfaçatez. Mas havia mais ainda. Apesar da dor que me embargava, e esquecendo meu papel de esposa e mãe, meus parentes por afinidade começaram a contar todos os episódios de infidelidade que eu desconhecia. Para imaginar como foi vergonhoso, até dona Hermilda interveio:

"Respeitem Tata. Chega."

O silêncio foi sepulcral e a visita acabou minutos depois.

De volta àquela época, o dinheiro a rodo trouxe debaixo do braço uma imediata mudança de status que ficou notável em 27 de fevereiro 1979, quando Pablo comprou uma linda casa no bairro El Diamante, em El Poblado, que custou 4 milhões de pesos.* Era A CASA. O terreno tinha 1.700 metros quadrados, e dentro dele uma ampla e linda construção de dois andares em cujo centro se destacava um espelho d'água sobre o qual repousava uma fonte com uma escultura chamada *O beijo*. O arquiteto Raúl Fajardo, um dos mais reconhecidos daquela época e proprietário do imóvel, dissera a Pablo que a obra de arte não estava incluída no negócio, mas eu pedi a meu marido que não comprasse a casa se a tirassem. *O beijo* ficou.

---

* A casa de El Diamante ficou para uma de minhas irmãs anos depois – com várias pinturas e esculturas que eu havia adquirido –, onde ela morou até começo de 1993, quando os Pepes a queimaram em um atentado e ela teve que ir embora de Medellín.

A fazenda Nápoles surgiu com a bonança de Pablo e Gustavo, que já haviam constituído uma sólida relação familiar e comercial. O sonho de meu marido de ter uma grande fazenda cortada por rios e montanhas se tornou realidade quando eles encontraram os terrenos adequados no Magdalena Medio antioquense, bem ao lado da futura estrada Medellín-Bogotá.

Então, Nápoles passou a ser o epicentro da nova vida de Pablo. Para o bem e para o mal. E ainda mais: desde o primeiro instante ele se propôs, e conseguiu, a levar uma espécie de vida dupla ao redor da fazenda: uma com sua família e outra com seus amiguinhos e suas conquistas da ocasião. Claro, havia também seus negócios, dos quais a mim, em particular, ele sempre manteve afastada. Nós, sua família, tivemos um espaço ali, mas suas mulheres ocuparam um lugar preponderante, embora clandestino. É que para se encontrar com suas amantes, Pablo e Gustavo tiveram a ousadia de construir um apartamento que camuflaram na parte de trás das cocheiras da fazenda, situadas bem perto da casa principal; também ergueram várias cabanas em lugares afastados, para onde escapavam inclusive quando nós estávamos lá.

Como negar que Pablo aprontou das suas em Nápoles? Como naquele fim de semana que Héctor Roldán chegou em seu avião com uma dúzia de mulheres maravilhosas. Certamente não contavam com o fato de que eu estaria ali naquele momento e que poria a boca no trombone, indignada.

"Não quero ficar nem mais um segundo neste lugar, Pablo. O que você faz comigo é uma falta de respeito."

Mas ele, como sempre, tinha uma desculpa na ponta da língua:

"Meu amor, Héctor trouxe essas garotas para diversão dos rapazes. Eu não tenho nada a ver com isso. São mulheres para meus amigos, não posso dizer a eles que não as tragam."

Fiquei calada, mas era evidente que ele estava mentindo. Se eu não estivesse ali naquele momento, eles teriam feito uma grande farra.

O descaramento de meu marido chegou ao limite quando fomos a uma fazenda perto de Doradal visitar uns amigos. Depois das 8 horas a luz acabou e ficamos na sala, iluminados pela tênue luz de várias velas. Estávamos tão entretidos que não notei a ausência de Pablo. A eletricidade chegou duas horas depois, e a conversa continuou muito animada. Naquele momento eu não sabia que o apagão havia sido premeditado, que Pablo pedida ao anfitrião que desligasse os disjuntores porque uma de suas amantes o esperava em um dos quartos.

Por causa do dinheiro, a vida de Pablo assumiu um ritmo vertiginoso. Se ele já estava cercado de mulheres quando não tinha um centavo no bolso, agora que o mundo se abria à sua frente, eu diria que a busca por diversão, farra e mulheres se tornou frenética.

À medida que sua fortuna crescia, foi surgindo a necessidade de contratar guarda-costas: o primeiro foi Pinina, e depois Chopo, Yuca e Pasquín, que se tornaram nossas sombras. Com o passar do tempo, dezenas de homens formariam o poderoso exército de jovens – dos lugares mais carentes de Medellín – que arriscariam a vida por meu marido.

Naquela época também apareceu Ferney, um misterioso homem que eu nunca soube de onde saíra, que se tornou uma espécie de secretário particular de Pablo. Era pau para toda obra, que funcionava às mil maravilhas para nós porque resolvia tudo; mas, tempos depois, eu soube que, entre suas muitas outras funções, também estava a de agradar as amantes de Pablo. Ele lhes comprava presentes caros – mesmo que tivessem que ser trazidos do exterior –, mandava fazer serenata, enviava flores, acompanhava-as ao cabeleireiro, dava-lhes dinheiro e as distraía enquanto o chefe não chegava.

No entorno de meu marido também comecei a observar a discreta presença de Jerónimo, um belo jovem de 17 anos, habitante do município de La Estrella, em quem eu sentia confiança porque Pablo me dizia que com ele se sentia bem acompanhado, e por isso o levava a todo lado. Tempos depois, eu saberia que, na realidade, ele era encarregado de arranjar mulheres de todo tipo para meu marido, e sua proximidade chegou ao ponto de, em alguns momentos, os dois dividirem o mesmo leito com elas.

Eles se conheceram certa noite na sorveteria La Turquesa, quando meu marido fora visitar Luz Ángela, uma loura espetacular de olhos verdes, talvez a mulher mais bonita daquele município, em quem tinha interesse. Não era a primeira vez que Pablo ia a esse lugar. Daquela vez, chegou em uma caravana de três carros com uma dezena de homens ao seu redor. Pablo mandou fechar o bar e pagou o consumo dos presentes com a única intenção de impressionar a garota que o encantava.

Conquistar Luz Ángela se tornou uma espécie de desafio para meu marido, que começou a frequentar La Estrella várias vezes por semana, quase sempre depois da meia-noite. Ela se fazia de difícil, e isso o enlouquecia, a ponto de, certo sábado, mandar Ferney ao parque principal de Envigado para contratar todos os músicos que encontrasse e levá-los ao La Turquesa, onde ele estava com ela. Um longo tempo depois seu desejo se realizou, e Ferney chegou com um ônibus lotado de músicos, que se revezaram para tocar boleros, rancheiras e *vallenato*s até as 4 horas da manhã. Dali foram curar a bebedeira em um restaurante no município vizinho, Caldas, onde Pablo pagou a conta de todos os clientes. A imagem que queria projetar, de rico, poderoso e farrista, funcionou, porque Luz Ángela caiu rendida a seus pés. Mas por pouco tempo, porque o romance se desgastou dois meses depois, e embora ele gostasse muito dela, não tardou a procurar outra para substituí-la.

Essa história de andar pelas ruas não duraria muito, porque Pablo decidiu que havia chegado a hora de ter um apartamento de solteiro, e por isso comprou a luxuosa cobertura de um edifício situado na avenida Colômbia, e em cujo primeiro andar funcionavam pistas de gelo e um boliche. Esse primeiro esconderijo seria conhecido entre Pablo e seus escoltas pelo código "La escarcha", e ficava situado a meros 100 metros da entrada principal da Quarta Brigada do Exército. Como nessa época Pablo ainda não era procurado pela justiça, os soldados o deixavam passar quando as ruas adjacentes estavam bloqueadas por tropas militares. Ele era visto como um simples morador que chegava a seu apartamento acompanhado por lindas mulheres.

Assim, as farras se tornaram diárias, e nos locais que frequentava ele era visto como um rei, pois gastava a rodo, e se tornou o cliente mais popular das discotecas Génesis e Acuarius, na moda naquela época no setor de Las Palmas. Quando ele chegava a algum desses lugares, sentava-se a uma mesa que lhe desse uma visão panorâmica, e se visse uma mulher bonita, dizia a Jerónimo ou a Ferney que a levasse a sua mesa para conhecê-la e conversar. Após uma curta conversa, a escolhida voltava à sua mesa e Pablo lhe mandava uma garrafa de champanhe ou de uísque, com a certeza de que a garota voltaria mais tarde para agradecer o presente. Quando isso acontecia, a sorte estava lançada. Então, Pablo passava o braço por trás dela, conversava um pouco e logo a convidava a ir a seu apartamento. Nessa etapa de sua nova vida de rico, Pablo era um fanfarrão e gostava de aparecer – em termos populares, isso é conhecido como *chicanear*, ou seja, usar de artimanhas para conseguir o que quer. Quando saíam da discoteca, ele ia dirigindo seu potente Renault 18 e fazia as escoltas o perseguirem. Aí, começava uma espécie de jogo de gato e rato, porque meu marido saía voando pelas ruas vazias e escuras de Medellín, subia nas calçadas, pegava os *round points* na contramão e cometia todo tipo de infração. Fazia isso para impressionar sua acompanhante da vez. Depois, quando achava que já era suficiente, dirigia-se a "La escarcha".

Também era comum que em um desses lugares de farra Pablo fosse cercado por garotas de todo tipo, que se divertiam de graça, porque ele pagava suas contas. Horas mais tarde, algumas delas, as mais bonitas e voluptuosas, eram convidadas a ir a seu apartamento. Claro, músicos não podiam faltar, e com muita frequência chegavam orquestras, *mariachis* e trios. Nunca antes a cobertura comprada por meu marido havia tido tanta atividade, porque as festas quase sempre acabavam entre as 4 e as 5 horas da madrugada.

Certa ocasião, Jerónimo me contou que Pablo não era um grande bebedor, mas adorava um Alexander, uma mistura de gim, creme de leite e licor de café que Eduardo, o barman, a única pessoa que ficava sempre dentro do apartamento, preparava com requinte.

Quando a festa estava no auge, Pablo pedia para escutar uma canção que adorava: "Eye of The Tiger", a bem-sucedida peça musical que Sylvester Stallone mandara compor para a trilha sonora do filme *Rocky III*, a célebre saga cinematográfica do boxeador Rocky Balboa. Quando a melodia tocava no poderoso equipamento de som do apartamento, Pablo pulava como uma mola e começava a dançar. A primeira estrofe, que ele adorava, dizia assim: "*Levantando-me de vuelta a la calle/ tomé mi tiempo, corrí mis riesgos/ remonté la distancia, ahora estoy de nuevo de pie/ solo un hombre/ y su voluntad de sobrevivir/ muchas veces, pasa demasiado rápido/ cambias tu pasión por gloria/ no pierdas el control sobre tus sueños del pasado/ solo debes luchar por mantenerlos vivos*".*

Nesse ambiente íntimo e propício para a conquista, era inevitável que Pablo acabasse envolvido com alguma jovem. Embora ele não fosse o mais atraente, tinha o dom da sedução, porque era enrolador. E tinha muito dinheiro. Esse era o momento em que despachava seus guarda-costas e seus convidados e ficava no apartamento com sua nova amante, com Jerónimo – que quase sempre levava uma amiga de seu bairro, ou Pablo lhe cedia uma – e Eduardo, o barman. Mas havia mais, porque nessas histórias sempre há mais: no cúmulo do descaramento, Pablo mandara instalar câmeras ocultas nos quartos e banheiros para gravar suas convidadas na intimidade. Também havia um quarto secreto de onde ele podia observar o que acontecia no apartamento inteiro. E quando ficavam só Jerónimo e ele, assistiam às gravações.

---

* *Risin' up, back on the street/ Did my time, took my chances/ Went the distance, now I'm back on my feet/ Just a man and his will to survive/ So many times, it happens too fast/ You trade your passion for glory/ Don't lose your grip on the dreams of the past/ You must fight just to keep them alive.* [Erguendo-me, de volta às ruas/ Cumpri meu tempo, aproveitei minhas chances/ Percorri um longo caminho, agora estou de volta/ Só um homem e sua vontade de sobreviver/ Muitas vezes, acontece tão rápido/ Você troca sua paixão por glória/ Não perca o controle sobre seus sonhos do passado/ Você deve lutar para mantê-los vivos.] (N.T.)

Como a farra era diária, Pablo optava, de vez em quando, por ir a Guayaquil, um dos setores populares e mais perigosos do centro de Medellín, quase sempre acompanhado por Gustavo Gaviria, seu primo. Caminhavam pelas ruas e depois entravam em qualquer bar para beber e ouvir música, principalmente tangos. Depois da segunda cerveja, Pablo pedia para escutar seus preferidos: "Sangre maleva", tocado pela orquestra de Alfredo de Angelis; "Cambalache", de Carlos Gardel; "El sueño del pibe", de Osvaldo Pugliese; e "En casa de Irene", um clássico de Gian Franco Pagliaro. Pablo e Gustavo eram fascinados por tango, porque suas letras refletiam a tristeza que viveram na infância devido às dificuldades financeiras de suas famílias.

Independentemente da intensidade da farra daqueles anos, meu marido sempre chegava em casa com o jornal *El Colombiano* debaixo do braço e ia deitar depois de ler as manchetes e as principais notícias. Jerónimo me contava que ele era obsessivo no cumprimento de seu lema: não dormir na rua, porque tinha um lugar aonde chegar. Por isso ele nunca ficou em "La escarcha" além das 5 horas da manhã; ia embora mesmo que a farra ainda estivesse viva. Por ordem de Pablo, Jerónimo ou o barman ficavam lá até que o apartamento estivesse vazio.

Durante essa época de discotecas e farra, agora eu sei que Pablo teve muitas namoradas ocasionais, com quem curtiu uma, duas semanas, um mês, dois meses. Mas nunca as levou a sério.

Tudo isso mudaria certa noite de meados de 1981, quando ele conheceu Wendy Chavarriaga Gil. Segundo Jerónimo me contou anos depois, um homem riquíssimo, jogador compulsivo de cartas e conhecido no baixo mundo de Medellín como o Tío, pediu a Pablo que recebesse uma garota que havia chegado dos Estados Unidos com uma boa ideia para fazer negócios. Meu marido aceitou, e disse ao Tío que a esperaria no boliche que ficava no térreo do edifício onde ele tinha seu apartamento de solteiro.

Pablo não imaginava que sua convidada chegaria com uma morena de olhos verdes, corpo espetacular, 1,85 metro de altura e 28 anos de idade. Era Wendy. O encontro durou meros vinte e cinco minutos e as duas mulheres depois foram falar do negócio que tinham para tratar. Claro, Pablo não desperdiçou a oportunidade, e quando Wendy pediu para ir ao banheiro, foi espiá-la pelos vidros que simulavam espelhos. Pablo ficou boquiaberto com a beleza e o porte de rainha de Wendy, e imediatamente ligou para o Tío e lhe pediu que o ajudasse a sair com ela. Dito e feito, porque poucos dias depois se encontraram de novo, e a partir daí começaria um relacionamento que foi sério de verdade, que deixou Pablo deslumbrado, que durou vários anos – mas que acabaria em tragédia.

Wendy era diferente das outras mulheres que haviam estado com meu marido. Em geral, elas eram mocinhas de classe média baixa que queriam resolver sua situação financeira. A nova conquista de meu marido era de alto nível, rica, com um luxuoso apartamento em um dos melhores lugares de El Poblado. Pablo tinha tanta consciência disso que, um dia, no começo do relacionamento com Wendy, disse a Jerónimo: "Sou um campeão". Era a primeira mulher a quem não tinha que dar presente nenhum, nem carro, nem casa, nem dinheiro. Ela tinha tudo. Mas, para acelerar a conquista, de qualquer maneira ele lhe deu um Renault 18.

A paixão de Pablo por Wendy foi tão intensa que praticamente todos os dias ele ia vê-la em Altos de San Lucas, onde ela morava sozinha, e saía de lá às 4 ou 5 horas da manhã. Uma rotina que incomodava sobremaneira suas escoltas, que tinham que esperar na rua até ele sair.

O cúmulo do descaramento de meu marido era que sua amante morava a meros dois quarteirões de nossa casa, nos arredores do Club Campestre de Medellín; mas ele era tão habilidoso para administrar sua vida dupla que eu demoraria muito tempo para perceber. Lembro que ele chegava todos os dias às 7 horas da noite e nos sentávamos à mesa com Juan Pablo, que devia ter um pouco mais de 4 anos. Era uma espécie de ritual compartilhar esse momento em família. Depois do jantar, Pablo ia brincar no quarto do menino com os sofisticados brinquedos que havia lhe dado, como aviões, carros de corrida e helicópteros, quase todos trazidos do exterior. Ele lhe explicava para que serviam e como funcionavam, e como já nessa época íamos à fazenda Nápoles de helicóptero, notava-se que o menino estava começando a entender do que se tratava.

Mas esse momento de descontração era interrompido por Pablo, que invariavelmente dizia que deveria ir porque tinha reuniões importantes em seu escritório ou em algum lugar de Medellín. Juan Pablo começava a chorar pela ausência do pai, mas ele o acalmava com a promessa de que voltaria logo. Já eu sentia muita tristeza por não poder compartilhar uma noite com meu marido, ver um filme, conversar... esse foi um vazio que me acompanhou por anos.

"Patroa, acho que esse foi o único momento em que seu reinado cambaleou. Tínhamos pena de vê-la toda inocente, mas não podíamos lhe dizer nada porque ele nos proibira", resumiu Jerónimo, cúmplice direto das andanças de meu marido.

O círculo que cercava Pablo me impedia de saber o que ele fazia, mas a verdade é que, apesar de sua astúcia para esconder sua vida dupla, em não poucas ocasiões eu acabei sabendo de suas infidelidades. Essa história de que as mulheres têm um sexto sentido para perceber as coisas se aplicou daquela vez que fui visitá-lo de surpresa em seu escritório no programa *Antioquia al Día*, em uma casa que ele alugara em Loma de los Balsos, em El Poblado. Quando cheguei à sede do noticiário, chamou minha atenção o refinado estilo de tudo ali, mas principalmente da sala de meu marido, que claramente havia sido decorada por alguém de muito bom gosto. Minha intuição me disse que ali devia haver a mão de uma namorada de Pablo. Eu não estava enganada, mas, como quase sempre, só confirmaria isso muito tempo depois.

Já naquela época meu marido havia iniciado a sério sua carreira política, e se dedicava às campanhas, porque queria ser congressista. Alguém lhe dissera que um jeito eficaz de fazer isso seria tendo seu próprio noticiário, e por isso ele montou *Antioquia al Día*, o telejornal diário que ia ao ar ao meio-dia em um espaço alugado no canal Telemedellín.

Intrigada, comecei a averiguar quem havia feito a decoração e quem era o dono – ou dona – da casa onde o *Antioquia al Día* funcionava. Mas me chamou a atenção o fato de que as respostas eram evasivas. De tanto perguntar e ligar pontos, porém, consegui saber que a casa pertencia a uma mulher conhecida como Wendy Chavarriaga, a quem Pablo pagava um aluguel, que ela, por sua vez, entregava a seus sobrinhos. Mas não pude confirmar a existência do romance.

Minhas suspeitas continuaram, e as confirmei quando uma mulher linda, alta, morena, de olhos verdes, começou a aparecer muito perto de meu marido/candidato nas concentrações públicas convocadas pelo Alternativa Popular – o movimento que promovia Pablo em sua aspiração a chegar à Câmara dos Deputados – nos bairros de Medellín e nos demais municípios do vale de Aburrá. Era Wendy Chavarriaga.

Uma de minhas irmãs, que sabia da relação, mas não me havia dito nada para não me ver sofrer, protagonizou um incidente com ela durante uma manifestação na praça principal do município de Envigado. Aconteceu um sábado à tarde, quando Pablo e Jairo Ortega faziam um discurso na varanda de uma casa. Eu estava lá, mas devia estar distraída nesse momento, porque não notei nada. Minha irmã viu que atrás de Pablo estavam Wendy e sua irmã, que aplaudiam com entusiasmo quando os presentes aclamavam meu marido. Em voz baixa, mas em tom de fúria, minha irmã lhe disse: "Esse lugar é de minha irmã, e se não descer agora, vou jogá-la pela varanda". Wendy não disse uma palavra e saiu dali. Claro que minha irmã não tinha intenção de machucá-la, mas ficou indignada porque seu cunhado se exibia com uma amante na frente da esposa.

Por fim, as conjecturas sobre Wendy e Pablo foram confirmadas quando alguém me revelou com detalhes o intenso romance que os dois viviam. O que mais me doeu foi saber que meu marido estava muito "enrolado" com Wendy, e por isso não aguentei mais e rasguei o verbo:

"Pablo, você é um homem jovem, e tem direito a ser feliz; daqui em diante, siga sua vida com quem escolher. Eu serei a mãe de seus filhos, mas não sua mulher. Não se preocupe comigo, pois Victoria Eugenia Henao é única no planeta. Simplesmente escolha, eu entenderei. O espaço está livre, não precisa ficar, você não é tão indispensável, Pablo."

Apesar de minha grande dor e indignação, eu sempre me mostrei forte na frente dele, e em várias oportunidades lhe perguntei:

"Pablo, você já viu alguém morrer de amor?"

Eu estava decidida a forçá-lo a tomar uma decisão sobre nós, mas devo ressaltar que embora ele fosse um infiel irredimível, nunca nos agredimos física nem verbalmente, e sempre foi possível conversarmos, apesar de como era doloroso falar de infidelidade. Claro, era um diálogo estéril, porque ele tinha resposta para tudo, e suas frases, com uma palavra a mais ou a menos, eram repetitivas, de efeito:

"Não, meu amor, você está enganada... não deixe que os outros encham sua cabeça de fofocas. Eu não a deixarei por motivo nenhum. Muitos querem nos ver separados, mas não vão conseguir."

Claro que eu não acreditei, e deixei de falar com ele durante vários dias. Mas Pablo continuava defendendo sua inocência e tentava me convencer de que eu era muito importante para ele. Era tanta sua insistência que um dia me convidou a ir a uma festa na casa de um amigo dele, e veio com a história de que seria muito importante para nosso futuro eu ir. Aceitei a contragosto, e fomos à fazenda El Pomar, na parte de cima de Envigado, propriedade de Pablo Correa, um rico narcotraficante amigo de meu marido. Mas a festa acabou para mim assim que chegamos, porque Wendy estava ali, deslumbrante, com uma minissaia amarela que causava sensação. Pablo ficou ao meu lado o tempo todo, demonstrando-me com fatos que eu estava acima de Wendy, de qualquer rainha, de qualquer uma. Já ela passava desafiadora, insinuante, por todas as mesas, tentando chamar a atenção de meu marido.

Foram momentos horríveis. No desconforto que aquela situação me provocava, pela enésima vez eu me perguntava o que estava fazendo ali, por que aguentava tanto desaforo de Pablo. Mas faltava mais. Para fugir daquela cena grotesca, fui ao banheiro, e encontrei um espetáculo: muitas mulheres, de diversas idades, cheirando cocaína no balcão do banheiro.

Saí assustada do local e disse a Pablo:

"Tire-me agora deste lugar. Não posso ficar nem mais um minuto aqui."

Ele deve ter visto minha cara de fúria, porque imediatamente fomos para o carro e saímos dali, seguidos por três veículos lotados de guarda-costas.

"Pablo, se esse é o lugar onde tenho que estar, esqueça-me, porque eu não sou a pessoa adequada. Se eu tiver que ficar nesse ambiente pesado para poder estar ao seu lado, é melhor você ficar com Wendy, que certamente acompanhará seu ritmo... não conte comigo para isso."

"Não, meu amor. Eu prometo, eu estarei nos espaços que você escolher."

Essas poucas palavras conseguiam acalmar as águas. Pablo queria conservar todas as suas mulheres, e conseguia. Apesar de suas constantes aventuras, ele se virava para continuar sendo o romântico de sempre, o marido detalhista que após cada infidelidade me dava flores amarelas, o homem apaixonado que se esmerava na intimidade.

Enquanto isso, a campanha para o Congresso avançava de vento em popa, e as eleições regionais estavam próximas. Pablo demonstrava cansaço devido ao corre-corre diário, que incluía visitar bairros, fazer discursos, falar com as pessoas... por isso, propôs que fôssemos passar uns dias em Miami. Assim foi, e chegamos ao Hotel Omni – situado em Biscayne Boulevard, uma área exclusiva da cidade do sol –, que na parte de baixo tinha um shopping imenso, muito confortável para nós, porque Juan Pablo se distraía ali e eu podia subir na hora do almoço para dormir um pouco. Naquela época estávamos tentando fazer que o menino largasse a mamadeira, e Pablo teve a ideia de propor que se despedisse dela porque ela viajaria em um balão inflado com hélio. Sem entender muito, Juan Pablo aceitou, e de fato a mamadeira foi lentamente em direção às nuvens. Quando se deu conta de que sua mamadeira havia ido embora e não voltaria mais, Juan Pablo chorou desconsolado um tempo; mas logo se acalmou e não a pediu mais. A estratégia funcionou.

O passeio foi divertido, ameno e familiar, até que Pablo disse que tinha que ir a Nova York se encontrar com uns porto-riquenhos com quem ia fazer negócios. Não dei maior importância ao assunto, e ele voltou três dias depois com um presente: um lindo estojo de pó compacto redondo, de ouro, com safiras, com meu nome gravado. Ainda o tenho. Sobreviveu às bombas, às perseguições, à guerra. Meses depois, eu descobriria que Pablo havia mentido, e que, na realidade, fora se encontrar com Wendy, e que ela escolhera o estojo para mim.

Falando nos Estados Unidos, quero contar sobre outras viagens de Pablo a esse país, antes de tirarem seu visto em 1983. É relevante, porque no esforço de coletar informações para este livro, em abril de 2017 fui ao município de Carmen de Viboral, distante 60 quilômetros por terra de Medellín, atrás de Quijada, o tesoureiro pessoal de Pablo nos EUA, a quem eu não via fazia mais de trinta anos e com quem nunca cheguei a falar das mulheres de meu marido. Não foi fácil arrancar dados de Quijada, porque ele se mostrou meio receoso, e com dó de mim por ter sido cúmplice das andanças de Pablo, que aprontou de tudo durante as cerca de 12 viagens que chegou a fazer a esse país do norte. Se ele foi capaz de fugir para Nova York para se encontrar com Wendy quando nós estávamos com ele, é fácil imaginar o que fazia quando estava sozinho. E, claro, Quijada foi uma caixa de surpresas, porque me contou vários episódios que retratam a maneira como meu marido enlouquecia estando lá.

Já com mais confiança, Quijada recordou uma vez em que Pablo alugara seis suítes do Hotel Omni, ocupadas por ele e vários chefes do narcotráfico norte-americanos durante quatro noites. Estavam acompanhados por lindas latinas, que eles escolhiam por fotos e uma discoteca em Kendall as mandava. A melhor sempre era para Pablo.

Quijada lembrou outro escandaloso episódio no mesmo hotel, onde Pablo e vários sócios colombianos dele, entre eles Gustavo Gaviria e Gerardo "Kiko" Moncada, alugaram um andar inteiro por uma semana, e à noite se reuniam na suíte maior para fazer seus bacanais. A cada dia, contou Quijada, chegavam cerca de 40 mulheres, de diversas nacionalidades, que eles examinavam como se estivessem em um desfile. Aquelas de que gostassem entravam, e as de que não gostassem eram despachadas com 200 dólares na mão, e assim, o grupo se reduzia a 20. Depois, faziam uma espécie de jogo de sedução que consistia em pagar 20 dólares por cada peça de roupa que tirassem, e quando estavam totalmente nuas, faziam-nas dançar, antes da farra final.

Em outra ocasião, Pablo saiu de Medellín e chegou ao pequeno aeroporto executivo de Tamiami, em Miami Dade, em seu recém-comprado Lear Jet. Pegou três pessoas ali, foram para Orlando, Flórida, e se hospedaram no Hotel Marriott. Cinco mulheres ficaram com eles durante os três dias do passeio. Além de tudo, seus amiguinhos eram bastante generosos, porque as jovens cobravam entre 2 e 3 mil dólares pela companhia, mas eles pagavam 5 mil.

Apesar de ter que lhe arrancar a fórceps essas informações, Quijada tentou se defender dizendo que só cumpria as ordens de meu marido. Era verdade, mas também é verdade que o dinheiro comprava tudo, até o silêncio dos hotéis, que enchiam seus cofres com hóspedes buliçosos que levavam mulheres de reputação duvidosa, e ninguém dizia nada em troca de substanciosas gorjetas. Obviamente, as contas eram enormes e quem pagava era Quijada, que desembolsava entre 10 e 50 mil dólares por semana pelos serviços obtidos nesse hotel. Tempos depois, no esplendor de seu império, Pablo compraria de dois jovens homossexuais uma linda mansão em North Bay, Miami Beach – vizinha da dos famosos Bee Gees. Era térrea, totalmente decorada e equipada, com uma grande piscina e um caramanchão, e dali se via o imponente porto de Miami. Custou 700 mil dólares e duraria cinco anos, até 1987, quando as autoridades norte-americanas a confiscaram. Quijada recordou que naquela casa Pablo fez pelo menos sete superfestas que se prolongaram até as 10 horas da manhã do dia seguinte. Em todas essas farras, disse, Pablo e seus sócios sempre estiveram acompanhados por belas mulheres.

"Patroa, o chefe só tinha casos de fim de semana. Eram passageiros, por dinheiro. Aqui ele não se enroscou com nenhuma."

Eu acreditei em Quijada, mas a questão era que Pablo não parecia ter fundo em se tratando de mulheres. Era o machismo em sua máxima expressão, somado ao poder proporcionado pelo dinheiro.

Para não me estender demais nos excessos de meu marido nos Estados Unidos, basta relatar que ele e seus amiguinhos curtiram os lugares e espetáculos mais famosos daqueles primeiros anos da década de 1980. Por isso, não pude evitar corar quando Quijada me contou que cinco bailarinas do lendário cabaré parisiense Crazy Horse foram contratadas por Pablo para passar vários dias em Medellín. O mesmo aconteceu com três jovens do lendário Folies Bergére, o templo dos corpos perfeitos, como esse tradicional local da capital francesa era conhecido. Várias mulheres de quadris generosos da casa noturna Big Fanny Annie, uma das mais reconhecidas dos Estados Unidos, estiveram em Medellín durante alguns dias como damas de companhia. E não podiam faltar as voluptuosas brasileiras, uma das quais deixou Pablo enlouquecido durante uma viagem que ele fez com seus amigos ao Rio de Janeiro; lá ele conheceu, segundo contou Quijada, uma garota espetacular que depois foi visitá-lo em Medellín; mais tarde, ele voltaria a vê-la em seu Lear Jet. Outras brasileiras, algumas muito famosas, foram levadas a passar uma semana na fazenda Nápoles para comemorar um dos aniversários de Pablo.

Obviamente, Quijada era encarregado de comprar em Miami os presentes que Pablo queria dar a suas namoradinhas. Ele lhe pedia anéis, pulseiras, brincos, colares e relógios, que ele comprava na exclusiva joalheria Mayors, situada no térreo do Hotel Omni. Por ordem de meu marido, Quijada não reparava no preço das joias, que podiam custar entre 25 mil e 250 mil dólares. E como gostava de ser detalhista com suas conquistas, ele também pedia dezenas de pares de tênis, jaquetas, gorros de esqui, calças e perfumes, tudo para mulher. A cada dois meses, disse Quijada, ele mandava para a Colômbia cinco malas cheias de presentes para Pablo se exibir com suas amantes.

Enquanto tudo isso acontecia, a vida sorria para meu marido. Em 14 de março de 1982, ele foi eleito representante suplente na Câmara. Na tarde desse domingo, encontramo-nos com Alberto Santofimio e Jairo Ortega na sede do Movimento de Renovação Liberal e esperamos os resultados finais da votação; mas, como o processo era muito lento, eu disse que preferia ir para casa. Lembro que antes de ir eu o escutei dizer pela primeira vez que agora sim era indispensável abrir espaços para Pablo nos esquivos meios de comunicação e nos fechados círculos políticos de Bogotá.

Foi então que, para desgraça minha e de minha família, apareceu Virginia Vallejo.

Escrever sobre ela me causa um misto de dor e indignação devido ao muito que sofri quando ela teve um romance com meu marido, e pelo mal que me causou desde a morte dele.

Ela, que se autodenominou "biógrafa de Pablo", parece não conhecer a história, e por essa razão frequentemente não se esforça e tira conclusões sem fundamento. Um exemplo claro é aquela afirmação que ela fez em uma entrevista, quando assegurou que eu e meus filhos temos vergonha de usar o sobrenome Escobar, mas não temos vergonha de viver com os milhões de meu marido na Argentina. Essa frase cheia de ódio, ressentimento e mentiras mostra que ela nunca teve interesse em saber da verdade, saber por que fomos obrigados a mudar de nome e de sobrenome, saber o que aconteceu conosco. Se houvesse se interessado, com certeza pensaria diferente. Ela poderá ler essa realidade detalhadamente neste livro – meu livro.

Ao longo dos anos, Virginia e Pablo foram foco de atenção dos meios de comunicação, que não se cansam de publicar as fotografias, vídeos e entrevistas em que aparecem juntos. É verdade que eles tiveram uma intensa relação afetiva, mas também é verdade que naquele momento – início dos anos 1980 – ele tinha uma amante reconhecida, Wendy Chavarriaga, e esporadicamente – segundo Jerónimo e Ferney me contaram – também ficava com Alcira, rainha do café; com a rainha de Antioquia; com Luz Ángela, rainha de Medellín, e com uma jogadora de vôlei de Caldas. E estava chegando outra, que faria história com ele: Elsy Sofía, rainha da pecuária. Todas ao mesmo tempo. E do outro lado da mesa estava eu.

Nesse cenário apareceu Virginia, a quem conheci certa noite no início de setembro de 1982 no Hotel Hilton de Bogotá, em uma reunião de Pablo com os congressistas Jairo Ortega e Alberto Santofimio Botero.

Meu marido havia dado ouvidos a Santofimio, que falara de Virginia e de sua influência nos círculos políticos, sociais e jornalísticos da capital.

Virginia, Santofimio, Ortega, Pablo e eu sentamo-nos em uma sala do hotel e me limitei a escutar, sem emitir opinião. Era lógico, porque com minha pouca idade, 21 anos, eu desconhecia os meandros da política.

A primeira impressão que ela me provocou foi favorável, de uma mulher inteligente com experiência na mídia e evidentes contatos na alta sociedade e no mundinho da capital. Ela não me despertou suspeita alguma como mulher. Ele sabia perfeitamente que ela poderia ser seu passaporte para entrar na elite bogotana, a classe que dominava o país, porque estava obcecado para se sentar à mesa com a nata dos partidos políticos tradicionais, e ela era o veículo perfeito para isso.

Após esse primeiro encontro, quase de imediato participamos juntas de eventos políticos, principalmente em Medellín, cada uma em seu papel. Acho que não se enganaram ao entrar em contato com ela, porque Virginia cumpriu com riqueza de detalhes seu papel, e em muito pouco tempo era notório que a imagem de Pablo ganhara força pública. A extensa entrevista que Virginia fez com ele no lixão de Moravia ajudou, na qual Pablo pôde explicar os alcances de seu projeto Medellín Sem Barracos, que visava tirar milhares de habitantes desse setor carente da cidade e dar-lhes casas em uma nova urbanização. Meu marido ficou satisfeito, porque o programa durou meia hora e foi visto no país todo. Ele não me disse, mas eu entendi que em retribuição, ele havia dado uma grande quantia de dinheiro que ajudou a minimizar a crise econômica da produtora da qual Virginia era sócia, que estava quebrada. Mais tarde eu saberia que Pablo não lhe dava relógios ou joias, mas que a ajudava com recursos para adquirir melhores câmeras de televisão e equipamentos de edição. Ela, por sua vez, deu-lhe um lindo pastor-alemão e lhe explicou que um cachorro jamais o trairia. Mas ele preferiu dá-lo a Ferney, porque não gostava desses animais.

Como negar que Virginia era uma mulher sensual, bonita, com um lindo sorriso e uma inteligência atraente? Mas eu a achava muito obsessiva, tinha mania de passar pó compacto a cada cinco minutos porque não suportava ver seu rosto brilhante.

Com o passar das semanas, minha intuição começou a dizer que Pablo poderia estar de caso com Virginia, porque a assessoria se tornou mais intensa e eu achava excessivo que ela aparecesse em muitos eventos políticos, públicos e privados aos quais ele comparecia, tanto em Bogotá quanto em Medellín. Eu também notava certo flerte de ambos os lados, e Pablo começou a largar o que estivesse fazendo quando a anunciavam.

Lembro que, uma vez, estávamos em uma fazenda em Rionegro e ela chegou com uma maleta preta; ele se levantou da mesa onde estávamos almoçando e saíram juntos. E como se não bastasse, ele mandava buscá-la em Bogotá em seu avião ou um de seus helicópteros, e sempre a hospedava no Hotel Intercontinental. Havia alguma coisa ali.

Bem naqueles dias de início de 1983, meu marido, já representante da Câmara e com imunidade parlamentar, endureceu sua posição contra a extradição de cidadãos colombianos aos Estados Unidos. Durante a campanha, já havia falado de derrogar o tratado assinado em 1979 entre Bogotá e Washington, e agora estava decidido a uma luta frontal contra essa figura jurídica.

O cenário mais apropriado para falar desse tema foi a nova discoteca Kevins, inaugurada em fevereiro desse ano por José Antonio Ocampo, mais conhecido como Pelusa, seu grande amigo. A partir desse momento, a moderna e luxuosa discoteca, situada bem perto do Hotel Intercontinental, tornou-se o local preferido de meu marido, que passava as noites lá com suas amiguinhas e fazia reuniões com todo tipo de personagens. Passaram para segundo plano as discotecas Acuarius e Dom Mateo, muito populares também e antes frequentadas por meu marido.

Foi na Kevins que Pablo organizou o famoso primeiro Fórum Nacional Contra a Extradição, ao qual compareceram mais de 300 pessoas provenientes de todo o país. Aconteceu na segunda semana de abril desse ano, e na mesa principal, entre outros, sentaram-se o padre Elías Lopera, o ex-magistrado Humberto Barrera Domínguez, Virginia Vallejo e meu marido. Eu não fui, mas os meios de comunicação publicaram com certo destaque a notícia, e pela primeira vez um veículo de alcance nacional, como era a revista *Semana*, publicou um artigo sobre o evento, acompanhado de um perfil de Pablo. A reportagem se intitulou "Um Robin Hood *paisa*", e era a primeira vez que os jornalistas de Bogotá notavam meu marido, enquanto ao mesmo tempo se faziam perguntas sobre a origem de sua fortuna.

Segundo eu soube mais tarde, o encontro no Kevins foi um sucesso, mas mais de um dos presentes comentou em voz baixa como Virginia e Pablo flertavam. Minha intuição de que havia algo entre eles continuava latente, e haveria de se confirmar em breve, quando Pablo cancelou abruptamente um passeio à fazenda Nápoles com Gustavo, nossos filhos e vários convidados, e disse que as esposas não poderiam ir porque ele e seus amigos fariam uma turnê política por várias localidades do Magdalena Medio.

A desculpa me pareceu falsa, e pensei em chegar de surpresa em Nápoles com as esposas dos convidados de Pablo e Gustavo. Estava tudo pronto para a viagem, mas, de última hora, decidi não ir, porque surgiram várias perguntas que me assustaram: acaso eu deixaria Pablo se o encontrasse com a boca na botija? Como ficaria minha imagem se houvesse um escândalo? Também pensei que não o abandonaria se o pegasse em outra infidelidade. Então, preferi resguardar meu papel de mulher e senhora.

Por fim, a comitiva de mulheres enganadas, entre elas uma de minhas irmãs, foi para a fazenda, aonde chegaram mais de 8 horas da noite de um sábado. Desnecessário mencionar que eu paguei as despesas de viagem delas e pus à disposição os automóveis necessários para o deslocamento. A cena que encontraram ao chegar foi patética: em volta da piscina estavam os amiguinhos de Pablo com várias mulheres de biquínis mínimos, e meu marido com Virginia no segundo andar da casa, ou seja, em nosso quarto. Nosso quarto!

Pablo desceu um bom tempo depois de ouvir o alvoroço e Virginia ficou em cima, na varanda. Claramente, meu marido havia sido surpreendido com a boca na botija, e por isso foi direto para minha irmã:

"Cunhada, fique calada", disse, aflito.

"Não me peça isso, Pablo. Tata vai saber. Mate-nos, se quiser, mas ela vai saber."

Fiquei horrorizada ao escutar o curto relato de minha irmã, que me ligou da fazenda; mas a ligação caiu abruptamente porque Pablo desligou o telefone.

De qualquer maneira, ela chegou a me contar o que eu precisava saber. Eu não podia acreditar que Pablo havia chegado ao limite da falta de respeito violentando nossa intimidade na fazenda.

Em meio ao alvoroço daquela noite, os homens começaram a desaparecer – inclusive Pablo, que desapareceu com Virginia. Mas eles não esperavam que suas mulheres os seguiriam até encontrá-los, várias horas depois, dançando no conhecido bar Nebraska, no município vizinho de Doradal.

Pablo chegou dois dias depois a nossa casa em Medellín, e obviamente me encontrou muito brava, muito magoada. Eu não queria nem olhar para Pablo, porque não podia entender que ele começasse um romance com uma mulher bem quando nós dois, muito seriamente, havíamos começado um tratamento para fazer inseminação artificial. Até esse momento eu tivera pelo menos três abortos, e por isso consultamos o melhor ginecologista de Medellín, Byron Ríos, que nos impôs um duro regime de consultas várias vezes por semana, e Pablo nunca se atrasou. Além disso, dava para ver seu amor e a decisão de ter outro filho. Como era possível que um homem que fazia um esforço tão genuíno para aumentar a família tivesse a cara de pau de arranjar outra?

Contudo, os dias se passaram e uma vez mais ignorei essa nova infidelidade. A discoteca Kevins agora gravitava em nossa vida, porque era sabido que algumas vezes Pablo estava ali com Virginia, outras vezes com Wendy e outras com outras.

Em algumas ocasiões, quando anunciavam o show de algum artista de renome, eu ia à Kevins com amigas depois de pôr Juan Pablo, que tinha 6 anos de idade, na cama. Eu tentava me distrair um pouco, mas era em vão, porque alguém me contava que Pablo havia estado ali, e que assim que ficara sabendo de minha chegada, saíra pela porta dos fundos. Horas depois, ele chegava a casa como se nada houvesse acontecido, e como sempre, dizia que estava voltando do trabalho.

Claro, de vez em quando eu também ia à Kevins convidada por Pablo, mas eu notava que ele ia a contragosto quando era o show de algum cantor mais distinto. E além disso, na hora de dançar, ele vinha com a desculpa de que estava com dor no joelho; mas quando via uma mulher bonita, aí sim ia para a pista. Mas devo dizer que meu marido não era bom de dança, e seu estilo era mais chucro.

Em meio a essas circunstâncias tão complexas, naqueles dias chegou uma boa notícia: o tratamento havia funcionado e eu estava grávida de novo. Pablo ficou muito feliz quando eu lhe contei e me abraçou como nunca, porque íamos ter outro filho.

Segui ao pé da letra os conselhos de meu ginecologista, e durante as primeiras semanas de gestação não tive maiores inconvenientes, porque, além de tudo, Pablo se esforçou para estar presente, atencioso. Mas era evidente que continuava na mesma, porque não deixou de chegar tarde com a desculpa esfarrapada de que estava trabalhando para nos dar tudo de que precisássemos.

No entanto, eu tive um grande desgosto ao saber que Virginia e Pablo frequentemente jantavam sozinhos na Kevins. Uma vez mais, fiquei devastada. Naquela época, por causa da gravidez, eu estava especialmente sensível, e meu estado de ânimo não era dos melhores. A fúria que senti foi incontrolável, e apesar de o médico ter me proibido de dirigir, fui correndo para Envigado atrás de tia Inés, meu ombro amigo, para lhe pedir conselhos, contar-lhe quanto Pablo me magoava com suas infidelidades, com sua falta de consideração. No trajeto, tomei um grande susto, porque quase atropelei um jovem. Quando cheguei à casa de tia Inés e lhe contei o que havia acontecido, ela ficou preocupada por me ver tão desesperada, e quase não conseguiu me convencer a deixá-la dirigir para me acompanhar na volta. Com seu tom conciliador habitual, uma vez mais ela me disse para ter paciência, que esse não seria o primeiro nem o último caso que meu marido teria, e que eu deveria ter certeza de que a única mulher que Pablo amava era eu.

"Minha filha, não se preocupe com as outras mulheres... o poder do dinheiro dá a ele muitas oportunidades hoje, mas você continuará sendo a esposa e a mãe dos filhos dele. Cuide de sua gravidez."

As palavras de meu ombro amigo conseguiram me acalmar, mas, minutos depois de entrar em casa, notei que minha calcinha estava manchada. Assustada, liguei para meu médico, que ordenou repouso total. Mas não houve o que fazer; após uma semana, tive outro aborto.

Pablo apareceu logo em seguida, como se nada houvesse acontecido.

"Estou ao seu lado, Tata. Diga onde dói."

Nessas longas noites de lágrimas, solidão e frio, muitas vezes escutei as canções de Helenita Vargas, a cantora popular colombiana cujas letras interpretavam o que eu sentia. Ela era meu ídolo, minha companheira na dor, no desconsolo, na desesperança. A canção "Usted es un mal hombre" acertou em cheio: *"Pocos lo conocen, como lo conozco, lo conozco yo/ Pocos han probado esa hiel amarga que hay en su interior/ Pocos adivinan que guarda soberbia en lugar de amor/ De mis desengaños todos esos años es testigo Dios"* [Poucos o conhecem, como eu o conheço, como o conheço eu/ Poucos já provaram esse fel amargo que há dentro dele/ Poucos adivinham que guarda soberba em vez de amor/ Dos meus desenganos todos esses anos Deus é testemunha]. A veneração por Helenita me levou inclusive a contratá-la em pelo menos oito ocasiões para cantar em reuniões familiares. Eu também ia às apresentações dela em casas noturnas de Medellín.

Virginia, Wendy e Elsy Sofía. Essas eram as amantes de meu marido naquele momento de sua vida, aos 34 anos, quando tinha nas mãos o poder dado pelo dinheiro, a imunidade dada pela política e o deleite de ter três lindas mulheres em sua cama.

Sobre a primeira e a segunda, já sabemos como conheceram Pablo. Sobre Elsy Sofía, Ferney me contou anos depois como ela chegou à vida de meu marido. Ele a descobriu quando ela era candidata a Rainha da Pecuária; viu-a pela televisão desfilando em uma charrete pelas ruas de Medellín. Entusiasmado para conhecê-la, ele mandou Ferney procurá-la e convencê-la a ir vê-lo, o que aconteceu pouco tempo depois.

Aí começaria um louco relacionamento afetivo que duraria vários anos, inclusive durante o tempo em que Pablo esteve na clandestinidade. Segundo o relato de Ferney, a mãe dela – uma mulher madura e muito bonita – teve um papel fundamental na relação de Pablo e Elsy Sofía, porque a acompanhava a todo lado, e teve até a ousadia de pedir a meu marido em uma ida à fazenda Nápoles, debaixo do meu nariz, que a ajudasse a promovê-la nacionalmente como rainha. Ele assim fez, e mandou instalar um enorme outdoor na estrada com a foto dela.

Eu comecei a intuir que havia algo acontecendo com alguma mulher, e decidi ir à fazenda El Paraíso, situada na Loma del Chocho, em Envigado; e Teodora, a fiel empregada, contou-me com riqueza de detalhes que Pablo estava de caso com uma garota de cabelo louro, comprido e ondulado. Quando cobrei Pablo, como sempre ele negou tudo e ficou furioso; queria saber quem havia me contado. Teodora foi despedida, mas conseguiu sobreviver apesar de ter violado a lei do silêncio que meu marido impunha a seus funcionários.

Com uma alta dose de audácia e sedução, desde o começo Elsy Sofía soube conquistar Pablo, que permitia que ela o visitasse constantemente em seu escritório, que comparecesse às reuniões com os sócios dele e que morasse uma temporada na fazenda El Paraíso, onde ele se escondia da perseguição da justiça. Ferney me contou também que, uma vez, ela e Pablo estavam em Nápoles e foram informados de que o Exército estava indo para lá. E ela não se fez de rogada; pediu um fuzil para o caso de ter que enfrentar os militares. Uma vez mais, uma amante de Pablo assumira um papel que me poupava de fazer coisas que eu jamais desejaria ou poderia fazer. E, inclusive, como revelou meu filho Juan Pablo em seu livro *Pablo Escobar em flagrante*, ela e sua mãe estavam com meu marido em Nápoles no momento do assassinato do ministro da Justiça, Rodrigo Lara, na noite de 30 de abril de 1984.

Por todas essas razões, a lealdade de Elsy Sofía era mais que recompensada por meu marido, que a enchia de presentes como carros, apartamentos, joias... o que ela quisesse ele lhe dava.

Diante de tanta evidência de que meu marido aprontava, chegou uma hora que decidi me rebelar, castigá-lo de alguma maneira. Então, um dia de semana, contaram-me que haveria uma importante exposição de arte em Bogotá com a presença dos mestres Fernando Botero, Édgar Negret e Alejandro Obregón, entre outros, com almoço incluso. Sem pensar duas vezes, violei as normas de segurança de Pablo, fugi dos guarda-costas e peguei um voo comercial para Bogotá acompanhada de minha cabeleireira e de uma amiga.

Como era de se esperar, minha ausência foi notada poucas horas depois, e Pablo chamou suas escoltas, enfurecido, para recriminá-los por terem descumprido suas ordens de não me deixar sozinha em momento algum. Seus homens me procuravam em Medellín, sem saber que eu estava em outra cidade. No dia seguinte, liguei para minha mãe, e ela me disse que Pablo estava enlouquecido atrás de mim, e me pediu para voltar nesse mesmo dia. A fúria de Pablo me deixou preocupada, pois eu imaginava sua cara de indignação; mas, ao mesmo tempo, eu me sentia aliviada, porque esse era o único jeito de lhe mostrar que sua mulher tinha outros mundos para conhecer, curtir e onde se relacionar. Em outras ocasiões em que também consegui fugir, fui a exposições e reuniões relacionadas a arte, e fiz contatos com pessoas que ainda hoje estão presentes, e que apesar dos anos de guerra e depois de paz, foram determinantes para minha sobrevivência.

Por fim, naquela tarde eu voltei e mandei avisar a Pablo que já estava em casa. Mas ele não apareceu; preferiu me mandar uma carta dizendo que estava furioso, que não queria saber de mim, que eu ficasse com a oligarquia porque eu me julgava da alta sociedade. No final da carta, dizia para eu o esquecer para sempre. Lembro que um frio percorreu meu corpo e duas emoções surgiram de repente: a satisfação pelo que eu havia feito, porque exigira respeito dele, e ao mesmo tempo o medo e a dor de perdê-lo para sempre.

Passaram-se várias semanas, e ele ainda não queria me ver. Contudo, continuava saindo com Elsy Sofía. Inclusive, os dois sofreram um acidente; o helicóptero em que iam para uma fazenda na baía Cupica, em Chocó, caiu. Um dos homens de meu marido me ligou, alarmado, para contar que o rotor de cauda havia sofrido uma avaria e o aparelho se precipitara de 3 mil pés de altura, mas o piloto, experiente, conseguira manobrar até que umas árvores amorteceram o impacto, e depois, o helicóptero caíra em um pântano. Meu informante não me disse que Pablo estava com Elsy Sofía, por isso, inocente, tentei falar com ele para saber se havia se machucado. Quando consegui me comunicar, esquecemos que estávamos brigados, mas Pablo me disse que não podíamos nos ver porque estava perto da fazenda de seu pai e preferia passar para visitá-lo, porque ele também estava muito preocupado por causa do acidente. Uma vez mais me contou mentiras, porque o que aconteceu, na realidade, foi que Elsy Sofía quebrou o braço e Pablo teve que a levar a um hospital em Rionegro para ser atendida.

Com o passar dos dias, as águas se acalmaram de novo em nosso lar; mas o fantasma das infidelidades estava sempre presente. Era um fato certo que Pablo continuava com Virginia, com Wendy e com Elsy Sofía, e que era ele que impunha o ritmo das relações. E era óbvio que elas aceitavam. Se uma sabia das outras eu não sei. O que sei é que, bem ou mal, ele cumpria suas obrigações para conosco e estava presente nos momentos em que era requerido como marido e pai.

Diz um velho ditado popular: água mole em pedra dura, tanto bate até que fura. Para minha felicidade e de Pablo, em setembro de 1983 engravidei. Mais uma vez. Como já contei, pelo menos em quatro ocasiões anteriores tive complicações e a gestação não vingou. Mas essa quinta vez seria a vencedora, e pela graça de Deus Manuela viria ao mundo. Mas, como já veremos, em meio a grandes dificuldades.

Mas a vida de todos nós, incluindo a família, as amantes de Pablo e o próprio país, mudaria abruptamente e para sempre na noite de 30 de abril de 1984, quando sicários assassinaram o ministro da Justiça, Rodrigo Lara Bonilla, em Bogotá.

Em outro capítulo deste livro relatarei esses fatos dolorosos, mas acho pertinente contar onde estávamos quando o magnicídio aconteceu. Segundo diz Virginia em seu livro, ela estava na Itália naquele momento, passeando. De acordo com o relato de Malévolo, empregado de Pablo, Elsy Sofía e sua mãe estavam com meu marido na fazenda Nápoles quando os telejornais deram a notícia do crime. Wendy... nem ideia. Eu estava com Juan Pablo no apartamento de minha mãe, em Medellín.

Como já disse, a guerra mudou nossa vida para sempre. E a alterou de tal forma que cedo ou tarde os casos de Pablo teriam que acabar; e não da melhor maneira.

Primeiro, gostaria de falar de Wendy Chavarriaga Gil e seu triste final. Em meados de 2012, eu fui de Buenos Aires a Medellín para cuidar de uns assuntos judiciais relacionados com a sucessão de dom Abel, pai de Pablo, que havia morrido em outubro de 2001. Uma dessas reuniões foi no gabinete de um juiz, que mal me viu e já assumiu uma atitude muito hostil, a ponto de me dizer, para me ofender, que eu era igualzinha à atriz de *El patrón del mal*, série que passava no canal Caracol naquela época. Eu sabia da existência desse programa, mas não me interessava vê-lo. No entanto, o comentário do juiz me provocou inquietude, e nessa noite sintonizei o canal.

Qual não foi minha surpresa ao ver uma cena que me deixou horrorizada: Wendy estava grávida, e Pablo cometia a selvageria de contratar um enfermeiro para sedá-la e tirar-lhe a criança, um menino de 5 meses de gestação. Eu não sabia se isso havia acontecido. Inicialmente, pensei que o que acabara de ver era fruto da imaginação de algum roteirista, e não um episódio da vida real, porque, até esse momento, eu só sabia que em algum momento Popeye havia dito em público que matara Wendy por ordem de meu marido, que descobrira que ela colaborava com o Bloco de Busca da Polícia.

Desconcertada, tomei a decisão de descobrir se aquele aborto selvagem havia mesmo acontecido e se Pablo fora capaz de cometer tamanha atrocidade. Tentei recordar qual de seus homens ainda estaria vivo ou quem o acompanhava naqueles dias, mas não foi fácil encontrar alguém que soubesse em primeira mão o que havia acontecido. Eu encontrei de novo o silêncio daqueles que haviam jurado a Pablo não me contar as coisas horríveis que aconteciam a meu redor. Assim, voltei à Argentina, e o assunto passou a segundo plano. Até que alguns anos depois, em outra viagem a Medellín, por acaso encontrei com Yeison, um dos homens de Pablo daqueles que integravam sua guarda pretoriana, que o acompanhavam em suas noites de farra, em suas festanças no apartamento "La escarcha".

Falamos de tudo por um bom tempo, até que decidi perguntar sobre o assunto de Wendy e o que eu havia visto na televisão.

"Patroa, para que quer saber? De que adianta? Já se passaram muitos anos, não faz sentido", respondeu ele, sem poder esconder a vergonha.

Cortante, eu respondi que queria saber.

Ele ficou pensando mais um bom tempo, até que suspirou e disse:

"Sim, patroa, foi isso mesmo. E eu estava lá."

Seu relato foi impressionante. Não pude conter as lágrimas quando ele começou a narrar que, apesar das advertências de Pablo, Wendy engravidara, mas não contara a ele porque pretendia fugir para os Estados Unidos e ter seu bebê lá. Mas Pablo acabou sabendo, e certa noite, chamou-a ao "La escarcha", deu-lhe um longo abraço, e então, vários homens dele – entre eles Yeison, Yuca, Carlos Negro e Pasquín – a seguraram com força para que o enfermeiro lhe aplicasse uma injeção para sedá-la.

Várias horas depois – prosseguiu Yeison depois de beber três cervejas –, Wendy acordou e quase enlouqueceu quando entendeu o que havia acontecido. Foi tão dramático que, com um movimento muito ágil, ela deu um pulo e tentou se jogar de uma das janelas. Mas os homens de Pablo reagiram e conseguiram segurá-la antes que ela caísse no vazio.

Yeison fez uma pausa, seguida de um movimento de mão para indicar que a história ainda não havia acabado. Enquanto ele pensava no que ia dizer, como mulher, como mãe, eu me sentia profundamente indignada por confirmar a barbaridade que Pablo havia cometido, a que ponto chegara para não ter filhos fora do casamento.

Segundo Yeison, o relacionamento de Pablo e Wendy não acabou após o episódio do aborto, mas ficou tão abalado que, um belo dia, deixaram de se ver. Durante esse tempo, Ferney foi o ombro amigo de meu marido, que estava genuinamente afetado pela maneira como seu relacionamento com Wendy havia terminado.

Tempos depois, Popeye foi falar com Pablo e lhe pediu uma espécie de autorização, porque havia acabado de começar a namorar Wendy. Embora tenha achado estranho, meu marido respondeu que não via problema no relacionamento, mas aproveitou para lhe advertir que tomasse cuidado, porque ele não era o tipo de homem de que ela gostava. O romance deu certo durante um tempo, mas os homens de Pablo percebiam que havia algo errado. Também achavam estranho que Wendy mandasse fotos suas totalmente nua para Popeye, e que este, orgulhoso, as pusesse em cima de uma mesa para que todos as vissem.

Mas o assunto Wendy sofreu uma guinada inesperada no dia em que Jerónimo a pegou bem na hora em que ela fuçava em seus documentos em um dos apartamentos onde se escondiam, em Caracas, Venezuela. Wendy, Popeye, Yeison, Jerónimo e mais dois homens de confiança de Pablo haviam tido que se refugiar no país vizinho depois de um ataque terrorista ocorrido em Medellín.

Inquieto devido à atitude suspeita de Wendy, Jerónimo contou a Pablo o que havia acabado de acontecer com sua ex-amante, agora namorada de Popeye. Então, meu marido ligou para seus velhos contatos nas Empresas Públicas de Medellín e lhes pediu que interceptassem as ligações da mulher. Dias depois, ele recebeu uma fita cassete com várias conversas dela com oficiais da Fuerza Élite, nas quais ficava claro que estava colaborando com as autoridades para localizar meu marido. O que aconteceu depois Popeye já havia contado muitas vezes. Esse foi o triste fim de uma linda mulher que se envolveu com o homem errado. Ela não merecia isso.

O romance de meu marido com Virginia Vallejo também não acabou bem, mas o relacionamento deles, de mais de cinco anos, teve momentos que pareciam saídos de uma novela. Como em 1987, quando as revistas de fofocas começaram a falar do casamento da reconhecida apresentadora de televisão Virginia Vallejo com o "empresário" Pablo Escobar. Uma das manchetes dizia: "Virginia Vallejo vai se casar com um milionário". Esse milionário era Pablo Emilio Escobar Gaviria, meu marido, casado comigo na igreja e no civil. Como ele ia se casar sem se separar de mim? Lembro que durante aquele ano Pablo esteve livre de sufocos judiciais porque a Corte Suprema da Justiça havia decidido a favor dele em uma demanda contra o tratado de extradição com os Estados Unidos, e o governo não tivera mais opção que cancelar as ordens de captura com fins de extradição contra ele e vários de seus sócios. Isso permitiu que durante três meses de 1987 Pablo ficasse conosco no edifício Mónaco. A publicação do iminente enlace de meu marido com Virginia me deixou em estado de choque. Era uma situação muito humilhante, porque minhas colegas de escola e algumas amigas começaram a me ligar para perguntar se a notícia era verdadeira. Com pouco sucesso, tentei responder com sarcasmo, limitando-me a dizer que Pablo dormia em casa todas as noites e que ainda não havia me informado de seu novo casamento. Eu me sentia impotente, irada, desconsolada, frustrada como mulher. A imprensa sensacionalista não parava de especular, e durante várias semanas não largaram o osso.

Um artigo publicado em um jornal especializado em fofocas disse sobre Virginia: "Conforme comentou uma pessoa próxima da conhecida apresentadora de televisão, ela já está preparando o enxoval, no qual investiu cerca de 1 milhão de pesos". E sobre meu marido, afirmava: "Escobar Gaviria, de forte estirpe antioquense, é considerado um dos homens mais ricos da Colômbia. Tem 38 anos, iniciou-se no mundo dos negócios aos 33 e agora tem interesses em muitas empresas nacionais". E concluiu: "Virginia aproveitou a imagem que já tem e o dinheiro de seu amor para se lançar na política".

No começo, fui cautelosa com ele, mas quando o assunto das núpcias da diva com o milionário tomou força, comecei a questioná-lo com dureza. Mas Pablo, raposa velha, se defendia:

"Meu amor, não dê ouvidos a isso, o que eles querem é prejudicar nosso casamento. Eu amo só você, e não vou deixá-la por nada nem por ninguém."

Como eu podia acreditar se as notícias diziam o contrário? Até que um dia, cansado de minha insistência, ele ficou furioso e disse que ia embora.

"Tata, você é exagerada... está me enchendo por causa de uma coisa que não é real. Eles inventaram isso porque eu sou uma personalidade pública. Tudo isso é bobagem sua."

E saiu de casa durante duas semanas. Descarado! Virou o jogo e se fez de ofendido.

Mas ele não se ausentou totalmente, porque ligava com muita frequência; segundo ele, sentia minha falta.

"Tata, preciso de você; você é muito importante para mim, meu amor... você é minha razão de ser neste mundo."

Por fim, certa noite ele voltou. Escutei o barulho de vários carros se aproximando da casa, e, de repente, ouvi a porta principal se abrir. Pablo entrou no quarto. Não me deixou pronunciar nem uma palavra, foi até minha cama e me abraçou, beijou, e disse que eu era o melhor presente que a vida lhe havia dado. Sucumbi mais uma vez às suas histórias. Naquela noite, de novo o amor ganhou das recriminações.

Naqueles momentos, recordei o dia em que ele me dera de presente uma garrafa de uísque Ballantine's com uma bailarina dentro, movida a corda. Ele gostava de fazê-la dançar. Assim eu me sentia, como aquela bailarina que dançava ao ritmo da corda que Pablo lhe dava.

A paixão de Pablo e Virginia acabou abruptamente. Não deve ter sido fácil para ela aceitar a rejeição de seu amante, pois, certa noite, ele dera ordem de não permitir a entrada dela na fazenda Nápoles. Pelo que me contaram nas averiguações que fiz para este livro, ela chegou em um jipe com motorista e um dos porteiros disse que não podia entrar. Eram cerca de 8 horas da noite, e ela estava com um vestido elegante e sapatos altos.

Desconcertada e chorando, Virginia se dirigiu à fazenda de Alfredo – amigo de Pablo –, situada a 8 quilômetros de Doradal, onde ela e meu marido haviam estado em várias ocasiões. Uma vez ali, perguntou a Alfredo se sabia a razão pela qual tinha uma ordem em Nápoles de não a deixar entrar, e ele respondeu que não fazia ideia. Claro que ele sabia: Pablo confirmara que ela o traíra com Gilberto Rodríguez Orejuela, um dos chefes do cartel de Cali.

Depois, Virginia perguntou se Pablo estava na fazenda naquele momento e ele respondeu com outra negativa.

Alfredo se deu conta de que Virginia não tinha onde ficar aquela noite, e a convidou a ficar na fazenda e voltar a Bogotá no dia seguinte. Também lhe ofereceu comer alguma coisa, porque estava fazendo um churrasco para vários amigos que haviam ido visitá-lo. Ela aceitou, e depois de comer carne com batata salgada, foi se deitar. Partiu às 7 horas da manhã, e seu rosto refletia um misto de fúria e tristeza.

Como contei no decorrer deste capítulo, Pablo aproveitou ao máximo o poder que o dinheiro lhe deu, e por isso se deu ao luxo de ter tantas mulheres ao seu lado ao longo da vida. Mas houve outro grupo de damas, menor, que além do romance em si mesmo eram muito úteis para seus negócios e sua proteção.

Refiro-me às mulheres que ocupavam cargos importantes nas entidades do Estado responsáveis por persegui-lo. Segundo o relato de Ferney, Pablo foi amante de uma das secretárias do ministro de Defesa, general Miguel Vega Uribe, que ocupou o cargo entre 1985 e 1986, no governo de Belisario Betancur. Um coronel do Exército que trabalhava para Pablo levou aquela jovem bonita à fazenda Nápoles, e meu marido teve um tórrido romance com ela. Claro, em pouco tempo ele tinha ao alcance dados exatos sobre o dia e a hora em que se dariam as operações militares contra ele. Foi por isso que durante anos Pablo escapou das ordens de busca: porque tinha informação privilegiada.

Uma funcionária de alto nível do Ministério da Justiça também caiu nas redes de Pablo. Ele manteve um intenso relacionamento com ela, capitalizando-o a seu favor, porque a garota começou a lhe passar informações vitais. Por exemplo, uma sexta-feira, ela o procurou em uma fazenda em Doradal e lhe disse que no dia seguinte aconteceria uma operação contra vários laboratórios de processamento de coca situados nas cercanias da fazenda Nápoles. Os dados foram oportunos, porque os homens de Pablo conseguiram mudar de lugar todos os elementos, e assim, evitaram perder uma grande quantidade de dinheiro. Ao longo das pesquisas que realizei para este livro, corroborei que meu marido tinha mulheres informantes em muitos lugares, como o F-2, serviço de inteligência da Polícia (que mais tarde se tornaria Dijin), a Polícia Internacional, a Interpol e o Departamento Administrativo de Segurança, DAS.

A clandestinidade, os esconderijos, as andanças, as perseguições, as revistas domiciliares e o perigo de morte iminente foram nosso novo modo de vida a partir de 1984. Em consequência, estar ao lado de meu marido se tornava cada vez mais difícil, e chegou um momento em que se passavam duas semanas, um mês, dois meses, sem que nos víssemos, porque ele estava escondido em algum lugar. Às vezes ele mandava cartas explicando que as coisas estavam muito complicadas, e a seguir dizia que mandaria nos buscar quando a maré baixasse. Por fim, quando um de seus homens chegava e nos dizia que Pablo estava nos esperando, com muito medo, mas ansiosa por vê-lo, eu vencia milhares de perigos com Manuela e Juan Pablo, que ainda eram muito pequenos, e chegava ao esconderijo onde ele estava. Mas era muito frustrante, pois, normalmente, meia hora depois ele dizia que tínhamos que ir embora porque a "Lei" poderia chegar. O pior de tudo era que não tínhamos opção, e voltávamos tristes a Medellín.

É verdade que o perigo era real e que por isso Pablo tinha que mudar de esconderijo com muita frequência, mas não é menos verdade que mesmo nas piores circunstâncias, ele nunca deixou de lado a tentação de estar com outras mulheres. Jerónimo, Ferney e Yeison me contariam, tempos depois, que meu marido sempre dava um jeito de ter companhia feminina.

Em termos concretos, podemos dizer que Pablo foi fugitivo da justiça durante oito anos, e nesse tempo, escondeu-se em uma infinidade de casas, apartamentos e fazendas, onde ficava o tempo que sua segurança determinasse. Mas, quando se tratava de mulheres, ele chegava ao limite, mesmo pondo em risco sua vida. Como aconteceu em uma fazenda em San Pedro de los Milagres, na quebrada para Santafé de Antioquia, onde ele ficou escondido durante cinco meses. Nesses dias, fomos vê-lo três ou quatro vezes, mas ele passava o resto do tempo com mulheres contratadas em Medellín, que aceitavam a clausura em troca de uma boa quantia de dinheiro. Elas eram levadas com os olhos vendados para que não soubessem aonde estavam indo. Na volta, vários dias depois, eram vendadas de novo.

Foi por conta de várias jovens que Pablo quase foi pego em uma enorme operação da polícia na fazenda El Oro, um lugar bonito situado às margens do rio Cocorná, no Magdalena Medio antioquense, no final de 1989. Safou-se porque correu pelo meio de uma plantação; mas não aconteceu o mesmo com meu irmão Mario, que foi abatido pelas balas atiradas de um helicóptero.

Meses depois, em julho de 1990, Juan Pablo, Manuela, eu e dois guarda-costas estávamos alojados em uma casa alugada em Lausanne, Suíça, aonde havíamos ido para fugir dos inimigos de Pablo e da perseguição das autoridades. Ele ficou em Medellín, em um espaçoso apartamento de um edifício da avenida Oriental, um lugar centralizado situado a poucas quadras do comando da Polícia Metropolitana. Mas, como seria óbvio supor, ele não ficava entediado, porque tinha ao seu lado Sandra, uma linda jovem que lhe fez companhia durante vários meses, até dezembro de 1990, quando voltamos intempestivamente da Europa porque descobrimos que vários homens nos seguiam.

A partir desse momento, permanecemos quase o tempo todo com Pablo, porque ele começou a negociar com o governo sua rendição à Justiça. Contarei essa história em outro capítulo deste livro, mas a verdade é que meu marido conseguiu impor suas condições, e em 19 de junho de 1991, horas depois de a Assembleia Constituinte eliminar a extradição da nova Constituição Nacional, ele foi levado preso ao presídio La Catedral, construído em um terreno de sua propriedade na parte alta de Envigado.

Por fim, sete anos depois de correr sem parar, de repente fui invadida por uma agradável sensação de tranquilidade, porque imaginei que recuperaria minha feminilidade, meu lugar de esposa, de mãe, de companheira, de amante. Pensei que ele pegaria muitos anos de cadeia e que pagaria sua dívida para com a sociedade.

Como toda vassoura nova varre bem, no começo cumprimos a norma de visitar meu marido aos domingos, eu, Manuela e Juan Pablo. Naqueles dias, o romance com Pablo foi mais intenso que nunca, e bem depressa transformamos seu quarto espaçoso em um lugar adequado para o amor: uma lareira bem romântica, velas grandes de todas as cores e aromas, uma cama enorme que logo teve um colchão d'água, vários quadros de pintores conhecidos, as melhores mantas e travesseiros, uma geladeira bem abastecida e champanhe... muito champanhe. E o melhor: a vista de Medellín. Era um espetáculo noturno de luzes que nos permitia ver de lado a lado nossa linda cidade.

Três semanas. Isso foi quanto durou a ilusão de que minha vida com Pablo chegaria a algum nível de normalidade.

Confiante, comecei a ir vários dias da semana ao La Catedral. E enquanto Pablo estava reunido com alguma pessoa ou jogando futebol, eu aproveitava para organizar, mudar, fazer arranjos; mas também aproveitei para folhear as muitas cartas que ele já estava começando a receber. Eram mensagens de diversas partes do mundo, muitas delas com fotografias que mostravam as remetentes em várias poses, muitas nuas, e o denominador comum era que se ofereciam em troca de dinheiro. Minha surpresa foi imensa quando li cartas escandalosas de mulheres que recordavam com riqueza de detalhes os recentes encontros íntimos que haviam tido com ele, e o convidavam a repeti-los quantas vezes quisesse; outras escreviam textos floridos, sonhando com outra noite de paixão no La Catedral.

Foi inacreditável. Lembro que o esperei e fiz uma cena, acusando-o de falta de respeito e de não reconhecer minha entrega e sacrifício para estar sempre com ele. Sua resposta foi igual às que havia dado em ocasiões anteriores:

"Tata, não posso evitar que as mulheres visitem os rapazes que cuidam de mim, que me protegem."

"Você é um mentiroso, Pablo, não acredito em você. Deixe-me em paz! Quero voltar para Medellín, não quero mais ficar ao seu lado."

Fui embora. Ele foi atrás de mim e várias vezes me pediu para conversar, mas não lhe dei ouvidos. Bem no fundo, eu sabia que, com o passar dos dias, o La Catedral se tornaria um templo de perdição.

No dia seguinte, como era previsível, ele me mandou um buquê de flores amarelas com um cartão que dizia: "Nunca a trocarei por nada nem por ninguém". Esse era seu hino de arrependimento.

Embora tenha pensado em deixar de ir ao La Catedral, não pude, porque Manuela e Juan Pablo me pediam que os levasse a ver o pai. Mas, quando chegávamos, eu notava certa malícia no rosto dos lugares-tenentes de meu marido. Era mais que evidente que havia superlotação de companhia feminina.

O que fazer? Uma vez mais eu estava em uma situação sem saída. Mas recordei as palavras de meu ombro amigo e tomei a decisão de reconquistar meu marido. Em vez de fazer escândalo por causa de suas infidelidades, tomei o caminho da sedução. Decidi ser mais romântica que as mulheres que o procuravam por dinheiro, e com a ajuda de um professor de filosofia, bom escritor e poeta melhor ainda, que me dava aulas naquela época, comecei a enviar a Pablo umas seis mensagens por dia. Eram lindas cartas que só pretendiam superar – com o coração e o amor

– qualquer rainha da beleza que aparecesse no La Catedral. Se o perdesse como homem, pensava eu, não seria por falta de romantismo, detalhes e cuidados. Aos 30 anos, eu me comportava como uma adolescente, e cheguei ao ponto de consultar um sexólogo porque queria ser a melhor na intimidade. Minha única intenção era cuidar a todo custo de minha relação conjugal.

Minha estratégia funcionava momentaneamente, e Pablo se esforçava para responder a todas as minhas mensagens, e à sua maneira entrava comigo em um jogo de sedução que funcionava às mil maravilhas. E como tudo corria a seu favor naquele momento, ele teve a ideia de aproveitar que Mugre, um de seus homens de confiança, havia construído um pombal no La Catedral, e comprou inúmeros pombos-correios. Então, Pablo escrevia pequenas mensagens de amor que as aves levavam, sem se perder, até o edifício Altos de San Michel, onde habitávamos naquela época.

Em meio à angústia que me causava o desaforado anseio de Pablo de estar com outras mulheres, um dia recebi um paliativo de um de seus advogados, que havia ido ao La Catedral e mais tarde se reunira comigo para que eu assinasse alguns documentos. Enquanto tomávamos café, ele me contou em segredo que havia falado com Pablo sobre a infidelidade dos homens. Em uma frase, ele resumiu o pensamento de meu marido:

"Doutor, somos todos infiéis, mas o que nunca devemos fazer é tirar a roupa do armário. No fim das contas, a única coisa que vale é a mulher e os filhos. O resto é dinheiro. E com dinheiro, você compra qualquer coisa."

Pablo pensava assim, mas fazia o contrário. No La Catedral, retomou sua antiga afeição pelas rainhas de beleza, que durante o ano que permaneceu ali aumentaram em quantidade. Jerónimo esteve com ele boa parte desse tempo, e foi testemunha de vários momentos em que grupos de beldades foram satisfazer os baixos instintos de meu marido e seus comparsas reclusos ali com ele.

Jerónimo me contou que uma vez um caminhão de fundo falso que carregava não menos de doze lindas mulheres foi parado no segundo comando, o último antes de chegar à cadeia. Ali, o oficial do Exército de plantão anotava em uma planilha dados básicos do veículo, como a placa, o nome do motorista e o tipo de carga que levava. Desnecessário dizer que as informações que escrevia eram inventadas, porque, na realidade, o fundo falso estava cheio de jovens ansiosas que iam atrás de uma aventura e muito dinheiro. O curioso desse episódio é que o militar deu várias voltas ao redor do caminhão, e de uma hora para outra, parou, olhou para a cobertura e disse em voz alta:

"Façam o favor de na próxima vez passar menos perfume, caralho!"

Como o que começa mal acaba mal, a aventura do La Catedral duraria apenas um ano, porque meu marido decidiu estragar a oportunidade de se ressarcir perante a sociedade e pagar por suas culpas. Os excessos o levaram à situação sem saída de ter que fugir depois que o governo da época ficou de saco cheio e mandou transferi-lo para uma base militar.

Pablo fugiu em 22 de julho de 1992, e certamente nunca imaginou que seu ocaso chegaria. Nesse dia, começou a contagem regressiva, e isso incluiu deixar as mulheres de lado. As circunstâncias adversas que teve que enfrentar o deixaram sem dinheiro, sem homens, sem capacidade de se deslocar. Em outras palavras, Pablo teve que passar a ser fiel por causa de seus inimigos. As únicas pessoas que restaram foram sua esposa e seus dois filhos; nós nunca o abandonamos.

A grande pergunta que muitas pessoas continuam se fazendo é por que eu continuei com ele quando soube de todas essas coisas. Em primeiro lugar, pelo amor que eu tinha por meu marido. Pablo realmente foi o homem de minha vida. Em segundo lugar, pelo amor incondicional que tenho por meus filhos; e, em terceiro lugar, porque não tenho certeza de que "estive" com ele. Com isso me refiro a quanto tempo real passei com Pablo e quanto passei fugindo ou escondida. Meu marido estava sempre muito ocupado fazendo uma guerra que demandava muito esforço físico, econômico e mental, e da qual sempre me manteve à margem. E o tempo que lhe restava era dividido com as já incontáveis histórias que acabei de narrar. Qual foi, então, o espaço que houve para nós como casal?

Todas as mulheres que passaram pela vida de meu marido deixaram uma marca em nossa história. O que podia ter sido uma tragédia naqueles momentos, hoje, com o passar do tempo e a solidão de meu exílio, tem certo tom de comédia. Muitas vezes sinto que, mais que as recriminar, hoje eu teria que agradecer a todas aquelas mulheres por distraí-lo e dar-lhe o prazer necessário para suportar a vida tortuosa que ele levava. Isso me deu espaço para que eu pudesse me concentrar em ser mãe, em cuidar de nossos filhos e educá-los, e, o mais importante de tudo, em salvar-lhes a vida.

CAPÍTULO 5

PREPARE-SE PARA SER A PRIMEIRA-DAMA

Em uma noite de quarta-feira, 26 de outubro de 1983, a plenária da Câmara de Representantes revogou a imunidade parlamentar de meu marido, e, com isso, sua carreira política acabou – durou apenas quinze meses e seis dias.

Eu vi a notícia nos telejornais e senti tristeza por ele, que genuinamente chegara a acreditar que teria futuro na política nacional e até poderia governar o país. Nada disso, então, seria possível. Tentei dormir um pouco, porque imaginei que ele chegaria tarde, como sempre. De fato, à meia-noite ele abriu a porta de nossa casa do bairro El Diamante, em Medellín, e estava muito bravo. Até esse momento ele era o rei, sentia-se o rei. Quem havia tido a ousadia de atacá-lo? Ele andava de um lado para o outro, bufava, e então, cortava a ponta de uma folha de papel e a mastigava, sinal inequívoco de que estava possesso.

"Pablo, no que está pensando?", perguntei.

"Não se preocupe, meu amor, meus esforços não serão frustrados... ou eu não me chamo Pablo Escobar."

Sua resposta me deixou muito inquieta, porque, a seguir, ele repetiu sua frase de batalha:

"Em partes mais escuras a noite me pegou."

Perder a imunidade parlamentar, o que significava estar fora do Congresso e exposto à justiça, era mais uma das várias más notícias que ele recebera nas últimas duas semanas: primeiro, sua condição de narcotraficante havia sido descoberta; segundo, os Estados Unidos tinham cancelado seu visto de entrada naquele país; e terceiro, um juiz havia reaberto um velho caso judicial no qual Pablo era acusado pelo assassinato de dois detetives do Departamento Administrativo de Segurança, o DAS.

Ver-se forçado a deixar o Congresso foi um duro golpe para meu marido, mas também para mim, porque meu mundo não era o mesmo que o dele, e era previsível que tudo ao meu redor ruísse. Eu ficava aflita de pensar como explicaria o inexplicável a meus amigos. O que aconteceria com a escola de meu filho? Como faria meu menino de apenas sete anos entender o momento que vivíamos? Que palavras usaria? Não era um assunto fácil.

Em meio a essa incerteza, chegou o fim de 1983, e fomos passar o Natal e o Ano-Novo na fazenda Nápoles. Haviam se passado cerca de dois meses desde sua saída do Congresso, e Pablo, pelo menos aparentemente, se comportava como se nada houvesse acontecido. Prova disso foi a chegada de um enorme caminhão, com um contêiner cheio de fogos de artifício que ele mandara trazer da China. Estourar rojão, soltar balões e acender busca-pés e biribinhas até de madrugada foram os passatempos preferidos de meu marido durante nossa permanência em Nápoles naquele fim de ano. À meia-noite do dia 31 de dezembro, ele brindou ao ano que chegava, 1984, pedindo que fosse venturoso, e disse que ficássemos tranquilos, porque tudo se resolveria.

As palavras de Pablo foram esperançosas, e tinham em si a segurança com que até aquele momento ele havia resolvido seus problemas. Naquela noite de Ano-Novo eu estava muito sensível, porque a gravidez estava me dando muito trabalho, e haviam se passado apenas quatro meses da minha gestação. Manuela estava a caminho. De qualquer maneira, eu não podia esconder minha preocupação, porque era certo que a situação se complicaria. No entanto, para não estragar a noite, brindei com todos os presentes, e em silêncio pedi a Deus que nos socorresse e que iluminasse Pablo para que ele voltasse ao caminho do bem.

Contudo, aquele fim de ano foi diferente. Nós que estávamos ali notávamos seus longos silêncios, suas caminhadas solitárias ao redor da La Mayoría – como chamávamos a casa principal de Nápoles.

Voltamos de férias na segunda semana de janeiro de 1984, e imediatamente Pablo se reuniu com Neruda, seu homem de confiança quando precisava fazer um discurso ou escrever mensagens. Depois de várias horas, terminaram uma carta que ele tornaria pública no dia 20 de janeiro. Era sua renúncia à política, à sua vida pública, à perda do pedaço de poder que ele havia alcançado quando se tornara um pai da pátria – como são chamados os congressistas na Colômbia. Sua curta mensagem não deixou dúvidas de quanto sofria por abandonar tudo isso:

> *"Seguirei em luta franca contra as oligarquias e as injustiças, e contra os conluios partidaristas, autores do drama eterno do debouche ao povo, e mais ainda contra os politiqueiros, essencialmente insensíveis diante da dor do povo, e os arrivistas de sempre quando se trata de partilha burocrática."*

Ver sua carreira política acabar desse jeito foi muito duro para meu marido, que tinha aspirações reais de chegar muito longe. Consta-me que desde muito jovem ele teve especial interesse em ajudar os mais pobres e colaborar em causas sociais. A origem dessa sensibilidade pode estar em um episódio que ele repetiu para mim muitas vezes ao longo da vida que compartilhamos, e que o marcou para sempre: devido às penúrias econômicas de sua família, para ir à escola todos os dias ele e seu irmão Roberto tinham que andar cerca de 7 quilômetros, muitas vezes debaixo da chuva, descalços e mal-alimentados. Um vizinho da casa dos Escobar na vereda El Tablazo, no município de Rionegro, levava de caminhonete dois filhos que estudavam na mesma escola, mas nunca ofereceu carona a Roberto e Pablo. Foi um gesto de indiferença que ele nunca esqueceu, pois, no empenho de obter informações para este livro, contaram-me que quando ele já tinha poder suficiente, ordenou a dois guarda-costas:

"Quero que essa família ande a pé pelo resto da vida. Não os matem, não lhes façam mal. A única coisa que eu quero é que incendeiem qualquer carro que eles tenham. E se no dia seguinte comprarem outro, queimem; e se o seguro lhes der outro, queimem. Quero que eles caminhem mais que eu."

Quando comecei a ouvir falar de Pablo Escobar no bairro La Paz, ele já era popular devido à sua capacidade de conquistar garotas, mas também por sua liderança nos arredores – ele conversava com os vizinhos e lhes perguntava como se sentiam e o que poderia ser melhorado no bairro. Seu quarto ficava ao lado da entrada de sua casa, e as pessoas que precisavam de ajuda com urgência iam até ali. "Pablo, minha mãe está morrendo", dizia alguém, e ele saía correndo para ajudar; "Pablo, meu irmão sofreu um acidente", dizia outro, e ele procurava auxílio imediato. Ele também motivou os outros rapazes do bairro a plantar árvores, para que sua sombra refrescasse as casas – as telhas de zinco provocavam um calor infernal.

Com o propósito de ampliar a investigação para meu livro, em 2017 voltei ao bairro La Paz e conversei com várias pessoas que viveram essa época, há cerca de cinquenta anos. Conversei um longo tempo com William Uribe, presidente da Junta de Ação Comunal. Ele organizava a segurança do bairro junto com mais quatro vizinhos, e todas as noites dava comida e uma garrafa térmica com café para dom Abel, pai de Pablo, que trabalhava como zelador. Dom William recordou que naquela época Pablo tinha 16 anos, e devido à sua influência na comunidade, ele o convencera a ser secretário da Junta de Ação Comunal.

Também falei com Martha Paz – uma jovem que o acompanhou durante algum tempo – sobre essa etapa na vida de Pablo. Ela me contou um episódio que ocorreu certa noite na sorveteria La Esvástica, em Envigado, quando Pablo estava conversando com alguns amigos, entre eles os irmãos Mario e Rodrigo, moradores do bairro. Os dois comentavam as consequências da greve dos trabalhadores da tecelagem Coltejer, que havia acabado de começar, quando Pablo interveio para dizer:

"Essa gente vai sofrer muito e passar fome com essa greve. Um dia, vou ter muito dinheiro para pagar aos trabalhadores o que eles perdem com as greves."

As palavras de Pablo provocaram risos, e um dos rapazes replicou:

"Vá sonhando, Pablo, que é de graça."

Ele insistiu:

"Estão vendo as casas de nosso bairro? O dinheiro vai circular por aqui como se fosse um rio."

Não sei se Pablo tinha consciência naquele momento de suas características de líder, mas o fato é que em 1979, a partir de uma lista apresentada pelo grupo político de William Vélez – um dirigente liberal antioquense –, ele foi eleito vereador do município de Envigado. Tia Inés, meu ombro amigo e ao mesmo tempo mentora política de Pablo, cumprimentou-o por ter obtido um assento na prefeitura. As comunidades mais marginalizadas premiaram, assim, o trabalho de meu marido e de seu tio Hernando Gaviria, que criaram o movimento Civismo em Marcha para desenvolver obras sociais e ecológicas no vale do Aburrá.

Martha Paz também recordou que, em suas participações no Conselho Municipal, Pablo sempre falava da importância de construir espaços esportivos, bem-iluminados, com acesso para todos. Durante algum tempo, Pablo ia às sessões da câmara, mas um dia decidiu ceder o cargo a seu suplente e nunca mais voltou. Seu olhar já estava no Congresso da República.

A vida política de Pablo alçaria voo nos primeiros dias de fevereiro de 1982, durante um almoço na casa de minha mãe. Pontuais, ao meio-dia chegaram tia Inés e o prefeito de Envigado, Jorge Mesa, e um pouco mais tarde Pablo e seu amigo e sócio Carlos Lehder.

Sentamo-nos à mesa, e depois de alguns minutos a conversa se voltou para a agitada agenda política desse ano, porque em março o Congresso seria renovado e, em maio, haveria eleição para presidente da República. Tia Inés e Mesa conheciam muito bem os meandros das campanhas eleitorais: ela, porque já havia deixado sua marca na comunidade ao conseguir casa para milhares de pessoas e melhorar as condições de saúde, trabalho e estudo dos mais necessitados. E ele porque descendia de uma família que durante muitos anos havia manejado a política regional.

Os comentários no almoço iam e vinham e eu escutava em silêncio, quando de repente Mesa olhou para Pablo e foi direto ao ponto:

"Pablo, acho que é sua hora de concorrer ao Congresso. Esta é uma boa oportunidade para você entrar na política. Você vai arrasar, porque conheço o compromisso que tem com as classes mais marginalizadas da cidade."

Meu marido sorriu e baixou a olhar, uma característica muito dele que denotava timidez. Depois, com malícia *paisa*, reagiu e perguntou:

"Acha mesmo, doutor Mesa?"

"Sim, Pablo. É uma decisão difícil de tomar, mas se quiser um conselho, não precisa pensar duas vezes."

Minha mãe, que não engolia nada, especialmente em assuntos que tivessem a ver com seu genro, levantou-se com seu já conhecido olhar grave, sinônimo de que ia dizer algo muito duro.

"Pablo, esqueceu quem é você e o que faz? Se você se meter na política, não haverá esgoto no mundo onde possa se esconder. Você vai pôr todos nós para correr, vai estragar nossa vida; pense em seu filho, em sua família."

Os comensais se entreolharam em silêncio, enquanto Pablo se levantava, dava uma volta na sala de jantar e respondia:

"Sogra, fique tranquila que eu faço as coisas bem-feitas; não há nada que possa me comprometer ou me prejudicar na política."

Lehder ficou impassível, mas Mesa insistiu, dizendo que meu marido teria muitos votos garantidos porque as pessoas eram gratas por ele ter financiado a construção e iluminação de campos de futebol, de basquete e de vôlei, bem como semeado milhares de árvores em lugares carentes de Medellín, Envigado e outros municípios do vale do Aburrá.

Nesse aspecto eles tinham razão, porque eu acompanhava Pablo na inauguração dos espaços esportivos, e – apesar do paradoxo – causava-me alegria ver que as obras que ele financiava tinham como fim afastar os jovens do vício e das más companhias. Era reconfortante sentir a emoção de tanta gente que gritava o nome de meu marido, e eu notava que ele se sentia seguro tendo a mim e a nosso filho Juan Pablo ao seu lado. De vez em quando ele me perguntava em voz baixa o que eu achava sobre o que ele estava fazendo, e eu dava uma piscadinha em sinal de aprovação. Eu me sentia mais orgulhosa ainda quando os moradores dos bairros abriam cartazes gigantes que diziam: "Por obras que perduram, a juventude esportiva parabeniza Pablo Escobar".

Quase no fim do almoço, quando minha mãe serviu uma deliciosa sobremesa acompanhada de café, Pablo, que já não podia disfarçar seu interesse em participar da política, pediu a opinião da tia Inés.

"Estou feliz, meu filho. Sei que você vai chegar muito longe."

Estava tudo consumado.

"Pablo, comandante, quanta frescura, homem. Sei que você será grande", disse Lehder, e ergueu a xícara de café para brindar.

Jorge Mesa também deu a mão a Pablo e anunciou que o incluiria na segunda linha da lista para a Câmara de Representantes encabeçada pelo político antioquense Jairo Ortega, pelo Movimento de Renovação Liberal, MRL. Ele também disse que o MRL havia aderido ao Novo Liberalismo, partido que seguia as ideias de Luis Carlos Galán e promovia sua candidatura para a presidência da República. Pablo achou ótimo, porque em várias ocasiões me havia dito que admirava a grande capacidade de oratória de Galán, bem como suas propostas de cunho liberal.

Já era um fato que Pablo tentaria conseguir um assento no Congresso da República, mas, lá no fundo, eu sentia uma grande inquietude, porque ele estava entrando em um terreno que não conhecia, em um mundo que não era o dele.

Os convidados do almoço foram embora depois das 3 horas da tarde, e eu fiquei com minha mãe, que estava muito preocupada.

"Minha filha, o que vai acontecer agora que Pablo vai dar esse passo?"

Os temores de minha mãe me deixaram muito preocupada; na família, nós já estávamos acostumados com seu jeito peculiar e certeiro de predizer os fatos, e, por isso, fui para casa muito pensativa. Mas, ao mesmo tempo, aos meus 21 anos de idade, a ideia de que meu marido se tornasse político era sedutora.

Pablo levou a sério essa história de ser candidato, e três dias depois realizou sua primeira concentração pública no parque principal do bairro La Paz, onde pronunciou um discurso em cima de uma Mercedes-Benz. Umas 500 pessoas estiveram presentes, entre elas seus amigos de infância e de farra; eu queria me exibir, e liguei para minhas colegas de estudos e moradoras do bairro e as convidei. Nesse discurso, Pablo falou do bairro de sua adolescência e prometeu buscar um futuro melhor para os pobres de Envigado e de Antioquia. Para encerrar, disse algo que me deixou emocionada: "Tenho orgulho de pertencer a Envigado porque ele me deu o melhor que tenho: minha esposa".

As manifestações se tornaram muito frequentes, e em uma delas conheci Jairo Ortega, que de cara me pareceu um homem conservador, prudente, cauteloso – e calado demais para meu gosto.

Faltavam apenas cinco semanas para a eleição, que aconteceria em 14 de março de 1982, e enquanto meu marido acelerava a plantação de árvores e a inauguração de espaços esportivos, ia ganhando mais e mais confiança entre os eleitores. Lembro que um sábado à tarde eu o acompanhei a um ato de campanha realizado no município de Caldas, Antioquia, e em pleno discurso ele arremeteu contra o tratado de extradição, e instou o governo do ainda presidente Julio César Turbay a derrogá-lo.

Já fazia mais de um ano que, particular e publicamente, Pablo falava da necessidade de eliminar a extradição aos Estados Unidos. Era tanta sua obsessão que até mandou fazer centenas de adesivos com a frase "Não à Extradição!" para colar em carros. Eu ajudei a pôr uma boa quantidade, mas, na verdade, não entendia muito do assunto, e certa noite lhe perguntei em casa:

"Pablo, o que significa essa palavra? Por que luta contra a extradição se não tem nada a ver com você?"

Ele fez uma longa pausa, como se pensasse no que responder, e assumiu uma atitude professoral:

"Veja, meu amor, extradição é como se uma pessoa entregasse o filho a outro pai para que o educasse. Isso não está certo. É isso que o governo da Colômbia está fazendo, entregando os cidadãos para que sejam presos embaixo da terra nos Estados Unidos e morram como ratos."

Entendi.

Pablo e Carlos Lehder estavam alinhados na luta contra a extradição. Meu marido falava do assunto em quase todos os seus discursos, referindo-se em duros termos ao envio de compatriotas aos Estados Unidos: "A grandeza de uma pátria não se engendra na farsa e na hipocrisia da oligarquia colombiana [...] é injusto que pessoas que cometeram um delito no país sejam julgadas em outro e condenadas a penas que nem sequer existem na Colômbia".

Enquanto isso, Lehder enfrentava a extradição em Armenia, sua cidade natal, onde em 1981 havia fundado seu próprio partido político, o Movimento Latino Nacional, de cunho nacionalista. Pablo comentava que Lehder era bom improvisando, mas que achava seus discursos eternos e chatos porque chegavam a durar três horas. Lehder também tinha um jornal, *Quindío Libre*, que semanalmente publicava dezenas de artigos contra a extradição. Naqueles dias, foi muito comentada a publicação, nos principais jornais do país, de um anúncio de página inteira contra a extradição. Lehder o havia pagado.

Enquanto isso, a campanha de Pablo ia de vento em popa, e mais e mais pessoas iam às manifestações convocadas nos bairros. Até que, certa noite, Luis Carlos Galán liderou um comício no parque Berrío, no centro de Medellín, e não só repudiou o apoio do MRL, como também exigiu fechar a sede da campanha e destruir os cartazes e todo tipo de material publicitário que mostrava Pablo e Jairo Ortega apoiando sua candidatura presidencial. "As listas encabeçadas pelo doutor Jairo Ortega na Câmara não representam minha candidatura presidencial em Antioquia, porque tal grupo não respeitou nossos compromissos com o povo colombiano, de renovação política, de restauração moral, que não podemos transigir de jeito nenhum e por nenhuma razão. Preferimos perder esses votos, mas não perder nossa autoridade moral para defender a restauração democrática deste país", disse Galán naquela ocasião.

No dia seguinte, Galán justificou sua decisão em uma carta que mandou a Ortega:

> *"Não podemos aceitar ligação com pessoas cujas atividades estão em contradição com nossas teses de restauração moral e política do país. Se não aceitar essas condições, eu não poderei permitir que seu movimento tenha vínculo algum com minha candidatura presidencial".*

Claramente Galán estava se referindo a Pablo; foi o que percebi quando ele chegou em casa naquela noite, porque estava indignado, furioso... havia levado um tapa na cara. Como Pablo Escobar aceitaria que o chefe de um partido o expulsasse de seu movimento? Acostumado a fazer o que queria, a comprar vontades, a desafiar qualquer circunstância que o impedisse de chegar a seu objetivo, aquilo que havia acabado de acontecer era um golpe duro demais para seu ego.

Mas, raposa velha na política, Jairo Ortega não se deixou acovardar, e dois dias depois, chamou Pablo para uma reunião em Medellín e lhe apresentou o político tolimense Alberto Santofimio Botero, que liderava o movimento Alternativa Popular, que também apresentaria aspirantes ao Senado e à Câmara. Depois de uma hora de conversa, combinaram que Ortega e Pablo concorreriam à Câmara de Representantes pelo Alternativa Popular. A nova aliança foi selada em um ato público em Medellín, no qual Santofimio e Ortega subiram no palanque vestindo paletó e gravata com um cravo vermelho na lapela. Pablo estava ao lado deles, de camisa de manga curta, mas também com um cravo.

Pablo estava impressionado com a habilidade de Ortega, porque com essa jogada reviveu a campanha e eles não perderam o impulso. Meu marido não estava derrotado; pelo contrário, percebeu que a aliança com Santofimio lhe abriria novas possibilidades.

No dia seguinte, o Alternativa Popular publicou um anúncio nos jornais locais celebrando a entrada de Pablo em suas fileiras: "Apoiamos a candidatura de Pablo Escobar para a Câmara porque sua juventude, sua inteligência e seu amor pelos desprotegidos o fazem merecedor da inveja dos políticos elitistas. Porque todos os liberais e conservadores do Magdalena Medio o apoiam, uma vez que ele foi o Messias dessa região".

Quase imediatamente conheci Santofimio, que se comportou comigo como um cavalheiro e se esmerou para me dar um lugar como esposa de Pablo; e apesar de me achar nova demais para estar naquele ambiente, olhava-me com respeito e prudência. Durante o pouco tempo que o vi, admirei sua inteligência, sua cultura geral e sua habilidade de cativar as massas – ele era um grande orador. Meu marido estava impressionado com Santofimio, e assim me disse algumas vezes:

"Meu amor, esse homem é uma raposa... chegaremos muito longe na política com ele, porque temos ideais muito parecidos. Estou muito entusiasmado... meu olfato me diz que em algum momento as portas da Casa de Nariño se abrirão para nós."

"Pablo, o que o faz pensar que isso possa acontecer? Santofimio está há anos construindo um espaço, uma carreira política; isso não acontece da noite para o dia."

"Eu sei, meu amor, mas estamos mobilizando comunidades inteiras, ninguém vai nos deter, você vai ver. Ah, andaram me contando que Santofimio já foi preso, teve problemas com a justiça, mas foi absolvido, e isso é suficiente para mim."

A proximidade de Pablo e Santofimio começou a se consolidar, e quando falavam em praça pública, destacavam-se por sua desenvoltura ao falar e seu afeto para com as pessoas. Ao lado deles, a figura de Jairo Ortega se diluía devido a seu estilo silencioso e distante.

É que nesse negócio de fazer discursos e improvisar na frente dos microfones em praça pública Pablo era bastante aplicado. Chegava com os textos escritos quase sempre por Neruda, ficava na frente do espelho do banheiro, lia-os várias vezes até que os decorava, e depois os repetia em voz alta, mexendo os braços e gesticulando como se estivesse atuando. Funcionava, porque ele era convincente e dava a sensação de ser um bom orador.

Poucos dias depois, o movimento abriu uma sede de campanha no centro de Envigado, no terceiro andar de um edifício situado em frente ao supermercado Ley. Lembro que eu ia com minhas amigas da escola acompanhar Pablo e escutá-lo falar de suas propostas. Eu gostava de estar ali porque, acabado o evento, nós nos reuníamos e ele pedia opinião sobre o que havia acabado de dizer.

"O que achou, meu amor? O que faltou eu dizer?"

Nesse momento, abria-se uma discussão que girava em torno das palavras de meu marido, e depois curtíamos deliciosos petiscos e uma ou outra Cuba Libre. Esses momentos de diversão incluíam, claro, que minhas amigas de escola e eu ficássemos atentas a meu marido para que ele não acabasse por aí enroscado com alguma simpatizante de sua campanha. Brincando, dizíamos a ele que o cercaríamos para que nenhuma garota se aproximasse dele.

Contudo, Pablo não esquecia que Luis Carlos Galán o havia declarado indesejável, e comecei a notar que refletia em seus discursos um profundo rancor por ele: "Quero lhes dizer que a aristocracia e o galanismo vai tremer. Queremos esclarecer à opinião pública que há gente que falsamente prega a moral. Quero lhes dizer que com o apoio de todos vocês esmagaremos as marionetes e os bonecos de pano políticos fabricados pela oligarquia colombiana".

Enquanto a campanha avançava, a relação pessoal de Santofimio com meu marido foi ficando mais e mais estreita, e nosso novo melhor amigo começou a ir com frequência a Medellín nos aviões de Pablo. Os passeios à fazenda Nápoles depois das turnês de campanha tornaram-se rotina; Santofimio curtia as lindas paisagens do Magdalena Medio e adorava o ensopado de galinha preparado à lenha. Eu gostava de vê-lo sorrir porque parecia sempre estar de bom humor e disposto a abordar uma conversa sobre qualquer tema. Muitas fotografias tiradas naquela época mostram Santofimio e Pablo passeando pelo rio Claro em *aeroboats*, uma espécie de lancha movida a motor de avião, com uma hélice gigante. Também iam para Poza Azul, um lugar paradisíaco dentro de Nápoles, aonde meu marido levava seus melhores amigos, apresentadoras de televisão e rainhas da beleza. Lembro que só uma vez eu estive com Pablo e Santofimio em Poza Azul, onde curtimos uma tarde de sol, boa comida e várias garrafas de champanhe e uísque.

No entanto, com o passar dos dias, Pablo começou a não querer que Santofimio viajasse em seus aviões em trajetos que incluíam ida e volta entre Bogotá e Medellín. Até que, um dia, disse a um dos pilotos que fizesse algo para que o político parasse de usar suas aeronaves e voltasse aos voos comerciais. Pablo não me contou, mas o piloto do Lear Jet me disse, tempos depois, que ele fingira uma emergência, e Santofimio não tornou a entrar nos aviões de Pablo.

Com as eleições regionais se aproximando, Pablo intensificou ainda mais suas andanças por todos os recantos de Medellín, e obviamente incluiu na agenda o lixão do carente setor de Moravia, bem perto do centro da cidade.

Certa noite, chegou consternado e me contou que pelo menos 60 casebres de papelão e madeira haviam se queimado – fruto dos constantes incêndios causados pelos gases tóxicos emanados das montanhas de lixo depositadas ali. Acrescentou que havia percorrido as ruas poeirentas de Moravia e comprovado o drama de dezenas de famílias que não tinham outro lugar aonde ir. Sentiu tanto pesar que mandou seus homens comprarem mantas, colchões e artigos de primeira necessidade. Mas não se conformou com isso e comentou comigo que pretendia doar casas não só aos habitantes de Moravia, como também aos de toda a cidade.

"Meu amor, não me importa quanto eu tiver que gastar para tirar toda essa pobre gente da miséria."

Tenho certeza de que ele falava sério, porque eu o vi profundamente comovido. E embora parecesse meio louco isso de doar casas aos pobres de Medellín, creio que ele achava possível – por ter muito dinheiro, ele não se importava, porque o investiria dando coisas aos outros.

Assim nasceu Medellín Sem Barracos, um projeto que logo ganhou forma porque Pablo comprou um enorme lote no setor de Buenos Aires, na parte alta de Medellín, na saída para o aeroporto de Rionegro, a fim de financiar com seu dinheiro a construção inicial de 500 casas, e chegar a 5 mil nos vinte e quatro meses seguintes.

Um desses dias, em casa, ele me disse que recebera informes da Secretaria da Saúde de Antioquia, segundo os quais havia muitas pessoas no departamento com lábio leporino (defeito congênito que marca uma pessoa pelo resto da vida). Ele me disse que ia ajudá-las, porque achava traumático alguém viver assim. Por isso, contratou um reconhecido cirurgião plástico de Medellín para que liderasse uma equipe de especialistas para avaliar os casos. A ideia alçou voo, e logo chegaram quatro cirurgiões do Brasil e da Espanha, que operaram dezenas de crianças que padeciam essa deformação. Além disso, muitas pessoas nos procuravam quando se tratava de doenças graves, e Pablo várias vezes se dispôs a pagar tratamentos e cirurgias caras para ajudá-los.

Em outra ocasião, quando realizaram o Teleton em Medellín, o diretor regional estava muito contrariado porque os fundos coletados tinham que ser enviados a Bogotá, onde determinariam como seriam distribuídos. Um locutor muito importante disse que, caso esse diretor regional não se importasse, ele conseguiria dinheiro de todas as procedências. O diretor respondeu que não lhe interessava a procedência da doação, e assim, meu marido contribuiu com uma grande soma de dinheiro para essa versão de Teleton.

Enquanto começava a adequação dos terrenos onde seriam construídas as casas que o programa Medellín Sem Barracos doaria, na sexta-feira, 5 de março de 1982, deu-se o encerramento da campanha, com uma grande manifestação em frente à sede em Envigado. Ônibus contratados pelo programa levaram eleitores dos municípios de Barbosa, Girardota, Copacabana, Bello, Itagüí, Sabaneta, La Estrella e Caldas. Essa noite, além de Pablo, os oradores principais foram Jairo Ortega, Orlón Atehortúa, Raúl Ossaba, María Alzate de Escobar e Fernando Avendaño, este último conhecido como Animalero – que foi a pessoa responsável por receber os animais que Pablo comprou para o zoológico da fazenda Nápoles.

Acompanhei Pablo nesse dia, e recordo que seu discurso – curto, por sinal – focou-se na necessidade de mudar os costumes políticos: "Esta é a noite da renovação; não vamos permitir que nossas linhas estejam viciadas de caciquismos e de elementos ineptos e caducos. A ideologia principal de nosso movimento é civismo, nacionalismo, programas sociais, ecológicos e esportivos. Queremos chegar ao coração das donas de casa para lhes pedir que não comprem produtos estrangeiros, que apoiem nossa indústria nacional, que gera emprego e progresso".

Por fim, em 14 de março de 1982, ficamos muito felizes quando Pablo foi eleito representante suplente da Câmara. Depois das 4 horas da tarde, após o encerramento da votação, eu o acompanhei à sede do Alternativa Popular em Envigado; ele ia se reunir com Jairo Ortega e Alberto Santofimio para saber dos escrutínios. Mas as horas começaram a passar, e como a entrega dos resultados era feita a conta-gotas, eu disse a meu marido que iria para casa e acompanharia por telefone. Eram mais de 8 horas da noite quando a Registro Civil Nacional confirmou que o candidato Pablo Escobar havia conseguido um cargo na Câmara de Representantes.

Foi uma grande surpresa. Apesar de minha juventude – 21 anos –, e de desconhecer a mecânica política, o que eu havia visto até então me encantara. Em minha ingenuidade, a primeira coisa que pensei foi no que vestiria no dia 20 de julho, quando os novos congressistas assumiriam seus cargos no Congresso. Mas também me sentia inquieta, pensando em como me comportar, o que responder se me fizessem perguntas sobre atualidades do país. Naquela noite, impaciente, esperei a chegada de Pablo, que uma vez mais apareceu depois da meia-noite. Seu rosto estava iluminado. Depois de comer alguma coisa, ele se sentou na beira da cama e disse:

"Meu amor, prepare-se para ser a primeira-dama da nação."

Fazia muito tempo que eu não o via daquele jeito. Estava tão radiante que não parou de falar dos projetos que queria aprovar no Congresso; entre eles, que o Estado devia financiar 100% dos estudos nas universidades públicas e construir hospitais para atender de graça os mais necessitados. Já deitados, ele me abraçou com uma força incomum, que transmitia sua alegria, e sussurrou em meu ouvido:

"Tata, no dia da posse não usarei terno e gravata; vou entrar no Congresso de camisa."

Eu não disse nada, mas achava que seria um momento muito solene, e que devia ser obrigatório ir bem-vestido.

Duas semanas depois, o Conselho Nacional Eleitoral certificou os resultados da eleição, e o então ministro do Interior, Jorge Mario Eastman, expediu as credenciais que reconheciam os novos legisladores, entre eles meu marido. A partir desse momento, Pablo Escobar tinha imunidade parlamentar.

No início de abril, Pablo me propôs que fizéssemos uma viagem ao Brasil para comemorar sua eleição como congressista, e, de quebra, descansar pelo menos dez dias. Explicou que nas semanas seguintes teria muito trabalho, porque em maio e junho seriam o primeiro e o segundo turno da eleição presidencial, em julho ele tomaria posse como congressista e em agosto seria a troca de governo. Naquele momento, era evidente que só a política lhe interessava, mas imaginei que em sua agenda particular suas amantes teriam um lugar especial. E seu primo Gustavo Gaviria continuava à frente dos negócios, que geravam dinheiro a rodo.

Fiel ao costume *paisa* de privilegiar a família acima de tudo, em 12 de abril de 1982 pegamos um voo comercial para São Paulo, e dali para o Rio de Janeiro. Literalmente, Pablo insistiu em levar até o gato, e fez minha sogra e seus irmãos – com esposas e filhos – fazerem as malas; além de minha mãe, minhas irmãs, meus cunhados e filhos. E Gustavo Gaviria com sua esposa, filhos e seus pais... mais de 20 pessoas! Era absolutamente desconfortável, porque para ir a cada lugar era necessário alugar um ônibus. Isso sem falar no problema de encontrar mesa para tanta gente em um restaurante.

Mas o pior dessa viagem não foi a romaria de convidados de meu marido, e sim a vergonha que tive que suportar quando os homens escapavam à noite para ver bailarinas e prostitutas nos melhores bares do Rio. Por conta da farra desenfreada, quase todos os casais, inclusive Pablo e eu, acabaram brigados, e assim voltamos à Colômbia. Mas tivemos que pernoitar uma noite em São Paulo. Eu estava tão magoada, sentia-me tão desprezada como mulher, que várias vezes me perguntei para que ele me convidara. Para comemorar o quê? Se ele queria se divertir com seus amiguinhos, por que não viajara sozinho?

Pablo queria me fazer acreditar que eu era muito importante para ele, mas seu comportamento era egoísta demais. E foi o que disse em uma carta que escrevi na solidão do quarto no Hotel Maksoud Plaza em São Paulo. [...] "Queria que a vida me desse poucas coisas, entre elas, aquele ser que eu adoro, mas que a vida lhe ensine a me conservar", eu disse em um dos parágrafos. Eu nunca soube se Pablo leu a mensagem, porque ele chegou de madrugada, quando já devíamos ir para o aeroporto. De volta a Medellín, na terceira semana de abril de 1982, meu marido, já Representante da Câmara, permaneceu boa parte do tempo em seu escritório, dedicando-se a atividades políticas; mas me chamou a atenção o fato de que quando chegava a casa, fazia um ou outro comentário sobre o interesse dele e de Gustavo na eleição presidencial que ocorreria no dia 30 de maio seguinte. Os candidatos eram, naquela época, Alfonso López Michelsen, liberal; Belisario Betancur Cuartas, conservador; Luis Carlos Galán, pelo Novo Liberalismo; e Gerardo Molina, do partido de esquerda Frente Democrática.

Eu estava concentrada nos preparativos para a posse de Pablo, em 20 de julho, e em assuntos familiares que tomavam boa parte de meu tempo. Por isso, não dei muita atenção ao que ele estava fazendo.

No entanto, como já estava começando a ser comum que Pablo estivesse no foco dos problemas, semanas depois, os principais meios de comunicação revelaram que a campanha liberal havia recebido contribuições de personagens de reputação duvidosa. Várias vezes eu lhe perguntei o que estava acontecendo, mas ele respondia que não me preocupasse, que depois me explicaria.

Parecia que o escândalo podia crescer, e, por isso, decidi falar com várias pessoas que haviam trabalhado com Pablo na campanha para o Congresso; e não tardei a ter um mapa mais ou menos claro da situação. Fiquei apavorada, porque, pelo que me contaram, Pablo e Gustavo haviam combinado de "colaborar" com dinheiro e logística nas campanhas de López e Betancur para ter uma espécie de seguro no assunto que mais os preocupava: a extradição.

Pablo ficou encarregado dos liberais, e a primeira coisa que lhe ocorreu foi organizar um encontro com o candidato e o diretor nacional da campanha, Ernesto Samper Pizano. A reunião se deu logo, com a mediação do coordenador em Antioquia, Santiago Londoño White, conhecido de meu marido que organizou uma reunião privada na suíte Medellín do Hotel Intercontinental. Também me disseram que mais do que um encontro de simpatizantes da causa liberal, naquela noite houve uma cúpula na qual Pablo e seus sócios – Carlos Lehder, o Mexicano, Rafael Cardona, Alberto Prieto, Pablo Correa, os Moncada, os Galeano, Santiago Ocampo, os irmãos Ochoa e Héctor Roldán – foram apresentados como prósperos empresários dispostos a ajudar. Um dos presentes me contou que López ficou por apenas dez minutos e deixou Samper como seu representante; este disse várias vezes que era partidário da legalização da maconha. No fim do encontro, os presentes foram muito generosos e compraram 60 milhões de pesos em números da rifa de um carro, uma atividade realizada pela campanha para arrecadar fundos.

Enquanto meu marido se relacionava com os liberais, Gustavo Gaviria se encarregou de conseguir ajuda para os conservadores por meio de Diego Londoño White, tesoureiro em Antioquia. Segundo contaram pessoas próximas a meu marido, o Mexicano mandou pintar de azul seu avião bimotor Piper Cheyenne II e o emprestou ao candidato para o encerramento da campanha.

Por fim, no domingo, 30 de maio, Belisario Betancur venceu Alfonso López por mais de 400 mil votos; segundo os analistas, López perdeu pela dissidência de Luis Carlos Galán, que lhe arrebatou muitos eleitores.

Na segunda-feira, 19 de julho, um dia antes da posse de Pablo como congressista, nossa casa no bairro El Diamante estava uma loucura. Enquanto eu arrumava as malas para ir a Bogotá, familiares, moradores do bairro La Paz e até desconhecidos entravam e saíam, atraídos pela algaravia. Todos davam opiniões sobre como deveríamos nos vestir, como ficaríamos melhor. Eu e uma de minhas irmãs insistimos para que Pablo usasse gravata, mas não houve jeito de convencê-lo. Pensando nesse dia, em minha última viagem eu havia comprado duas gravatas italianas para ele, muito bonitas; e para mim, um vestido vermelho e preto de veludo do designer italiano Valentino.

"Pablo, quem você pensa que é? Acha que as regras de protocolo vão mudar só porque se elegeu congressista?", insisti de todas as formas, mas não houve jeito.

Como sempre, hospedamo-nos no Hotel Hilton de Bogotá. Meu marido estava radiante. Na terça-feira, 20 de julho, chegamos ao Capitólio a bordo de uma suntuosa limusine Mercedes-Benz verde militar que Carlos Lehder emprestara a Pablo. Como era óbvio, o novo congressista não pôde fazer sua vontade, porque o vigia não lhe permitiu entrar. Ele esperneou, discutiu, pediu ajuda para burlar o regulamento, mas não conseguiu, e no fim teve que ceder e pedir emprestada a gravata do porteiro. Era mostarda com tons de azul-claro e vermelho. Terrível. Por fim entramos, e eu não pude esconder minha raiva pela teimosia de Pablo e por minha falta de iniciativa, porque eu poderia ter levado uma das gravatas novas em minha bolsa.

Entrar no recinto do Congresso foi inesquecível. Eu estava muito emocionada, ainda mais quando notei que eu era a única mulher que acompanhava o marido na posse. Eu me senti muito importante, e Pablo estava orgulhoso me apresentando a seus colegas. Nesse momento, eu me convenci de que a carreira política de Pablo era uma realidade; por isso, um dia depois de voltarmos a Medellín, comecei a procurar os melhores assessores em protocolo e em imagem pública; também decidi estudar inglês e francês, porque me imaginava viajando pelo mundo como esposa do congressista Pablo Escobar.

Da posse como representante na Câmara, restou-me uma fotografia que reflete a postura de Pablo. Enquanto todos os seus colegas juraram com a mão direita levantada e os dedos estendidos, mas fechados, ele levantou a mão direita e fez um V de vitória.

Em outubro seguinte, três meses depois de Pablo ter assumido o cargo, o Congresso elegeu uma comitiva de senadores e representantes para ir à Espanha – eles iriam presenciar o desenrolar da jornada eleitoral que elegeria o novo chefe do Governo daquele país. Pelo Senado iam Santofimio, Raimundo Emiliani Román e Víctor Cárdenas. E pela Câmara de Representantes, meu marido e Jairo Ortega. Integrar esse grupo "seleto" era uma prova de que Pablo já estava começando a exercer sua influência nas decisões do Congresso colombiano.

Pablo estava muito entusiasmado com a viagem à Espanha, e aceitou que eu pusesse sua melhor roupa na mala, inclusive um terno de lã escuro, camisa de manga comprida, um casaco de lã e gravata. Foi um acontecimento na família, porque, até esse momento, ele não se importava com o protocolo e com o que os outros iam dizer.

No entanto, no dia da viagem, não houve poder humano que o convencesse a usar uma roupa adequada, de acordo com sua investidura. Ao contrário, ele colocou tênis, jeans, camisa estampada e um vistoso relógio com dois mostradores: um para ver a hora da Colômbia e outro a da Espanha. Coube também na mala um par de sapatos que alguém lhe trouxera de Nova York, com a particularidade de que tinham um salto oculto que o deixava 5 centímetros mais alto. Como sempre, muito tempo depois eu descobriria que quem lhe dera esses sapatos fora a apresentadora Virginia Vallejo.

Santofimio, Ortega e meu marido, os três alegres companheiros, foram para Madrid na segunda-feira, 25 de outubro de 1982, na primeira classe do jumbo da Avianca que fazia a rota Bogotá–San Juan (Porto Rico)–Madrid. Três dias depois, quinta-feira, 28 de outubro, Pablo, Santofimio e Ortega foram testemunhas da vitória folgada de Felipe González, candidato do Partido Socialista Operário Espanhol, PSOE, e nessa noite foram até o Hotel Palace, no centro de Madrid, para cumprimentar o ganhador. Pablo me contou por telefone que subiram com facilidade, porque Santofimio conhecia González de tempos atrás; inclusive, estiveram juntos em Bogotá durante uma turnê do político espanhol. Depois, foram a uma festa organizada pelo toureiro Pepe Dominguín, e de madrugada estavam em outra celebração com os jornalistas colombianos Enrique Santos e Antonio Caballero.

Ao voltar da Espanha, Pablo me disse que queria impressionar na Câmara de Representantes. Para fortalecer sua imagem pública e abrir espaço na restrita classe política de Bogotá, daria mais relevância ao papel que delegara à apresentadora Virginia Vallejo desde setembro anterior. Ao mesmo tempo, Pablo previu que os jornalistas o procurariam para pedir sua opinião sobre diversos assuntos, e por isso pediu conselhos a Neruda. Este sugeriu duas coisas: aprender noções básicas de economia e ler biografias do escritor Gabriel García Márquez, que naqueles dias de outubro de 1982 havia acabado de ganhar o prêmio Nobel de Literatura. Meu marido seguiu a recomendação ao pé da letra. Ao mesmo tempo, contratou uma pessoa para gravar os noticiários de rádio e televisão e fazer um resumo das notícias mais importantes do dia, porque queria estar a par do que acontecia na Colômbia e no mundo.

A vida parecia sorrir para meu marido, que a cada dia se convencia mais de que estava destinado a ocupar um cargo importante na vida política do país. O bom desse sonho era que eu estava incluída, porque ele ficava repetindo que me preparasse para ser a primeira-dama da nação. Mas seu ego crescia, e, de repente, começou a perguntar com muita frequência:

"Tata, o que disseram do presidente Reagan, do papa João Paulo II e de mim?"

Nos primeiros meses de 1983, Pablo concentrou seus esforços no programa Medellín Sem Barracos. Para isso, contou com Virginia Vallejo, que gravou com ele seu programa de televisão *Al Ataque*. Pablo explicou os alcances de seu plano de doar casas aos habitantes do lixão de Moravia. No domingo, 13 de março, meu marido promoveu uma tourada – com espetáculo de *rejoneo* incluso – na praça La Macarena, que lotou.* Eu estive lá com Juan Pablo e meu sogro, Abel, e foi emocionante o momento em que cada *rejoneador* [toureiro a cavalo] se aproximou da arquibancada e ofereceu sua atuação a Pablo, que estava contente, mas meio encabulado,

---

* Ato de espetar e quebrar a lança no touro, deixando-a ali partida. (N.T.)

porque não era muito fã desses reconhecimentos públicos. Mas, em particular, notava-se que ele gostava dos aplausos das pessoas. Naquela tarde apresentaram-se os *rejoneadores* Alberto Uribe Sierra, Andrés Vélez, Dayro Chica e Fabio Ochoa, e os toureiros César Rincón e Pepe Cáceres, que enfrentaram oito touros da pecuária Los Guateles, espanhola, e da Rocha Hermanos, colombiana.

Apesar do sucesso dos eventos que realizava para promover suas obras sociais, e em particular a de Moravia, meu marido começou a receber ataques do senador Rodrigo Lara Bonilla e do jornal *El Espectador*. Mas se sentia tão poderoso que não dava maior importância ao fato de o congressista Lara, braço direito de Luis Carlos Galán no Novo Liberalismo, falar com veemência do que ele denominava "dinheiro quente" na política e no futebol, e de o jornal da capital criticar a irrupção de personagens de procedência duvidosa no mundo político e econômico do país, e principalmente em Antioquia. Naquela época não mencionavam Pablo pelo nome, mas ele se dava por aludido, e por isso, em um evento público, atacou o jornal da família Cano: "Essa empresa jornalística que distorce as notícias, que injeta veneno mórbido e daninho e que ataca as pessoas [...] na realidade, eu não queria ser duro ao me expressar contra o jornal *El Espectador*, mas vocês viram os ataques e as calúnias que andaram fazendo ultimamente contra nossos programas".

Confiante em sua influência, Pablo insistiu mais do que nunca em combater a extradição. Por isso, aplicou todo seu empenho em organizar uma cúpula de "empresários" de todo o país na então recém-inaugurada discoteca Kevins, em Medellín, propriedade de seu amigo, José Antonio Ocampo, o Pelusa. Assim, na segunda semana de abril de 1983, chegaram a esse local não menos de 300 pessoas interessadas no primeiro Fórum Nacional de Extraditáveis. Virginia Vallejo, que fez as vezes de apresentadora, explicou os motivos do encontro e cedeu a palavra a Pablo, que abriu o ato com uma fala muito breve: "Quero pedir a todos vocês, em nome da cidadania, da soberania e dos direitos humanos, ajuda para combater o tratado de extradição".

A discussão durou mais de três horas, nas quais inúmeros presentes respaldaram a tese de que os colombianos deviam ser julgados no país, e não entregues a cortes estrangeiras. Inclusive, alguém pediu a palavra e propôs que o Fórum interviesse perante o governo para evitar que o colombiano Carlos Arango, acusado pela Corte da Flórida pelos crimes de homicídio e tráfico de cocaína, fosse executado na cadeira elétrica.

Na terça-feira seguinte, 19 de abril de 1983, Pablo chegou sorridente em casa com um exemplar da edição número 50 da revista *Semana*, que nas páginas internas publicava um artigo intitulado "Um Robin Hood *paisa*". Estava orgulhoso, porque pela primeira vez um meio de comunicação de alcance nacional falava dele, e me contou que um repórter da revista havia ido ao fórum sobre extradição e depois o entrevistara.

"Meu amor, você viu os mitos que os meios de comunicação criam? Quem dera eu fosse Robin Hood para fazer mais coisas boas pelos pobres."

O artigo foi mencionado em várias emissoras de rádio, e um jornalista perguntou a ele se realmente se sentia como Robin Hood. Pablo respondeu:

"De jeito nenhum, mas gosto da comparação; quem conhece a história de Robin Hood sabe perfeitamente que ele lutou em defesa das classes populares."

O reconhecimento público de meu marido só aumentava, e ele aproveitou sua popularidade para continuar inaugurando espaços esportivos construídos com o dinheiro que doava. Lembro que em 15 de maio de 1983 eu estava junto quando ele deu o chute de abertura em um jogo com 12 mil espectadores, inaugurando o campo de futebol do bairro Tejelo, na comuna cinco de Medellín. Três semanas depois, no início de junho, ele também deu o chute de abertura em uma partida noturna entre os reservas do Club Atlético Nacional e jogadores do bairro Moravia, que estava estreando seu campo de futebol dotado de iluminação moderna.

Mas a maré de sorte que meu marido vivia naqueles dias de meados de 1983 sofreria uma sacudida em 8 de agosto, quando o presidente Belisario Betancur provocou um terremoto em seu gabinete e trocou oito ministros. Um deles, o da Justiça, Rodrigo Lara Bonilla – a primeira representação do Novo Liberalismo no governo –, não agradou meu marido, como notei naquela noite.

Nos dias seguintes, Pablo estava irascível, inquieto, fez algo incomum. Ele chegou em casa e me encontrou vendo TV; no noticiário, o ministro Lara explicava as medidas que implementaria para combater o "dinheiro quente" na política e no futebol. Pablo então vociferou furioso contra o político, dando uns tapas na TV, e a desligou. Eu lhe perguntei o que estava acontecendo, e ele respondeu que era melhor eu não ver os noticiários, porque eles confundiam com suas informações.

Certa noite, Pablo estava comigo, e bem nesse momento o noticiário das 21h30 estava passando uma entrevista coletiva na qual o ministro Lara falava, e em um televisor do gabinete dele se via a imagem de meu marido em primeiro plano. Ele ficou tão furioso que quase jogou o aparelho no chão com um soco. Durante anos, tornou-se uma constante que Pablo desligasse a TV, porque o tempo todo falavam dele, das coisas que fazia, da perseguição, das recompensas.

Muito preocupado, certa noite Gustavo Gaviria chegou para falar com Pablo, e estava tão exaltado que disse o que pensava na minha frente:

"Pablo, irmão, vamos embora do país, vamos desaparecer. Ficar aqui é um risco. Já temos muito dinheiro, podemos nos esconder onde quisermos. Ouça o que eu digo."

"Não, isso não tem volta. Já temos poder econômico, agora vamos atrás do poder político. Ir embora da Colômbia? Nunca."

A advertência de seu primo, sócio e amigo não foi atendida por Pablo, mas era evidente que a guerra com o ministro Lara estava declarada.

Pablo não escutava; era tanta sua arrogância que não levou em conta as advertências de seu sócio principal, nem elas o fizeram desistir de seus propósitos. Apesar de tempos difíceis se aproximarem, Pablo não percebeu que não havia lugar para ele na política nacional.

Como era costume em nosso relacionamento, eu ia descobrindo aos poucos o que acontecia ao redor dele. Algumas vezes, como nesse caso, pelos meios de comunicação; e em outras por seus homens – quando estavam comigo, eles deixavam escapar um ou outro dado, mesmo proibidos de me contar as coisas sobre ele.

Assim chegou o dia 18 de agosto de 1983, quando os congressistas Ernesto Lucena e Jairo Ortega, do mesmo grupo político de Pablo e Santofimio, convidaram o ministro Lara para um debate sobre "dinheiro quente" na plenária da Câmara de Representantes.

Nessa noite, sintonizei o telejornal, e segundo o jornalista que estivera lá, meu marido não participara do debate. Quem participou foi Carlos Lehder, que fizera valer sua condição de diretor do jornal *Quindío Libre* e ocupara um lugar na cabine especial reservada para os jornalistas. Uma imagem do momento o mostrava sorridente, desafiador.

Eu me preocupei muito quando o representante Jairo Ortega disse ao desconcertado ministro Lara:

"Quero fazer uma pergunta muito respeitosa ao senhor ministro da Justiça. Senhor ministro, conhece o cidadão Evaristo Porras? Sabe qual foi a doação do personagem em menção? Foi 1 milhão de pesos em um cheque?"

Depois, tirou do bolso uma cópia do cheque, exibiu-a aos presentes e disse que havia sido entregue em um quarto do Hotel Hilton.

A revelação da entrega do cheque deixou Lara em graves apuros, e no começo ele disse não recordar o episódio; mas, no dia seguinte, convocou uma entrevista coletiva e reconheceu o ocorrido:

"Eu poderia afirmar qualquer coisa para justificar a existência do cheque, poderia dizer que o havia recebido como pagamento de honorários profissionais ou por qualquer outro negócio, mas a verdade é que se trata de uma simples operação de compra e venda com o doutor Roberto Bahamón, um negócio no qual minha família tinha participação."

A seguir, o ministro passou ao contra-ataque e disse que o episódio do cheque fazia parte de uma conspiração da máfia, e acusou diretamente meu marido – ele o apontou como narcotraficante, fundador de grupos paramilitares e com processos pendentes nos Estados Unidos. Exaltado, acrescentou:

"Eu sei o que me espera por denunciar os mafiosos, mas isso não me amedronta, e se tiver que pagar com minha vida por isso, que assim seja. Trata-se de uma escalada do narcotráfico que hoje quer a saída de um ministro do gabinete, porque o considera incômodo para seus fins enviesados, para depois prosseguir com outras personalidades do país com o propósito de derrubar moralmente a nação."

As palavras do ministro Lara me deixaram horrorizada, porque significavam uma situação sem volta com meu marido. Na solidão de minha casa, pensei que chegariam momentos muito difíceis, mas estava longe de sequer pensar que esse cheque mudaria muito em breve nossa vida.

Pablo não ficou quieto, e no dia seguinte convocou uma entrevista coletiva no Congresso, e mais tarde nas instalações de seu noticiário *Antioquia al Día*, em Medellín, respondendo às acusações feitas pelo ministro.

"Todos conhecem meus investimentos no campo, na indústria, na pecuária e na construção. Sempre afirmei que meu dinheiro não tem vínculos com o narcotráfico."

Depois, pegou seu passaporte e afirmou que, ao contrário do que dizia Lara, não era investigado nos Estados Unidos, e prova disso era seu visto. Para concluir, deu-lhe um prazo de 24 horas para apresentar as provas das acusações que havia feito contra ele.

"O ministro da Justiça mentiu seis vezes: mentiu ao país quando disse que não conhecia o senhor Evaristo Porras; mentiu ao país quando disse que não havia recebido cheques pessoais do senhor Evaristo Porras; mentiu ao país quando disse que Pablo Escobar havia sido o fundador do MAS; mentiu ao país quando disse que Pablo Escobar tinha antecedentes criminais nos Estados Unidos; mentiu ao país quando disse que não ia renunciar."

Esse cabo de guerra entre ministro e congressista ainda tinha chão pela frente, e a tensão se notava em minha casa, apesar de Pablo afirmar que estava tudo sob controle. Lembro que naqueles dias minha mãe foi me visitar bem quando Pablo havia acabado de ler os jornais. Como sempre, ela não guardou para si o que pensava, e disse:

"Meu filho, quem tem teto de vidro não joga pedras no do vizinho."

"Não, sogra, fique tranquila que nada vai acontecer."

"Você é muito cabeça-dura e não está pensando em sua família. Vai se lembrar de mim."

Como sempre, minha mãe tinha razão, porque em 25 de agosto de 1983, uma semana depois do debate com o ministro Rodrigo Lara, o diário *El Espectador* publicou a notícia que acabaria ocasionando a morte política de meu marido. Em uma manchete na primeira página, o jornal recordou que, em junho de 1976, Pablo e mais cinco pessoas haviam sido detidas, envolvidas com um carregamento de pasta base de cocaína.

A partir desse dia, os acontecimentos se sucederam de uma maneira vertiginosa. O ministro renovou seu fôlego e ordenou imobilizar cerca de uma centena de aviões e helicópteros que operavam em todo o país, sobre os quais recaíam suspeitas de que eram utilizados para o tráfico de drogas. Nessa blitz, várias aeronaves de Pablo foram apreendidas. Além do mais, o juiz de Medellín Gustavo Zuluaga reabriu a investigação já fechada contra Pablo pela morte de dois detetives do DAS que o haviam capturado naquela época. E como se não bastasse, os Estados Unidos cancelaram seu visto de entrada ao país.

Diante de tal situação, meu marido sabia que era questão de horas até ter que se retirar do Congresso e abandonar seu cargo; mas ele resistiu até o último momento. Na segunda semana de setembro de 1983, recusou-se a assinar uma carta que Santofimio levou já redigida a seu escritório em Medellín, que dizia que ele renunciava ao Alternativa Popular e a seu cargo na Câmara de Representantes. O assunto era simples: Santofimio era chefe do movimento e precisava que Pablo se demitisse para evitar um escândalo político maior. Mas teve que voltar com as mãos vazias, porque meu marido lhe disse, contrariado, que estava acostumado a escrever suas próprias cartas sem a ajuda de ninguém.

Aqueles dias foram horríveis. Sua credibilidade estava perdida e ele fora apontado como narcotraficante; agora sua liberdade estava em jogo. Por isso ele estava tão preocupado. A extradição o angustiava, e um dia, ele me disse:

"Tata, três prisões perpétuas? Vinte metros debaixo da terra? Morrendo em vida? Isso você nunca vai ver, eu juro."

Senti medo ao vê-lo tão alterado. Em silêncio, eu pensava: *Meu Deus, o que virá agora?*.

Mas, graças ao destino, que tudo controla, naqueles dias de setembro de 1983 eu confirmei que estava grávida. Já havíamos tido seis anos de tentativas fracassadas, quatro abortos e uma gravidez ectópica, mas parecia que agora sim meu segundo bebê estava a caminho. Não seria fácil, mas eu estava disposta a me cuidar ao máximo para que essa nova esperança vingasse. Assim que Pablo soube, ficou feliz. Ele tinha total certeza de que poderia resolver tudo que estava passando, de modo que não me preocupei nem um pouco. A verdade é que eu tinha quase nenhuma consciência da situação real.

De fato, as semanas e meses seguintes seriam muito complicados, porque, por fim, em 26 de outubro, a maioria da plenária da Câmara de Representantes votou a favor de suspender a imunidade de meu marido.

A força do Estado havia ido para cima dele, mas Pablo cometeu o erro de acreditar que poderia vencer. Ver-se excluído da política foi um golpe arrasador, que jogou meu marido para o canto do ringue. Ele jamais pensou que seu poder e capacidade de intimidação acabariam o destruindo. Sua imersão no mundo da política foi efêmera, como efêmera foi sua vida na ilegalidade. No fim, minha mãe tinha razão quando disse naquele dia de 1982 em que Pablo aceitara entrar para a política: "Pablo, esqueceu quem é você e o que faz? Se você se meter na política, não haverá esgoto no mundo onde possa se esconder. Você vai pôr todos nós para correr, vai estragar nossa vida; pense em seu filho, em sua família."

Pablo não a escutou.

A FAZENDA NÁPOLES QUE POUCOS CONHECEM

CAPÍTULO 6

A primeira vez que fui conhecer as terras que Pablo havia acabado de comprar foi uma experiência aterradora.

Era a manhã de um sábado de fevereiro de 1979, e no pequeno e frágil helicóptero Hughes estávamos eu, uma de minhas irmãs e Gustavo Gaviria com a esposa. Menos de uma hora depois, aterrissamos em um lugar cheio de barro, e quando desci, minhas botas ficaram enterradas em um terreno tão pantanoso que Pablo teve que me resgatar.

Eu estava furiosa. O olhar de meu marido era maroto. Chegamos a uma casa de campo que parecia sepultada na selva, muito básica, de janelas vermelhas, paredes brancas e chão de cimento.

Como não havia nada para conhecer – porque para onde olhasse era tudo selva –, ficamos na casa esperando a noite chegar; e, para piorar, não havia energia. Vários empregados de Pablo acenderam uma fornalha com lenha e fizeram feijão, arroz, toucinho, carne, banana-da-terra verde e *arepa*.

A tênue luz das velas deixava ver pelas janelas estreitas insetos e serpentes enormes, que andavam à espreita, mas não se aproximavam porque eles haviam posto em volta potes com diesel e fogo. Mesmo assim, passei uma noite péssima, porque o lugar me causava medo – eu sentia que corria perigo, que podia ser mordida por uma cobra e morrer. Gritei o tempo todo e não consegui conciliar o sono, porque o calor era desesperador.

Pablo ficou de mau humor porque achou meu comportamento exagerado e imaturo.

Rezei em silêncio e supliquei para que amanhecesse e terminasse uma das piores noites de minha vida. Por sorte, o sol apareceu antes das 6 horas da manhã e senti minha alma voltar ao corpo.

Onde eu estava? Pablo nos contou que era a fazenda Valledupar, de 850 hectares de extensão, propriedade de Jorge Tulio Garcés, que Gustavo e ele haviam comprado por 35 milhões de pesos, 820 mil dólares da época. Muito a seu estilo, meu marido contou uma história que parecia fantasiosa, segundo a qual em breve uma estrada ligaria Medellín a Bogotá, e essa área, Puerto Triunfo, seria um polo turístico em pleno coração da Colômbia.

"Estas terras não terão preço, eu garanto, Tata. Tem água em abundância, montanhas, selva... é um paraíso, e você vai se acostumar", sentenciou.

Pablo parecia ter realizado o sonho que mencionara muitas vezes – ter um lugar exatamente como esse que havia acabado de encontrar. Lembro que durante muitos fins de semana de 1978, a bordo do primeiro helicóptero que comprou, ele foi com Gustavo a diferentes locais de Antioquia – como Caucasia, Bolombolo Santafé de Antioquia –, mas não haviam encontrado o que realmente lhes agradasse.

Um dia, Alfredo Astado foi a seu escritório e lhe mostrou um anúncio publicado no jornal *El Colombiano* oferecendo à venda uma fazenda no município de Puerto Triunfo, bem perto da futura estrada Medellín–Bogotá. Astado explicou que essa região do centro do país era muito bonita e tinha futuro garantido, porque em breve começaria a construção da estrada.

Eu não dizia nada em voz alta, mas achava aquilo uma loucura. Jamais teria me passado pela cabeça comprar algo naquela selva quente e seca, e com meus botões pensei que Jorge Tulio Garcés havia tido muita sorte de encontrar alguém que quisesse investir em um local tão hostil. Era muito bonito, não nego, mas meu marido e seu sócio teriam que investir muito dinheiro para transformar aquelas paragens inóspitas.

Nas semanas seguintes, vi Pablo muito entusiasmado com a ideia de construir, mas também de comprar mais terrenos. Pelo que me contou, em meados de 1979 compraram a fazenda Nápoles, vizinha de Valledupar, e mais oito prédios que no total somavam 1.920 hectares. Quando lhe perguntei quanto haviam custado, ele respondeu que compraram a um preço muito bom, porque somados todos os terrenos, saíram por 90 milhões de pesos (2 milhões e 100 mil dólares).

Como as fazendas tinham nomes diferentes, Pablo decidiu por um só em todas: Nápoles, em homenagem a Al Capone, o gângster norte-americano de origem italiana. Meu marido o admirava, e de vez em quando eu o via lendo um livro ou artigos de revistas ou jornais que falavam dele.

Comecei a ir com certa frequência a essa região, o que coincidiu com o início da construção de uma enorme ponte sobre o rio Magdalena, que ligaria a estrada. Durante vários fins de semana, os planos com Pablo e minhas irmãs eram ver a instalação dos pilares da nova estrutura, e era divertido atravessar o rio nas balsas que transportavam carros e gado.

De uma hora para outra, começaram a entrar em Nápoles todo tipo de máquinas para retirar terra, mas nem Pablo nem Gustavo disseram a suas esposas o que pretendiam fazer. Deixavam-nos totalmente de fora, e com o passar dos meses notei que uma centena de homens estavam construindo uma casa de dois andares e uma piscina.

O resultado não poderia ter sido pior. As fotografias conhecidas da casa principal e da piscina de Nápoles são bonitas, coloridas. Mas o que não se sabe é que as duas são um monumento ao mau gosto. Explico por quê.

Vou começar pelos dois quartos principais, situados no andar de cima. O nosso era um quarto de 5 metros quadrados com um banheiro, totalmente desproporcional aos 800 metros quadrados da superfície total da casa. O de Gustavo era igual. O que eu nunca entendi foi como Pablo e Gustavo mandaram construir dois quartos tão pequenos, como se fossem para duas pessoas sozinhas, e não levaram em conta que nesse momento já tinham filhos. Era mais que evidente que pensaram em si próprios, e não em sua família. O péssimo design de nosso quarto nos levou a pôr um beliche em frente à nossa cama, para que Juan Pablo dormisse perto de nós e de vez em quando levasse um amiguinho. Era muito desconfortável, e sempre que podia eu brigava com Pablo por sua falta de bom senso na construção da casa. Muito tempo depois, mandamos fechar um dos acessos ao nosso quarto para construir um pequeno espaço, onde coube um beliche, mas o banheiro continuou sendo de todos.

Vista de certa distância, a casa parecia frágil, porque as colunas eram muito finas e tinham alguma inclinação. Parecia que podiam desabar a qualquer momento.

No térreo, fizeram oito quartos idênticos com capacidade para oito pessoas cada um, mas com um só banheiro. Na parte de trás, construíram três garagens com capacidade para cinco veículos cada uma.

A parte que poderia se dizer área social era composta por uma sala de televisão, onde poderiam se sentar até 30 pessoas. Depois, um bar com 10 mesas de quatro lugares, um balcão adornado com grandes garrafas de uísque, e em volta jogos eletrônicos da época, como Donkey Kong, Pac-Man, Galaxian e Space Invaders.

A piscina era perigosíssima, e uma vez quase morri dentro dela, porque no meio fizeram uma estrutura de cimento para construir um quiosque com bar e cadeiras de cimento para seis pessoas sentadas dentro da água. No entanto, em pouco tempo ocorreram vários acidentes, porque as pessoas batiam a cabeça quando estavam nadando por baixo da água e queriam sair à superfície. Uma das vítimas fui eu, e quase desmaiei com o impacto. Por fim, Pablo mandou derrubar tudo e deixou de lado o bar.

Imagino que desde o começo Pablo pensou que muita gente iria à Nápoles, por isso o tamanho das duas despensas que mandou construir para armazenar os alimentos. Eram tão grandes que pareciam armazéns; e como se não bastasse, na cozinha puseram três geladeiras gigantescas dentro das quais cabiam oito pessoas em pé.

Paralelamente à construção da casa, piscina, bar, posto de gasolina, a maior pista de motocross da América Latina, heliporto, pista de pouso e muitas outras excentricidades, meu marido apareceu um dia com a história de que queria um zoológico. Isso porque havia visitado a fazenda Veracruz – no município de Repelón, departamento de Atlântico, ao norte da Colômbia –, de propriedade de seus amigos, os Ochoa, e ficara encantado com a beleza de alguns animais exóticos que vira ali.

O assunto se tornou uma obsessão, e a primeira coisa que ele fez foi dizer a Alfredo Astado que encontrasse um zoológico nos Estados Unidos onde pudesse comprar zebras, girafas, elefantes, flamingos, dromedários, búfalos, hipopótamos, cangurus, avestruzes e aves exóticas. Para fazer essa lista, Pablo consultou na *National Geographic* quais animais se adaptariam mais facilmente ao hábitat do Magdalena Medio colombiano. Os leões e os tigres foram excluídos porque ele os achava perigosos e teria que os manter em cativeiro.

Enquanto isso, Pablo teve a ideia de dizer aos vendedores ambulantes e aos pedintes que via na rua que levassem a seu escritório os animais de espécies raras que encontrassem, porque ele pagaria um bom preço. A partir desse momento, chegou tal romaria de gente que Gustavo, furioso, limitava-se a apontar: "A seção de animais é por ali, à direita". Mas meu marido desistiu, porque apareciam com animaizinhos doentes, em mau estado, desnutridos.

Mas a diligência de Astado deu certo; ele conseguiu marcar uma reunião com os proprietários de um zoológico de Dallas, Texas, e para lá nos dirigimos. Vinte e quatro pessoas, porque Pablo convidou a família toda. Quando chegamos ao aeroporto Fort Worth, tivemos uma surpresa, porque oito luxuosas limusines nos esperavam na pista de pouso, enviadas pelos irmãos Hunt, donos do zoológico. Um dos veículos ficou vazio, e Juan Pablo pediu para ir nele, sozinho, para ver desenhos animados na televisão.

Pablo se emocionou com a variedade e beleza dos animais que víamos, mas especialmente com as girafas, os cangurus e os elefantes. Queria comprar todos, comportava-se como se estivesse em uma loja de brinquedos. Quando acabou de escolher, somou quanto custariam e comentou comigo em voz baixa:

"Meu amor, Gustavo vai ficar bravo quando souber que gastei 2 milhões de dólares em animais."

Não me engano ao afirmar que essa foi a viagem mais prazerosa de sua vida; o rosto de Pablo no zoológico era de surpresa, de admiração. Ele me abraçou várias vezes e disse que imaginava como seus animais ficariam na fazenda Nápoles, porque o mais importante era que nunca ficariam presos. Devia estar tão extasiado com o que via que até aceitou a proposta do adestrador de subir no lombo de um elefante, onde permaneceu cerca de dez minutos. Depois de fazer o percurso total pelo zoológico, Pablo negociou os animais que depois seriam enviados à Colômbia.

Duas semanas depois de voltar de Dallas, meu marido organizou a primeira expedição para trazer ao país o grupo maior de animais. Chegaram em um navio fretado que atracou no porto de Necoclí, no mar do Caribe, a 400 quilômetros de Medellín. Dali foram levados de caminhão até Nápoles, em uma operação complexa e que desmotivou Pablo devido à demora e ao risco. Por essa razão, ele decidiu transportá-los em voos clandestinos, e para realizar essa tarefa, escolheu Fernando Avendaño, que a partir desse momento passou a ser conhecido como Animalero.

Pablo não parava de falar nesse assunto. Segundo me contou o Animalero, quando os animais já estavam em Nápoles, ele havia fretado vários aviões Hércules. Essas aeronaves aterrissariam no aeroporto Olaya Herrera, em Medellín, pouco depois das seis da tarde, quando as luzes da pista de aterrissagem já houvessem sido desligadas. Como naquela época Pablo era proprietário de dois hangares contíguos à pista principal, Avendaño conseguiu tamanha exatidão que os aviões aterrissaram sem desligar os motores. Depois, de um dos hangares saíram inúmeros empregados em caminhões e gruas, e com uma rapidez impressionante, desceram as jaulas com os animais.

O zoológico com que Pablo havia sonhado estava praticamente pronto, mas ele queria mais animais, como dois papagaios-pretos comprados em Miami durante uma viagem de negócios. Segundo Pablo, custaram 400 mil dólares, e ele não hesitou em pagar porque eram muito exóticos.

E em uma viagem que fez ao Rio de Janeiro com seus amiguinhos, descobriu uma arara-azul de olhos amarelos, uma espécie protegida pelas leis brasileiras. Como não podia tirá-la do país oficialmente, deu um jeito de o piloto do Lear Jet contrabandeá-la para a Colômbia, depois de comprá-la por 100 mil dólares. A arara foi sozinha no avião, contou Pablo, com o tom de voz de quem acaba de cometer uma grande travessura.

Os últimos animais a chegar ao zoológico foram dois botos-cor-de-rosa que Pablo encomendara no Amazonas, e foram colocados em um dos inúmeros lagos da fazenda. Eram muito bonitos, e me acostumei a brincar com eles, apesar de seu cheiro desagradável.

Só houve uma espécie que não se adaptou ao hábitat de Nápoles: a girafa. As seis que Pablo comprara no zoológico do Texas – três fêmeas e três machos – recusavam a comida e também não aceitaram os comedouros que construíram na parte alta das árvores. No fim, todas morreram.

Estava tudo pronto para a inauguração do zoológico, mas faltava algo: a entrada. Em tempo recorde, foi construído um portão, que pintaram de branco, e nas colunas principais escreveram "Nápoles" de azul. Na parte de cima puseram um monomotor tipo Piper, de matrícula HK-617. A história dessa aeronave, pintada de branco com dois traços azuis de lado a lado, esteve cheia de mentiras e meias verdades. Uma das versões indica que foi nesse aparelho que meu marido transportou seu primeiro carregamento de cocaína, mas isso é mentira. A verdade é que o pequeno monomotor pertenceu a um amigo de Pablo que sofreu um acidente quando aterrissava no aeroporto Olaya Herrera, e devido aos danos acabou abandonado. Os pedaços ficaram ali durante algum tempo, até que Pablo os viu, e sem saber muito bem o que fazer com eles, pediu-os de presente. Quando já eram seus, mandou que os levassem a Nápoles, onde restauraram o avião, mas sem o motor.

O automóvel baleado que os visitantes viam na fazenda também se tornou um mito. A história mais comum é que era o veículo no qual morreram os famosos ladrões norte-americanos Bonnie e Clyde, em maio de 1934. Nada disso. Esse carro resultou da união de dois: do chassi de um jipe Toyota, única parte utilizável do acidente no qual morreu Fernando, irmão mais novo de meu marido; e da carroceria de um Ford modelo 1936 que Alfredo Astado havia ganhado de presente.

Com o chassi do Toyota e a carroceria do Ford, Alfredo fez um carro só, mas um dia Pablo foi na casa dele, e como não o encontrou, disse a seus homens que levassem o veículo a Nápoles para exibi-lo. Na semana seguinte, meu marido foi ao local onde haviam posto o carro e mandou alguns de seus homens atirarem na carroceria, com a ideia de simular os 167 tiros que o automóvel original de Bonnie e Clyde levara.

Assim, resolvido o assunto da entrada ao zoológico, Pablo abriu as portas ao público, e o sucesso foi imediato, porque, além de o ingresso ser gratuito, os visitantes podiam fazer o percurso em seus próprios veículos. Em pouco tempo, famílias provenientes de todo o país chegavam à fazenda para curtir o exótico zoológico que meu marido havia criado no coração da Colômbia.

Pablo estava radiante, e em dado momento, eu lhe perguntei por que não cobrar ingresso, mesmo que fosse um valor simbólico. Mas sua resposta foi um não categórico.

"Meu amor, este zoológico é do povo. Enquanto eu viver, jamais vou cobrar, porque gosto que os pobres possam vir ver esse espetáculo da natureza. No dia em que eu morrer, você cobra."

Mas nem tudo foi cor-de-rosa. Após a abertura do zoológico, a casa principal da fazenda Nápoles se transformou em um hotel, mas sem regras. Entrava quem quisesse, e em um fim de semana era fácil encontrar umas 300 pessoas. Na cozinha viam-se longas filas de gente com um prato na mão esperando que lhes servissem feijão com camarão, ou feijão com peixe; é que os cardápios dos cozinheiros eram um insulto à gastronomia, e como não havia mulheres à frente, notava-se o mau gosto. Quem fazia as compras no mercado era o administrador. Havia gente para lavar e passar a roupa dos convidados. E logo o espaçoso estacionamento se transformou em quartos lotados de beliches, com muito poucos banheiros. Ao redor da piscina punham caixas grandes com roupas de banho de todos os tamanhos, kits de higiene pessoal, fraldas, mamadeiras, leite em pó de várias marcas, e se alguém pedisse um copinho de aguardente, davam-lhe a garrafa inteira. Enfim...

Na piscina, viam-se 50 pessoas totalmente estranhas, porque não sabíamos quem eram nem de que cidade provinham. O mesmo acontecia na sala de jantar, que dividíamos com dezenas de pessoas, muitas delas mulheres jovens que olhavam para Pablo como se ele fosse um Deus e tentavam seduzi-lo na minha frente. Eu ficava com um sabor azedo na boca, porque depois do jantar ele aparecia com a desculpa batida de que tinha uma reunião, que em geral acabava às 4 horas da madrugada.

Devo reconhecer que durante essa época os momentos de intimidade com meu marido foram mínimos, e costumava acontecer de, no meio de tamanha romaria de gente, eu, esposa de Pablo, supostamente anfitriã da fazenda, me sentir como uma simples hóspede.

Contudo, nas ausências de Pablo eu tentava curtir o momento, e me refugiava nas minhas amigas de escola ou em minhas irmãs; fazíamos competições na pista de motocross, andávamos de motocicletas pelas estradas de terra de Nápoles e passávamos horas inteiras com os animais do zoológico. Lembro que eu me esforçava para agradar meus convidados, e não poucas vezes lhes perguntei se queriam ir a Nápoles de helicóptero, avião ou carro, e que horário seria mais favorável para eles. Alguns diziam que tinham que trabalhar às 7 horas da manhã, e desde as 5h30 as aeronaves já estavam prontas na pista de pouso para levá-los a Medellín.

À noite, depois de pôr Juan Pablo na cama, eu o deixava com uma babá e descíamos à sala de jogos para nos distrairmos, e era frequente termos a companhia dos pilotos das aeronaves de Pablo. Fazíamos disputas nas máquinas de jogos durante horas, mas, algumas vezes, Pablo voltava, e como me via feliz, muito a seu estilo – com um longo silêncio na frente de todos e um olhar gelado –, fazia uma cena de ciúmes. Ele não era de fazer escândalos, nem de me maltratar com palavras; de fato, nunca fez isso, mas seu olhar era suficiente para eu saber que estava furioso.

Então, eu ia atrás dele para nosso quarto, e aí sim ele reclamava:

"Esses capitães não a respeitam. Você é uma senhora, Tata, não tem nada que fazer ali."

"Pablo, o que mais você quer que eu faça? Que me tranque no quarto? Minha família e minhas amigas estão aqui, e quem tem que me respeitar é você; se quiser levar uma vida de solteiro, leve, mas me deixe em paz em Medellín", eu replicava.

Como já contei, Pablo e Gustavo fizeram sua santa vontade no projeto e construção de Nápoles. Mas, em setembro de 1982, eu quis contribuir, e para isso pedi a meu marido que me permitisse fazer um pavilhão, porque eu queria inaugurá-lo no aniversário dele. Ele disse que sim, e imediatamente contratei um arquiteto muito reconhecido na cidade, que projetou uma linda estrutura de madeira e teto de palha. Era um lugar para 150 pessoas, com pista de dança e duas salas de descanso. Íamos três vezes por semana de helicóptero para supervisionar a obra, que ficou pronta em apenas dois meses.

Terminado o pavilhão, fui decorá-lo com tia Inés e quatro paisagistas. Mas cometi o erro de sair tarde da noite, sem levar em conta que a guerrilha fazia patrulha em uma zona conhecida como Monteloro, na estrada para Medellín. Eu queria chegar em casa e ver Juan Pablo, e por isso corremos o risco. Levamos um grande susto quando muitos homens armados detiveram os veículos que passavam, incluindo vários ônibus intermunicipais.

Eu estava no primeiro ano do ensino médio quando engravidei de Juan Pablo. Tinha 16 anos. Era 1976.

No Liceu do bairro La Paz: eu tinha 13 anos e namorava Pablo.

Apesar das condições difíceis, Pablo e eu tínhamos um bom relacionamento quando ele estava preso em Pasto. Não sei como ele fazia, mas conseguia que o deixassem sair aos fins de semana para ficar comigo.

Com a fazenda Nápoles e seu zoológico, Pablo realizou seu sonho. Passava horas contemplando os pássaros e os animais exóticos.

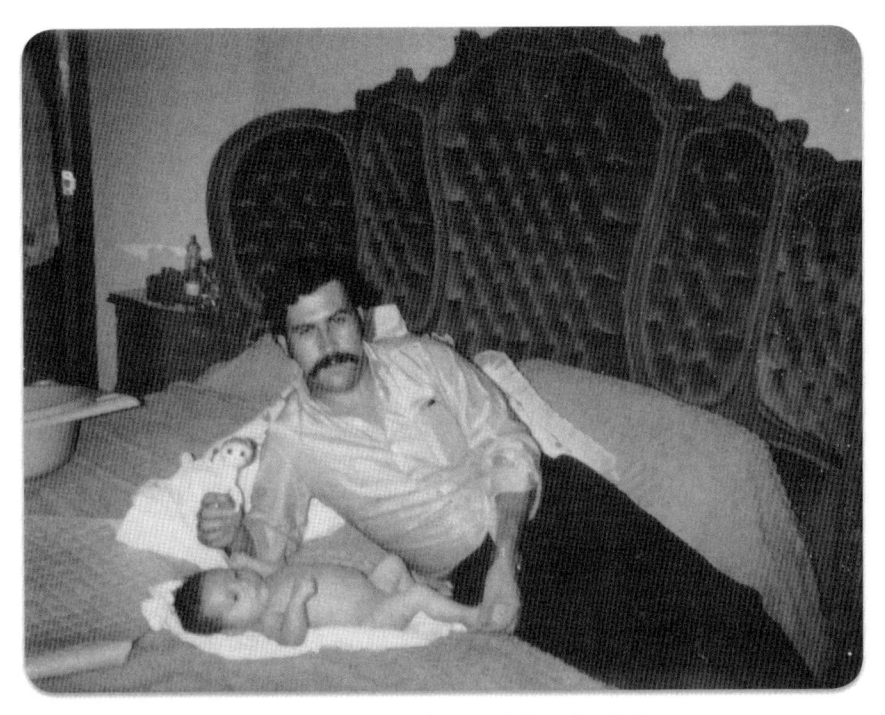

Pablo com Juan Pablo recém-nascido, em cima da cama do jogo de móveis Luís XV – a primeira coisa que comprou depois que nos casamos.

Em uma corrida de carros em Medellín, quando eu tinha 20 anos. Pablo me ensinou a dirigir e me incentivava a correr.

Pablo insistiu para que eu terminasse o ensino médio depois do nascimento de Juan Pablo. Comemoramos na casa de minha mãe, no bairro La Paz.

Estar sentada no recinto da Câmara de Representantes foi uma experiência gratificante. À minha esquerda, o cantor Rafael Urraza.

Os dois juntos. Momentos fugazes que eu tentava viver da melhor maneira possível.

1º de dezembro de 1979. Pablo fez 30 anos, e eu lhe dei de presente este carro antigo.

Em 1980, em uma de nossas viagens aos Estados Unidos, fomos a um parque de diversões em Miami.

Em 1982, tendo sido Pablo recém-eleito Representante da Câmara, fomos ao Brasil com cerca de 20 familiares.

Na cobertura do edifício Mónaco. Eu tinha 24 anos.

Sala da cobertura do edifício Ovni. Juan Pablo e minha irmã mais nova.
Ali eu exibia várias das obras mais importantes de minha coleção de arte.

A escultura "Os Amantes", de Auguste Rodin, ocupou um lugar muito especial no edifício Mónaco.

Quarto principal da casa do bairro El Diamante, em Medellín. Eu tinha 21 anos. Em 1993, foi incendiada e saqueada pelos Pepes.

25 de maio de 1984. Pablo e eu na clínica Paitilla, Cidade do Panamá, com Manuela recém-nascida.

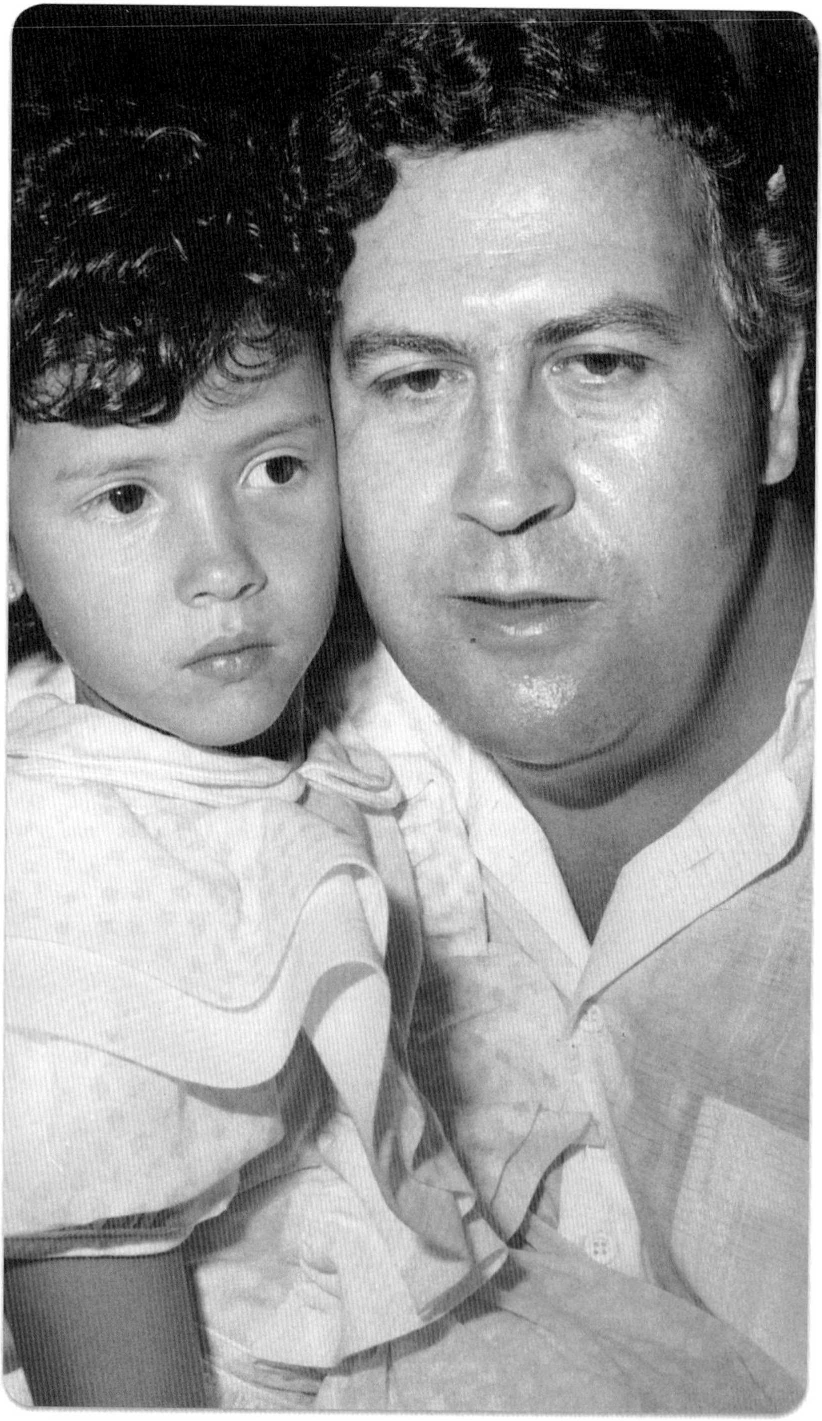

Assim era o quarto de Manuela no edifício Mónaco. Ao fundo, o mural pintado pelo artista Ramón Vásquez.

Este é o berço onde Manuela estava tomando sua mamadeira na madrugada de 13 de janeiro de 1988, quando o carro-bomba explodiu. Ela se salvou por milagre.

Ficou nesse estado uma parte da cobertura do edifício Mónaco depois do atentado com o carro-bomba, em 1988. Muitas obras de arte foram avariadas pelos fragmentos.

Eu e Pablo tentávamos levar uma vida normal, mas a guerra ficou no caminho.

A família completa no quarto aniversário de Manuela, na fazenda Nápoles.

Esse foi o único Natal que passamos com Pablo no presídio La Catedral. Era 24 de dezembro de 1991.

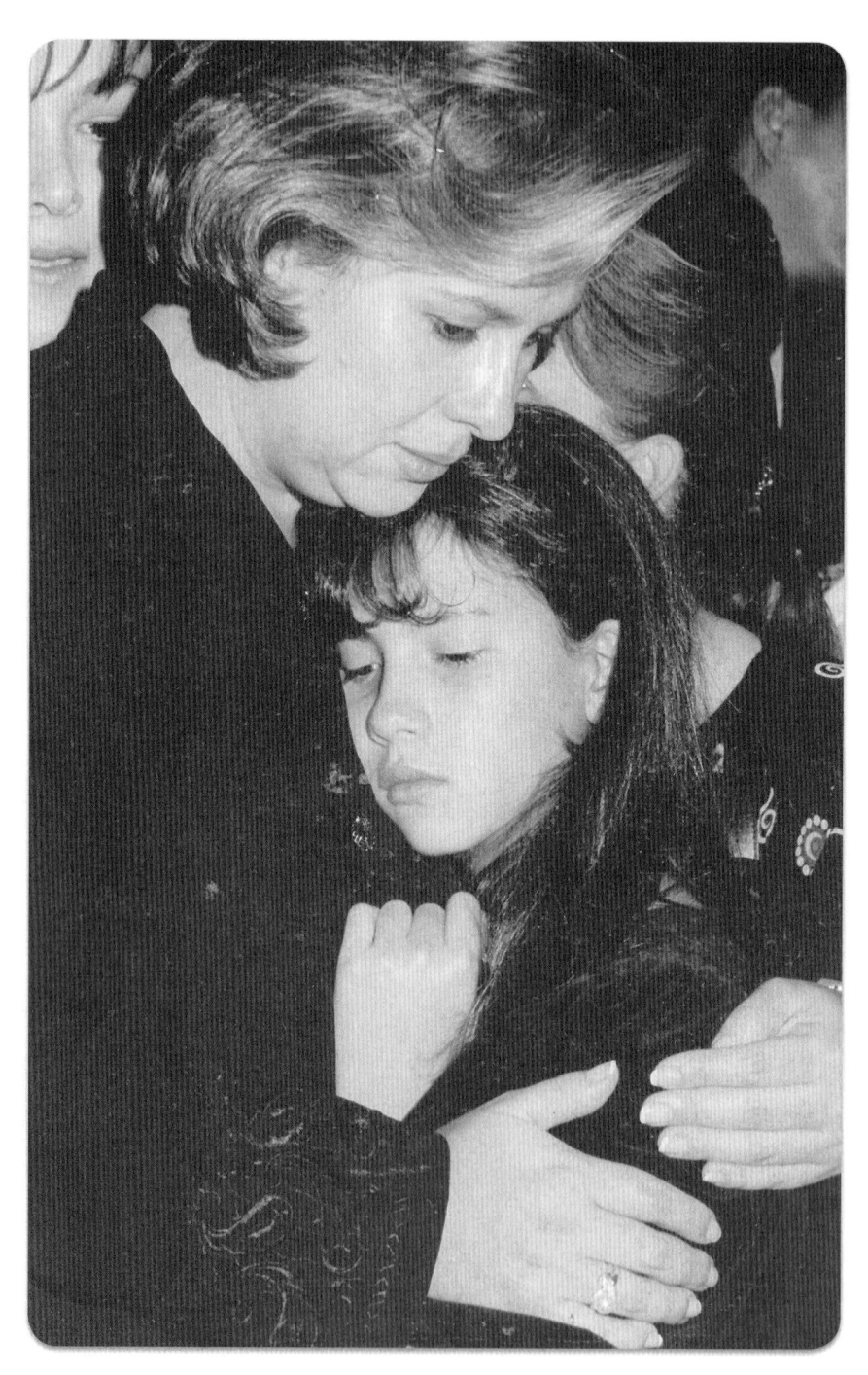

Primeiro aniversário da morte de Pablo. Cemitério Jardines Montesacro, em Medellín, 1994.

Em 7 de maio de 1994, cinco meses depois da morte de meu marido, celebramos a Primeira Comunhão de Manuela no apartamento do bairro Santa Ana, em Bogotá.

Calabouço que Juan Pablo e eu ocupamos no quartel da Superintendência de Drogas Perigosas, em Buenos Aires, 1999. Meu filho ficou ali 45 dias e eu, 540.

Combinei com os guarda-costas que eles negariam me conhecer se algo acontecesse, e assim agimos. Os guerrilheiros mandaram os ocupantes dos carros e dos ônibus descerem. Eu e tia Inés conseguimos passar despercebidas, porque nos escondemos atrás de uma casa. Depois, os assaltantes incineraram os ônibus e o pânico me dominou, porque achei que iam nos matar.

Estávamos havia cerca de cinco horas nas mãos dos subversivos quando um deles disse que podíamos ir. Voltamos a Nápoles, e a essa hora, duas da madrugada, falei com Pablo para lhe contar o que havia acabado de acontecer. Ele mandou reforçar a segurança da fazenda e disse que um helicóptero nos pegaria às 7 horas da manhã. Meu Deus, eu me salvei de um sequestro.

Depois de comemorar o aniversário de meu marido no pavilhão novo, chegou o fim de ano, e a celebração durou um mês – de meados de dezembro a meados de janeiro. Lembro que Pablo contratou o cantor venezuelano Pastor López e sua orquestra, que tocava das 9 horas da noite até as 9 horas da manhã do dia seguinte. Certa noite, havia cerca de 300 pessoas dançando, mas muitas delas nós nem conhecíamos.

O desenfreio que se vivia em Nápoles é inenarrável. A pista de pouso parecia um aeroporto, e em um fim de semana normal podia haver até uma dúzia de aeronaves ali paradas. É que Pablo era amigo de muita gente, e, nessa época, não tinha problemas judiciais.

Todos cometiam excessos lá, entre eles meu irmão Mario, que também tinha seu avião e ia e vinha como se nada fosse:

"Vou tomar o café da manhã em Bogotá e volto para o almoço. Vou trazer queijo com recheio de goiaba para Pablo, desses que vendem no aeroporto."

Ou Nicolás Escobar, filho de meu cunhado Roberto, que um dia estava em Nápoles e ficou com vontade de comer um hambúrguer que só vendiam no Centro Comercial Oviedo de Medellín. Sem problemas: mandou buscar um de helicóptero.

Não posso deixar de mencionar a devoção que meu marido dedicou a seu zoológico enquanto pôde estar presente. Muitas vezes o vi quando ia visitar os animais, em horas diferentes, para ver do que precisavam, de que tipo de comida gostavam.

Esse desejo de que seus animais estivessem bem o levou a cometer excessos, como dar lagostins durante seis meses aos flamingos porque havia notado que sua plumagem rosada estava clareando. Ou o dia em que mandou comprar três toneladas de cenoura para os elefantes, preocupado porque eles não queriam comer. A ideia não deu certo, e por um longo tempo os paquidermes continuaram do mesmo jeito, apesar de meu marido tentar cana-de-açúcar picada e diversos tipos de pasto.

Assim, Nápoles se tornou tão célebre que em 31 de maio de 1983 meu marido autorizou que se filmasse na fazenda um comercial de um minuto de duração para a Naranja Postobón, fábrica de refrigerantes da Organização Ardila Lülle.

Para fazer a gravação, demoraram dois dias e usaram o avião Twin Otter de Pablo e os veículos anfíbios e de safári, e os protagonistas foram inúmeras crianças, os elefantes, avestruzes, girafas, alces, cisnes e cangurus. Juan Pablo e uma de minhas irmãs também participaram. Depois que foram embora, meu filho ficou colérico, porque as crianças haviam estragado várias motocicletas e carrinhos de corrida dele.

Dias depois, chegou à nossa casa um imponente arranjo floral com chocolates e uma garrafa de licor, mandados para Pablo pela fábrica de refrigerantes.

Naquela época de ouro de Nápoles, muita gente famosa passava por lá. Como a diva Amparo Grisales, que certa vez estava rodando um filme na região e passou para nos visitar acompanhada dos demais atores. Pablo a olhava extasiado, e segundo me contaram depois, eles já se conheciam, porque haviam ido a uma festa em Medellín quando eu estava na Europa.

Quem também esteve em Nápoles foi o famoso cantor e compositor argentino Leonardo Favio, que compartilhou com Pablo longas noites de farra. Eu sofri muito com sua chegada, porque meu marido desaparecia dias inteiros, e quando saíam da fazenda, andavam para lá e para cá em um luxuoso Porsche. Também não podia faltar a cantora de *rancheras* Helenita Vargas, que animou várias festas na fazenda. Como já contei em outra parte deste livro, ela era meu ídolo, porque eu me identificava com a letra de suas canções. Lembro também do astro argentino Leo Dan, que animou longas festas na fazenda com as divas mais conhecidas da época.

E como não mencionar Virginia Vallejo, a quem nunca vi em Nápoles, mas cujo romance com meu marido ela recria amplamente em seu livro? Inclusive, os dois se conheceram lá, e logo nasceu o intenso caso romântico já abordado neste livro.

Enquanto durou, a fazenda Nápoles foi tudo para Pablo. Ele queria fazer muitas coisas – quase todas ao mesmo tempo –, como a represa que resolveu construir um dia quando sobrevoava o rio Doradal de helicóptero. Chegou convencido de que a água de vários rios da região poderia gerar energia para uma parte do país.

O entusiasmo o levou a encomendar a megaobra com pessoas que não tinham experiência nenhuma e o fizeram gastar muito dinheiro, além de contratar 700 operários. No entanto, o projeto foi a pique depois que meu marido consultou o engenheiro Diego Londoño. Este, por sua vez, levou alguns especialistas, que alertaram sobre o perigo de uma catástrofe, porque aquela área não era apta para se construir uma represa. Pablo ficou muito preocupado, e não teve opção senão cancelar o projeto.

Muito se falou das coisas ruins que aconteciam na fazenda Nápoles; não sou testemunha disso. Por longos períodos eu não ia lá, e quando ia, Pablo dava um jeito de que eu não soubesse de nada.

Vinte e cinco anos depois da morte de Pablo, a fazenda Nápoles é um parque temático no Magdalena Medio colombiano. Ali, a vida se impôs à guerra, e milhares de famílias tiram seu sustento do zoológico, das atrações naturais, do clima. Atualmente, 12 mil pessoas vão à fazenda nos fins de semana, e cada uma paga 85 mil pesos – 29 dólares.

Meu marido aplicou todo seu empenho e usou sem medida seu dinheiro ilegal para construir um projeto que perdurasse no tempo. E conseguiu. A única coisa que não conseguiu foi que o sepultássemos em um dos lugares mais bonitos da fazenda, e que em cima plantássemos uma sumaúma, como nos pedira várias vezes.

CAPÍTULO 7

PROCURANDO UM MUNDO DIFERENTE DO DE PABLO

Uma das várias guerras que vivi ao longo de minha existência começou na madrugada de terça-feira, 13 de janeiro de 1988, quando Manuela, Juan Pablo e eu estávamos dormindo na cobertura do edifício Mónaco, em Medellín, e acordamos com o que no começo parecia um terremoto – mas que, na realidade, era a explosão de um carro-bomba.

Eram 5h13 da manhã. A onda expansiva causou danos ao edifício, situado no bairro Santa María de Los Ángeles, perto do Club Campestre de Medellín. Ao fundo se via, muito avariada, a capela à qual íamos rezar quase todos os domingos, e onde pouco antes havíamos batizado minha filha Manuela. Pelo menos cinco casas do bairro desapareceram, porque o carro-bomba abriu uma cratera de 4 metros de profundidade e 10 de diâmetro, e provocou a morte de três pessoas, feriu mais dez e deixou uma centena de afetados. O atentado estragou muito seriamente minha coleção de arte.

Obras valiosas desapareceram devido à onda expansiva que se estendeu por quase um quilômetro ao redor; outras ficaram parecendo uma peneira devido aos estilhaços, e com algumas não aconteceu nada. O estrondo fez a cidade inteira tremer.

Naqueles momentos aziagos eu me lembrava de minha mãe, que, como sempre, parecia adivinhar o futuro. Naquele dia, de madrugada, ela havia ligado de San Andrés, onde passava férias, e dissera:

"Minha filha, eu lhe peço que me deixe dormir a última noite em paz; por favor, vá para meu apartamento; estou com um mau pressentimento… alguma coisa vai acontecer com vocês."

"Mamãe, fique tranquila, é muito tarde para sair com um bebê de 2 anos e um menino de 9. Deus é grande, nada vai acontecer conosco, não se preocupe."

Ela tinha razão, mas, graças a Deus, nós nos salvamos.

Depois da bomba, meu relacionamento com a arte sofreu um duro golpe. Fazia onze anos que eu me dedicava a conhecer esse mundo sofisticado, que me levou às galerias mais exclusivas de Medellín, Bogotá e outros países, onde pude adquirir um número significativo de pinturas e esculturas, praticamente todas exibidas nos dois andares da cobertura do edifício Mónaco, minha casa.

No entanto, minha intenção não era somente comprar arte. Durante esse tempo eu também visitei os ateliês de dezenas de artistas e aprendi a interpretar suas obras, a me conectar com a essência de cada um deles. Essa aproximação me conduziu também a frequentar as fastuosas mansões das famílias de classe alta de Medellín, Bogotá, Roma, Nova York e Paris, onde descobri peças de museu inacreditáveis. Para não fazer feio, fiz vários cursos de história da arte e comprei uma biblioteca especializada, coisas que me deram ferramentas suficientes para me comunicar mais facilmente com esse círculo tão fechado.

Desde muito pequena, a beleza dos objetos me chamava a atenção, talvez porque era cercada por um entorno familiar no qual primavam a criatividade e os detalhes. É evidente que eu não tinha noção de estética, e muito menos de arte. Mas em meio a tudo eu tive sorte, porque comecei a me interessar por pintura, leitura, etiqueta, idiomas e esportes. A imagem que eu queria projetar para os outros passava a clara mensagem de que eu estava disposta a transformar minha história.

Praticamente desde o começo de meu relacionamento com Pablo suas ausências marcaram o rumo de minha vida. Tive que me acostumar a suas mentiras, a suas ocupações, a suas chegadas em casa de madrugada, ou simplesmente a seus sumiços de vários dias ou semanas. Essa realidade, que me causava dor e indignação, forçou-me a inventar uma vida a meu redor para sofrer o menos possível. A arte ocupou um lugar preponderante em meu dia a dia, e devo reconhecer que o dinheiro de meu marido e de alguns amigos dele contribuíram para eu conquistar um espaço passageiro nesse ambiente.

No começo, no galanteio da conquista, Pablo me deu de presente um violão, e mais adiante um órgão, e ambos de alguma maneira despertaram em mim a sensibilidade para a música. Mais tarde, em 1977, pouco depois do nascimento de Juan Pablo, meu marido conheceu o artista *paisa* Pedro Arboleda, cuja obra estava focada basicamente em pintar mulheres nuas, mulheres saindo do chuveiro e mulheres passeando entediadas. As obras figurativas de Arboleda cativaram Pablo, que comprou vários quadros, entre eles uma natureza-morta, que penduramos em nosso novo apartamento alugado no bairro La Candelaria. Eu sempre acreditei que, mais que um interesse genuíno por suas obras, o que realmente interessava a Pablo era estar perto das modelos do artista. Mesmo assim, criamos com o pintor uma profunda relação, que até hoje conservo.

Bem naquela época, o Centro Internacional del Mueble começava a ganhar força; situava-se em uma imensa zona industrial do município de Itagüí, no vale do Aburrá. Havia sido fundado no início dos anos 1970, e desde o primeiro dia seus donos cediam espaço para pequenas galerias que expunham obras de jovens artistas. O lugar me atraiu sobremaneira, e em pouco tempo adquiri obras de pintores antioquenses já conhecidos, como Pedro Nel Gómez, Débora Arango, Francisco Antonio Cano e Ricardo Gómez Campuzano. Ali também comprei um óleo da pintora argentina Delia Cugat, que chamou minha atenção por seu movimento e pelo interessante manejo da luz. A obra representava uma mulher com uns cães, e no fundo se observava uma espécie de faixa azul-clara e branca com um sol bordado no centro. Era a bandeira de seu país, aonde, por coincidência, eu chegaria anos depois, quando tive que sair correndo da Colômbia.

A compra da casa do reconhecido arquiteto Raúl Fajardo, no bairro El Diamante, abriria um espaço impensado em meu incipiente contato com a arte. A confortável edificação tinha um espelho d'água, e no meio, uma linda escultura em bronze de um casal se beijando, chamada *El beso*, do artista antioquense Salvador Arango. O dono da casa havia deixado claro que a obra não estava incluída no negócio, mas eu disse a Pablo que não a comprasse se tirassem a escultura. Por fim, *El beso* ficou, e semanas depois, eu quis conhecer o escultor, a quem fui visitar em seu ateliê em um lugar conhecido como Las Letras de Coltejer, no leste de Medellín.

Essa primeira conversa com o mestre Salvador Arango foi inesquecível, e a partir daí e durante vários anos, ele se tornou meu mentor, amigo e colega de viagem; foi um guia honesto, desinteressado, que não se aproveitou de minha ingenuidade e de minha falta de experiência. Estar ao seu lado era enriquecedor, e por meio dele conheci grande parte do meio artístico do momento.

Uma coisa leva a outra, como diz o ditado popular. Um dia, fui visitar uma amiga, e me chamaram atenção o bom gosto e a elegância com que a espaçosa varanda de sua casa havia sido decorada. Perguntei quem havia projetado esses espaços, e ela respondeu Julia Acosta, uma especialista em decoração e arte de Medellín. Pedi o telefone dela. No dia seguinte, chegou uma mulher gentil e jovial, que sem preâmbulos começou a percorrer a casa, lentamente e em silêncio total. Meia hora depois, quando acabou, disse com frieza, mas também com grande profissionalismo:

"Veja, Victoria, a primeira coisa que precisamos fazer é mandar vir três ou quatro caminhões."

"Para que tantos caminhões, Julia?"

"Para tirar tudo o que há neste lugar e levar para o lixão municipal. Tudo isto é muito feio, inclusive essa luminária de Pedrín, que é de muito mau gosto."

Ela estava se referindo a Pedrín, um homem muito conhecido em Medellín que fabricava luminárias com um estilo bastante peculiar – eu diria que exótico.

"Como? Não pode ser. Inclusive os móveis Luís XV que meu marido me deu? Eles são intocáveis", repliquei, desconsolada.

"São horríveis... e essas porcelanas, terríveis. De onde tirou tudo isso?"

Concordei em mudar muitas coisas, mas disse a ela que de jeito nenhum poderia tirar os móveis de sala, porque senão meu casamento acabaria. Ela concordou, e a partir daí começaria uma grande amizade, porque Julia seria decisiva na decoração de muitos espaços onde vivemos, mas também na estruturação de minha futura coleção de arte.

Resolvido o assunto dos móveis, que mudamos para o estúdio, começamos a visitar lojas de design e decoração, e Julia me convidava periodicamente a exposições nas poucas galerias de arte que havia naquela época em Medellín. Foi muito gratificante, porque não tardei a comprar meu primeiro quadro do mestre Alejandro Obregón, um óleo de fundo amarelo com um pássaro colorido chamado *Flores carnívoras*. Também adquiri uma aquarela do pintor Fernando Botero e três desenhos de nus feitos com carvão de Luis Caballero, já famoso no mundo artístico de Medellín – em 1968, ele havia ganhado a primeira Bienal Ibero-americana de Pintura realizada na cidade.

Enquanto isso, Julia me levava às casas de algumas das famílias mais classudas da capital antioquense, para observar suas coleções privadas de obras de arte e seus valiosos objetos de decoração. Foi deslumbrante descobrir o interesse da "aristocracia" *paisa* por viagens à Europa e aos Estados Unidos para adquirir cultura e ficar a par das últimas tendências em arte e decoração.

Uma dessas visitas nos levou à enorme e linda casa dos Echavarría, situada diagonalmente ao Centro Comercial Oviedo. Fiquei muito impressionada com a grandiosidade das obras de arte e dos objetos de valor histórico que havia ali, adquiridos desde tempos imemoriais. Contudo, as novas gerações que as herdariam não se interessavam tanto, e, por isso, ficou aberta a possibilidade de eu comprar algumas dessas peças.

Fui com Julia várias vezes a essa casa; só podíamos entrar às 2 horas da tarde e andar sem fazer barulho, porque a essa hora a avó Echavarría descansava em seu quarto – seu estado de saúde era delicado e ela não teria gostado de ver gente desconhecida andando por ali. A situação era meio estranha, e não me agradava muito fazer o papel de convidada e intrusa ao mesmo tempo, como também não me convencia isso de desmembrar uma parte da história de uma família tão tradicional.

Nessas idas e vindas, por fim comprei várias relíquias: a medalha dada ao libertador Simón Bolívar depois de vencer na batalha de Boyacá, em 1819; a maquete original de uma escultura do cavalo de Bolívar, que o governador daquela época encomendara a um famoso artista italiano para exibi-la na praça de Bolívar de Medellín; e o quadro de um violino, do mestre Francisco Antonio Cano, pintado em homenagem à Orquestra Sinfônica de Antioquia. Quando essas peças de tanto valor histórico chegaram na minha casa, fiz uma espécie de pacto secreto com a avó Echavarría e me comprometi a conservá-las como um verdadeiro tesouro.

No empenho de ampliar meu horizonte no mundo da arte, não passou muito tempo até eu dar o passo seguinte: conhecer os *marchands* – gente encarregada de comercializar as obras – mais reputados daquela época em Bogotá. Cheguei a eles graças aos contatos de Julia, que os apresentou a mim em suas respectivas galerias. Não menciono seus nomes por respeito, porque são pessoas honoráveis, mas a verdade é que com alguns deles, além de estabelecer uma relação comercial, também houve de minha parte um genuíno desejo de aprender sobre arte.

As constantes visitas à capital para conversar com os *marchands* acabaram fazendo correr o rumor de que uma investidora de Medellín estava comprando obras de artistas contemporâneos da época. De uma hora para outra, eles e os galeristas mais reconhecidos de Bogotá se interessaram em me conhecer, convidando-me para exposições, jantares e coquetéis. A coisa ficava mais fácil para mim porque Pablo ainda era visto no país como político e empresário, e suas confusões com a justiça ainda não haviam aflorado.

As já constantes visitas às galerias bogotanas me levaram, certa vez, a viver um curioso caso com uma obra. Aconteceu quando a esposa de um *marchand* me ofereceu uma pintura do artista bogotano Alberto Iriarte, conhecido nos círculos intelectuais como Mefisto. Ela e eu já havíamos nos visto algumas vezes, e embora a oferta me parecesse estranha, na verdade ela pedia uma quantia de dinheiro tão baixa que não hesitei em comprá-la. Então, as duas felizes, fechamos o negócio.

Contudo, o assunto não acabou aí, porque, pouco depois, um galerista me ligou suplicando que lhe revendesse a obra; mas eu disse não. O que aconteceu, na verdade, foi que a mulher havia vendido a obra – que seu marido guardava como uma verdadeira joia – em represália pelas constantes infidelidades dele.

Enquanto isso, eu cultivava com esmero meu relacionamento com o mestre Salvador Arango, a quem encomendei várias obras. Em contrapartida, ele me pôs em contato com alguns artistas em Bogotá, entre eles Armando Villegas, Manuel Estrada e Édgar Negret. Quando viajava, eu não perdia a oportunidade de visitar seus ateliês, e, por isso, cada encontro era uma aula magistral de história da arte contada em primeira pessoa. Foi uma época feliz, na qual aprendi muito.

Lembro a generosidade do mestre Negret, que me abriu as portas de seu ateliê e de sua casa no bairro Santa Ana, ao norte de Bogotá. O lugar era impressionante, porque além de sua coleção de arte latino-americana, ele exibia suas próprias obras, cheias de cor e magia.

Dias depois, a decoradora me deu uma nova e grata notícia: o mestre Alejandro Obregón nos receberia em sua casa na cidade amuralhada em Cartagena. Fomos, e eu fiquei muito impressionada com o encanto do lugar, tipicamente cartageneiro, onde se destacavam os pátios internos, o telhado e os terraços. Nesse entorno de sensibilidade e arte destacavam-se inúmeras obras suas e de outros artistas contemporâneos exibidas nas paredes do espaçoso casarão colonial.

Foi uma tarde inesquecível, porque o mestre Obregón se esmerou para fazer que nos sentíssemos à vontade, e em uma conversa longa e interessante falou de seus processos como pintor, de seu repúdio ao academicismo e de como nenhum artista havia exercido influência no estilo de sua obra. Mas, apesar de sua gentileza, ele não quis de jeito nenhum me vender alguma peça sua, porque, segundo disse, uma reconhecida galeria de Bogotá o representava. Voltei frustrada para Medellín, mas grata por ter encontrado um mundo ao qual não muitas pessoas podiam ter acesso.

Estar em permanente contato com os *marchands* e galeristas, visitá-los, comprar obras deles, ir às suas exposições – isso haveria de me dar uma das maiores satisfações na vida. Já naquela época era normal que eu recebesse pelo correio fotografias coloridas de 20 x 25 das obras à venda, não só em Bogotá, mas também em outras partes do mundo, com informação sobre seus autores e o valor. Esse mecanismo era muito bom, porque os clientes podiam pagar as obras em parcelas mensais, e eram entregues quando já estivessem totalmente pagas.

Por essa via, certa manhã recebi um envelope que continha as imagens de uma pintura que me deixou boquiaberta: *The dance of rock and roll*, de 84 x 116,3 centímetros, assinada à direita, do artista espanhol Salvador Dalí. Era inacreditável. Fiquei impressionada com o movimento de um casal em um deserto interminável, sexual e onírico. Era inacreditável que em meus 22 anos, eu pudesse ter tamanha obra de arte em minha casa. Mas vinte e quatro meses depois, quando paguei a última parcela, o quadro já estava pendurado na parte alta da biblioteca, em um local privilegiado, que podia ser apreciado de lugares diferentes. Eu não podia acreditar. Durante algum tempo foi meu grande segredo, porque não contei a ninguém que havia comprado o quadro, e Pablo também não se deu conta – ele não tinha tempo e também não se interessava em observar as pinturas que havia em nossa casa.

Eu não sabia naquele momento, mas o Dalí teria um papel determinante em minha vida nos anos seguintes.

Pouco a pouco, à medida que aprendia e conhecia, fui me interessando muito pelo pintor e escultor Fernando Botero, que já deslumbrava o mundo com sua arte, e a quem eu admirava por sua história de vida comovente. Lembro de ter lido vários artigos que falavam das penúrias financeiras que ele e sua família enfrentaram e da maneira como ele se sobrepôs às críticas implacáveis ao estilo que escolheu para desenvolver sua obra.

Estar no radar de quem comercializava arte me deu o privilégio de ir a Bogotá para ver os quadros de Botero recém-chegados à Colômbia e decidir qual comprar. Assim, adquiri algumas pinturas e esculturas, mas gostava mais dos óleos que faziam alusão à tauromaquia – porém, eram inalcançáveis para mim dado seu alto valor. Como já disse, eu conseguia comprar obras a prazo, porque fazia tudo isso sem o apoio de Pablo, que não se interessava por arte, só por objetos e carros antigos. Se meu marido entendesse o significado da arte, certamente minha coleção teria sido cinco vezes mais importante do que chegou a ser.

Minha predileção pelo mestre Botero era tão notória que dois *marchands* muito importantes de Bogotá me convidaram para a abertura de uma exposição de suas melhores obras na galeria Quintana, a mais famosa naquela época. O evento foi um acontecimento, e convocou a nata da sociedade bogotana. O presidente Belisario Betancur compareceu como convidado especial.

Em certo momento da noite, apresentaram-me o mestre Fernando Botero; emocionada, eu disse que era admiradora de sua obra, de seu trajeto como artista, e acrescentei que meu grande sonho era adquirir algumas de suas pinturas e esculturas, porque queria fazer uma boa coleção. Ele foi muito gentil, e depois de um tempo de conversa, deu-me de presente dois cartazes autografados embaixo: "Para Victoria, do mestre Fernando Botero".

Naquela noite falei também com o presidente Betancur, com quem troquei opiniões sobre a majestade das obras de Botero e outras trivialidades, mas concordamos na admiração que lhe professávamos e vaticinamos que ninguém deteria sua carreira – ele marcaria um antes e um depois na história da arte colombiana.

A imersão no mundo da arte me levou à Europa, e a primeira cidade que eu e Julia visitamos foi Florença, Itália. As praças cheias de escultores e pintores me deslumbraram de tal maneira que passei vários dias contemplando seus traços, suas criações. Fui a Pietra Santa em três ocasiões, e visitei o ateliê do maestro Botero; mas não o encontramos, porque ele estava viajando. No entanto, conheci o escultor polonês Igor Mitoraj. Em Roma, fui apresentada a uma senhora de linhagem – que usava dois diamantes de sete quilates cada um e sua roupa casual era das casas Armani ou Valentino –, representante de pintores e escultores, que vivia em uma cobertura ao lado dos campanários da Catedral; e como sabia que eu era investidora em arte, ela ia me buscar no hotel com uma limusine muito elegante.

Em uma de minhas viagens a Roma, ela me convidou para uma festa em seu apartamento à qual iriam vários artistas, *marchands* e galeristas. A vista da cidade eterna era deslumbrante, pois a varanda estava decorada com tochas à meia-luz. Ouvir a conversa de um grupo tão seleto e culto me fez sentir em um espaço mágico, único.

Essas viagens à Europa às vezes se prolongavam por duas semanas, e outras por até dois meses, quase sempre com o olhar complacente de Pablo. Mas claro que ele aproveitava minhas ausências para aprontar das suas. Quanto a meu filho Juan Pablo, eu viajava tranquila porque minha mãe ficava com ele. Ela entendia meu anseio por aprender, e por isso estava sempre disposta a me ajudar na criação do menino. Como esquecer que minha mãe cuidou dele enquanto eu acabava o ensino médio?

Enquanto isso, em meados de 1982, a bonança econômica de Pablo nos levou rapidamente a projetos mais e mais ambiciosos. O primeiro foi a construção de um edifício em dois lotes muito grandes situados nas imediações do Club Campestre de Medellín, que o engenheiro Diego Londoño White vendera a meu marido. Pablo não me disse nada no começo, mas acabei sabendo quando dois arquitetos já haviam avançado em um primeiro projeto da futura obra. Perguntei a meu marido, e ele respondeu que sua ideia consistia em construir um edifício de apartamentos de oito andares. Nós moraríamos nos dois últimos e alugaríamos os seis restantes.

A partir desse momento, eu assumi a responsabilidade pela obra, e comecei a desenvolvê-la junto com Julia e dois arquitetos, um dos quais me contou que havia mostrado mais de 20 projetos a meu marido. Mas Pablo só pedira para ver o do quarto principal e que fizesse uma grande janela na sala de jantar de onde se visse Medellín.

Com o passar dos meses, enquanto a construção do enorme edifício avançava, Julia e eu começamos a pensar como decoraríamos a cobertura, que teria dois andares e uma área de cerca de 1.500 metros. Lembro que resolvemos relativamente fácil a parte da sala de estar, da sala de jantar, do hall de acesso, quartos, biblioteca, sala de televisão, piscina e áreas de descanso, mas nos concentramos especialmente nos lugares onde eu penduraria as pinturas e poria as esculturas – as que eu já havia comprado e as que pretendia adquirir nos meses seguintes. Decidi que cada peça de arte teria um espaço determinado, por isso consultamos designers de interiores e especialistas em iluminação para obras de arte. A busca do melhor para o edifício me levou a muitos lugares do país, aonde eu ia no Lear Jet de Pablo, quase sempre em companhia de Julia. Nas investigações que fiz para este livro, falei com um dos pilotos de meu marido, que me revelou que Pablo começara a desconfiar de mim devido à grande quantidade de viagens que eu fazia em seu avião, e, por isso, mandara que interceptassem minhas chamadas e as de Julia Acosta. Isso durou cerca de um mês, mas, no fim, ele se convencera de que suas suspeitas eram infundadas.

Quando o edifício começou a tomar forma, eu e os arquitetos percebemos que tínhamos que cumprir uma norma da Secretaria de Planejamento de Medellín que incentivava os construtores e proprietários de edifícios a exibir obras de arte nas fachadas para embelezar a cidade, com o benefício de obter dedução de impostos. Então, tive a ideia de procurar o prolífico escultor antioquense Rodrigo Arenas Betancourt, conhecido por sua obra monumentalista. Depois de contatá-lo por meio do artista Salvador Arango, fui visitá-lo em seu ateliê, em um local bem afastado e pouco seguro de Medellín, porque era sabido que os artistas precisavam de espaços gigantes, e suas finanças não davam para trabalhar em lugares mais centrais.

Encontrei uma pessoa fascinante, afável, sábia, que logo entendeu minha ideia de fazer uma escultura para exibi-la na parte externa do futuro edifício – que, segundo os planos, estaria pronto em três anos, ou seja, em 1985. Eu lhe expliquei que queria uma obra que representasse uma família, com um homem, uma mulher e um menino. Entre um café e outro, o mestre pegou um lápis, e em uma grande folha de papel branco começou a traçar as primeiras linhas que mostravam um homem segurando uma mulher, que segurava um menino. Foi inacreditável, porque o mestre a esculpiu exatamente como a havia pensado e esboçado no papel. A obra monumental ficou pronta a tempo, e o artista a batizou de *La vida*. E me custou 20 milhões de pesos daquela época – 310 mil dólares –, e, segundo os especialistas, mandar fazê-la hoje chegaria a um valor próximo dos 400 milhões de pesos, 136 mil dólares de junho de 2017.

E como todo edifício tem um nome, não foi difícil encontrá-lo: Mónaco. Por quê? Porque fazia poucos meses que eu havia conhecido o principado de Mónaco e ficara maravilhada com sua majestade, sua elegância, sua arquitetura. A identificação do edifício foi fixada em uma parede externa, e suas grandes letras foram fabricadas com acrílico vermelho.

Enquanto a obra mostrava avanços significativos e os sexto e sétimo andares do edifício já podiam ser ocupados – embora ainda estivessem em obras – decidi guardar ali as obras de arte e esculturas que havia comprado. O espaço era mais que suficiente para essas e as que viriam.

Sabendo de meu interesse e entusiasmo por fazer o melhor do melhor, um *marchand* de Bogotá me ligou para falar do pintor chileno Claudio Bravo, reconhecido, segundo ele, pelo realismo de sua obra. Ele disse que mandaria pelo correio as fotografias de alguns óleos disponíveis no mercado. As fotos chegaram e fiquei muito impressionada com uma delas: *Los monjes*.

Fiquei apaixonada por essa pintura, na qual um monge e um menino pareciam falar com o olhar, e não hesitei nem um segundo em decidir comprá-la. Combinamos o preço e o número de parcelas. E, um tempo depois, o quadro de 2 metros e meio de altura por 2 de largura chegou de barco da Europa ao porto de Barranquilla, e dali foi de caminhão para o edifício Mónaco.

Pouco tempo depois de negociar *Los monjes*, o mesmo *marchand* de Bogotá me ofereceu *Bacanal*, outro quadro de Claudio Bravo, e mandou as fotografias. Tentamos negociá-lo, mas o valor me pareceu alto demais, e eu disse que pensaria, porque não seria fácil pagá-lo em parcelas. Passaram-se os dias, e aconteceu algo muito estranho: uma mulher que falava uma linguagem muito refinada me ligou oferecendo a mesma obra. Disse que morava em Nova York e que, se chegássemos a um acordo, ela me enviaria a pintura mais tardar em um mês, incluindo o certificado de autenticidade.

De cara pensei que poderia se tratar de um golpe, porque a mulher pedia a metade do preço do *marchand* por *Bacanal*. Por isso, pedi que me mandasse os documentos, fotos e todos os papéis que tivesse para provar que o quadro era verdadeiro. Várias semanas depois, minhas dúvidas se dissiparam, e dei um jeito de conseguir o dinheiro todo, porque o quadro era uma pechincha para os valores de então: 140 mil dólares.

O inacreditável dessa história é que quando já morávamos no edifício Mónaco, o *marchand* de Bogotá me ligou e disse que sabia que a pintura estava em minhas mãos e me ofereceu o dobro do que eu havia pagado. Não aceitei.

Na corrida frenética por comprar obras de arte, uma vez eu menti a Pablo. Ele havia me dado um automóvel Mercedes-Benz azul muito bonito, blindado, importado da Alemanha, mas o achei complicado de dirigir devido a seu peso excessivo. Além do mais, parecia um tanque de guerra. Não podia abrir as janelas, e, evidentemente, era muito desconfortável, porque usar o ar-condicionado o tempo todo o transformava em uma geladeira – e sentia-se seu peso ao rodar. Pablo entendeu minhas razões e me autorizou a vendê-lo, mas impôs uma condição: que eu guardasse o dinheiro em um banco. Claro, não lhe dei ouvidos, e com o dinheiro comprei outro quadro de Claudio Bravo.

Quando fazemos negócios constantemente, é normal que apareçam cada vez mais. Assim aconteceu no dia que me ofereceram uma casa velha e enorme na rua 10, acima da avenida El Poblado, um lugar que naquela época não era comercial em Medellín. Comprei-a por um preço muito favorável, e logo pensei que o lugar era perfeito para construir um edifício. Os arquitetos e a decoradora avançaram bem depressa na elaboração do projeto, que logo tomou forma, e cujo nome não tardei a decidir: Ovni. Era uma construção de oito andares na qual haveria principalmente escritórios e um apartamento bem amplo no último. Pensando no futuro, achei que seria boa ideia ter uma residência alternativa. Os graves fatos que ocorreram pouco tempo depois mostraram que eu tinha razão.

Assim como no edifício Mónaco, era necessário exibir uma obra de arte na fachada do Ovni – eu a encomendei ao mestre Salvador Arango. Ele desenhou uma escultura gigante, combinando com o nome do edifício, e a batizou *El hombre con cohete*.

Como costuma acontecer nos negócios, a arte não está isenta de fraudes e enganações. Nesse sentido, devo reconhecer que em três ocasiões fui enganada por *marchands*, que me roubaram uma boa quantidade de dinheiro em dólares. Em um desses episódios aconteceu que eu entreguei 90% do valor combinado, mas a obra nunca chegou. Também quase fui enganada pelo dono de uma importante galeria de arte de Bogotá, que havia me vendido uma pintura do mestre Fernando Botero; mas logo notei que o preço combinado estava muito acima de seu valor comercial. Muito brava, pedi que me devolvesse o dinheiro, o que aconteceu muito tempo depois. Apesar de terem sido experiências muito desagradáveis, decidi que Pablo jamais saberia, para evitar problemas. De qualquer maneira, eu queria resguardar o mundo que havia construído e mantê-lo o mais afastado possível da outra parte de minha vida.

Meu dia a dia era bastante agitado naqueles primeiros anos da década de 1980. Eu tinha muita vitalidade, por saber que estava fazendo coisas muito importantes para mim e para minha família, mas também era reconfortante ver Pablo mergulhando de cabeça em sua ideia de doar casas aos moradores do lixão municipal de Moravia. Medellín Sem Barracos, a fundação que meu marido havia criado para tal propósito, fazia todo tipo de eventos para arrecadar fundos, e a tourada – com *rejoneo* incluso – que haviam organizado em março de 1983 na praça de touros de La Macarena, em Medellín, havia sido um sucesso.

Pensando em como eu poderia ajudar na causa de meu marido, certa noite me ocorreu propor que fizesse um leilão de arte para arrecadar fundos. Os contatos com as galerias, os pintores, os *marchands* – inclusive ter participado de alguns leilões –, tudo isso havia me permitido conhecer a utilidade desses atos beneficentes. Por essa razão, decidi lhe fazer a proposta quando ele chegou a casa, de madrugada. Ele ficou me olhando, sem entender.

"Tata, o que é isso?"

"No mundo, Pablo, são feitos leilões de arte para ajudar fundações, para casos de tragédias, para contribuir com causas sociais, como isso que você está propondo. Tenho certeza de que você poderá construir mais casas para essa pobre gente."

Pablo devia ter achado estranha minha ideia, mas não disse não. No dia seguinte, assumi a tarefa titânica de organizar um evento de tal dimensão, e, para isso, contratei 10 pessoas, porque era necessário fazer *lobby* para conseguir emprestadas as obras que apresentaríamos no leilão, garantir que não acontecesse nada com elas e fazer o seguro para proteger o transporte.

Enquanto isso, falei com alguns *marchands* de Bogotá e lhes pedi que me ajudassem a conseguir obras importantes para o leilão. Tive sorte, porque algumas pessoas da classe alta de Bogotá que possuíam quadros valiosos os emprestaram para exibição. Por fim, consegui reunir 170 pinturas, esculturas e antiguidades de 25 artistas, entre eles Fernando

Botero, Darío Morales, Edgar Negret, Alejandro Obregón, David Manzur, Enrique Grau, Débora Arango e Rodrigo Arenas Betancourt, entre outros.

O leilão já era um fato. Seria realizado no salão Antioquia do Hotel Intercontinental de Medellín e se chamaria "Pincel de Estrellas", nome criado por Neruda.

Certa noite, contei todos esses detalhes a Pablo, que ficou boquiaberto. Por fim ele vencia seu ceticismo, porque, como me confessou, chegara a pensar que o leilão não tinha futuro.

As fotografias tiradas naquela noite memorável mostram Pablo em frente a um atril, e ao seu lado a escultura *Pedrito a caballo,* de Botero. O evento foi bem acolhido, porque o salão Antioquia do Hotel Intercontinental foi lotado por umas 200 pessoas, muitas delas da alta sociedade *paisa*, comerciantes, industriais e gente comum, mas também por "empresários" amigos de Pablo.

Meu marido abriu o leilão e convidou os presentes a comprar as obras para contribuir com a causa do projeto Medellín Sem Barracos. Depois, acrescentou:

"Victoria, obrigado por seu esforço, obrigado por sua conquista esta noite, obrigado, porque as famílias de Moravia terão mais casas... Obrigado pelo sucesso deste leilão."

De fato, a venda de arte superou minhas expectativas; a maior parte das obras foi adquirida por compradores que pagaram cerca de meio milhão de dólares. Como consegui, com meros 22 anos de idade, que um leilão de arte tivesse tal dimensão e resultados? Sem dúvida, tendo Pablo como respaldo, porque naquele momento, 1983, ele já era representante da Câmara e ainda gozava de reconhecimento como empresário, com muito poder econômico. Não posso negar que essa condição ajudou, e muito.

O sucesso do leilão de arte me deu oportunidade de falar com Pablo sobre uma ideia que eu havia tido tempos atrás, mas ficara calada para evitar um não como resposta. Eu me animei a conversar com ele sobre a importância de trabalhar em um escritório acolhedor, agradável e moderno, porque ele permaneceria nele boa parte do dia e da noite. Devo ter sido convincente, porque ele me ouviu e não fez objeção a comprar algumas pinturas e uma ou outra escultura para seu escritório, mais afastado do centro de El Poblado. Semanas depois, ele já tinha atrás de sua mesa um torso de bronze do escultor polonês Igor Mitoraj, um quadro de Francisco Antonio Cano, três de Obregón e um de Grau.

Tempos depois, como eu e os arquitetos havíamos planejado, o edifício Mónaco estava praticamente acabado. Era o primeiro semestre de 1985. Na etapa final, quando só faltavam os retoques, a decoradora Julia Acosta pediu-me para não ir até lá porque queria me fazer uma surpresa quando estivesse completamente acabado. Assim foi, e durante dois meses e meio cerca de 25 pessoas trabalharam dia e noite, até que por fim ficou pronto.

Vestida de gala, com meus dois filhos e minha família, chegamos certa noite ao edifício. Era impressionante. Eu realmente me senti no principado de Mónaco. Mas o problema era que meu príncipe estava na clandestinidade.

Eu sabia que ele chegaria qualquer noite, qualquer madrugada, no momento menos esperado; e assim foi. Ele fez uma visita curta, de não mais de duas horas, mas eu já estava acostumada... Quando anunciaram que meu marido estava no vestíbulo do primeiro andar, achei que ele gostaria de ver *La vida*, a obra monumental do mestre Rodrigo Arenas Betancur, de 10 metros de altura.

Eu o esperei à saída do elevador principal que chegava à cobertura, e quando o vi, senti uma grande alegria e o recebi com um grande abraço. Eu estava ansiosa por sua reação àquela obra, que havia custado muito dinheiro, tempo e esforço, e não sabia se ele a acharia tão imponente quanto eu a achava. Eu queria lhe mostrar os tapetes chineses, as tapeçarias, as antiguidades, os móveis de famosos designers italianos... mas, acima de tudo, queria que ele visse minha coleção de pinturas e esculturas e lhe contar que um *marchand* muito influente em Bogotá havia me dito, dias antes, que naquela época, a mais importante coleção de arte da América Latina era a minha, que era exibida no edifício Mónaco.

De fato, Pablo ficou muito surpreso, e logo me disse que a escultura do primeiro andar era impressionante. Caminhamos pelo hall do térreo da cobertura e encontramos uma escultura de Auguste Rodin, e mais adiante, um óleo de Alejandro Obregón. Enquanto ele olhava o quadro, eu lhe contei que todas as obras que veria no edifício estavam acompanhadas por seus respectivos certificados de autenticidade.

Quando passamos pela piscina, a primeira construída em um andar alto em Medellín, ele comentou, perplexo, que os arquitetos haviam feito um ótimo trabalho. Em uma das paredes daquele grande espelho d'água meu marido parou para contemplar por um longo tempo um dos sóis do mestre Edgar Negret.

Depois, percorremos os dois terraços. No primeiro, uma sala de jantar para oito pessoas enfeitada com a natureza-morta de limões em tons de verde e ocre do pintor Alberto Iriarte. Na segunda, uma sala toda de couro, emoldurada ao fundo por um quadro em flores marinhas do mestre Obregón.

Fiel a seu velho costume, enquanto andávamos pelo espaçoso sétimo andar do edifício Pablo acariciava meu cabelo. Abraçados, entramos na academia, dotada de equipamentos modernos; em uma de suas paredes estavam pendurados os cartazes que o mestre Fernando Botero autografara para mim quando eu fora a sua exposição em Bogotá.

Pablo disse que estava feliz por nós, sua família, vivermos em tamanho palácio. Fiquei nostálgica com o comentário e respondi:

"Pablo, esse pesadelo acabará logo para que possamos compartilhar juntos e tranquilos cada espaço deste lugar?"

"Sim, meu amor, estou trabalhando para resolver os problemas e ficar ao lado de vocês."

Levei-o pela mão para o salão principal, mas, antes de entrar, mostrei-lhe *Bacanal*, o quadro de Claudio Bravo. Ele olhou a pintura, afastou-se alguns passos e a observou em silêncio, admirado. Depois, perguntou-me de onde eu a havia tirado, e eu respondi que mais tarde lhe contaria uma história sobre essa obra.

Já na sala principal, sentamo-nos em um sofá modular para 30 pessoas, e Pablo ficou em transe olhando as obras de arte que havia ali: na mesa de centro, uma escultura de mármore de Auguste Rodin, outra pequena de Fernando Botero e uma horizontal vermelha do mestre Edgar Negret, *La metamorfosis*. Em uma parede via-se o quadro *La levitación*, do mestre Enrique Grau, e em outra, um de Alejandro Obregón.

Fomos para a biblioteca, um lugar confortável e aconchegante que convidava à leitura, onde encontramos, em um nicho, a maquete original da escultura do cavalo do libertador Simón Bolívar feita por um escultor italiano; além disso, em uma das colunas havia várias obras do pintor e escultor Francisco Antonio Cano.

Estávamos subindo as escadas rumo a nosso quarto quando Pablo parou para apreciar *Los monjes*, a extraordinária obra de Claudio Bravo que nos fazia sentir observados, pois, de alguma maneira, os olhos do monge não saíam de cima de nós. Mais adiante, no hall de entrada para nosso quarto, havia um console, e sobre ele a escultura de uma das banhistas de Edgar Degas, mestre do impressionismo francês.

Entramos em nosso quarto imponente, e Pablo se recostou na cama para observar todos os detalhes. Observou tudo ao seu redor e deteve o olhar em uma cômoda que tinha em cima um vaso de cristal do designer italiano Alfredo Barbini, vários livros de arte e a *Mujer reclinada*, uma escultura pequena de bronze do mestre Botero. O trajeto visual acabou quando Pablo se levantou da cama e se dirigiu a uma vitrine com portas de vidro e luzes especiais que iluminavam minha inestimável coleção de peças pré-colombianas de ouro. Depois, ele pegou uma a uma as figuras e as olhou detalhadamente antes de devolvê-las ao lugar. Várias vezes ele me perguntou de onde eu havia tirado aquela beleza de coleção, e eu respondi que os *marchands* haviam me vendido as peças.

Fomos para a varanda fechada do quarto principal, decorada com uma mesa de café da manhã, e ao fundo, a escultura *O beijo,* de Auguste Rodin.

Na parede anterior ao quarto de Manuela havia um quadro de Botero de 1954, que representava uns cavalos e correspondia à sua primeira fase como artista, quando ele ainda não havia definido seu estilo. Entramos no quarto da menina; Pablo adorou a luminosidade e o ambiente terno e infantil que a decoradora conseguira criar. Também achou muito bonito um pastel pintado por Botero que mostrava um poodle toy branco com um vestido rosa-pálido, e outro cãozinho pintado a óleo em tons de ocre. Depois, ele foi até o berço e ficou olhando a parede do fundo, onde se via um mural pintado por Ramón Vásquez que representava a proteção dos anjos às crianças.

Dali fomos para o quarto de Juan Pablo, que também cativou meu marido, porque ao lado da porta de entrada havia a escultura de epóxi de Pedrito, feita por Botero em homenagem a seu filho morto em um acidente. Mais adiante, em cima de uma mesa, via-se a escultura *La muñeca,* de Botero, modelada em bronze. Na cabeceira da cama havia uma serigrafia de um condor de traços vermelhos, de Alejandro Obregón. E na biblioteca do menino destacavam-se um bronze do libertador Simón Bolívar e a medalha que ele ganhara por sua vitória na batalha de Boyacá. No banheiro via-se, imponente, uma escultura vermelha, embutida na parede, de Edgar Negret. Em uma parede à saída do banheiro havia um quadro a pastel de Pedrito pintando com os pincéis na mão, do mestre Botero. Esse quadro foi destruído pelos estilhaços do carro-bomba detonado em frente ao edifício em janeiro de 1988.

Descemos as escadas e fomos recebidos por uma tapeçaria de Olga de Amaral que enchia o espaço de luz; a seguir, entramos na sala de jantar principal, onde havia uma natureza-morta de Botero e outra de Claudio Bravo, com uns limões tão reais que dava vontade de tirá-los do quadro. Lembro que vários anos antes, quando Pablo vira o primeiro projeto do edifício, pedira aos arquitetos que pusessem na sala de jantar uma janela enorme para ver Medellín inteira. Mas seu desejo não se realizou, porque quando chegou às minhas mãos aquela imponente escultura de Botero, era evidente que teria que ser exibida em um nicho especial.

O percurso por Mónaco de mãos dadas com Pablo já levava mais de uma hora, mas faltava mais. O espaçoso quarto de hóspedes tinha uma mesa de centro na qual se exibia um torso de bronze de Darío Morales, e em uma mesa de madeira, uma escultura de Fernando Botero; e ao lado,

A *idade do bronze*, de Auguste Rodin. Em uma parede do quarto havia um autorretrato de Pablo Picasso, e na outra, um lápis de Enrique Grau.

Depois, dirigimo-nos à sala de jantar auxiliar da cozinha, em cujas paredes havia dois quadros do mestre Francisco Antonio Cano: um óleo com cavalos e cães e uma linda paisagem de fundo, e outro do violino, aquele que havia comprado da família Echavarría.

A visita de Pablo acabou de repente, como havia começado duas horas antes. Com o velho argumento de que não podia ficar em um só lugar muito tempo, ele disse que tinha que ir embora. Fiquei para trás com nossos filhos, vivendo em um palácio onde genuinamente eu pensara que duraríamos muito tempo.

Mas, esse sonho acabou naquela madrugada de 13 de janeiro de 1988, quando explodiu o carro-bomba que afetou seriamente o edifício e nos obrigou a ir embora dali para sempre. Poucas horas depois da explosão, o Exército ocupou o edifício e ficou ali por mais de cinco meses. Nenhuma autoridade judicial fez relatório algum do estado em que ficou o que havia dentro, e muito menos um inventário.

Pesarosa, sem informação alguma, três dias depois eu pedi a uma de minhas irmãs que tentasse entrar no edifício para ver em que estado haviam ficado a cobertura e as coisas valiosas com que eu a decorara. Mas, especialmente, pedi-lhe que achasse um jeito de tirar do edifício o que não estivesse danificado. Por sorte, minha irmã voltou com notícias não totalmente ruins: muitas pinturas haviam desaparecido pelo efeito da onda expansiva, outras tinham sido danificadas pelos estilhaços, e as mais importantes ficaram em relativamente bom estado. O mesmo acontecia com todos os demais objetos de decoração e o mobiliário. Além disso, em um ato de audácia, minha irmã conseguira tirar várias fotografias do estado de destruição em que ficara o edifício. Eu lhe perguntei como havia conseguido entrar com os militares lá, mas ela se limitou a responder que era melhor eu não saber. Acrescentou que os soldados lhe permitiriam entrar de novo, mas depois das 10 horas da noite. Assim aconteceu, e de um jeito inacreditável, nas quatro noites seguintes minha irmã e dois empregados foram ao Mónaco com uma caminhonete pequena e tiraram os itens mais valiosos que encontraram. A primeira coisa que ela fez foi resgatar a pintura de Salvador Dalí, que por sorte não havia sido danificada. Com muito cuidado, iluminada por lanternas, ela retirou a tela da moldura, dobrou-a e a escondeu na roupa para que os militares não a encontrassem se a revistassem na saída. Também conseguiu tirar *Los monjes*, de Claudio Bravo, que ficara em muito más condições por conta das dezenas de estilhaços do carro-bomba que o atingiram.

Por fim, minha irmã resgatou do edifício algumas obras de minha coleção de pinturas e esculturas, que inicialmente escondemos no depósito de uma pessoa de confiança em Medellín; mas não podíamos deixá-las lá por muito tempo. Preservar as obras de arte no meio da guerra foi um drama, porque Pablo continuava na clandestinidade. Meus filhos e eu não podíamos nos deslocar como antes, porque os inimigos de meu marido haviam nos transformado em objetivo militar.

Assim, encontrar alguém a quem confiar tamanho tesouro foi muito complicado, porque eu não podia entregar todas as obras a uma só pessoa. Por isso, tinha que encontrar várias opções. Mas, quando eu encontrava um depositário, via-me diante de outro problema: quem faria o transporte? Na maior parte das vezes, confiamos em motoristas que as levavam sem saber que eram pinturas ou esculturas; mas eu tinha que esperar um ou dois meses para saber se a encomenda havia chegado a salvo.

Assim foi com a tela dos monges, que saiu de Medellín e chegou a Bogotá tempos depois, e um *marchand* me fez o favor de entregá-la a um reconhecido restaurador, que levou seis meses para restaurá-la.

Enquanto isso, o Dalí ficou escondido em uma casa muito humilde em Medellín, até que a guerra amainou um pouco e pude enviá-lo a nossa antiga casa no bairro El Diamante, habitada então por outra irmã minha. Ali ficou a salvo uns dois anos.

Mas o anseio por não perder minhas obras me levou a desenvolver uma complexa operação para alugar um depósito em Bogotá. Mandei construir paredes de fundo duplo com boa ventilação para esconder várias pinturas e esculturas, que, anos depois, após a morte de meu marido, tivemos que entregar a seus inimigos durante as negociações.

Contudo, apesar das precauções, o constante traslado levou à perda de uma parte da coleção que não coube no depósito de Bogotá. Por exemplo, uma pessoa que se comprometera a guardar algumas pinturas, tempos depois me mandou uma mensagem dizendo que ninguém havia entregado nada. Também aconteceu de um *marchand* guardar dez pinturas e esculturas em sua casa, mas, um belo dia, desaparecer. Encontrei-o vários meses depois, e ele veio com a desculpa de que tivera que entregar as obras de arte aos Pepes, inimigos de meu marido, que haviam ameaçado matá-lo. Esses episódios me faziam sentir impotência e dor, mas eu não podia fazer nada, porque não estava em condições de averiguar o que havia acontecido.

Talvez sem medir as consequências, e acreditando que só perseguiam a Pablo e a nós na guerra, um comando dos Pepes encabeçado por Carlos Castaño chegou dia 2 de fevereiro de 1993 à casa do bairro

El Diamante, onde morava minha irmã desde que nós havíamos nos mudado para o edifício Mónaco. Ela não estava naquele momento, e isso a salvou da morte. Mas Castaño devia ter visto que três de minhas mais preciosas obras de arte estavam ali: *The dance of rock and roll*, *Los monjes* – que fora para lá depois da restauração – e a escultura *El beso*. Em outros lugares da casa havia esculturas pequenas de Fernando Botero, Igor Mitoraj e Edgar Negret, bem como pinturas de outros artistas.

Sem dó, a casa foi incendiada pelos homens de Castaño, e em questão de minutos ficou reduzida a cinzas, com tudo que havia dentro. A essa mesma hora eu estava escondida com Pablo e meus filhos em uma casa pequena e humilde no bairro Prado, bem perto do centro da cidade. Horas depois, quando eu soube da notícia, chorei desconsoladamente, porque tudo indicava que as pinturas e esculturas haviam sido consumidas pelas chamas. Pablo viu que eu ficara tão compungida que de uma hora para outra levou-nos ao pátio da casa e pediu que fizéssemos uma espécie de círculo. Ele parou em frente a mim, Juan Pablo à esquerda e Manuela à direita, e disse, olhando-nos fixamente:

"Meu amor, sabe onde está o Dalí mais importante de sua vida? O Dalí mais importante é nossa família, que não tem preço. Não se preocupe, porque eu vou lhe dar o Dalí que você quiser."

A perseguição sem trégua, a espreita dos inimigos de meu marido e a iminência de uma batida policial que poderia nos custar a vida forçou-me a entregar a um *marchand* os certificados de autenticidade de todas as minhas obras, incluindo as que haviam sucumbido à bomba do edifício Mónaco. Eu queria conservar esses documentos porque tinha um enorme valor para mim. Mas aconteceu o impensável: o *marchand* entrou em pânico diante da possibilidade de que encontrassem os certificados em uma revista domiciliar e decidiu queimá-los, porque estavam em meu nome. A maior parte desses documentos tinham a assinatura dos artistas, coisa incomum naquela época. Uma obra de arte sem seu certificado de autenticidade é como uma pessoa sem certidão de nascimento. Quando eu soube disso, em minha solidão e isolamento absoluto me perguntei mil vezes como o *marchand* pudera cometer tamanho sacrilégio.

Recuperar esses certificados implicaria bater em portas que já estavam fechadas, porque estávamos em plena guerra. Mesmo assim, no caso de uma obra, demorei vinte anos para conseguir que o autor assinasse um novo documento. Foi uma tarefa que exigiu muita perseverança, porque o artista se recusara várias vezes. Até que, por fim, um dia concordou em atestar que a obra era sua.

A implacável perseguição ao meu marido acabou em 2 de dezembro de 1993, quando ele morreu no telhado da casa onde estava escondido, em Medellín. Mas, longe de resolver nossos problemas, seu falecimento logo me traria mais e piores dificuldades. Os inimigos de Pablo logo voltaram seus olhares para mim e me obrigaram a pagar 120 milhões de dólares, que, segundo eles, haviam gastado para perseguir Pablo.

Autorizada pela Promotoria Geral da Nação, inicialmente fui às penitenciárias Modelo e La Picota, em Bogotá, acompanhada por funcionários do Corpo Técnico de Investigação da Promotoria, onde me reuni com vários chefes do narcotráfico e com os antigos lugares-tenentes de Pablo, que invariavelmente começaram a pedir dinheiro.

Um dos primeiros que visitei – porque assim ele exigira em várias mensagens que mandara ao Residencias Tequendama – foi Iván Urdinola Grajales, com quem mantive uma intensa conversa, na qual, obviamente, eu estava em desvantagem. Por um lado, fiquei surpresa com a notícia de que ele tinha em seu poder a escultura *El Beso*, que, segundo me disse, sobrevivera ao incêndio. Acrescentou que um amigo de Medellín a havia dado de presente a ele, mas que estava disposto a devolvê-la.

Depois, perguntou-me se eu tinha alguma pintura à venda, e eu respondi que sim; um óleo do mestre Obregón. Combinamos um preço, que ele se comprometeu a pagar depois que eu lhe enviasse a obra. Mas eu, ingênua, acreditei, e passou o tempo e *El beso* nunca chegou a mim; e muito menos o dinheiro do quadro. Foi dessa maneira que Urdinola cobrou de mim sua parte da guerra contra Pablo.

Nas penitenciárias, também tive que chegar a acordos com alguns funcionários de Pablo, a quem entreguei obras de arte e esculturas para saldar as supostas dívidas.

No entanto, a parte mais difícil daquele momento foi quando tive que ir a Cali negociar diretamente com os chefes do cartel e com os comandantes das autodefesas, que estavam atrás de todos os bens de meu marido e de minha renomada coleção de obras de arte. Na primeira reunião, exigiram que eu elaborasse uma lista completa de propriedades, mas não esconderam seu interesse imediato pela entrega de quadros e esculturas.

"Senhora, vá buscá-las rapidinho, rapidinho", disse um dos chefes.

"Senhores, rapidinho não posso, porque estou isolada há muito tempo e não sei se as pessoas que as guardaram ainda estão vivas. Acreditem, não vai ser fácil", respondi.

Arrasada, voltei a Bogotá e comecei a procurar algumas das pessoas que haviam guardado minhas obras; e tive sorte, pois as devolveram. Nos dias seguintes, consegui entregar a primeira, de um valor enorme – uma natureza-morta de Botero. Também consegui ir ao depósito de Bogotá, onde guardava várias obras, e as entreguei para abater a dívida.

Mas sem dúvida alguma, o *The dance of rock and roll,* de Dalí, teria um papel fundamental no difícil processo de negociar com os inimigos de Pablo. Como já contei, semanas depois da morte de meu marido, recebi uma mensagem de Fidel Castaño, que afirmava que não ordenaria minha morte ou de meus filhos, e revelava que a pintura de Dalí não havia sido destruída no incêndio da casa de El Diamante. Fiquei muito feliz, porque, além de tudo, ele se comprometera a me devolver a obra por meio de seu irmão Carlos.*

Pois bem. Em uma das reuniões em Cali, Carlos Castaño anunciou na frente de todos os presentes que havia levado a pintura – avaliada, na época, em 3 milhões de dólares – para me devolver, para que eu a entregasse como parte do pagamento do que devia. Mas, em um impulso que mais tarde agradeci a Deus, eu respondi que não, que não a receberia, e pedi que ele e Fidel ficassem com ela em sinal de paz. Os chefes receberam bem meu gesto, e uma semana depois, entreguei a Castaño o certificado de autenticidade da obra. A última informação que tive do *The dance of rock and roll* foi que Castaño entrara em contato com vários *marchands* de Bogotá para ajudá-lo a vender a obra a um colecionador internacional. Hoje, resta-me o consolo de que, depois de tantas idas e vindas, o Dalí está bem, resguardado em um museu de Fukushima, Japão.

Meu relacionamento com a arte sempre foi motivado pelo desejo de aprender; nunca a entendi como um jeito de aumentar meu status ou de entrar em círculos da elite – que sempre soube que eram inalcançáveis. Não me julgo conhecedora de arte, porque não sou. Por toda a Argentina continuo indo a exposições, museus e seminários de arte, movida pelo interesse de aprender.

Não sinto frustração, mas sim saudade. Passaram por minhas mãos obras de arte inacreditáveis, que realmente pensei que ficariam comigo a vida toda, e que me permitiram, por um tempo, viver em um mundo apaixonante que me deu muitas satisfações.

---

* Em averiguações posteriores, confirmei que a pintura *Los monjes*, de Claudio Bravo, e as esculturas de Botero, Negret e Mitoraj, haviam sim sido consumidas pelas chamas que destruíram a casa do bairro El Diamante em fevereiro de 1993.

AS GUERRAS QUE ME COUBE VIVER COM PABLO

CAPÍTULO 8

1984
Eu não contei nada para a minha mãe naquele momento tão dramático, mas o que ouvimos no noticiário não me deixou dúvidas de que a partir daquela noite nossa vida mudaria para sempre.

Eram 9h30 da noite do dia 30 de abril de 1984, e o noticiário *TV Hoy* informava que o ministro da Justiça, Rodrigo Lara Bonilla, havia sido assassinado no norte de Bogotá. Depois, imagens mostravam um sicário morto no chão, outro capturado e um automóvel Mercedes-Benz branco com os vidros de trás destruídos pelas balas. Os repórteres diziam que pela primeira vez na história da Colômbia, um ministro de Estado havia sido assassinado.

Juan Pablo entrou no quarto e encontrou minha mãe e eu de joelhos, chorando e rezando em frente à TV. O menino deve ter achado muito estranho nos ver naquela posição, e com seus meros 7 anos também não devia entender a gravidade do que havia acontecido. Perguntou o que estava acontecendo, mas só escutava soluços. Sua atitude demonstrava que devia perceber nossa angústia, porque ele me abraçou forte durante um longo tempo antes de adormecer, à meia-noite.

Dois dias depois, doeu em minha alma ver a esposa do ministro, de apenas 27 anos, e seus dois filhos acompanhando o féretro no enterro em Neiva, sua cidade natal. Essa imagem ficou gravada para sempre em minha mente.

Já na solidão do quarto onde passaríamos a noite em claro, minha mãe e eu comentamos em voz baixa o que havia acabado de acontecer e as consequências que o magnicídio teria em nós, e em particular em mim, porque estava com oito meses e dez dias de gravidez, e o parto era iminente.

"Minha filha, e você esperando um filho! O que vamos a fazer? O fim chegou", disse minha mãe, chorando desconsoladamente.

Era estranho, mas fazia vários dias que eu não via Pablo, e muito menos tinha ideia de onde ele estava naquele momento. Nunca lhe perguntei, mas vim a saber em novembro de 2016, quando meu filho publicou em seu segundo livro, *Pablo Escobar em flagrante*, uma conversa que manteve com Malévolo, a pessoa que estava com meu marido no exato momento do assassinato do ministro Rodrigo Lara. Segundo seu relato, Pablo e ele estavam na fazenda Nápoles, acompanhados por Elsy Sofía – uma das amantes de meu marido – e sua mãe. Ele também disse que Pablo lhe pedira que ficasse na fazenda, porque era previsível que as autoridades aparecessem para fazer uma busca – como, de fato, aconteceu poucas horas depois.

Bem cedo, dia 3 de maio, Otto chegou ao apartamento de minha mãe e me informou que Pablo havia mandado dizer que era perigoso continuar ali. Eu deveria me esconder em outro lugar enquanto ele se organizava para logo mandar nos buscar.

Sem pensar duas vezes, coloquei em várias malas de mão o necessário para uma semana e fui com Juan Pablo ao apartamento de uma de minhas decoradoras. Escondida naquele lugar, meu único contato com o exterior eram o rádio e a televisão, que continuavam difundindo as amplas repercussões do assassinato do ministro, bem como a decisão do presidente Belisario Betancur de perseguir sem trégua os chefes dos cartéis de drogas e de reativar o tratado de extradição com os Estados Unidos, que ele se recusava a aplicar desde o início de seu mandato.

No dia seguinte, recebi outra mensagem de Pablo dizendo que ficasse pronta porque iríamos para o Panamá. Preocupada, consegui fazer que meu ginecologista fosse me ver, e depois do exame de praxe, ele me deu conselhos para a parte final da gravidez, bem como o nome e o número de telefone de um especialista amigo dele no Panamá.

Nesse panorama tão adverso, pensei que era urgente contratar uma enfermeira para me assistir no nascimento do bebê. Um de meus irmãos me recomendou uma jovem que havia cuidado de seus filhos. Naquele momento, ela estava trabalhando nos Estados Unidos; no entanto, liguei para ela, e a moça aceitou a proposta que lhe fiz. Combinamos que eu lhe avisaria meu paradeiro e lhe mandaria as passagens. Ela respondeu que não me preocupasse, que chegaria ao local que eu indicasse.

Faltava pouco para partir, e eu me sentia à deriva. Abraçava Juan Pablo, olhava meu ventre e ficava apavorada de pensar que o futuro de meus dois filhos e o meu próprio eram muito incertos. Meu marido havia embarcado em uma guerra de proporções desconhecidas, e nós, sua família, estávamos ali, indefesos, esperando sua decisão. Claro, jamais imaginei o horror que viveríamos pouco depois, e não deixei de me censurar por isso; eu devia estar anestesiada, minha falta de contato com a realidade era total. Eu tinha 23 anos, e a única coisa que fiz foi depositar toda minha força e meu amor em meu filho de 7 anos e no bebê que estava chegando.

A partida foi muito rápida, porque na manhã seguinte Otto e Mugre apareceram na porta do apartamento e disseram que haviam ido nos buscar. Disseram que não podíamos levar muito peso, e não tive mais opção que guardar um pouco de roupa minha, de Juan Pablo e para o bebê em uma mala de mão pequena.

Entramos em um jipe e o motorista arrancou em alta velocidade, como se estivéssemos sendo perseguidos. Era angustiante, porque, pela primeira vez na vida, eu me sentia uma fugitiva. Enquanto atravessávamos as ruas de Medellín e lá fora tudo parecia normal, eu me perguntava: *Por que eu? Por que tenho que me esconder?* Eu não tinha a quem perguntar. Pablo não aparecia, só mandava ordens, e eu tinha que fazer o que ele dizia sem reclamar.

O medo de perder meu bebê se sofrêssemos um acidente e a incerteza do que poderia acontecer nas horas seguintes não me permitiram vislumbrar os nove anos de horror que me esperavam. Nove anos correndo sem parar, nove anos em que muitas vezes abriria os olhos de madrugada e encontraria um fuzil apontado em minha cara.

Meia hora depois, chegamos a um terreno situado à entrada do município de La Estrella, onde um pequeno helicóptero tipo Hughes esperava com o motor ligado. Correndo, colocamos Juan Pablo, tia Gilma – a quem Pablo pedira que nos acompanhasse – e um médico que eu não conhecia, mas que me disse que Pablo lhe havia pedido que ficasse ao meu lado e que levasse o equipamento necessário para me atender em caso de emergência. Trinta e quatro anos depois do nascimento de Manuela, no sábado, 22 de setembro de 2018, consegui entrar em contato por Skype com o médico que me acompanhou no helicóptero aquela vez. Ele recordou que naquele dia não parava de me olhar, enquanto rezava em silêncio para não ter que fazer o parto em pleno voo. "Por favor, não nasça no meio da selva", dissera ele em pensamento à criança. Por sorte, deu tudo certo.

De repente, eu estava voando pelos ares dentro de um helicóptero, fugindo de meu país; abaixo, o olhar se perdia diante da majestade do grande tapete verde que cobria a região de Darién, enquanto a aeronave balançava de um lado para o outro devido ao vento. Mesmo acostumada a viajar de helicóptero, dessa vez era diferente, porque o piloto tinha que voar tão baixo para não ser detectado pelos radares que conseguíamos ver dezenas de crocodilos pulando no meio dos pântanos. Era uma imagem exótica, que causava medo, porque dava para ver que aqueles animais estavam famintos. Tia Gilma devia notar minha cara de medo, e a única coisa que lhe ocorria me dizer, aos gritos, era que respirasse fundo. Os olhos de Juan Pablo, que nessa época usava óculos bem grossos, pareciam que iam pular das órbitas. Várias vezes ele me perguntou se já estávamos chegando, e eu respondia que sim. Mas, na realidade, não tinha a menor ideia de onde estávamos.

Após duas horas de um voo que pareceu interminável, o piloto aterrissou em uma clareira na selva, em território do Panamá, e quase imediatamente chegaram quatro homens em uma caminhonete – dois deles guarda-costas de meu marido, e os outros dois panamenhos, que conheciam muito bem as trilhas que deveríamos pegar, nós, que havíamos entrado ilegalmente no país.

O piloto do helicóptero se despediu, pois ia voltar a Medellín com o médico, e nós demos início a um trajeto de mais de duas horas por estrada de terra, até que chegamos a um apartamento em um bairro modesto na Cidade do Panamá. Ali encontramos Gustavo Gaviria, sua esposa e seus três filhos, que haviam chegado da mesma maneira que nós, de helicóptero pelo meio da selva.

Pablo apareceu de madrugada e me encontrou cheia de olheiras e desanimada. Trocamos um longo abraço, e depois de me perguntar sobre a viagem de ida e o estado do bebê que estava a caminho, intuiu que eu lhe perguntaria a respeito do assassinato do ministro. Mas, antes que ele desse as explicações do caso, eu disse que aquilo era um ato de demência. E ele respondeu:

"Eu prometo, meu amor, que a coisa vai se resolver antes do que você imagina, e vamos curtir nossos filhos por muito tempo."

"Quando você fala em resolver as coisas, a que se refere? Você vê a situação em que estamos, Pablo? Estou com medo, não vejo saída para isto. Por que eu tinha que sair da Colômbia?"

"Foi só por precaução, meu amor, nada vai acontecer."

Falar com meu marido era complicado, porque ele saía pela tangente; não era fácil fazê-lo dialogar com franqueza sobre o que estava acontecendo. Ele era evasivo por natureza. E, como sempre, de uma hora para outra, disse que tinha que sair e que voltaria mais tarde.

As três noites que passamos naquele apartamento foram horríveis, já que ele estava praticamente vazio e tivemos que dormir em colchonetes. Pablo via minha cara de fúria, e achou que resolveria as coisas levando-nos para uma velha casa na parte antiga da cidade. Ficar ali também foi muito desagradável, porque a casa era úmida, muito quente e só tinha alguns beliches com colchões, mas sem lençóis. Também não havia televisão, e era tudo tão sujo que eu sentia náuseas o tempo todo. E como se não bastasse, o chuveiro estava cheio de mofo e a água empoçava de tal maneira que tínhamos que tomar banho de chinelo.

Além do mais, Pablo dissera que não fôssemos a lugar nenhum porque não era seguro, e por isso, na primeira semana, só comemos frango assado, que um dos guarda-costas comprava em um restaurante. Só saí para ir ao ginecologista, Edgardo Campana Bustos, aquele que havia sido recomendado por meu médico de Medellín. Ele fez vários exames e não houve nada de anormal, mas ele me deu uma notícia inesperada: eu ia ter uma menina, apesar de as duas ultrassonografias que eu havia feito meses antes em Medellín indicarem que poderia ser um menino.

Enquanto isso, era tanto tédio que passávamos naquela casa que uma daquelas noites Pablo fez uma espécie de concurso para escolher o nome do bebê. Pensamos e pensamos, e concordamos que se fosse menina como dizia o médico, seria Manuela – como propusera Juan Pablo, recordando uma de suas amiguinhas do colégio Montessori.

"Grégory, se sua irmã não gostar, é responsabilidade sua", disse Pablo.

No que não houve acordo foi no nome de menino. Eu propus Daniel Escobar, mas Pablo disse que por nada neste mundo, e explicou por quê:

"Tata, isso é como dar o nome de Hitler a um filho. Esqueceu que um homem conhecido como Daniel Escobar matou uma família toda com um machado em uma fazenda lá pelos lados de Aguacatala, em El Poblado? Por isso era chamado de *Daniel, el Hachero*.* Naquela noite, Pablo nos contou também que, antes de sair da Colômbia, havia dado ordens de entregar a mais de 300 famílias do lixão de Moravia as chaves das casas a que tinham direito pelo novo projeto Medellín Sem Barracos, que já estavam prontas para ser habitadas.

Por fim, em 20 de maio de 1984, fomos para outra casa, essa sim luxuosa e confortável, embora antiga, parecida com as Residencias que os governos destinam a seus hóspedes especiais. Chamou minha atenção o fato de encontrarmos um segurança armado na entrada. Tempos depois, para as pesquisas deste livro, eu soube que o lugar havia sido fornecido

---

* Machado é *hacha* em espanhol. (N.T.)

pelo então homem forte do Panamá, general Manuel Antonio Noriega, comandante em chefe das Forças de Defesa do país. Também me contaram que o oficial e meu marido tinham relações de negócios ilegais, e que um militar de alta patente de sobrenome Melo e um homem conhecido como Guido haviam sido as pessoas designadas pelo general para facilitar nossa estadia no Panamá. Por sorte, a enfermeira chegou dos Estados Unidos e em breve se tornaria uma companhia fundamental nos momentos difíceis que viriam.

Apesar da melhoria de condições, era evidente que Juan Pablo se sentia muito sozinho, porque aos 7 anos sua vida havia mudado drasticamente e ele ficara sem escola, sem colegas de classe, sem amiguinhos do bairro. Sua infância foi alterada de maneira tão dramática que durante muitos anos os guarda-costas de Pablo foram suas babás, suas companhias.

Por tudo isso, pensando em distrair nosso filho, meu marido lhe deu uma motocicleta Honda de 50 cilindradas, mas como não havia quem lhe ensinasse a pilotá-la, mandou Pinina deixar Medellín para ficar com o menino. Assim aconteceu, e a partir daí o guarda-costas se vestia de branco e saía para correr todas as manhãs atrás de Juan Pablo, que pilotava a moto.

Nesse entorno tão complexo, em 25 de maio de 1984 eu me levantei bem cedo para ir à última consulta com o ginecologista, que havia me alertado de que o bebê poderia nascer a qualquer momento. Fiel a seu costume, Pablo havia chegado de madrugada, e como ele estava dormindo eu tive que ir com minha tia. Durante o exame, o médico viu que eu já estava com 5 centímetros de dilatação e disse que ordenaria minha internação imediata no Hospital Paitilla. Como não havíamos ido preparadas, minha tia foi para casa buscar a malinha que tínhamos feito para quando a bebê nascesse, e também para avisar Pablo e Juan Pablo.

A menina nasceu às 12h45 dessa sexta-feira, 25 de maio, e a seguir levaram-me para uma sala de recuperação. Pablo, Juan Pablo, minha tia e Gustavo Gaviria chegaram pouco depois. Como me disseram, tiveram a feliz surpresa de, bem quando estavam entrando no elevador do hospital, encontrar uma enfermeira com uma recém-nascida em cuja pulseira dizia Manuela Escobar. Ela se dirigia a meu quarto. Apesar de eu estar muito dolorida e pálida, Gustavo bateu uma fotografia dos Escobar Henao. Parecíamos uma família de verdade, estávamos felizes, e por um instante esquecemos que lá fora o mundo estava desabando sobre nossa cabeça.

No dia seguinte, sábado, 26 de maio, quando estávamos começando a fazer os trâmites para sair do hospital, Pablo se aproximou e disse em voz baixa que mais tarde voltaria, porque tinha uma reunião com vários políticos importantes da Colômbia que haviam ido visitar a capital panamenha. Eu estava muito entretida com minha bebê, por isso não dei muita atenção ao compromisso de meu marido, que também não foi explícito quanto ao que ia fazer. Mas notei um leve sorriso nele e um brilho no olhar. Desejei-lhe boa sorte e disse que o esperaria em casa, porque certamente eu sairia antes de ele voltar.

Pablo não voltou naquele dia, mas cheguei muito feliz em casa com minha menina e Juan Pablo. Era um sonho que se tornara realidade. Os dias se passaram, e Pablo ia e vinha, ocupado, falando com pessoas e chegando de madrugada, como sempre. Mas eu fazia meu mundo ao redor de meus dois filhos, longe das atividades de meu marido, que com certeza eram muito complexas, dado que as notícias que chegavam da Colômbia o implicavam cada vez mais no assassinato do ministro da Justiça, e sua captura era o objetivo principal das autoridades.

Nada é tão ruim que não possa piorar, diz o ditado. Mas o que aconteceu nos dias seguintes superaria de longe o dito popular.

Em 5 de junho de 1984, duas semanas depois do nascimento de Manuela, Pablo me chamou para conversarmos a sós na sala da casa. Ele passou o braço por meu ombro, e em tom muito sério, dramático, disse:

"Tata, para nossa segurança, teremos que ir embora do Panamá. Corremos o risco de ser presos. Temos que mandar a bebê para Medellín."

"Como assim, Pablo? A menina acabou de nascer, tenho que amamentá-la. Está louco?"

"Não, não estou louco. É necessário. Não sei aonde vamos, se teremos que ir para a selva, passar fome, correr, não dormir... não podemos fugir com um bebê, Tata, ela pode morrer. Em Medellín, vovó Nora vai cuidar dela, estará nas melhores mãos."

Longo silêncio. Entendi que meu marido não estava brincando, que minha triste realidade estava arrancando de meus braços minha filha de poucos dias de vida. Pablo não disse mais uma palavra. Seu semblante sério indicava que também não gostava da decisão, mas que não havia outra opção.

Chorei sem consolo durante um longo tempo, e quando consegui me acalmar, perguntei por Juan Pablo. Ele disse que o menino já era grande para suportar qualquer travessia e estaria mais seguro ao nosso lado. Era sua última palavra. Eu tinha que sofrer em silêncio, não podia gritar nem pedir ajuda. Agora, refletindo aos 58 anos, fico indignada ao pensar como Pablo pôde dizer que meu filho de 7 anos era forte para suportar a travessia que faríamos! Por Deus!

Com o coração partido, fui ao consulado da Colômbia e, por sorte, não tive dificuldades para tirar o passaporte da menina, porque eu ainda não estava no radar das autoridades. Então marcamos a data da viagem a Medellín para sexta-feira, 13 de julho de 1984, às 13h40, em um voo da companhia aérea Sam. Pablo e eu assinamos a autorização para que minha tia e a enfermeira saíssem do país com Manuela, e ficamos tranquilos, porque meu marido tinha "amigos" nos aeroportos da Cidade do Panamá e de Medellín que facilitariam os trâmites da imigração.

Depois que compramos as passagens, Pablo me disse que tinha que partir com Gustavo, porque as coisas estavam se complicando. Explicou que iriam para a Nicarágua, onde seriam recebidos por contatos que tinha com o regime sandinista, que havia assumido o poder em julho de 1979, e que lutava para manter o controle devido à crescente ameaça de grupos contrarrevolucionários apoiados pelos Estados Unidos. Em outras palavras, iríamos para um país em guerra. Então, ele disse para eu ir à embaixada desse país na Cidade do Panamá, onde me dariam os vistos. Antes de se despedir, deu algumas instruções a minha tia e à enfermeira:

"Um jeito para que ninguém saiba que minha filha está nesse avião é que não conversem entre si durante o voo nem nos aeroportos. Façam parecer que a menina é filha da enfermeira."

Depois, dirigiu-se à enfermeira e disse em tom grave:

"Estamos confiando a você nosso maior tesouro. Não saia do lado dela nem um segundo. Não diga a ninguém onde está nem com quem está; estamos vivendo um problema muito delicado."

Faltavam poucos dias para a viagem quando, certa madrugada, Pablo se despediu. Segundo contou, porque existia a possibilidade de que as Forças de Defesa do general Noriega fizessem uma busca no local e nos capturassem. Juan Pablo e Manuela estavam dormindo. Ele me disse para ter cuidado, e que nos veríamos em Manágua.

No dia seguinte, Juan Pablo e eu fomos à embaixada nicaraguense, mas foi uma experiência intimidadora, porque era um lugar velho e desorganizado onde se respirava a guerra. O ambiente era militar, rígido, assustador. Peguei a senha número 13, e quando me chamaram, tive a estranha sensação de estar indo para o paredão de fuzilamento. Fui bem lentamente para o guichê, morrendo de medo de que descobrissem que eu era esposa de Pablo Escobar. Entreguei os passaportes e notei que os funcionários começaram a trocar olhares, a falar entre si em voz baixa. Pablo me havia dito que estariam me esperando na embaixada, mas eu sentia um ambiente hostil, uma atmosfera pesada. Chamavam-nos de um guichê a outro, e, no fim, mandaram-me voltar no dia seguinte. Mas o trâmite começou a demorar, e respirei com alívio na quarta vez que fui, porque me entregaram os passaportes carimbados. Já tínhamos autorização para ir a Manágua.

Então, chegou o 13 de junho de 1984, dia em que tive que deixar minha filha recém-nascida. Chorei a cântaros, quase perdi os sentidos, mas consegui ficar firme para não angustiar Juan Pablo, que me olhava impotente, com mais dor. Depois de me despedir de minha pequena Manuela, com uma dor enorme a entreguei à enfermeira e a minha tia e fiquei rogando para que chegassem sãs e salvas à casa de minha mãe em Medellín. Não pude ir ao aeroporto porque Pablo tinha medo de que alguém me reconhecesse, ou que as autoridades suspeitassem da viagem de um bebê sem seus pais. Passaram-se seis intermináveis horas até que, da casa de minha mãe, me confirmaram que elas haviam chegado. Mas antes, passei vários sustos: a polícia e o Exército estavam fazendo batidas-relâmpago nas ruas adjacentes ao aeroporto Enrique Olaya Herrera. E como meu marido havia previsto, não houve dificuldade alguma nos trâmites de imigração na saída do Panamá e na entrada da Colômbia.

O que havia acontecido? Por que de repente tínhamos que sair do Panamá três semanas depois de termos chegado? A resposta chegou por meio de Pinina, que ficou comigo e com Juan Pablo quando meu marido foi para a Nicarágua. Nas longas horas de clausura que sobrevieram enquanto eu organizava a viagem para Manágua, consegui fazer que ele me contasse detalhes das diligências de alto nível feitas por meu marido desde o momento que havíamos chegado ao Panamá, após o assassinato do ministro Lara Bonilla.

Segundo Pinina, ao chegar ao Panamá, meu marido havia lido em um jornal local que uma delegação colombiana composta pelo ex-presidente Alfonso López Michelsen e os ex-ministros Jaime Castro Castro, Felio Andrade Manrique e Gustavo Balcázar Monzón fora convidada para acompanhar o desenrolar da eleição presidencial que aconteceria no domingo, 6 de maio de 1984.

Pablo julgara ver uma oportunidade ali, e mexera seus pauzinhos para conseguir um encontro com López, a quem havia conhecido na campanha presidencial de 1982 e fornecido recursos para ajudar a financiá-lo. Então, ligara para Santiago Londoño White, em Medellín, que era tesoureiro da campanha naquela ocasião, e lhe pedira para propiciar uma reunião com o ex-mandatário, porque queria lhe apresentar uma proposta para acabar com o narcotráfico na Colômbia. A ação fora eficaz, e López aceitara se reunir com meu marido e com Jorge Luis Ochoa no dia seguinte à eleição.

Assim foi, e depois de saber da vitória de Nicolás Ardito Barletta, candidato do Partido Revolucionário Democrático, PRD, o ex-presidente Londoño – que havia ido para lá a partir de Medellín –, Ochoa e meu marido se reuniram em uma suíte do Hotel Marriot na Cidade do

Panamá. Durante a conversa, Pablo dissera que anteriormente havia conversado com os principais narcotraficantes da Colômbia e que estavam dispostos a entregar laboratórios, aeronaves, rotas e contatos nos Estados Unidos, bem como devolver seus capitais ilícitos e se submeter à justiça colombiana em troca da não extradição.

O relato sobre as diligências de meu marido no Panamá não acabou aí. Pinina me disse que a reunião do Hotel Marriot havia caído em terreno fértil, porque duas semanas depois receberam uma mensagem que dizia que o procurador-geral da nação, Carlos Jiménez Gómez, falaria com eles com a autorização do governo do presidente Belisario Betancur. Essa fora a origem do comentário que Pablo fizera no hospital Paitilla em 26 de maio de 1984, no dia seguinte ao nascimento de Manuela, quando dissera que se reuniria com políticos colombianos importantes que estavam na Cidade do Panamá. Lembro que quando saí do hospital e voltei para casa onde estávamos, as ocupações com meu bebê não me deixaram espaço para perguntar a meu marido o resultado de sua reunião.

Pablo havia ido a essa reunião com Pinina, que poucos dias depois me contou que a conversa com o procurador havia acontecido no mesmo hotel, e que além de meu marido, estiveram presentes Jorge Luis Ochoa, Gonzalo Rodríguez (o "Mexicano"), José Ocampo "Pelusa" e Gustavo Gaviria. Na conversa, meu marido repetira as propostas que fizera ao ex-presidente López e se comprometera a enviar ao procurador um memorando confidencial detalhando cada operação de desmonte do narcotráfico na Colômbia.

Mas tudo foi por água abaixo, porque, poucos dias depois, o documento foi revelado pelo jornal *El Tiempo*, e imediatamente deu-se um escândalo de tal dimensão que o governo se pronunciou publicamente dizendo que os contatos secretos entre o procurador e os chefes do narcotráfico não haviam sido autorizados. A verdade é que o encontro do Panamá gerou uma forte controvérsia política, que se prolongou porque cada um dos protagonistas deu uma versão diferente de seu papel nos encontros com meu marido.

Sabendo do que acontecera graças ao homem que estivera perto de Pablo naquela ocasião, entendi a pressa de meu marido de sair do Panamá, porque era muito provável que a perseguição fosse transferida para esse país. Também existia o risco de que o general Noriega, pressionado pelo escândalo provocado pelos contatos entre a máfia e o governo colombiano, traísse meu marido e o entregasse à DEA. Por isso, não tive outra opção além de fazer as malas para ir à Nicarágua, mas foi um momento muito difícil, porque eu não conseguia tirar Manuela da cabeça e chorava o tempo todo. Além do mais, era angustiante ver Juan Pablo a meu lado tendo que carregar um grande peso emocional.

Por fim, em 20 de junho de 1984 Juan Pablo e eu pegamos um voo comercial e fomos recebidos no aeroporto de Manágua por várias pessoas que se identificaram como do governo sandinista. Em um automóvel Mercedes-Benz com placa oficial, conduziram-nos a um enorme casarão antigo onde já se encontravam o Mexicano, sua esposa, Gladys, e quatro guarda-costas.

Depois de deixar nossas coisas em um quarto, fizemos um longo percurso pela casa, que nos pareceu tétrica, porque na gaveta de um móvel encontrei um livro que contava a história daquele lugar, e em extensos relatos falava dos muitos massacres que tinham acontecido ali no passado. Além desse ambiente estranho, havia o fato de que a casa estava cercada por muros de tijolos de 3 metros de altura, e em cada canto existiam torres de vigilância com guardas fortemente armados.

Ainda bem que as geladeiras estavam sempre cheias. Embora não soubéssemos quem levava as provisões, era fácil adivinhar que alguém do governo sandinista era responsável por essa tarefa.

Os dias se passavam, mas o ambiente de clausura os tornava muito tristes, porque eu estava em pleno processo de puerpério. Apesar de a casa ser muito grande, o único espaço de privacidade que eu tinha para falar com Pablo era nosso quarto, de janelas grandes, mas com vidros opacos, porque ao nosso ao redor só havia pessoas armadas. A casa parecia um acampamento: dezenas de homens entravam e saíam dos aposentos, e por todo lado havia maletas e equipamentos de campanha jogados no chão. Era uma situação muito desconfortável para mim, e eu não entendia por que não tínhamos uma casa só para nós.

Pablo notava minha irritação e só dizia para eu ter um pouco mais de paciência, que as coisas estavam em um bom caminho. Ele era muito hábil para suavizar qualquer situação, por mais difícil que fosse. Eu implorava para que voltássemos a Medellín, mas ele respondia que era muito importante saber esperar para encontrar a calma que buscávamos. Suas palavras transmitiam esperança, mas ficava tudo na promessa, e a ansiada tranquilidade se afastava cada vez mais.

Lembro que eu levantava cedo com Juan Pablo e tentávamos nos distrair até o meio-dia, quando Pablo acordava, pois chegava de madrugada. Nós três almoçávamos e fazíamos um grande esforço para parecer uma família normal; mas, bem no fundo, sabíamos que nada era normal. Depois, ele lia os jornais ou ouvia as notícias para se manter informado, e à tarde costumava se trancar em um quarto com o Mexicano e vários homens dele, e falavam durante várias horas por rádio. Com quem ou sobre o quê? Eu não fazia ideia. Eu nem chegava perto desse lugar.

Com o passar dos dias, o estado de ânimo de Juan Pablo começou a nos preocupar; ele estava cada vez mais triste por causa da clausura. Ficava calado boa parte do tempo, chorava frequentemente e implorava para que voltássemos ao Panamá. Com o agravante de que não havia lojas de brinquedos na cidade, e, para sair correndo para a Nicarágua, deixamos a motocicleta e outros jogos com que ele pelo menos se divertia um pouco.

A situação com ele ficou tão preocupante que Pablo mandou Pinina deixar o Panamá para lhe fazer companhia. A partir desse momento, Juan Pablo tinha dois novos momentos de diversão: escutar pelo rádio os jogos do futebol nacional colombiano e apostar quem matava mais moscas em cinco minutos em um quarto que vivia cheio desses insetos. Todos os dias eu pedia a Deus que nos tirasse daquele inferno.

Enquanto isso, eu tentava me manter o melhor possível para suportar minha difícil situação: eu me maquiava, escovava o cabelo, me arrumava, tudo para ajudar meu estado de ânimo e mostrar a Pablo que sua mulher tinha força e coragem suficientes para acompanhá-lo. Às vezes, a nostalgia da tarde tomava conta de mim e eu chorava na cama pela ausência de minha menina, a quem só podia ver por meio de duas fotos que minhas irmãs haviam me mandado pelo correio. As imagens de Manuela rindo eram minha companhia, um bálsamo que me permitia sobreviver na adversidade. Só o que me animava era a ideia de vê-la logo e não me afastar dela nunca mais.

Contudo, a rotina entediante me forçava a buscar a agradável companhia da jovem esposa do Mexicano, com quem comecei a me encontrar de manhã para conversar um pouco. Depois, três vezes por semana saíamos para caminhar com Juan Pablo e chegávamos a um salão de cabeleireiro que funcionava em uma espécie de choça de madeira. Éramos duas adolescentes de um pouco mais de 20 anos de idade, certas de que nossos maridos nos tirariam daquela confusão. Mas as saídas da casa eram muito curtas, porque Manágua estava sitiada pelos Contras e se notavam os estragos do confronto nos edifícios – praticamente em ruínas – e no comércio fechado.

Muito de vez em quando eu tinha oportunidade de conversar com o Mexicano, que sempre me pareceu respeitoso, tímido, de muito poucas palavras e de expressão gentil. Ele tinha vários dentes de ouro e estava sempre disposto a compartilhar a mesa conosco. Com uma personalidade muito parecida com a de Pablo, eles se respeitavam, conversavam em calma e nunca os escutei discutir. Ele e meu marido eram muito poderosos, e jamais notei diferenças entre eles. Ele foi um amigo incondicional de Pablo, e até lhe ofereceu todo seu dinheiro para o que precisasse; construíram uma relação tão especial que Pablo foi padrinho de um dos filhos dele.

Como caçar moscas e ouvir jogos de futebol no rádio não era coisa de todos os dias, Juan Pablo revigorou suas súplicas para que saíssemos da Nicarágua. Até que, certa manhã, quando viu o menino muito desesperado, Pablo disse que tudo bem, que permitiria que voltássemos a Medellín, e depois ele iria.

Respirei aliviada, mas por pouco tempo: Pablo me disse que estava pensando em mandar Juan Pablo acompanhado por um de seus guarda-costas. Segundo ele, eu corria muito risco na Colômbia, e por isso tinha que ficar ao seu lado. Fiquei muito triste por enganar o menino desse jeito; ele se agarrou à minha saia quando Pablo lhe disse, no aeroporto de Manágua, que eu não iria por enquanto, mas lhe prometeu que estaríamos juntos em poucas semanas. Desconsolado, Juan Pablo entrou no avião com Ferney, um dos homens de confiança de meu marido.

Desconsolada também fiquei eu, porque da noite para o dia havia ficado sem meus dois filhos, em um ambiente hostil, cercada de desconfortos e de homens armados. E, para piorar, as ausências de Pablo se tornaram mais frequentes e havia dias em que eu o via por apenas uma ou duas horas, e depois ele saía.

Nessas circunstâncias, era óbvio que algo aconteceria – e aconteceu. Nos primeiros dias de julho de 1984, pedi a Pablo que me permitisse ir ao Panamá ver uma de minhas irmãs para que ela me levasse fotografias de Manuela e de Juan Pablo, porque eu queria ver como estavam. Ainda bem que ele não percebeu que minha verdadeira intenção era voltar para a Colômbia, porque eu não aguentava mais ficar sem meus filhos. Depois de uma conversa curta, meu marido aceitou, mas não sem antes eu lhe prometer que voltaria. Eu teria que escolher entre meu marido e meus filhos, e preferi ficar com eles. Escolhi o risco de morte só para poder vê-los.

Uma malinha com muito pouca roupa me acompanhou na tarde de 4 de julho, quando saí de Manágua para a Cidade do Panamá, e no dia seguinte bem cedo para Medellín. Pensei em passar despercebida para que ninguém me reconhecesse, por isso vesti um moletom, para que parecesse que havia acabado de fazer exercícios. Quando o avião aterrissou em Medellín, fui invadida por uma estranha sensação de desfalecimento; mas eu tinha que demonstrar firmeza para que ninguém notasse que eu estava em pânico.

Por fim, nada aconteceu, e cheguei sem contratempos a Altos, onde encontrei minha mãe muito doente, com uma depressão profunda e 30 quilos a menos. O encontro com meus dois filhos foi muito emotivo, e os abracei muito forte durante um longo tempo. Foi triste ver Manuela começar a chorar quando a peguei no colo, porque ela não me reconhecia. Certamente já havia se acostumado à minha mãe e à enfermeira.

Pablo não demorou muito para descobrir que eu não voltaria, e ligou para reclamar e me alertar de que algo poderia me acontecer.

"Pablo, um dos dois tem que cuidar deles, não temos opção; sou a única possibilidade que temos. Se me matarem, prefiro que meus filhos saibam que foi porque vim buscá-los."

Ele ficou calado.

"*Míster*, eu prometo que vou ficar fechada aqui na casa de minha mãe e não sairei para nada; mas tenho um bebê que precisa de mim, que está há muitos dias sem a mãe."

Pablo entendeu, mas a contragosto, e insistiu para que eu não saísse de Altos por motivo algum. Obedeci porque estava cercada por minha família e meus dois filhos eram um bálsamo para minha vida.

Não tive mais notícias de meu marido, e a partir desse dia tentei construir uma vida na reclusão. O escândalo dos encontros do Panamá havia diminuído de forma notória, e esporadicamente os noticiários se referiam aos avanços na investigação do assassinato do ministro Lara Bonilla.

Como com Pablo tudo era um turbilhão, na terça-feira, 17 de julho de 1984 – duas semanas depois de voltar da Nicarágua –, uma de minhas irmãs me telefonou e disse para eu ligar o rádio porque estavam falando de uma notícia muito grave. Assim fiz, e fiquei muda quando ouvi em uma das emissoras locais que o jornal norte-americano *Washington Times* havia publicado naquela manhã várias fotografias de Pablo, do Mexicano e outras pessoas carregando cocaína em um avião na Nicarágua.

Com o coração na boca e rogando para que os jornalistas houvessem confundido Pablo com outra pessoa, esperei os telejornais dessa noite. Às 21h30, o noticiário *TV Hoy* mostrou as imagens que não deixavam dúvida de que Pablo havia sido pego com a boca na botija, traficando cocaína.

As fotos eram arrasadoras e haviam sido tiradas, segundo disseram, no dia 24 de junho, por um agente infiltrado da Agência Central de Inteligência dos Estados Unidos, a CIA, em uma pista de pouso perto de Manágua. O noticiário também disse que as fotografias provavam o vínculo do regime sandinista da Nicarágua com os cartéis de drogas da Colômbia, já que uma das pessoas que estavam com Pablo e o Mexicano era Federico Vaughan, alto funcionário do Ministério do Interior daquele país. Tempos depois, os meios de comunicação informariam que quem havia feito as fotografias fora o piloto Barry Seal.

Eu não entendia como era possível que Pablo se metesse em tantos problemas ao mesmo tempo e não medisse as consequências de seus atos sobre nós.

Dois dias depois, Herbert Shapiro, juiz da Corte Sul do Estado da Flórida, ordenou a captura de meu marido por conspirar para importar cocaína aos EUA. Essa notícia marcaria um antes e depois para mim como esposa, porque eu sabia do medo que Pablo tinha da extradição. Os fatos que se dariam nas próximas semanas e anos confirmariam o que meu marido estava disposto a fazer — como me contou uma pessoa que compartilhou aquela época com ele e recordou uma frase que ele pronunciara várias vezes: "Se tiver que apagar a Colômbia do mapa, farei isso, mas me deixar extraditar, jamais".

Com a publicação de mais e mais notícias sobre ele, uma pior que a outra, era previsível que Pablo tivesse que fugir da Nicarágua. Assim foi, e certa madrugada de fim de julho ele apareceu no apartamento de minha mãe. Foi um grande impacto vê-lo. Se antes ele era de poucas palavras, dessa vez estava quase mudo, e se limitou a dizer: "Boa noite, meu amor", e foi para o quarto de Manuela, que dormia profundamente, e lhe deu um beijo na cabeça. Depois, foi ao de Juan Pablo e fez o mesmo.

Sentamo-nos na sala quase escura e eu o censurei por ir para Altos sabendo que todo o mundo estava atrás dele. Ele disse para eu ficar tranquila, que por uma noite ali não ia acontecer nada. Minha mãe escutou o barulho e se levantou, muito alterada.

"Cabeça de mármore, e agora, qual é a tragédia grega que vai inventar?"

"Não, sogra, fiquem tranquilas que tudo vai se resolver, eu prometo."

Ficamos em silêncio. No fundo, sabíamos que nunca mais teríamos paz na vida. Depois, fomos nos deitar no quarto de Juan Pablo e nos abraçamos bem forte, como se pressentíssemos que ficaríamos juntos muito pouco tempo. De fato, ele se levantou às 6 horas da manhã, tomou café, arrumou-se depressa e saiu com uma maleta com algumas peças de roupa, desodorante, creme dental e escova de dentes.

Senti uma grande tristeza por não saber o que aconteceria nos minutos seguintes. Não nas horas ou dias, ou anos seguintes. Não. Nos minutos. Era a isso que a guerra que meu marido havia iniciado estava começando a nos reduzir. Minha filha tinha 3 meses de vida, Juan Pablo 7 anos e eu 23. Estávamos trancados em um lugar espaçoso, confortável, cercados de afeto familiar, onde eu poderia ficar o tempo que quisesse; mas, da porta para fora, tudo era incerto.

Enquanto eu esperava impaciente alguma mensagem de Pablo, minha rotina no Altos começava às 6 horas da manhã, quando me levantava para dar a mamadeira a Manuela e mimá-la. No meio da manhã, eu tinha que fazer um grande esforço para mostrar a meus filhos o valor da brincadeira, de compartilhar horas e horas com as mesmas pessoas nos mesmos espaços, ensiná-los a entender que não podíamos sair à rua, ir a um cinema, a um parque. Isso foi muito difícil para mim. A única coisa que fazíamos era subir de um andar a outro no edifício, visitar as vizinhas e tentar fazer que meus filhos interagissem com os poucos menores que havia ali.

Quase um mês depois de partir, Pablo mandou Pasquín – que também havia ido ao Panamá e à Nicarágua – perguntar por seus dois filhos e dizer que estava bem, que eu não me preocupasse, e que quando as condições de segurança melhorassem, mandaria nos buscar.

Contudo, a tensão era inevitável no apartamento de minha mãe, porque chegava todo tipo de rumores de que a qualquer momento as autoridades fariam uma batida policial no edifício. Desde a madrugada, ela passava horas olhando pela janela esperando a eventual aparição de caminhões cheios de homens armados.

No entanto, as batidas não aconteceram, e pouco a pouco começamos a notar que a perseguição havia passado para segundo plano. Esse novo ar me permitiu sair, ter contato com minha família e impulsionar a construção do edifício Mónaco, ao qual prevíamos nos mudar no início de 1985.

Na tarde de 20 de setembro de 1984, encontramos com Pablo no edifício Mónaco para lhe mostrar o avanço da obra e ter certeza de que a construção estava seguindo os projetos. Subimos até a cobertura em um elevador improvisado e iniciamos o percurso acompanhados pelos arquitetos. Estávamos nisso quando, de repente, disseram a Pablo que havia uma ligação urgente para ele no rádio.

"Pedro, Pedro, quem fala é o Águila. Acabaram de me informar que seu pai foi sequestrado."

"Ah, como assim, irmão! Já estou indo para lá."

Ficamos muito surpresos com o que havíamos acabado de escutar, mas, com uma serenidade que me deixou perplexa, meu marido não foi embora; ao contrário, ficou mais meia hora no edifício e deu algumas instruções. Depois foi. Nesse mesmo dia, Juan Pablo e eu fomos ver minha sogra, que estava muito angustiada devido ao sequestro do marido.

Nos dias seguintes, não soubemos de nada. Pablo ainda era um fugitivo da justiça e seu pai estava nas mãos dos sequestradores, e por isso era natural que eu não soubesse o que ele estaria fazendo para negociar o resgate de meu sogro. Certo dia, Otto chegou com uma mensagem de Pablo, e sobre o sequestro só disse que havia sido feito por quatro delinquentes comuns que já tinham sido identificados, bem como os veículos em que levaram meu sogro.

No outro dia, saiu nos jornais de Medellín um anúncio falando do que Otto havia me contado e oferecendo recompensa a quem fornecesse dados sobre o paradeiro do pai de Pablo. Também revelava que os sequestradores o haviam levado em dois Toyotas, uma caminhonete fechada, de placa oficial 0318, e o outro um jipe vermelho, com carroceria de madeira, de placa KD 9964.

Um fim de semana, Pinina foi nos buscar para ver Pablo, e no esconderijo encontramos minha sogra, que estava muito desesperada porque dom Abel não aparecia. Na noite desse sábado, minha sogra não aguentou mais e disse a Pablo:

"Você não diz que sabe de tudo que acontece neste país? Então, por que não sabe onde está seu pai?"

"Calma, mãe, confie em mim, esse é um assunto muito delicado e não vai se resolver do dia para a noite."

Por fim, em 6 de outubro de 1984, recebemos a notícia de que dom Abel havia sido libertado e que seria levado a um esconderijo onde Pablo nos esperava. Otto foi buscar a mim e a Juan Pablo no Altos e nos levou a uma casinha de campo na parte alta de Los Balsos, onde minha sogra e dois cunhados meus já estavam esperando.

Passaram-se quatro horas; rezamos duas vezes o rosário. E então, de repente, apareceram vários jipes e de um deles saltou meu sogro. Dona Hermilda o abraçou primeiro, depois Pablo e depois os outros. Ele se sentou em uma cadeira e nós ao redor, ansiosos para que contasse detalhes do que havia vivido naqueles dezesseis dias de cativeiro.

"Fizeram-me andar muito tempo pelo monte, mas ainda bem que estou acostumado a andar nas montanhas; senão, teria morrido. Deram-me comida boa e diziam para eu ficar tranquilo, que não ia acontecer nada, que meu filho ia pagar o resgate."

Depois do interrogatório de praxe, porque queríamos saber todos os detalhes, meu sogro disse que estava muito cansado e que preferia ir para sua fazenda com dona Hermilda.

Não perguntamos a Pablo como havia feito para conseguir que seu pai fosse libertado tão rápido, mas, poucas semanas depois, Otto me contou que os sequestradores levaram dom Abel a uma fazenda no município de Liborina, a 90 quilômetros de Medellín, e o amarraram a uma cama. Foi muito sucinto, e só disse que Pablo mandara instalar equipamentos na casa de dona Hermilda para gravar as ligações, e que por esse meio logo descobrira a identidade dos sequestradores. Mas ele preferira esperar o pedido de resgate para evitar que machucassem seu pai. Depois de inicialmente exigir 10 milhões de dólares – cerca de 1 bilhão de pesos da época –, os sequestradores ficaram atônitos com a resposta de Pablo: "Veja, irmão, vocês sequestraram o homem errado, porque meu pai é um camponês muito pobre que não tem um tostão. Deviam ter sequestrado a mim, que sou o dono do dinheiro".

Os sequestradores baixaram suas pretensões para 40 milhões de pesos, e depois para 30, que Pablo enviou por John Lada, padrinho de Manuela. No fim, levaram menos de um décimo do dinheiro que pretendiam.

Mas 1984 ainda não havia terminado. Muitas coisas haviam acontecido ao longo desse ano, e, em dezembro, parecia que as águas tinham se acalmado. E chegamos a acreditar nisso, porque, na segunda semana daquele mês, Otto e Giovanni foram buscar a mim, Juan Pablo e Nieves – a empregada – e nos levaram a uma fazenda no município vizinho de Guarne, para passar o fim de ano com Pablo. Deixei Manuela com a avó porque ela estava ficando gripada.

O ambiente era descontraído, característico de dezembro, e os homens de Pablo entravam e saíam da fazenda. Iam à aldeia comprar provisões e tomar cerveja, sem levar em conta que estávamos em uma área habitada e o constante movimento de pessoas chamaria a atenção.

Na madrugada de um desses dias, eu estava dormindo profundamente com Juan Pablo quando acordamos com um alvoroço. Vi um policial à paisana pressionando o cano da arma na barriga de meu filho. Devia achar que era alguém maior, porque o menino estava com um aparelho elástico que cobria sua cabeça e o queixo, que os médicos haviam prescrito para corrigir um incipiente desvio de mandíbula.

O susto foi horrível. Minha garganta estava seca, eu não conseguia falar; e quando consegui, só pude perguntar o que estava acontecendo. Ainda não havia amanhecido quando vi um dos policiais com a manta branca de Pablo na mão. Era evidente que ele tinha escapado, como confirmou o homem quando me disse que a manta havia caído de "uma das pessoas que saíram voando". Meu coração parecia que ia parar; abracei bem forte meu filho, que acordara e olhava para todos os lados muito assustado.

A batida já levava cerca de três horas, porque os policiais revistaram a fazenda palmo a palmo e não nos deixavam sair da sala da casa. Até que um deles disse, em tom grave, que eu estava detida e que me levariam à delegacia para me interrogar.

"Mas, por que, senhor, se eu estava dormindo com meu filho nesta fazenda?"

Não houve resposta; então, começamos a ver quem levaria Juan Pablo à casa de minha mãe. Também pensei em procurar um advogado o quanto antes, mas tudo se resolveu de repente, quando um dos policiais me ofereceu desculpas e disse para irmos embora. Não perguntei por que, mas imaginei que Pablo havia mexido seus pauzinhos em algum lugar. Ainda tremendo, coloquei Nieves e o menino em um jipe e fomos embora.

Pablo havia fugido deixando sua manta para trás. Essa foi a primeira batida policial, e não seria a última. Havíamos saído relativamente fácil daquela situação, mas, bem no fundo, eu sabia que viriam muitas outras e que muitas vezes nossa vida estaria em perigo. Faltavam nove anos de angústia.

\ \ \

Meu encontro com Jorge Lara

Nós nos encontramos em julho de 2017, mas eu não conseguia olhá-lo nos olhos, porque sentia vergonha. Meu filho Sebastián havia aplainado o caminho, e quando Jorge Lara e eu estávamos frente a frente em uma pequena fazenda na parte alta de Medellín, fundimo-nos em um abraço emocionado. Mais tarde, em uma comovente conversa, juntamos nossas dores, nossos horrores e nossos lamentos, e eu lhe pedi perdão muitas vezes por sua dor, sem poder conter o pranto.

Jorge tinha apenas 6 anos de idade quando seu pai, o ministro da Justiça Rodrigo Lara, fora assassinado. Ele é o segundo de três irmãos, e sua vida esteve cheia de dificuldades.

Enquanto eu escutava com lágrimas nos olhos, ele falou da dor causada por muitos anos de exílio, do sufoco que enfrentou para estudar em um país cujo idioma não conhecia, da impotência de sua mãe, que após a morte de seu marido deixara a Colômbia com três filhos muito pequenos.

Desse memorável encontro com Jorge Lara resta-me uma carta que ele decidiu escrever a propósito deste livro. Não é fácil assimilar seu conteúdo, que reflete profundamente a dor que aquela onda de violência causou à sua família. São palavras que eu agradeço do fundo da alma e que me confirmam mais uma vez que só o perdão nos pode curar:

> *Segundo a lógica do ódio, eu deveria ser o vingador da morte de meu pai. Durante muitos anos sonhei com a vingança e pensei que meu ato seria recebido heroicamente. Segundo essa lógica, era um direito adquirido, devido a todas as monstruosidades feitas ou orquestradas*

por Pablo Escobar e seus cúmplices, e, obviamente, pelo assassinato de meu pai. Em 1984, exatamente dois meses depois do assassinato, minha mãe, de 27 anos de idade, viúva, teve que fugir do país para um exílio forçado com seus três filhos, para evitar que igualmente acabassem com nossa vida.

Durante vários anos de exílio em três países, tivemos que nos adaptar a novos costumes, buscar novos espaços e lutar sozinhos para sermos aceitos em sociedades desconhecidas para nós quatro.

Em nosso segundo país de exílio, Suíça, por coisas da vida, acabamos estudando a apenas 20 quilômetros de onde se encontrava a família de Pablo Escobar. Contaram-me que Sebastián estudava perto de minha escola, e eu planejei o irreparável. Aos 12 anos, queria essa vingança, na qual pensei e que preparei em companhia de meu melhor amigo. Por milagre, não conseguimos o dinheiro suficiente para finalizar o plano.

O terceiro país foi a França. Lá, com 16 anos, após escutar a notícia da morte de Escobar, eu quis festejar; mas a primeira coisa que minha mãe disse foi: "Eu não os eduquei assim. Quem são vocês para festejar a morte de alguém? Esse homem tinha que ser julgado e pagar por seus crimes! Mas alegrar-se com a morte de alguém não está certo, e eu não aceito isso!". No começo, não entendi, mas os anos lhe deram razão.

Em 2007, Nicolás Entel, diretor de cinema argentino e catalisador de meu encontro com a família Escobar, entrou em contato comigo. É importante recordar isso, uma vez que ele, com seu documentário *Los Pecados de Mi Padre*, fez que tudo isso fosse possível.

Meu encontro com Sebastián foi privado. Não houve mídia, só nós. O encontro foi muito direto, cordial e sincero. Daí nasceu uma amizade sincera, na qual os polos opostos, destinados a se repelir, acabaram conectados pela história que a vida nos destinou.

Passaram-se os anos, e em meados de 2017, nas montanhas de Medellín, tive uma reunião com Sebastián. No final, cumprimentei algumas pessoas que se encontravam ali, e para minha grande surpresa, Sebastián pegou a mão de uma senhora, olhou-me e disse: "Esta é minha mãe".

Foi um momento daqueles em que a mente nos manda milhares de informações em frações de segundos. O impulso imediato foi nos abraçarmos: um símbolo de perdão, de aceitação, de entendimento e de conexão. Olhamo-nos e nos sentamos para conversar. Por onde começamos? Não me lembro, mas a conversa foi sincera e clara, sem fingimento. Compartilhamos sentimentos e partes importantes da história. Ela me pediu perdão e continuamos falando de várias etapas da vida. Esse encontro durou algumas horas.

Faz um ano que nos conhecemos, de vez em quando nos falamos para trocar notícias e dizer olá. Da mesma maneira, muitas vezes falo do caso de meu pai, que trinta e quatro anos depois do magnicídio continua sem solução. Sei que Pablo Escobar e seus sócios do Cartel de Medellín estiveram por trás do assassinato, mas naquela época meu pai denunciara igualmente a infiltração de "dinheiro quente" derivado da máfia em diversas esferas do país, como nos esportes, nas finanças e nos partidos políticos.

Neste momento que o país está vivendo – processo de paz, investigações de altos funcionários públicos e uma geração que deseja um futuro mais amigável e justo para todos –, só nos resta construir a paz. Isso se consegue rompendo barreiras, esquemas, tabus e dando o primeiro passo.

1985

"Tenho que ir, surgiu um problema, outra hora falamos", disse Pablo, agitado, bem quando íamos começar a falar de um problema conjugal que havia nos distanciado nas últimas semanas.

Era 6 de novembro de 1985. Estávamos na fazenda La Pesebrera, em Loma del Chocho, município de Envigado, onde naqueles dias ele se escondia. Eu havia lhe mandado várias cartas pedindo que nos encontrássemos para conversar, até que por fim ele aceitara que Otto passasse naquela manhã para me buscar no edifício Mónaco. Meu marido estava muito bravo, sério, e notei que mesmo olhando para mim, sua mente estava em outro lugar.

Demorei um longo tempo para quebrar o gelo e lhe contei como estavam as crianças e o que havíamos feito durante aqueles dias. Bem nesse momento, quando se via nele certa disposição para conversar, Otto e Pinina entraram, chamaram-no de lado e disseram algo em voz baixa. Imediatamente Pablo os mandou preparar os carros porque tinham que ir, e ordenou a outros homens que me levassem de volta ao edifício.

Meia hora depois, já na cobertura do Mónaco, ouvi um alvoroço na cozinha. Fui até lá: as empregadas estavam ouvindo uma emissora de rádio que falava, sem maiores detalhes, de um intenso tiroteio no centro de Bogotá, aparentemente dentro do Palácio da Justiça. Com o passar das horas, já não havia dúvidas de que a Colômbia estava vivendo uma nova tragédia, dessa vez, a tomada – por guerrilheiros do movimento M-19 – do edifício onde funcionavam a Corte Suprema de Justiça e o Conselho de Estado.

Pablo não apareceu mais nem mandou mensagem alguma, mas, tempos depois, eu soube que depois de se despedir de mim em La Pesebrera, ele foi se esconder em uma fazenda perto de Nápoles. Eu fiquei no edifício, muito preocupada. Ajoelhei-me – como já havia feito com minha mãe quando soubera do assassinato do ministro Rodrigo Lara –, rezei muitas vezes e acendi uma velinha em frente à imagem de um Cristo de madeira.

O resultado do que aconteceu naquelas 27 horas de horror me deixou muito aflita. Houve mais de 100 mortos, entre eles 20 magistrados, funcionários judiciais, integrantes da força pública e civis. Mas, com o passar dos dias, enquanto o país se recompunha de tamanha atrocidade, os meios de comunicação começaram a informar que o incêndio provocado na noite de 6 de novembro, que consumira boa parte do edifício, também causara a destruição de todos os documentos relacionados a solicitações de extradição, em estudo na Sala Constitucional da Corte Suprema.

Como eu disse em reiteradas ocasiões ao longo deste livro, as possibilidades de falar com meu marido sobre as coisas que ele havia feito ou não eram mínimas. Costumava acontecer de eu ficar sabendo por comentários soltos de seus homens, mas quase nunca eu tinha uma ideia completa das coisas.

Nesse caso em particular da tomada do Palácio da Justiça, não falei diretamente com Pablo e também não lhe perguntei se ele teve algo a ver com o planejamento ou financiamento da coisa, mas, com o passar dos anos, as peças foram se juntando. E se eu houvesse tido a possibilidade de falar sobre o assunto com ele, certamente sua resposta teria sido a mesma, igual a outras: "Meu amor, você não vê que me acusam de tudo que acontece neste país?".

Quando digo que as peças foram se juntando, refiro-me a episódios que ocorreram muitos anos atrás – no início da década de 1980 –, sobre os quais falei tangencialmente com Pablo em diferentes momentos; o passar dos anos confirmaria que meu marido e alguns líderes do M-19 estiveram unidos por diversos interesses.

Acerca de toda essa história, a memória me leva a 14 de novembro de 1981, quando Pablo chegou à nossa casa no bairro El Diamante e comentou que estava muito preocupado com o sequestro da estudante Martha Nieves Ochoa, ocorrido dois dias antes no campus da Universidade de Antioquia, onde ela cursava o sexto semestre de economia. Também me disse que havia visitado os Ochoa para ver como poderia ajudar naquele momento difícil, porque apreciava a família, e em particular dom Fabio Ochoa Restrepo e seu filho Jorge Luis, com quem mantinha uma relação bem estreita.

Respondi que torcia para que tudo desse certo, mas notei uma atitude estranha em meu marido. De fato, ele parou de ir para casa, e de uma hora para outra, sem aviso prévio, vimo-nos cercados por homens armados, que, segundo me disseram, haviam recebido ordem de tomar conta de nós. Ao mesmo tempo, Pasquín apareceu com instruções de meu marido, que mandava dizer para eu não sair de casa por um bom tempo, até que as coisas se resolvessem. Houve uma exceção para Juan Pablo, porque ele havia começado a ir de jipe blindado à Montessori School, onde fazia o jardim de infância. Enquanto ele estava em sala de aula, duas escoltas ficavam do lado de fora.

Era óbvio que Pablo estava metido no assunto de Martha Nieves Ochoa; ou seja, havia assumido como própria a causa de uma família que apreciava. Sem saber muita coisa, certo dia da terceira semana de novembro, eu reclamei quando ele chegou às 10 horas da manhã, visivelmente tresnoitado:

"Pablo, vão acabar te matando por causa de seus amigos. Você não aparece aqui há vários dias... E nós? Não vamos passar o Natal com você?"

"Não, meu amor. Se eu não colaborar, como poderei pedir ajuda mais adiante? Nessas coisas temos que ser unidos, para que não aconteça de novo."

E desapareceu por mais vários dias. Até que, certa manhã, quando estava folheando os jornais locais, eu pude ter a dimensão do que estava acontecendo. Em uma das páginas internas saíra um anúncio de bom tamanho que falava da criação do grupo Morte a Sequestradores (MAS), divulgava o sequestro de Martha Nieves Ochoa e advertia com firmeza que o M-19 não receberia um centavo por sua libertação.

O M-19 havia sequestrado Martha Nieves? Era inacreditável. Naquele momento, entendi que meu marido estava decidido a colaborar para resgatá-la, porque em meados de julho desse ano, 1981, ele fizera parte de uma lista de sequestráveis desse grupo guerrilheiro. Na época, eu soube dos detalhes que Pablo me contou, e os complementei anos depois quando falei com alguns de seus homens nas pesquisas para este livro.

Era um paradoxo que justamente o M-19 houvesse tentado sequestrá-lo, pois em várias ocasiões meu marido havia mencionado sua simpatia pelos golpes audazes que esse grupo rebelde aplicava desde sua fundação – entre eles o roubo da espada do libertador Simón Bolívar, de 4 mil armas de um batalhão do Exército, e a tomada da Embaixada da República Dominicana. Desde quando nos conhecemos, Pablo dizia em várias ocasiões que o M-19 o seduzia porque era um grupo de jovens intrépidos que ficara conhecido depois de assaltar caminhões entregadores de leite e distribuir milhares de garrafas nos bairros mais pobres de Bogotá.

Mas uma coisa era Pablo admirar as ações propagandísticas do M-19, e outra muito diferente era que tentassem sequestrá-lo para se financiar.

Por isso, ele usou seus contatos nos organismos de segurança, e segundo Pinina me contou, em muitos locais de Medellín vários integrantes da Regional Medellín do M-19 foram detidos e levados à sede do *Antioquia al Día*, em cujos fundos Pablo tinha um escritório. Pasquín me contou, tempos depois, que lá meu marido havia dito a eles que simpatizava com sua causa e que por isso não lhes faria mal, mas advertira que era péssima ideia obter dinheiro sequestrando certas personalidades de Medellín muito ricos e poderosos – ele incluso.

De maneira impensada, esse encontro assentava as bases de uma futura relação regida estritamente pelos interesses de cada um. Contudo, o pacto de não agressão foi por água abaixo com o sequestro de Martha Nieves. Após a publicação do anúncio que falava da criação do MAS, Pablo começou a chegar quase todos os dias às 8 ou 9 horas da manhã, depois de – como me contou Pinina – realizar batidas com o Exército quase a noite toda. Essas operações clandestinas acabaram com a captura de 20 pessoas, entre elas as mesmas com que Pablo havia cruzado quatro meses antes.

Tal como eu havia temido, Pablo não passou conosco nem o Natal nem o Ano-Novo. Ficamos na casa de El Diamante. Mas, a julgar pelas notícias, era claro que meu marido continuava bem ativo na tarefa de localizar a irmã de seus amigos. Por isso, em 30 de dezembro de 1981, fiquei surpresa com a publicação, na primeira página do *El Colombiano*, da fotografia de uma mulher identificada como Marta Elena Correa, deixada por desconhecidos na porta principal desse jornal, com as mãos acorrentadas e um cartaz que dizia "Sequestradora". Pelo que dizia o jornal, haviam-na libertado poucos dias depois de detê-la, como um jeito de mandar uma mensagem ao M-19 advertindo que o MAS estava na cola dos sequestradores.

As coisas deviam estar muito complicadas, porque em 3 de janeiro de 1982, três semanas depois do sequestro, li no *El Colombiano* um anúncio que os Ochoa publicaram com uma mensagem que mais parecia uma declaração de guerra: "A família Ochoa Vásquez informa que não está disposta a negociar com os sequestradores do M-19 que mantêm cativa Martha Nieves Ochoa de Yepes. Que não pagará dinheiro por seu resgate, e ao contrário, oferece a soma de 25 milhões de pesos (U$ 387 mil da época) a qualquer cidadão que forneça informações sobre seu paradeiro".

Pablo nunca me disse nada a respeito, mas ficamos alegres de saber que em 12 de fevereiro, cento e vinte e três dias depois de ter sido sequestrada, Martha Nieves foi libertada no município de Génova, departamento do Quindío. Muitas versões circularam desde então sobre quanto dinheiro o M-19 recebeu para libertar a sequestrada, e inclusive quais personagens de alto nível de vários países participaram da negociação; mas a verdade é que eu nunca consegui obter informações confiáveis sobre isso.

Uma excelente testemunha desse momento foi o jornalista antioquense Alonso Arcila, a quem liguei a propósito deste livro, já que ele teve acesso privilegiado à cobertura dessa notícia. Naquela época, ele usava a informação de forma responsável, e por isso Pablo ligou para ele e disse que um de seus homens o pegaria no parque de Envigado e o levaria à casa dos Ochoa conhecida como La Loma.

"Cheguei àquela casa e Fabio Ochoa pai e toda sua família já estavam lá; eu os entrevistei, e depois me autorizaram a ir ao aeroporto Olaya Herrera receber Martha Nieves Ochoa, que estava chegando de Armenia; ela estava muito nervosa, e, na verdade, foi muito indiferente e não quis dar declarações; só abraçar sua família, porque estava muito cansada."

Nas pesquisas que realizei para meu livro, falei com várias pessoas próximas a Pablo, que me informaram que, apesar da atitude do M-19 de tentar sequestrá-lo e depois sequestrar Martha Nieves Ochoa, eles não romperam relações; pelo contrário, meu marido manteve contatos próximos com Iván Marino Ospina, segundo no comando do M-19, e com Elvencio Ruiz. Minhas fontes relataram inúmeros encontros na fazenda Nápoles e em outras nos arredores de Medellín. A propósito, foi muito comentado na época o presente que Ospina deu a Pablo: um fuzil AK-47 novo, que acabou nas mãos de Pasquín e foi sua arma durante muito tempo.

Também me contaram em minhas investigações que, por ser próximo a meu marido, Iván Marino Ospina gozava de certos privilégios – como, por exemplo, sair e entrar do país sem que a imigração carimbasse seu passaporte. A relação dos dois devia ser muito estreita, porque no final de agosto de 1985 vi Pablo muito compungido quando ligaram para lhe contar que Ospina havia morrido em um combate com o Exército em Cali. Ele não me disse nada no momento, mas eu o escutei falar ao telefone com alguém e dizer que Ospina era um guerreiro, um combatente como poucos.

Enfim, anos depois, a tragédia do Palácio da Justiça deixou como dano colateral a destruição dos documentos sobre extradição e a automática paralisia do trâmite desses casos, coisa que, conforme ouvi Pasquín dizer, tirava um peso das costas de meu marido e de muitas pessoas requeridas pelos Estados Unidos, porque a reconstrução dos arquivos era quase impossível. A extradição, consequentemente, sofreu um duro revés, porque já nesse ano, 1985, o governo havia reativado o envio de bolivianos para responder perante a justiça de outro país, como aconteceu com 13 pessoas, entre elas Hernán Botero Moreno – presidente do clube de futebol Atlético Nacional –, Marco Fidel Cadiavid e os irmãos Said e Nayib Pabón Jatter. Lembro-me de ter visto Pablo muito contrariado por causa dessas extradições, mas particularmente pela de Botero, que segundo ele não deveria ter sido enviado aos Estados Unidos porque era acusado de lavagem de dinheiro, não de narcotráfico.

Contudo, o fantasma da extradição continuava ali, latente, mas passaria para segundo plano na agenda nacional em 13 de novembro – uma semana depois dos fatos do Palácio da Justiça –, quando ocorreu outra tragédia pavorosa: a erupção do vulcão Nevado del Ruiz, que arrasou a população de Armero, Tolima, no sudoeste da Colômbia, e causou a morte de mais de 20 mil pessoas. As imagens do que estava acontecendo naquela região eram muito dolorosas, porque claramente o país não estava preparado para enfrentar tamanho embate da natureza.

Foi muito cruel ver o triste fim de Omaira Sánchez, a menina que morreu diante das câmeras de televisão porque não existia a tecnologia necessária para resgatá-la dentre as paredes de sua casa. Esse episódio partiu meu coração, porque, em sua impotência, a menina dizia à sua mãe que a amava, e que rezara porque não queria morrer.

Pablo não estava conosco naqueles dias, mas o piloto de um de seus aviões me contou que ele havia ordenado que enviassem um de seus helicópteros Hughes para ajudar a levar água potável aos sobreviventes, e que chamou seus "sócios" para formar uma espécie de frota aérea para transportar colchões, mantas e comida.

Falando do relacionamento de Pablo com alguns chefes do M-19, certa tarde eu estava passando perto da piscina de La Mayoría e vi meu marido e Juan Pablo com algo que parecia uma espada. Aproximei-me, intrigada, e perguntei o que estavam fazendo:

"Veja, meu amor, o que acabei de dar a Grégory: a espada do libertador Simón Bolívar. Um amigo me deu de presente."

Era uma loucura. A espada de Bolívar nas mãos de meu marido? Eu a vi, e me pareceu um artefato normal, embora chamativo. Poderia ser, mas poderia não ser. Se fosse verdadeira, estaríamos diante de um marco histórico que se somava às duas peças do libertador que eu comprara havia pouco: a medalha que ganhou depois de vencer a batalha de Boyacá, em 1819; e a maquete original de uma escultura do cavalo do Libertador, que o governador daquela época encomendara a um famoso artista italiano para exibi-la na praça de Bolívar em Medellín.

A última coisa que ouvi enquanto me afastava foi a seguinte frase:

"Filho, cuide dela, porque essa espada tem muita história. Vá, mas manipule-a com cuidado, e não fique brincando por aí com ela."

A guerra, as batidas policiais, os esconderijos e o corre-corre levaram-nos a lugares impensados, em um vaivém incessante no qual perdemos muitas coisas e esquecemos outras. Como a espada de Bolívar, sobre a qual tornei a ouvir falar anos depois, no início de janeiro de 1991, quando Otto e Arete chegaram à casa conhecida como El 40 – onde meus filhos e eu nos escondíamos – com uma mensagem urgente de Pablo: precisava que devolvêssemos a espada de Bolívar o quanto antes.

Entreolhamo-nos, incrédulos, porque haviam se passado mais de cinco anos desde que Pablo dera a espada a Juan Pablo. Meu filho reagiu e disse:

"Otto, diga a meu pai que presente é presente, que não vou devolver; além do mais, não sei onde está."

O homem entendeu a determinação de meu filho e ligou para Pablo para que os dois conversassem.

"Grégory, devolva-me a espada porque tenho que a entregar aos amigos que a deram para mim; eles precisam dela com urgência."

Pablo foi convincente, mas encontrar a bendita espada levou vários dias: Juan Pablo não se lembrava de onde a havia deixado depois de tantos anos de ir e vir. A única saída foi pedir a todos os seguranças que procurassem nas fazendas, apartamentos e casas onde havíamos estado desde 1985, e pegassem qualquer objeto parecido com uma espada que vissem. Lembro que chegaram até com machetes e facas grandes. Por fim, encontraram uma bastante parecida com a que Juan Pablo ganhara, e a mandamos a Pablo. Antes que a levassem, Juan Pablo bateu várias fotos com a espada para ter a recordação de que aquele artefato tão importante tinha passado por nossas mãos.

Não falamos mais no assunto, mas tempos depois entendemos a razão pela qual Pablo pedira a espada de Bolívar de volta. O motivo era que, como o M-19 havia chegado ao máximo nas negociações com o governo, precisava demonstrar um gesto de boa vontade; nada melhor que devolver a espada. Isso aconteceu em 31 de janeiro de 1991, em uma cerimônia especial em Bogotá, na qual Antonio Navarro Wolf e outros guerrilheiros do M-19 já desmobilizados entregaram a espada ao então presidente César Gaviria.

Examinando esses fatos em perspectiva, tenho dúvidas de se a espada que devolvemos era a original, ou se alguém no caminho acabou ficando com a verdadeira e aquela que o M-19 entregou não era a autêntica. Tudo que cercou esse episódio foi, no mínimo, exótico. Publicamente, foi dito que a espada que o M-19 entregou permanece em segurança em uma redoma no Banco da República. Será a verdadeira? É possível que nunca saibamos.

1986

Naquela manhã de 25 de julho de 2016, Juan Pablo chegou a meu apartamento muito agitado. Fiquei preocupada quando ele disse que tinha algo para me mostrar no celular. Já acostumada às más notícias, pensei que havia acontecido alguma coisa; no entanto fiquei aliviada, porque não era nada disso.

Ele abriu uma mensagem que havia recebido e me explicou que era de Aaron Seal, filho do piloto norte-americano Barry Seal, assassinado trinta anos antes – segundo as investigações – por ordem de Pablo. Era inacreditável que alguém quisesse contatá-lo, falar do acontecido, enfrentar o passado.

As palavras de Aaron eram impressionantes:

> *Meu nome é Aaron Seal, e meu pai foi Barry Seal. Tenho certeza de que você está tão familiarizado com esse nome quanto eu com o de seu pai. Li que buscou a reconciliação com pessoas do passado de seu pai, e você é um grande homem por isso. Entrei em contato com aqueles que puxaram o gatilho e mataram meu pai, e disse a eles que os havia perdoado. Só quero que saiba que há muito tempo perdoei seu pai por ter – supostamente – pagado pelo assassinato de meu pai. Eu me aproximo humildemente para lhe pedir que perdoe meu pai por ter estado disposto a depor contra seu pai e seus sócios. Meu pai estava apenas tentando salvar a pele, e, no fim, pagou o preço. Só quero que saiba que não há ressentimentos de minha parte nem de minha mãe. Mais que a maioria, eu posso entender como sua vida foi difícil. Meu caminho foi áspero também, mas o Senhor foi minha rocha. Não me ofenderei se decidir não me responder. Que Deus o abençoe. Aaron.*

Meu filho não hesitou nem um segundo em responder, e depois de várias trocas de e-mails e uma videoconferência, encontraram-se em 27 de setembro daquele ano na Cidade do México. Horas depois, ele me ligou e disse, emocionado, que a conversa havia sido muito boa, porque falaram de suas histórias pessoais, mas também de seus pais, que cometeram erros graves que lhes custaram a vida em diferentes circunstâncias.

Como meu marido morreu é mais que sabido, mas o encontro de Sebastián com Aaron confirmou muitas coisas e propiciou outras novas sobre as causas que levaram Pablo a mandar seus homens localizarem Barry Seal nos Estados Unidos e matá-lo – o que aconteceu em 19 de fevereiro de 1986 no estacionamento do Exército da Salvação na cidade de Baton Rouge, estado de Luisiana.

O comovente encontro de Aaron e meu filho permitiu abrir outra porta: um encontro meu com a viúva de Barry Seal. Mas até o fechamento deste livro, tentamos nos encontrar em vários lugares da América Latina, e por uma razão ou outra, não conseguimos. Tenho a convicção de que se isso acontecer, marcará um antes e um depois para nós como mulheres.

Na Colômbia, a morte de Seal passou praticamente despercebida. Alheia a esses eventos, naqueles dias eu organizava uma festa familiar no edifício Mónaco para comemorar os 9 anos de Juan Pablo, em 24 de fevereiro de 1986. Eu queria lhe dar um presente muito especial para não cair no lugar-comum de roupa ou joia, por isso, optei por algo que havia comprado recentemente com a ideia de que o guardasse como um tesouro: um cofre com as cartas de amor originais que Manuelita Sáenz escreveu ao libertador Simón Bolívar. Hoje ele é adulto, e me disse que sente orgulho de ter conservado essas peças.

Pouco antes de cortar o bolo, Pablo apareceu sem avisar, mas disse que não podia demorar muito. Batemos as fotos de praxe, ele comeu bolo inglês e foi muito carinhoso com Manuela e Juan Pablo. Antes de ir, meia hora depois de chegar, entregou uma carta ao menino e lhe deu um abraço. Como sempre, sua presença fugaz me deixou um sabor agridoce na boca, porque eu não me acostumava a viver cada momento da vida com e sem marido. Quando a festa acabou, li a mensagem que Pablo escreveu a seu filho:

> *Hoje você está completando 9 anos, já é um homem, e isso implica muitas responsabilidades. Quero lhe dizer, hoje, que a vida tem momentos lindos, mas também momentos difíceis e duros; esses momentos difíceis e duros são os que formam os homens. Sei com absoluta certeza que você enfrentou os momentos difíceis de sua vida sempre com muita dignidade e muitíssima coragem.*

Naquela época, eu tinha 24 anos, e me entristece não ter compreendido no momento que com aquela mensagem Pablo estava roubando a infância de Juan Pablo, porque punha sobre seus ombros responsabilidades superiores às suas forças. Fico indignada por não ter reclamado pelo conteúdo dessa carta.

Pablo desapareceu de novo, e nos meses seguintes vivemos certa normalidade no edifício Mónaco. Por isso, eu tentei construir uma rotina ao redor de meus filhos e minha família. O entorno era importante, e isso incluía a decoração do apartamento, na qual eu privilegiei a cor e o frescor. E como eu gostava do melhor, contratei uma empresa que todas as semanas mandava de Bogotá rosas brancas e vermelhas de exportação, bem como antúrios e gladíolos. Uma especialista fazia os arranjos nos cerca de 20 vasos que tínhamos na cobertura, inclusive nos banheiros.

Naqueles dias, eu também estava muito ocupada com os preparativos da primeira comunhão de Juan Pablo, programada pelo colégio San José para o sábado, 16 de agosto de 1986. Como a cerimônia estava prevista desde início do ano, eu havia tomado precauções suficientes para que meu filho vivesse um momento inesquecível.

Por essa razão, fui à Suíça, porque haviam me dito que nesse país europeu eu encontraria os melhores arranjos para esse tipo de celebração. De fato, em Genebra encontrei uma loja especializada em convites para primeira comunhão, e mandei fazer uma centena deles, em papel linho com uma fita amarela de cetim. Em outro lugar naquela cidade também encontrei uma fábrica de chocolates suíços, famosos no mundo por seu sabor e por serem embalados em uma caixa amarela quadrada, com uma tampa contornada de flores de papel crepom em tons de amarelo e pastel. Uma obra de arte. Da Suíça fui a Roma, na Itália, comprar a roupa da primeira comunhão. Era de linho azul com *dégradé* de tons de cinza, e a gravata tinha detalhes vermelhos que davam realce e beleza ao traje. E em Milão comprei os vestidos para Manuela e para mim.

No dia marcado, a cerimônia foi realizada na escola, e quem acompanhou Juan Pablo foram seus avós e meu irmão Carlos, que representou Pablo, porque ele continuava sendo um fugitivo da justiça. Fiquei triste ao notar Juan Pablo com os olhos úmidos por ver seus colegas radiantes, cercados por seus pais e suas famílias.

À tarde, fizemos uma grande festa no edifício Mónaco, e como já era costume, Pablo apareceu sem avisar, acompanhado por Fidel Castaño e Gerardo "Kiko" Moncada. Ficaram duas horas conosco e depois foram para uma casa-esconderijo conhecida como El Paraíso, onde nos esperariam para continuar a celebração. Horas depois, meus pais e nós fomos ao lugar combinado, cortamos um bolo e tiramos algumas fotografias.

Apesar desses momentos agradáveis, não nos deixavam em paz os sobressaltos causados por informações de meios de comunicação sobre meu marido. As notícias falavam do avanço dos processos judiciais por diversos delitos e a solicitação de extradição dos Estados Unidos.

Ele aparecia muito de vez em quando no edifício Mónaco, mas, enquanto isso, eu ia sabendo pelos noticiários dos graves fatos que abalavam o país e que quase imediatamente repercutiam diretamente em nós. Como em 17 de novembro de 1986, quando, na periferia de Bogotá, ocorreu o assassinato do coronel da polícia Jaime Ramírez, que em março de 1984 havia dirigido a ocupação do complexo de produção de cocaína de Tranquilandia, em Los Llanos del Yarí, Caquetá.

De fato, menos de doze horas depois do homicídio do coronel, o Exército tomou o edifício em busca de Pablo. Dezenas de soldados chegaram em caminhões e tomaram os sete andares, enquanto um coronel e vários suboficiais se dirigiram à cobertura onde eu estava com meus filhos. O que aconteceu nessa blitz me causou um sabor amargo, porque eu sabia que o confronto entre meu marido e as autoridades pioraria pouco a pouco, em detrimento de quem estivesse no meio.

"Onde está esse filho da puta?", perguntou-me o coronel, sem esconder o ódio que sentia por meu marido.

"Coronel, eu me separei dele faz muito tempo."

A desculpa não adiantou muito, porque bem nesse momento Pablo ligou; alguém devia ter lhe contado que estávamos sofrendo uma blitz. Um dos militares atendeu ao telefone, e meu marido deve ter dito palavras muito feias, porque imediatamente o coronel me pegou pelo braço com força, empurrou-me para o closet e fechou a porta.

"Mostre-me, então, que camisola vai pôr hoje à noite para esse matador de policiais, magistrados e gente inocente", disse aos gritos, colocando-me em frente a um espelho.

Tremendo, em pânico, não tive opção senão pegar uma peça íntima de uma gaveta e mostrá-la a ele, porque o oficial estava furioso. Aqueles instantes pareceram eternos, e eu só pedia a Deus que me livrasse dele. Por sorte, o barulho de armas e passos no quarto o forçaram a abrir a porta. Três horas mais tarde, depois de revistar palmo a palmo o edifício, os militares foram embora frustrados, porque não encontraram rastro algum de Pablo. Mas eu fiquei devastada. As ações cada vez mais violentas de meu marido, como as citadas pelo coronel – o assassinato do magistrado da Corte Suprema Hernando Baquero; do juiz Gustavo Zuluaga e do coronel Ramírez (apesar de que depois ficou provado que não havia sido ele) ocorridas em julho, outubro e novembro daquele ano – repercutiam diretamente sobre mim. Naquela batida eu fui a acossada, e não tive possibilidade alguma de reclamar ou dizer alguma coisa. Só me restava ficar em silêncio e suportar a indignação.

Horas depois, Pablo ligou de novo, e chorando, eu lhe contei o que havia acontecido. Dava para ver sua fúria, e ele não disse nem mais uma palavra. Logo nos despedimos.

Passaram-se várias semanas sem notícias dele, até que, na manhã de 18 de dezembro de 1986, chegaram vários homens seus e me disseram que Pablo estava nos esperando em um esconderijo. Imaginei que a decisão repentina se devia à possibilidade de que as autoridades tomassem o edifício Mónaco de novo, porque o país estava abalado pelo assassinato do diretor do jornal *El Espectador*, Guillermo Cano, ocorrido na noite anterior.

As coisas deviam estar muito complicadas, porque, pela primeira vez, os homens de Pablo, diferentes dos que iam nos buscar normalmente, disseram que tínhamos que pôr uma venda nos olhos, porque era melhor que não soubéssemos aonde estávamos indo.

"Se vocês forem pegos, é possível que os obriguem a dizer onde o patrão está", disse um deles ao pegar uns lenços com que devíamos cobrir o rosto.

Era uma situação nova e desagradável, mas eu sabia que não tinha como reverter a ordem de meu marido. Ter que vendar os olhos seria frequente nos anos seguintes.

Duas horas depois de sair do edifício, encontramos Pablo em uma casinha rural, mas não consegui identificar o lugar, que tinha clima temperado. O ambiente que encontrei não era dos mais agradáveis, e eu estava arrasada por termos tido que pôr vendas nos olhos. Por isso, logo de cara briguei com Pablo por causa do homicídio do jornalista – nos noticiários, ele era o acusado.

Foi muito doloroso ver pela televisão o desenrolar dos acontecimentos posteriores ao assassinato de Cano, ocorrido quando ele saía do jornal bogotano. Pela primeira vez, as rotativas dos jornais pararam, as rádios suspenderam a transmissão de notícias e os canais de TV deixaram de passar os noticiários.

Naquela época, Mario, meu irmão, estava escondido nas ilhas do Rosário, e conversamos vários minutos pelo telefone. Uma frase sua foi muito eloquente:

"Com isso, Pablo fodeu nossa vida."

Em um desses dias de clausura, quando Pablo saiu de nosso quarto, notei que levava um dicionário Larousse de bom tamanho debaixo do braço. Ele se sentou no sofá para consultá-lo, e eu me aproximei, intrigada, para lhe perguntar o que estava procurando. Ele explicou que estava elaborando umas cartas e precisava do dicionário para ser bem preciso nos termos que usaria. Depois, pegou um bloco de papel tamanho carta em sua escrivaninha e começou a escrever. Entendi que ele não queria mais falar sobre o assunto.

Como sempre, ele havia dito meia verdade, porque, tempos depois, quando falei sobre vários assuntos com Neruda – assessor de meu marido na redação de seus discursos na prefeitura de Envigado e depois no Congresso –, comentei que havia me chamado a atenção que meu marido usasse aquele dicionário, e ele me contou que embora Pablo sempre fosse cuidadoso para mandar mensagens escritas, no dia do Larousse estava revisando a redação dos comunicados de Los Extraditables [os extraditáveis], uma organização clandestina que havia acabado de nascer e cujo objetivo principal era lutar contra a extradição.

"Victoria, os Extraditables expediram o primeiro comunicado em 6 de novembro, e ganharam alguma coisa, porque em 12 de dezembro a Corte Suprema derrubou pela primeira vez o tratado de extradição com os Estados Unidos. Mas, dois dias depois, o governo expediu outro decreto revivendo-o, e o *El Espectador* publicou um editorial intitulado '*Se le aguó la fiesta a los mafiosos*' [A festa dos mafiosos miou]; e veja só o que aconteceu."

Depois, ele soltou uma frase enigmática, com a qual encerrou a conversa:

"Pablo não vai parar, Victoria. Descubra o que ele ia fazer com Belisario Betancur depois de deixar o governo e entregar o poder a Virgilio Barco."

Ele mudou de assunto, e nunca mais falamos sobre isso; mas, bem no fundo, restou-me uma inquietude em relação ao que ele havia querido dizer. Fui saber muitos anos depois da morte de Pablo, quando voltei a Medellín para resolver uns assuntos pessoais e encontrei pessoas que haviam sobrevivido à guerra. Perguntei a uma delas – com quem meu marido havia mantido uma estreita proximidade até antes de ir para o La Catedral em 1991 – sobre Betancur, e o que me contou deixou-me horrorizada, porque a maldade de Pablo havia ido longe demais. Não tinha limites.

Segundo essa versão, Pablo decidira se vingar de Betancur, que, após o assassinato do ministro Rodrigo Lara em 1984, autorizara a extradição de muitas pessoas aos Estados Unidos – apesar de meu marido considerar que o mandatário havia se comprometido a não fazer isso.

A fonte me revelou que, segundo o que haviam lhe contado, Pablo decidira sequestrá-lo e confiná-lo para sempre na selva depois da sucessão presidencial, em agosto de 1986. Para isso, mandara Godoy, um dos seus homens, construir uma cabana sem janelas em algum lugar da selva entre Urabá e Chocó. Em pouco tempo Godoy encontrou o lugar adequado, e depois de dois meses de trabalho com vários ajudantes, acabaram de construir uma espécie de casa-cadeia. Os homens de Pablo fizeram várias tentativas, mas, graças a Deus, Betancur estava muito bem protegido, e, por fim, o curso dos acontecimentos levou Pablo a descartar a ideia.

1987

A fazenda Nápoles foi confiscada pela primeira vez em 1984, quando o Estado declarou guerra ao meu marido e ao narcotráfico por conta do assassinato do ministro da Justiça Rodrigo Lara Bonilla. Eu nunca soube como ele conseguia, mas a verdade é que durante muitos anos Pablo deu um jeito para que ficássemos ali sem restrição alguma.

Assim aconteceu em meados de janeiro de 1987, quando ficamos vários dias na fazenda. Quando Pablo voltou, decidiu que voltaríamos pela estrada, porque queria dirigir até Medellín, deixar-nos no edifício Mónaco e depois se esconder em uma das casas. Grande erro, porque duas horas depois enfrentaríamos uma das piores experiências de nossa vida.

Pablo estava dirigindo uma caminhonete Toyota, e eu estava ao seu lado com Manuela; atrás, Juan Pablo e Carlos Lehder. Na frente iam dois veículos – um com Otto, Mugre e Pasquín e outro com Luigi e Dolly –, que tinham que se comunicar entre si a não mais de 2 quilômetros de distância para não perder o sinal de rádio.

Era um dia ensolarado, e não havia muitos carros na estrada; Pablo dirigia em um bom ritmo. Quando estávamos na metade do trajeto, Luigi avisou que havia acabado de passar pelo pedágio de Cocorná, a meio caminho de Medellín, e que vira uma tropa da polícia com quatro homens uniformizados.

Meu marido prosseguiu, e comecei a me perguntar por que não parava; pensei que algo ruim ia acontecer.

Lehder deve ter lido meu pensamento, porque disse:

"Pablo, melhor não irmos todos no mesmo carro, não acha?"

"Sim, eu sei; espere, que antes desse pedágio há uma curva, e da parte alta da montanha podemos ver o que está acontecendo."

De fato, Pablo fez a curva e estacionou em frente a um restaurante de onde se podia observar a tropa. Depois de alguns segundos, disse a Otto por rádio que estacionasse ao seu lado para mudar de carro, porque preferia que eu dirigisse a caminhonete até Medellín com Juan Pablo e Manuela.

Lehder desceu do carro com o fuzil na mão. Pablo o seguiu com sua Sig Sauer na cintura, e eles foram para o banco de trás do Renault 18. Otto acomodou no porta-malas a mochila de meu marido e a de Lehder, e também uma sacola com comida em refratários que eu havia preparado para Pablo.

Fui dirigindo até o pedágio e fiquei atrás de dois veículos na fila para pagar. Nesse instante, vi pelo espelho que o Renault 18 se aproximava na contramão, e quando chegou à cabine do pedágio, Lehder pôs a cabeça para fora janela, com a metralhadora à vista, e gritou:

"Somos agentes do F-2, não atirem!"

Aí começou um tiroteio impressionante, e ficamos no meio do fogo cruzado. Foi tudo muito rápido. Um policial sacou seu revólver e atirou no vidro de trás do carro; e da janela do passageiro Otto atirou em outro policial, que conseguiu se jogar em um bueiro. Pasquín disparou uma rajada de balas com seu fuzil. Por fim, ouvimos pneus cantando e o Renault 18 saiu dali a toda velocidade.

Esses momentos são inenarráveis. Eu tremia de pânico, temia o pior, mas sabia que tinha que me fazer de desentendida, como se não tivéssemos nada a ver com o que estava acontecendo. Olhei para o banco de trás e vi Juan muito assustado, protegendo a irmã com seu corpo; ela chorava desconsoladamente.

O caos era total: só se ouviam gritos e pedidos de ajuda. Um instante depois, chegou um policial e me disse para não pagar o pedágio e sair dali; mas um homem à paisana, com uma pistola na mão, disse que não, porque havia visto que os homens que provocaram o tiroteio desceram da caminhonete que eu dirigia.

A seguir, os policiais apontaram suas armas para nós, mandaram-nos descer e nos revistaram bruscamente. Depois, junto com umas 20 pessoas que também estavam no pedágio, levaram-nos a uma casinha onde funcionava a administração. Ficamos em pé ali cerca de cinco horas. Manuela chorava, porque era hora de tomar a mamadeira e trocar a fralda. Eu me sentia impotente diante da indiferença dos policiais, que não entendiam minhas súplicas para que me permitissem atender a minha filha de apenas 2 anos e meio de idade.

"Vocês vão ver, filhos da puta, o que vamos fazer; dessa não vão se safar, narcotraficantes assassinos", gritavam os policiais pelas janelas depois de saber que haviam estado bem perto de Pablo Escobar.

Por fim, um policial mandou que o acompanhássemos porque havia recebido ordem de nos levar à delegacia de Antioquia, situada em Medellín. Sentamo-nos no banco de trás da caminhonete, e durante boa parte do trajeto o policial que dirigia ficou me insultando por ter parido filhos de um bandido.

Já na sede da polícia, descemos da caminhonete. Eu carregava Manuela dormindo no colo, enrolada em sua manta. O comandante, coronel Valdemar Franklin Quintero, estava nos esperando. Ele puxou com tanta força a bolsa com as coisas da menina e a manta que quase derrubou a criança no chão.

"Levem essa filha da puta e os filhos daquele depravado ao calabouço", gritou, e seus homens correram para cumprir a ordem.

"Por favor, deixe pelo menos a manta da menina e a bolsa para eu poder alimentá-la. Ela está há horas sem comer, e no pedágio não nos deram nem um copo de água. Aqui vai ser igual?", disse eu, soluçando.

Mas ninguém respondeu, e o coronel se afastou com um olhar que refletia um profundo ódio por meu marido.

À 1h30 da madrugada, quando a atividade havia diminuído, uma policial apareceu e me entregou uma mamadeira pronta. Agradeci infinitamente seu gesto, mas não entendia por que tinham que torturar daquele jeito meus filhos por causa das ações do pai deles.

Minutos depois, Manuela estava tomando a mamadeira quando, de repente, o advogado José Aristizábal apareceu.

"Senhora, venho em nome do patrão. Ele está bem, e não se preocupe, amanhã a tiro daqui. O mais importante é que vou levar seus filhos à casa da avó Nora."

Entreguei a menina, e Juan Pablo saiu atrás do advogado, que se dirigiu a uma casa na transversal superior, onde Pablo, Lehder, Otto, Mugre e Pasquín os esperavam. Meu marido mandou que levassem Manuela para minha mãe e que deixassem o menino com ele.

No dia seguinte, Aristizábal foi me buscar na delegacia, e enquanto me levava para o edifício Mónaco, contou-me que Pablo estava furioso por causa do que Manuela havia passado.

"Não esqueço a expressão de seu marido, senhora. Foi o único momento em que o vi chorar; escute o que ele me disse: 'Doutor, quem é mais bandido? Eu, que escolhi ser, ou aqueles que, validos da majestade da autoridade, ultrajam meus filhos e minha esposa inocentes com seu uniforme de polícia? Responda, doutor, quem é mais bandido?'."

Sem dúvida, esse episódio aprofundaria gravemente a aversão de Pablo pela polícia, porque, conforme disse ao advogado Aristizábal, ele vingaria a atitude dos policiais para conosco, e em particular para com Manuela, por lhe negar a mamadeira. Era um rancor incubado de muitos anos, desde quando Pablo e alguns amigos jogavam pedras nas viaturas no bairro La Paz quando os policiais faziam rondas de vigilância, e os xingavam de todos os tipos de palavrões. Duas semanas depois do incidente de Cocorná, em 4 de fevereiro de 1987, recebi a ligação de uma amiga do colégio, que disse para eu ligar o rádio. Assim fiz, e fiquei muito preocupada ao ouvir que a polícia havia capturado Lehder em uma fazenda no município de El

Retiro, a 36 quilômetros de Medellín, e que ele seria extraditado imediatamente aos Estados Unidos.

Pelo que me contaram, nesse dia meu marido estava na fazenda Nápoles e viu no noticiário as imagens do instante em que levavam Lehder para o avião que o levaria aos Estados Unidos. Pablo ficou furioso, e teve uma reação inesperada:

"Jogue-se nas hélices! Eu faria isso! Eu não me deixaria levar nem fodendo; prefiro me jogar nas hélices para morrer a entrar nesse avião."

Três dias depois da extradição de Lehder, houve outra batida no edifício Mónaco, dessa vez da polícia. O oficial no comando chegou à cobertura com 20 homens armados com fuzis que puseram contra a parede dois seguranças e as empregadas. Juan Pablo e Manuela estavam dormindo ainda, porque eram 6 horas da manhã. Eu havia acabado de levantar, e a atitude hostil dos policiais me deixou em pânico.

"Senhora, onde está aquele monstro? A senhora tem que saber onde ele se esconde, e se não nos disser agora, vamos prendê-la."

Juan Pablo se levantou ao escutar o tumulto e ficou ao meu lado. Chorava, e estava muito assustado. Em voz baixa, tentei tranquilizá-lo e disse que não se preocupasse, que não ia acontecer nada.

"Capitão, se vocês, que têm toda a inteligência do mundo, não sabem, como eu vou saber, se não o vejo nunca? Além do mais, ele não me diria onde se esconde."

O oficial não gostou nadinha de minha explicação, e mandou revirar o apartamento para encontrar dinheiro, droga, armas.

A busca durou cerca de seis horas – eternas –, e quando acabou, o capitão me fez uma advertência:

"Diga a esse criminoso que vamos encontrá-lo, como já encontramos seu amiguinho."

Quando soube da busca, dois dias depois, Pablo mandou vários homens nos buscar, e nos encontramos em um apartamento em algum lugar em Medellín. Ele estava preocupado, mas também com muita raiva.

"Pablo, Pablo, o que você vai fazer agora?"

Ele não respondeu à pergunta; a única coisa que disse foi que teríamos que aumentar as medidas de segurança em torno de nossa família.

Muito tempo depois, quando a clausura nos obrigava a ficar escondidos por um longo tempo, eu perguntei a Pablo se eram verdade os comentários que diziam que ele havia entregado Lehder.

"Não, Tata, jamais me ocorreria uma coisa dessas, com extradição não se brinca. É verdade que ele estava mal, vivia drogado e havia gastado quase todo seu dinheiro, mas sempre tivemos um bom relacionamento, e eu até lhe dei uma mão quando deu aquela mancada com Rollo."

Ele não disse mais nada, e eu fiquei intrigada com a menção que havia feito de Rollo, um homem alto que trabalhava para ele, mas com quem nunca tive relação alguma. Uma das empregadas, a quem encontrei em Medellín anos depois, contou-me que estava na cozinha da casa principal de Nápoles no momento exato em que um alvoroço em volta da piscina a obrigou a se esconder embaixo de uma mesa. Segundo seu relato, Lehder havia matado Rollo com um tiro de fuzil porque estava flertando com uma garota de quem ele gostava. E acrescentou que meu marido ficara furioso e mandara tirá-lo de helicóptero da fazenda e levá-lo a outra.

Em 27 de junho de 1987, quatro meses depois da extradição de Lehder, meu marido apareceu no edifício Mónaco. Estava radiante. Fazia muito tempo que eu não o via assim, e ele tinha motivos para estar feliz, porque a Corte Suprema de Justiça havia acabado de eliminar a figura da extradição, e, por conseguinte, os processos judiciais contra ele perderam vigência. Como me explicou, o ministro da Justiça, José Manuel Arianas, seria obrigado a cancelar cerca de uma centena de autos de detenção com fins de extradição, entre eles, o dele.

Sem pendências com a Justiça, Pablo voltou a morar conosco, como não acontecia já havia três anos e nove meses. De certa maneira, recuperamos nosso lar, para felicidade de Manuela e Juan Pablo, que por fim tiveram um pai que os levasse à escola. No entanto, durante esse tempo meu marido ficou cercado de um incômodo aparato de segurança; quase sempre se deslocava com pelo menos 10 Land Cruiser, com quatro ou cinco guarda-costas em cada uma, armados com pistolas e fuzis AK-47, legalmente amparados. É curioso, mas Manuela, que naquela época tinha apenas 3 anos de idade, hoje recorda nitidamente a estranheza que lhe causava chegar ao jardim de infância Gênesis com seu pai e um monte de homens armados.

Claro, tamanho aparato causava inconvenientes, como o que aconteceu um dia com Pablo e meu irmão Mario quando transitavam por uma rua de Medellín. Morrendo de rir, Pablo me contou naquela noite que estava dirigindo uma das caminhonetes, com Mario ao seu lado com uma metralhadora embaixo do banco, quando quatro policiais de moto detiveram a caravana para verificar os documentos e as licenças. Todos os seguranças começaram a entregar as armas, mas quando foi a vez de Mario, ele pegou sua poderosa metralhadora e apontou para os policiais desprevenidos. E então, disse:

"Pablo, esse bando de maricas é que cuida de você? Quatro policiais tiraram as armas de 50 guarda-costas? É esse tipo de leão que o protege?

Você está ferrado. Por favor, senhores policiais, devolvam as armas para evitarmos problemas maiores."

Surpresos e assustados, os agentes fizeram um gesto indicando que a caravana prosseguisse.

Durante esse período de tranquilidade, Pablo ficava conosco a maior parte do dia, mas, como sempre, vinha com a desculpa de que tinha uma reunião de negócios, saía e voltava de madrugada. Era evidente que suas reuniões não eram mais que encontros com a amante da vez. Lembro que ele usava roupas comuns, jeans e camisa, mas não perdeu o costume de usar tênis com cravos de borracha, especiais para sair correndo caso a "Lei" chegasse.

No entanto, como com Pablo nada era para sempre, na noite de 11 de outubro desse ano, 1987 – três meses e meio depois de permanecer conosco –, ele entrou na clandestinidade de novo, dessa vez pelo assassinato do ex-candidato à presidência e líder da União Patriótica, Jaime Pardo Leal. Antes de partir, ele me disse que não tinha nada a ver com esse crime, mas certamente o responsabilizariam, e por isso preferia se esconder de novo. Dito e feito, porque menos de doze horas depois, houve uma nova busca no edifício Mónaco, dessa vez pelo Exército.

A chegada de caminhões lotados de homens uniformizados estava se tornando o pão de cada dia. Não me engano se afirmo que no momento mais complexo da guerra, o edifício Mónaco foi revistado três vezes por semana. Quando a portaria me avisava que o Exército estava embaixo, eu já sabia que o quarteirão e o edifício estavam cercados, que os soldados haviam ocupado os porões e começado a tomar andar por andar, e que não tardariam a chegar à cobertura pelas escadas e o elevador.

Assim foi. Os militares cercaram os dois terraços, e levaram todas as pessoas que encontraram no caminho para a sala principal ou a de jantar, e as puseram de frente na parede, com as mãos para o alto e o fuzil nas costas.

O major do Exército que estava no comando me perguntou, ameaçador, pelo paradeiro de Pablo; como sempre, eu respondi que ele não morava conosco. De repente, um soldado pôs o fuzil nas costas de Sofía Vergara, irmã de Teresita – a mulher que cuidara de Pablo durante boa parte da vida –, e lhe perguntou com brusquidão como se chamava. Ela, tremendo, respondeu María del Carmen Ramírez, e o militar mandou que mostrasse a identidade. Aos 65 anos, ela pensou o pior, pois havia mentido seu nome e sobrenome, e começou a chorar, muito aflita. Intercedi e disse ao soldado que tivesse compaixão por ela, mas ele respondeu que a levaria presa. Ele a acossou por um longo tempo, até que, no fim da tarde, depois de seis horas de busca, o major do Exército disse que era hora de ir. A partir desse momento, Sofía ficou conhecida como María del Carmen Ramírez.

Pablo estava escondido havia várias semanas já, até que um dia Pasquín chegou e me disse que meu marido pedira para eu ajeitar o apartamento do terceiro andar do edifício. Um amigo dele, Jorge Pabón, ficaria hospedado ali por um tempo. Achei estranho, porque a ideia original quando construímos o edifício era alugar alguns apartamentos embaixo para ajudar nos gastos.

Eu não tinha como lhe perguntar o que estava acontecendo, então, enquanto podia, pedi o favor à decoradora de me ajudar a ajeitar o terceiro andar; e para isso, tiramos vários móveis italianos do depósito.

Minha primeira impressão de Pabón, conhecido como Negro, foi de alguém pouco confiável e de aparência ruim. E com o passar dos dias, comecei a notar homens grandes, musculosos e feios em vários andares do edifício. Minha preocupação só crescia, e avisei Pablo por meio de um mensageiro. Até que, uma noite daquelas, ele apareceu de novo. Eu estava tão preocupada que mal o cumprimentei:

"Pablo, quem você pôs para morar aqui no edifício?"

"Tata, não se preocupe, é um grande amigo, ele é muito especial para mim."

"Pablo, esses sujeitos são assustadores, e um dia desses vão nos matar aqui."

"Não, meu amor, que ideia!"

"Você tem cabeça de mármore, como diz minha mãe. Você some e só deixa a poeira para trás. Já estamos vivendo trancados nesta mansão e nem sequer podemos andar pelos arredores do edifício, nem descer para jogar tênis."

Não houve jeito. Pablo foi e o "Negro" Pabón ficou, apesar de meu pranto e desespero.

Pouco depois, entendi: Pablo me contou que tinha uma dívida de gratidão para com Pabón, porque em 1976, quando estivera preso na penitenciária de Bellavista com Mario, meu irmão, e Gustavo, seu primo, o Negro os salvara de um ataque, porque os demais presos achavam que eram infiltrados da polícia. Haviam deixado de se ver desde então, e agora o Negro havia procurado Pablo em um lugar conhecido como La Isla, no município do Peñol, e lhe pedira ajuda, pois acabara de voltar ao país depois de dois anos preso em Nova York por tráfico de entorpecentes. Pablo gostava dele, e por isso lhe oferecera ficar no edifício Mónaco enquanto procurava onde morar.

Não sei se Pablo media as consequências do que estava fazendo, mas a verdade é que a chegada desse homem mudaria nossa vida a tal ponto que, em pouco tempo, ele seria o detonador de mais um confronto – no meio do qual, mais uma vez, Manuela, Juan Pablo e eu ficaríamos presos.

1988

Os gritos de Juan Pablo pedindo ajuda me acordaram. Assustada, tentei me mexer, mas notei que estava presa entre o colchão e uma parte do teto do quarto, que havia caído sobre minhas costas. O menino dizia que não conseguia respirar, e fiquei tão preocupada que comecei a me contorcer para me livrar do peso que me oprimia. Como eu não sabia o que estava acontecendo, pensei que havia caído no porão do edifício e que se passariam muitos dias até que nos encontrassem. Só pude gritar a Juan Pablo que tivesse paciência, que logo nos encontraríamos.

De tanto forçar, caí em um buraco, e quando consegui sair, olhei para cima e vi o céu. Ao fundo, ouvia-se o eco de pessoas pedindo ajuda. Entre um tapete de escombros e pregos enormes que sobressaíam do teto caído, consegui ir até Juan Pablo; mas escutei os soluços de Manuela e decidi correr para ver como ela estava. Fiquei aliviada ao vê-la sã e salva nos braços da babá, mas quando me voltei, fiquei aterrorizada, porque a guarnição de uma das janelas de alumínio do quarto havia caído no berço dela enquanto tomava a mamadeira. Agradeci a Deus por ela ter sofrido apenas um arranhão na testa.

Voltei para buscar Juan Pablo, que continuava preso entre uma laje de concreto e sua cama. Tentei descobrir um jeito de tirá-lo dali, e vi que uma pequena escultura do mestre Fernando Botero, que repousava no criado-mudo dele, havia suportado o peso do teto e por milagre evitara que o esmagasse. A situação-limite em que eu me encontrava me permitiu, de uma maneira sobrenatural, levantar um dos cantos da laje de cimento e o menino conseguiu sair por ali, mas com grande dificuldade.

No meio de um desastre desses, a única coisa que eu queria era sair dali com meus dois filhos. Mas, quando encontramos uma lanterna e iluminamos a escada, vimos tamanha quantidade de escombros que era impossível descer. Então, tocou o telefone da cozinha, e Marina, uma das empregadas, disse que era Pablo.

"*Míster*, vão nos matar, vão nos matar", disse eu, desesperada.

"Calma, Tata, já estou mandando buscar vocês", falou meu marido.

Mas eu repliquei, chorando, que queria ir para a casa de minha mãe.

Quando desliguei, Marina me disse que Pablo já havia ligado para perguntar por nós, mas ela não pudera dizer como estávamos porque não conseguira chegar ao segundo andar da cobertura, pois o teto da escada havia desmoronado.

Continuávamos presos, por isso eu gritei o mais que pude pedindo ajuda. Minutos depois, dois guarda-costas abriram um espaço pelo qual conseguimos descer ao primeiro andar do edifício. Marina me entregou um par de sapatos que encontrou jogados por ali, mas Juan Pablo teve que descer descalço, com o risco de se cortar no mar de estilhaços, ferros retorcidos e vidros. Enquanto descíamos, pelas janelas se via a dimensão da catástrofe: pessoas feridas nos edifícios próximos e ruínas, muitas ruínas.

Haviam se passado poucos minutos desde o momento em que os gritos de meu filho me acordaram abruptamente, e eu continuava sem a menor ideia do que tinham acontecido. A única coisa que me passou pela cabeça foi que um forte tremor sacudira a cidade.

Quando chegamos à garagem do térreo, entramos em uma caminhonete estacionada na área de visitantes, bem perto da portaria principal do edifício. O segurança que ia dirigir veio a mim e disse que percorrera os arredores e que tudo indicava que um carro-bomba havia explodido na parte posterior do edifício. Eram cerca de 6 horas da manhã de 13 de janeiro de 1988.

Quando estávamos saindo, chegou uma de minhas irmãs, que morava perto dali e acordara com a forte explosão. Desci para falar com ela, e o frio me fez perceber que estávamos todos de pijama. Minha irmã estava muito nervosa, porque pensara que algo de mau havia acontecido conosco, e por isso saíra imediatamente atrás de nós.

"Tata, enquanto eu estava vindo para cá, lá da avenida Las Vegas dava para ver uma mancha negra. Tive medo de que ao chegar me dissessem que você e meus sobrinhos estavam mortos."

Eu disse que tínhamos que sair dali e lhe pedi para ficar para ver o que ia acontecer, e para tirar fotografias. Mais tarde, o arquiteto que havia construído o edifício chegou e percorreu as ruínas com minha irmã para verificar vazamentos de água ou danos ao sistema elétrico. Minha irmã aproveitou esse momento para tirar muitas fotos que mostram os danos causados. Anos depois, eu me encontrei com o arquiteto em Medellín, e quando falamos desse episódio, ele recordou o seguinte:

"Dona Victoria, não havia amanhecido ainda quando senti aquele estrondo imenso, e disse a minha esposa: 'Mónaco caiu'. Saí correndo, preocupado com a estrutura do edifício."

Enquanto isso, o segurança pegou a chamada Loma del Campestre e vimos que a polícia e vários carros de bombeiros se dirigiam ao edifício. Subimos por uma trilha estreita e íngreme até a parte mais alta da montanha, onde ficava a cabana El Bizcocho, um dos esconderijos conhecido na família como Los Viejitos. Quando chegamos à porta da cabana de madeira, Pablo e meu irmão Mario foram nos receber. Abraçamo-nos, e nesse momento Juan Pablo e eu começamos a chorar desconsolados. Uma vez dentro, encontramos meu cunhado, Roberto e Mugre, e eles contaram que estavam na varanda da fazenda quando ouviram uma forte explosão, a terra tremeu e viram uma nuvem em forma de cogumelo embaixo.

Depois, sentamo-nos na sala da cabana para conversar, e tomamos chocolate quente com pão. Eles falavam sem parar, mas não notavam que eu estava pesarosa porque meu sonho de viver para sempre no edifício Mónaco havia desaparecido em um instante. Eu tinha 26 anos na época, e me afligia pensar que nunca mais poderia morar ali.

"Achei que vocês três estavam mortos. Eu sabia que iam jogar uma bomba em mim, mas não imaginei que seria assim, contra vocês", disse Pablo, visivelmente consternado.

Mugre ia dizer algo quando alguém ligou no celular de Pablo, que atendeu de imediato. Por sua expressão, percebemos que era algo importante, e esperamos cinco minutos em silêncio até que ele agradeceu a ligação e desligou. Depois, disse:

"Os filhos da puta me ligam para saber se eu sobrevivi. Eu agradeci o apoio que me prometeram, mesmo sabendo que foram eles que puseram a bomba."

A frase de meu marido foi enigmática, mas suponho que os outros entenderam a que se referia. Menos eu, que como sempre estava à margem de tudo. Passou-se algum tempo até eu ter uma ideia clara da origem do atroz ataque ao edifício, que causou a morte de três pessoas, feriu mais dez e deixou uma centena de afetados.

Pelo que eu soube por várias pessoas próximas a Pablo, o atentado foi resultado de discrepâncias entre os chefes do cartel de Cali e meu marido, por conta do "Negro" Pabón. E o mais inacreditável é que não foi por negócios de narcotráfico nem pelo controle dos mercados da cocaína... foi por uma mulher. A história é muito simples: um homem conhecido como Piña, funcionário de Hélmer "Pacho" Herrera – um dos chefes do cartel de Cali –, manteve uma relação afetiva com a esposa do "Negro" Pabón enquanto este pagava dois anos de cadeia em Nova York. Já livre e na Colômbia, Pabón procurou Pablo em La Isla, esconderijo no Peñol, e lhe pediu que intercedesse perante o pessoal de Cali para que lhe entregassem Piña, porque queria vingar a afronta. Pablo falou com Gilberto Rodríguez Orejuela em várias ocasiões, mas este se recusou categoricamente, e meu marido acabou comprando a causa de seu amigo enganado.

O resultado foi a bomba no edifício Mónaco, porque o pessoal de Cali devia saber que Pabón estava morando conosco. De fato, a onda expansiva do carro-bomba afetou boa parte do terceiro andar, onde Pabón se hospedava, mas no dia do atentado ele não estava lá.

Passamos as quarenta e oito horas seguintes ao ataque ao edifício com Pablo, que muito ativamente tentava descobrir quem havia dado a ordem e quem ativara o carro-bomba. Eu o observava em silêncio. Ele estava muito pensativo, com cara de fúria, como se quisesse atropelar o mundo. Era a primeira vez que o atacavam dessa maneira e de sua família ficava à beira da morte. Chamou minha atenção o fato que inúmeras pessoas irem falar com ele, oferecer-lhe sua colaboração no que precisasse, porque haviam atentado contra o patrão. Ele ia de uma reunião a outra, mas me entristecia o fato de não se preocupar conosco, não me perguntar como eu me sentia pelo que havia acontecido, pelos graves danos que sua própria casa sofrera; uma vez mais, o material não lhe interessava, porque poderia comprar tudo de novo. Ele repetia sem parar que era uma máquina de fazer dinheiro.

E como também não perguntou onde moraríamos, fiz algumas ligações e não hesitei em sair dali com Juan Pablo e Manuela para o apartamento de uma de minhas irmãs no edifício Torres del Castillo, onde poderíamos ficar algum tempo. Esses fatos nos afetaram de tal maneira que pelo menos durante seis meses dormimos com as luzes acesas. Quando meus filhos dormiam, eu chorava de impotência e de dor porque meu castelo de cartas havia desmoronado. Eu não pude sequer ir ver o que ficara em pé no edifício, e embora meses depois tenhamos podido reformá-lo, a guerra me impediu de voltar.

Em meio à incerteza por nosso futuro, senti ainda mais medo quando, três dias depois de chegar a esse refúgio temporário, deu-se o sequestro do candidato à prefeitura de Bogotá, Andrés Pastrana, e depois, a tentativa de sequestro e posterior assassinato do procurador-geral da nação, Carlos Mauro Hojeos. Pelo modo como os meios de comunicação detalharam os fatos durante esses dias de fim de janeiro de 1988, era evidente que Pablo poderia estar por trás. Eu me sentia impotente diante da violência desatada por ele, porque cada coisa que fazia afetava mais e mais pessoas, e nos punha em situação de grave risco.

Pablo havia dito recentemente que era preciso reforçar as medidas de segurança em torno de nós, mas sua ordem não se cumprira totalmente, porque em 21 de fevereiro de 1988 Juan Pablo quase foi sequestrado. Nesse dia, ele chegou ao apartamento muito assustado por causa do que havia acontecido – seu pai impedira que o levassem. Ele me contou que pouco antes de participar da competição de velocidade de motocicleta no complexo de Bello Niquía, ao norte de Medellín, várias caminhonetes ficaram atravessadas na pista e Pablo desceu de uma delas e disse a Juan Pablo que ficasse calmo, mas que descobrira que queriam sequestrá-lo. Meu marido deixou Pinina e outros rapazes para cuidar de Juan Pablo enquanto acabava a corrida, e depois, levaram-no de volta.

A tentativa de sequestro de meu filho nos mergulhou em uma angústia permanente, porque era claro que depois da bomba no edifício Mónaco, achar que estávamos sendo perseguidos seria parte de nosso dia a dia. E eu ficava ainda mais assustada ao ver nos noticiários que Pablo havia começado a se vingar, destruindo os interesses econômicos do pessoal de Cali – como as sucursais de Medellín da rede de drogarias La Rebaja, propriedade dos irmãos Miguel e Gilberto Rodríguez, chefes de Cali.

À medida que a violência de Pablo ia recrudescendo, também aumentava a pressão das autoridades. Mas o que aconteceu na terça-feira, 22 de março de 1988, foi um alerta muito grande para todos nós. Era um dia aparentemente normal; Pablo estava escondido em El Bizcocho, Juan Pablo e Manuela haviam saído às 7 horas da manhã para a escola e eu estava com uma de minhas irmãs no apartamento de Torres del Castillo, onde morávamos desde janeiro anterior, quando acontecera o atentado contra o edifício Mónaco.

Às 7h30 da manhã, Nubia, a babá, abriu a porta do apartamento porque a campainha tocava insistentemente, e encontrou um grande número de soldados que iam realizar uma busca. Depois de empurrá-la de lado com força, os militares procuraram por todo o lugar, até que nos encontraram no quarto principal. Um deles me pediu documento de identidade e imediatamente informou por rádio: "A esposa do criminoso está aqui". A seguir, perguntou se deviam me levar à Quarta Brigada e lhe disseram que sim: "Para ver se assim esse monstro aparece".

Minha irmã ficou preocupada com o risco que eu poderia correr e não hesitou: pediu aos militares que a detivessem também. Assim foi, e ficamos em um calabouço até o dia seguinte, quando nos soltaram porque eu não havia cometido delito algum e nenhuma autoridade judicial estava atrás de mim.

Voltamos correndo para o apartamento porque eu estava angustiada sem notícias de meus filhos. Chegando, encontramos a novidade de que os militares também haviam ido ao Colégio San José de La Salle, onde Juan Pablo estudava, mas a habilidade do diretor evitara que o levassem. Um dos vigias do colégio notara a chegada de caminhões do Exército e fora contar ao guarda-costas de meu filho, que o tirara da classe e o levara à sala do diretor, que, por sua vez, dissera a Juan Pablo que se escondesse debaixo de sua mesa. O menino vira quando os soldados entraram e perguntaram por ele, mas o diretor respondera, convincente, que não sabia onde estava o aluno Escobar. Quando os militares foram embora, meu filho saíra do esconderijo e não pronunciara uma palavra até que o levaram para casa. Nem meu pai, que naquela época tinha 76 anos de idade, se safou da ofensiva militar contra nós. Ele foi detido por uma patrulha quando dirigia seu velho Volvo, e sem explicação alguma, retiveram o carro e o levaram a um batalhão adscrito à Quarta Brigada.

Mas quem quase levou a pior foi Pablo, que foi alvo de uma operação sem precedentes do Exército, que mobilizou mais de mil soldados, três helicópteros e vários tanques de guerra para ocupar a cabana El Bizcocho, onde meu marido e dez guarda-costas estavam escondidos.

Todos estavam dormindo a essa hora, 5 horas da madrugada de 22 de março de 1988, mas um casal de camponeses contratado para vigiar a área o alertou por rádio sobre a chegada maciça de militares. Dois guardas que ficavam na parte de cima da avenida Las Palmas deram o mesmo aviso quando viram dezenas de soldados descendo a montanha.

As ligações oportunas dos vigias facilitaram a fuga de Pablo e seus homens, mas quando estavam correndo pela montanha levaram dois sustos. O primeiro, quando um soldado saiu de uma moita e apontou seu fuzil para todos e gritou mãos ao alto. Com seu conhecido sangue frio, meu marido se pôs à frente do grupo e disse ao militar que relaxasse, porque todos iam se entregar. Enquanto Pablo falava, seis dos seus homens foram para frente, e ele, Otto e Campeón ficaram atrás para poder fugir. A estratégia funcionou, porque quando o soldado reagiu, eles já estavam a certa distância; mesmo assim, o militar disparou várias rajadas de fuzil, e alguns projéteis por muito pouco não atingiram Pablo. Poucos dias depois, quando estávamos em outro esconderijo, ele me contou que naquele momento chegara a sentir a morte, porque a terra levantada pelas balas caíra em seu rosto.

O susto não havia acabado. Quando os fugitivos estavam chegando à avenida Las Palmas, deram de cara com outro soldado, mas meu marido agiu com rapidez, e depois de apontar sua pistola para o militar, disse que era da polícia secreta e pediu que se afastasse porque estava conduzindo vários detidos até a estação mais próxima. O soldado, surpreso, pôs-se de lado e a coluna de homens seguiu adiante. Um fotógrafo do jornal *El Colombiano* que havia chegado ao local alertado pelo movimento de tropas captou o instante em que meu marido e seus homens caminhavam em fila indiana.

Duas semanas depois, o Exército publicou em vários meios de comunicação o primeiro cartaz oferecendo 100 milhões de pesos de recompensa a quem oferecesse informações sobre meu marido. Os dados poderiam ser entregues pelos números 4611111 em Medellín e 2225012 em Bogotá, bem como na caixa postal 1500.

Ver o cartaz na televisão e nos jornais me deixou muito preocupada, mas Otto disse para eu ficar tranquila, porque Pablo pensara em uma estratégia para desorientar os militares que já estava dando resultados. Eu lhe perguntei qual, e ele respondeu que Pablo pagara a várias famílias do bairro La Paz para que mandassem cartas e ligassem dando pistas falsas sobre ele. Tinham que dizer, por exemplo, que Pablo estava de barba e escondido em uma casa com homens armados, mas na Costa; ou que o haviam visto em uma casa em Bogotá com cortinas fechadas, vigiada por homens com fuzis.

Durante meses, homens e mulheres do bairro "colaboraram" com a manobra de distração criada por Pablo, e a ela se somou o lançamento, feito por helicópteros e aviões, de milhares de cartazes acusando os oficiais da polícia e do Exército de cometer delitos e violar os direitos humanos em Medellín e Antioquia. A resposta foi imediata: em um fim de semana, lançaram de um avião milhares de panfletos com uma foto aparentemente de Juan Pablo, com a seguinte legenda: "Gostaria de um marido como este para sua filha?". Guerra suja. Dos dois lados. Mas, no caso de Juan Pablo, tratavam-no como um delinquente, apesar de naquela época ter apenas 11 anos de idade. Perseguiam-no para acossar Pablo. Acaso ele tinha que pagar pelos erros do pai? Com certeza não, mas a esse nível chegava um confronto que estava longe de acabar.

1989

Certa madrugada de fim de janeiro de 1989, Pinina chegou ao edifício onde nos escondíamos dizendo que tinha uma mensagem de Pablo.

"Dona Victoria, o patrão disse que as coisas vão se complicar muito e quer que vocês prometam que não vão sair por nada no mundo. Disse que deve cancelar as aulas particulares de Manuela e Juan Pablo e que ele vai suspender a correspondência por um tempo, porque o risco é enorme."

Ficamos em silêncio, e não tivemos mais opção além de anuir com a cabeça. Pinina foi embora, mas naquele momento não chegamos a entender que a advertência era muito grave – esse ano, 1989, seria lembrado como um dos mais violentos da história da Colômbia, e teria meu marido como protagonista.

Fazia duas semanas que havíamos chegado a um espaçoso apartamento no edifício Ceiba de Castillo, ao qual nos referíamos em código como Zero-Zero, situado em El Poblado, perto da Clínica Medellín. O local tinha uma particularidade: era habitado por muitas das famílias mais ricas de Antioquia, e isso, de alguma maneira, ajudou a que as autoridades nunca aparecessem por ali. Segundo me disseram, quem morava no edifício era a mãe do hoje ex-presidente Álvaro Uribe Vélez; mas eu não cheguei a vê-la, porque das duas ou três vezes que saí, usei a escada.

Lembro que eu havia comprado esse apartamento duplex sem contar a Pablo, e simplesmente lhe disse que uma ex-colega de escola o havia alugado para mim. A verdade é que eu queria ter um lugar onde nos refugiarmos, não identificável pelas autoridades, porque a cada dia era mais difícil se esconder nos lugares que Pablo arranjava. A estratégia funcionou: ficamos em Ceibas del Castillo mais de seis meses.

Quase imediatamente após a visita de Pinina, notamos que as instruções de Pablo estavam sendo cumpridas, já que ficamos totalmente isolados. Nenhum dos homens dele apareceu mais, e dele não tive notícias. A situação era mais suportável porque ele havia contratado um casal de confiança que não só aparecia como proprietário do apartamento, como também fazia as compras, pagava as contas de serviços públicos e fazia uma ou outra coisa mais, sem jamais se aproximar de algo que tivesse a ver com meu marido.

O apartamento era espaçoso, mas boa parte do dia era um forno, porque o sol batia de frente. Mesmo assim, era muito agradável, porque tinha uma varanda ao ar livre que nos ajudava a tornar mais suportável a longa clausura.

Todos os dias, eu e Manuela pintávamos, víamos filmes, brincávamos de esconde-esconde, trocávamos as roupas das bonecas e algumas vezes tomávamos banho na varanda; mas quando a criatividade acabava, ela chorava por horas, até que a tristeza e o cansaço a venciam e adormecia. Juan Pablo passava os dias trancado no quarto de cima com seu amigo Juan Carlos Puerta, o Nariz. O único contato que ele teve com o mundo exterior durante esses seis meses foi da varanda de seu quarto, onde eu costumava encontrá-lo olhando para o horizonte. Para passar as horas, Juan Pablo e Nariz montavam aeromodelos em escala ou quebra-cabeças de milhares de peças. Ele só descia para fazer as refeições conosco e nos horários dos telejornais. Ele havia criado seu próprio mundo na mais absoluta incerteza, sem saber quando acabaria a reclusão infinita a que havia chegado por causa das ações de seu pai.

Nessa espécie de cela de ouro, que era no que havia se transformado o isolamento em que vivíamos naquele apartamento, em 30 de maio de 1989 soubemos pelos noticiários de rádio e televisão do atentado com um carro-bomba em um movimentado setor de Bogotá, perpetrado contra o diretor do Departamento Administrativo de Segurança (DAS), general Miguel Maza Márquez. A forte explosão matou sete pessoas e causou graves danos ao local do ataque, mas Maza saiu ileso. Nos meses seguintes, a onda de violência não parou, e em Bogotá, bandidos de moto assassinaram a juíza María Helena Díaz e o magistrado Carlos Valencia García; e em Medellín, um carro-bomba matou o governador de Antioquia, Antonio Roldán Betancur.

Mas entre todos esses fatos, o dia 18 de agosto de 1989 seria um marco naquela guerra. Na manhã desse dia, como soubemos pelos telejornais, nas ruas de Medellín homens de meu marido assassinaram o coronel Valdemar Franklin Quintero, comandante da polícia de Antioquia, o mesmo oficial que mais de dois anos antes não permitira que eu desse mamadeira a Manuela quando fomos detidos no pedágio de Cocorná. O noticiário dizia que seis sicários se puseram na frente do veículo do oficial quando ele parara em um semáforo entre os bairros Calazans e La Floresta, e atiraram até acabarem as balas de seus fuzis.

À noite, o candidato presidencial Luis Carlos Galán foi baleado quando chegava a uma manifestação na praça principal do município de Soacha, ao sul de Bogotá. Na investigação que meu filho fez para seu livro *Pablo Escobar, meu pai*, contaram-lhe que a decisão de assassinar Galán surgira em junho de 1989, quando o dirigente político anunciara sua participação em uma consulta interna do Partido Liberal para sair candidato à presidência da República. No mesmo ato, realizado no âmbito da convenção do partido Novo Liberalismo, em Cartagena, Galán havia dito que a única ferramenta eficaz para combater o narcotráfico era a extradição. Pablo – como segue o relato que fizeram a meu filho – estava no esconderijo Marionetas naquele dia, na fazenda Nápoles, e quem estava com ele ouvira a seguinte frase, que parecia uma sentença de morte:

"Enquanto eu viver ele não será presidente; um morto não pode ser presidente."

Como era previsível, o assassinato de Galán mergulhou o país em uma crise profunda, e o governo do presidente Virgilio Barco ordenou uma ofensiva total contra os chefes dos cartéis do narcotráfico e criou a Fuerza Élite, uma nova estrutura dentro dos organismos de segurança para perseguir única e exclusivamente o cartel de Medellín.

Naqueles dias estávamos no edifício Altos, e já fazia mais de dois meses que não tínhamos contato com Pablo quando um de seus homens chegou e disse que ele estava nos esperando em um esconderijo situado em um lugar muito afastado e inóspito nas montanhas de Envigado. A viagem foi muito tortuosa, e depois de uma hora e meia de carro tivemos que andar mais de duas horas, e às vezes montar em mulas por uns precipícios impressionantes até chegar ao esconderijo na costa leste da montanha. Eram prédios que seriam vizinhos ao presídio La Catedral, construído dois anos depois.

O pior é que chegamos esgotados, com comida e alguns pacotes para Pablo, mas bem nesse momento lhe avisaram por rádio que havia uma operação da polícia em andamento, e por isso tivemos que comer correndo para voltar imediatamente. Manuela estava alheia ao que acontecia, e Pablo lhe disse que tinha uma surpresa para ela: um safári noturno pela mata nativa a bordo de uma padiola. A menina achou o plano divertido, e vários homens de Pablo passaram a tirar os degraus de uma escada de madeira para fazer uma padiola parecida com a que o Exército usa para levar os soldados feridos. Muitas vezes Pablo inventou coisas como essa para evitar que Manuela percebesse que na realidade estávamos fugindo.

Quando tudo ficou pronto, nós a deitamos com um monte de mantas – estava muito frio – e quatro rapazes a carregaram montanha abaixo, até chegar ao veículo no qual voltamos a Altos. Eram 5 horas da manhã, minhas botas estavam cheias de barro e eu estava muito cansada. Quando entramos no apartamento, encontramos minha mãe, que se levantou ao ouvir barulho e começou a chorar quando nos viu.

"Minha filha, esse homem vai acabar fazendo vocês morrerem."

"Mãe, calma, foi por precaução que tivemos que voltar."

Bem no fundo eu estava morrendo de medo. Ver Pablo estava se tornando um verdadeiro risco de vida, e sentia que pouco a pouco as forças me abandonavam. Era um esforço grande demais, mas eu tinha que tirar energia do nada para que meus filhos tivessem um mínimo de contato com o pai.

De novo no Altos, outra vez sem contato com Pablo, em 2 de setembro de 1989 fiquei estupefata com a notícia de que um carro-bomba havia explodido no jornal *El Espectador*. A onda terrorista continuou nos dias seguintes, com a detonação de artefatos explosivos no jornal *Vanguardia Liberal*, de Bucaramanga, no Hotel Hilton de Cartagena e em várias sedes políticas em Bogotá.

À medida que a guerra se intensificava, tínhamos que nos mudar de um lugar para o outro com mais frequência, com os consequentes riscos à nossa segurança. Eu ficava indignada com Pablo, porque achava que suas loucuras nos arrastavam sem compaixão. Tínhamos que sair a altas horas da noite, com uma menina de 5 anos e um rapaz de 12, muitas vezes debaixo da chuva, temendo que os inimigos de Pablo nos interceptassem.

Com o intuito de fugir da pressão, em 19 de setembro de 1989, reunimo-nos com meu irmão Mario no Altos, porque ele iria se encontrar com Pablo em uma fazenda no Magdalena Medio e nós passaríamos alguns dias com minha mãe, uma irmã, meu irmão Fernando e Astado, no Hotel San Pedro de Majagua, nas ilhas do Rosário.

Minha mãe suplicou várias vezes a Mario que não fizesse essa viagem porque seria morto e seus dois filhos ficariam sozinhos. Mesmo acostumado a suas premonições, ele lhe disse para ficar tranquila, pois não ia acontecer nada. Horas depois, já havíamos jantado e Mario se despediu de todos. Nós o acompanhamos até o elevador, mas cada vez que a porta ia fechar, minha mãe a abria e insistia com seus temores. Na quinta vez, Mario não deixou a porta se abrir, e essa foi a última vez que o vimos vivo.

Às 5 horas da tarde de 23 de setembro, estávamos sentados a uma mesa ao redor de uma árvore quando minha mãe disse, muito afoita:

"Bombardearam Pablo em Puerto Triunfo."

"Ai, mãe, sempre você traz a tragédia."

De qualquer maneira, as palavras de minha mãe nos deixaram em alerta, e sem que ela percebesse, ligamos o rádio. Depois de várias tentativas, conseguimos sintonizar uma emissora de Cartagena que, no horário das notícias, falou de uma enorme operação realizada contra Pablo na fazenda El Oro, no porto de Cocorná, em Magdalena Medio. A informação era de que meu marido havia escapado, várias mulheres tinham sido detidas e um homem morrera.

Às 5 horas da manhã do dia seguinte, Astado, minha irmã, Fernando, dois pilotos de lancha e eu estávamos prontos para ir Cartagena averiguar o que havia acontecido. Mas bem nesse momento minha mãe saiu à varanda de seu quarto e perguntou aonde estávamos indo. Saímos do apuro dizendo que íamos dar uma volta pelos arredores para ver o amanhecer, e ela pediu que não demorássemos.

O piloto dirigia a lancha em alta velocidade, e bem depressa chegamos a um apartamento em Cartagena e começamos a fazer ligações para descobrir o paradeiro de Pablo e Mario. Quase todas as pessoas com quem falamos em Medellín e Puerto Triunfo disseram que meu marido estava bem, mas que havia várias pessoas perdidas na selva, e por isso não sabiam dizer nada sobre Mario. Muito preocupados, voltamos ao hotel, e nos dias seguintes não tivemos notícias. Quando voltamos a Medellín, meu irmão ainda não havia aparecido. Por fim, soubemos que fora enterrado como N.N.* no cemitério da Estação Cocorná, sob a identificação de José Fernando Posada Mora. Uma de minhas irmãs e sua cunhada foram

---

* Sob sigla N.N., do latim *nomen nescio*, ou nome desconhecido, foram enterrados milhares de pessoas – civis, policiais e narcos – não identificadas que pereceram na guerra do narcotráfico em Medellín, vítimas de massacres promovidos pelas milícias populares ou de ações da polícia e dos narcotraficantes em contenda. (N.T.)

até lá, e com grande sigilo conseguiram desenterrar o corpo e levá-lo a Medellín, onde foi cremado e sepultado em Campos de Paz.

O que aconteceu, na realidade, foi que Pablo, Mario e dois amigos estavam em El Oro havia três dias com várias jovens integrantes do time de vôlei de uma escola pública do município de Caldas, Antioquia. Estavam com elas naquela manhã quando os helicópteros chegaram; Pablo e seus amigos conseguiram fugir, mas Mario não, e foi atingido por várias balas disparadas pelo helicóptero.

A morte de meu irmão afetou seriamente Pablo, porque Mario era seu amigo e talvez a única pessoa a quem meu marido dava ouvidos. Um testemunho desse momento é uma carta que Pablo escreveu e nos mandou pouco depois.

> *"Hoje recebi a notícia de sua morte e de sua ausência total. Ontem a pressenti, quando, sem saber o que havia acontecido, não pude conter as lágrimas que brotaram inesperadamente de meus olhos. Eu chorei sua morte sem saber que você havia morrido. Só hoje pude compreender quanto realmente o amava. Que amargura imensa! Que realidade triste e fatal! Mas eu prometo que nossa luta seguirá adiante. Eu sei que venceremos. Não seremos derrotados. Eu sei que venceremos."*

As semanas finais desse fatídico 1989 seriam as mais difíceis de minha vida – como da vida de todos os colombianos. Eu estava isolada, escondida com meus filhos, e soube pelos noticiários de dois atrozes atentados: a explosão em pleno voo de um avião com 103 pessoas – 27 de novembro – e a de um ônibus cheio de explosivos na sede do DAS – 6 de dezembro. Mais de 200 pessoas morreram nesses dois atentados que abalaram os alicerces da Colômbia. Eu chorei como nunca, e na solidão de minha clausura só pedia a Deus que me desse forças para sobreviver.

Era dezembro de 1989, e a guerra havia chegado ao ponto mais alto, mas Pablo jamais imaginaria que perderia seu mais fiel escudeiro, seu compadre, o homem que sempre esteve disposto a dar tudo para ajudar na causa de meu marido. Na sexta-feira, 15 de dezembro, eu estava ao lado de minha mãe quando alguém ligou para nos contar que a polícia havia abatido Gonzalo Rodríguez, o Mexicano, na região turística de Coveñas, Caribe.

Era o primeiro grande golpe que meu marido sofria, e pela primeira vez pensei que mais cedo ou mais tarde poderia acontecer a mesma coisa com ele.

1990

Em maio de 1990, a água estava chegando ao nosso pescoço. A guerra vivida em Medellín naqueles tempos era insustentável, porque o confronto entre meu marido, o cartel de Cali e as autoridades havia chegado a níveis de degradação insuportáveis. Esquadrões de homens armados circulavam pela cidade, que praticamente vivia uma guerra civil.

Depois de passar por vários apartamentos cada vez mais precários, isolada de minha família, enclausurada com Manuela, Juan Pablo e uma empregada, sem poder sequer olhar pela janela, chegamos a um edifício perto do centro comercial Oviedo onde morava uma de minhas tias.

Durante esses primeiros meses do ano vimos Pablo apenas duas vezes, em visitas fugazes de não mais de uma hora. Como ele me disse em um desses encontros, a morte do Mexicano, no mês de dezembro anterior, forçara-o a modificar todos os seus esquemas de segurança – o Navegante, o homem que o entregara, conhecia muitos segredos dele, e por isso teve que comprar novos locais para esconderijo, trocar de veículos, modificar o sistema humano de troca de mensagens e até substituir os guarda-costas.

A clausura inclemente não me deixava opção senão saber dos acontecimentos pelos noticiários da TV e pelos jornais, que narravam os passos de cada um dos protagonistas como se fosse uma partida de futebol. Foi assim que, no início daquele ano, fui tomada de otimismo: pareciam chegar ventos de paz por conta do anúncio do governo do presidente Virgilio Barco de que, se os narcotraficantes se rendessem e se entregassem, poderiam pensar em lhes dar um tratamento judicial favorável.

Em fevereiro desse ano, a visita do presidente dos Estados Unidos, George Bush, contribuiu para que pensássemos que o fim da guerra era possível, já que Los Extraditables reconheceram a vitória do Estado. Como prova disso, entregaram um grande laboratório de cocaína em Urabá, um ônibus escolar com uma tonelada de dinamite e um helicóptero.

Contudo, o assassinato – em março de 1990 – de Bernardo Jaramillo Ossa, candidato à presidência pelo União Patriótica (UP), reavivou o confronto. O governo responsabilizou Pablo. Quase imediatamente meu marido expediu um comunicado negando qualquer relação com o crime, inclusive dizendo que simpatizava com Jaramillo porque este era inimigo da extradição.

Mas o mal já estava feito. E tudo haveria de piorar, pois, com o crime contra Jaramillo, os meios de comunicação publicaram – com riqueza de detalhes – que desde o fim de 1989 o governo e emissários de meu marido estavam em negociações secretas. O objetivo das tratativas era encontrar um tratamento jurídico especial em troca da devolução, sãos e salvos, do filho de um alto funcionário do governo e de dois parentes de um importante industrial de Medellín, supostamente sequestrados por Pablo.

Essas três pessoas foram libertadas em janeiro de 1990, mas, após a revelação das negociações, o governo disse publicamente que a extradição nunca esteve em jogo, e que a única coisa aceitável era a rendição incondicional dos narcotraficantes.

Lembro que por esses dias de março de 1990 Pablo mandou uma mensagem com um de seus rapazes dizendo que a situação ficaria muito delicada, e nos instava a ficar enclausurados. Éramos impotentes. Nas semanas seguintes, ocorreram graves fatos em lugares diferentes do país – segundo os jornalistas, ordenados por Pablo e executados por seus homens. Os noticiários mostravam a barbárie total: carros-bombas em Bogotá, Cali e Medellín, ataques à Fuerza Élite da polícia, mais de 300 policiais assassinados em Medellín, segundo as autoridades, na denominada operação pistola ordenada por Pablo, que pagava 2 milhões de pesos pela morte de cada policial.

Na clausura obrigatória em que nos encontrávamos, nossa situação estava chegando ao limite. Minha filha de 6 anos e meu filho de 13 não aguentavam mais. As atitudes demenciais de meu marido e seu discurso de que tudo que fazia era por nós nos mantinham mergulhados em um inferno. A única coisa que eu podia fazer era ficar indignada com Pablo e perguntar a mim mesma: *Até quando, por Deus, Pablo!* As reiteradas mensagens que eu mandei a ele sobre a crise que estávamos vivendo por conta do isolamento levaram meu marido a encontrar uma saída: mandar Juan Pablo à Copa do Mundo da Itália, que começaria em 8 de junho de 1990. Assim, ele matava dois coelhos com uma só cajadada: tirava o menino da espiral de violência e medo que nos sufocava e, de quebra, permitia que se distraísse assistindo aos jogos da seleção colombiana. Não dissemos nada ao menino naquele momento, mas Pablo comentou comigo que sua ideia era deixá-lo um longo tempo fora do país para protegê-lo.

Assim, a viagem foi organizada em tempo recorde, e Pablo conseguiu que um de seus contatos arranjasse um passaporte com nova identidade para Juan Pablo, bem como vistos para entrar em diversos países da Europa. Juan Pablo iria acompanhado por Alfredo Astado, Juan e Pita, dois amigos de infância que depois se tornaram guarda-costas de Pablo.

A viagem aconteceu nos últimos dias de maio; combinamos que a única maneira de nos comunicarmos seria por meio de um velho amigo de Astado no bairro La Paz. Fiquei sozinha com Manuela, e embora sentisse muita falta de Juan Pablo, eu também entendia que tirá-lo do país era a única maneira de protegê-lo, pois ele havia sido escolhido como alvo predileto dos inimigos de Pablo.

A ausência de meu filho me deu certa tranquilidade, e tive mais tempo para Manuela. De qualquer maneira, ela continuava muito ansiosa para sair, ver seus primos, visitar seus avós. Mas era muito difícil agradá-la, porque, como já disse, Medellín parecia um campo de batalha, e segundo os meios de comunicação, à noite a cidade parecia estar sob toque de recolher, porque o comércio fechava às seis da tarde e as pessoas se refugiavam cedo em suas casas.

Assim, na quinta-feira, 14 de junho de 1990, fiquei sem palavras quando o noticiário do meio-dia informou sobre a morte de Pinina em uma operação da Fuerza Élite da polícia em um edifício de El Poblado onde ele vivia com a esposa e a filha. Eu o conheci quando, muito jovem, ele fora contratado por Pablo para ficar ao seu lado, e muitas vezes meu marido me disse que gostava dele porque era um dos homens mais leais que tinha, sempre disposto a acompanhá-lo.

Faltando dois dias para acabar a Copa da Itália, fui a Frankfurt com Manuela, minha irmã mais nova e uma tia materna para nos encontrarmos com Juan Pablo, Astado e os guarda-costas, já advertidos sobre a repentina decisão de Pablo de que todos nós ficássemos fora do país. Nessa noite, fomos jantar em um restaurante, e fiquei sabendo com detalhes de tudo que havia acontecido com eles durante esse mês.

Para começar, quando chegaram à Itália, tiveram que mudar de planos porque não havia vaga em hotel nenhum. Portanto, não tiveram outra opção a não ser viajar cinco horas de trem até a cidade Suíça de Lausanne, onde se alojaram no elegante Hotel de La Paix. Apesar do desconforto do deslocamento, pois tinham que viajar à noite e dormir nos beliches do trem, assistiram à partida inaugural entre Itália e Áustria no Estádio Olímpico de Roma, e nos dias seguintes foram à cidade de Bolonha, onde a seleção colombiana jogou contra os Emirados Árabes Unidos e a Iugoslávia. Também foram para Milão para o jogo contra a Alemanha, e depois para Nápoles, onde a Colômbia foi eliminada pela República dos Camarões. Juan Pablo contou que seguiu o conselho de seu pai de pintar o rosto de amarelo, azul e vermelho, cobrir a cabeça com uma bandeira e usar óculos escuros para ficar irreconhecível.

Durante o jantar, eles também contaram do grande susto que levaram em Lausanne quando estavam almoçando em um restaurante chinês e foram detidos pela polícia.

"No começo", explicou Juan Pablo, "achei que ia acontecer algo muito ruim, porque um homem se aproximou, disse algumas palavras em francês e apontou uma pistola para nós. Depois, entraram dez policiais uniformizados, que nos revistaram, centímetro por centímetro, algemaram-nos e nos empurraram para fora. Na rua, havia uma dúzia de viaturas esperando com as sirenes ligadas, e o local havia sido isolado. No meio dessa operação impressionante, separaram-nos e me levaram para uma casa secreta da polícia da Suíça, onde mandaram eu me despir e me revistaram de novo. E muitas horas depois, levaram-me a outra casa secreta onde me interrogaram durante duas horas. Mas notei que eles estavam atentos a meu relógio Cartier, e um dos policiais me perguntou por que um jovem de 13 anos usava um relógio de 10 mil dólares. Respondi que meu pai era pecuarista na Colômbia e que com a venda de algumas cabeças de boi, pois tinha mais de 3.500, havia me dado o relógio."

A explicação deve ter sido convincente, porque poucos minutos depois liberaram Juan Pablo, bem como Astado e os dois guarda-costas.

"O curioso de tudo isso é que os policiais se aproximaram, e depois de dizer que estavam consternados pela maneira como haviam nos tratado, perguntaram aonde podiam nos levar. Respondemos que ao mesmo restaurante chinês de onde tinham nos tirado", resumiu meu filho.

A explicação do que havia acontecido era muito simples. Em Lausanne, eles contrataram um guia que falava sete idiomas, dirigia uma limusine Mercedes-Benz e que, no passado, tinha sido o preferido do xá do Irã. Claro que suspeitariam de quatro colombianos e um suíço dirigindo um carro daqueles, e que além de tudo chegavam tarde da noite ao hotel, ficavam quase o tempo todo nos quartos, não desciam ao restaurante e só pediam *room service*.

Depois da sobremesa, Juan Pablo me mostrou uma carta que Pablo escrevera em 30 de junho de 1990 e que ele recebera uma semana depois, no dia anterior à minha chegada a Frankfurt. Eu a li e fiquei impressionada com o modo como Pablo lhe aconselhava se comportar bem, estudar e aprender outros idiomas. Em outras palavras, dava a entender que sua estadia fora da Colômbia seria longa. Esses parágrafos mostram claramente os dilemas que Pablo vivia naqueles dias:

> *Estou com saudades e o amo muito, mas, ao mesmo tempo, fico tranquilo porque sei que você está curtindo sua segurança e sua liberdade. Tomei a decisão de mandar sua mãe e sua irmãzinha para aí, porque na carta que você me escreveu disse que queria ver todos aqui quando voltasse; e você sabe que a situação aqui estava ficando meio difícil. Que sacrifício pode ser mais duro para mim que a ausência de vocês? Se demonstrar serenidade para sua mãe e a sua irmãzinha, elas ficarão*

tranquilas, e se você rir, elas e eu riremos também. Curta tudo, porque quando eu tinha 13 anos como você, não tinha nada, mas ninguém foi mais feliz que eu. Mas, atenção: lembre-se de que você não está em sua terra, portanto, não faça nada que não seja legal. Não permita que ninguém lhe dê maus conselhos. Faça só o que sua consciência mandar. Não tente nada que não seja correto.

Depois de escutar todas as histórias deles, eu disse que gostaria de ir a Londres estudar inglês; mas encontrei a férrea oposição de Juan Pablo, que disse que havia adorado a Suíça e que dali não sairia. Notei que ele estava apaixonado pelo país, e acabei aceitando estudarmos francês em Lausanne. Mas, antes, conheceríamos algumas cidades alemãs, entre elas Berlim, aonde chegamos dois dias depois.

Jamais esquecerei a incrível sensação de fazer parte da história, porque ainda se respirava ali o ambiente de liberdade iniciado em novembro anterior, 1989, quando o muro de Berlim caíra e começara o processo de reunificação das duas Alemanhas, separadas desde 1961. Ainda conservo alguns pedaços do muro, que quebrei com um martelinho que alguém me emprestou. Muitas histórias de dor devem estar contidas nesses pedaços de tijolo e concreto. Mas ainda havia resíduos do conflito; lembro que queríamos comer alguma coisa, mas só vendiam uma salsicha alemã por pessoa, e nos postos havia longas filas de veículos esperando para comprar combustível.

De volta a Lausanne, alugamos dois apartamentos pequenos muito caros, e nos matriculamos em uma escola para estudar francês até dezembro. Em um desses dias de finais de julho de 1990, recebemos uma carta de Pablo, escrita no dia 17 desse mês, que refletia um otimismo incomum em relação a nosso futuro: "Decidi mudar de estratégia, e com o novo governo a guerra acabará. Já que o presidente eleito disse que a extradição não é um compromisso e que tudo depende da situação da ordem pública, a situação da ordem pública será boa, então. A Assembleia Nacional Constituinte será escolhida em breve, porque o povo já decidiu, e tenho absoluta certeza de que o primeiro artigo que redigirá será o que proíbe a extradição de colombianos".

Ficamos felizes, porque pela primeira vez Pablo dizia em tom sério e resoluto que era possível acabar com o banho de sangue que sufocava a Colômbia havia seis anos, quando começara a guerra contra o narcotráfico.

Genuinamente chegamos a pensar que mais cedo ou mais tarde poderíamos voltar à Colômbia. Mas tudo desmoronou em 12 de agosto de 1990 – cinco dias depois da posse de César Gaviria como presidente –, quando soubemos que a polícia matara Gustavo Gaviria, o primo, o homem leal que desde o primeiro dia esteve ao lado de Pablo. Não era difícil adivinhar que meu marido estaria devastado.

Eu não disse nada aos meus filhos, à minha irmã e à minha tia, mas a morte de Gustavo era sinônimo de guerra. É que desde sempre Gustavo havia sido responsável por administrar o dinheiro, cuidar do "negócio". Ele era o fio terra da sociedade. Pablo não ficaria quieto, e assim comprovei quando pegamos o jornal que chegara da Colômbia uma semana depois da publicação e lemos, aterrados, que em 14 de setembro de 1990 as autoridades haviam confirmado que Pablo tinha em seu poder os jornalistas Diana Turbay – filha do ex-presidente Júlio César Turbay e diretora da revista *Hoy x Hoy* –, Azucena Liévano, Juan Vitta, Hero Buss, e os câmeras do noticiário *Criptón*, Richard Becerra e Orlando Acevedo. A matéria também dizia que a equipe de jornalistas havia caído em uma armadilha ao acreditar que ia entrevistar um comandante do grupo guerrilheiro ELN, e estava desaparecida fazia já vários dias.

A chegada do jornal seguinte nos deixou ainda mais preocupados, porque informava que Pablo tinha em seu poder Francisco Santos Calderón, chefe de redação do *El Tiempo*, que havia sido sequestrado em 19 de setembro desse ano, e Marina Montoya, irmã de Germán Montoya, ex-secretário-geral da presidência de Virgilio Barco.

A ansiedade de Juan Pablo por saber o que estava acontecendo na Colômbia, e em particular com seu pai, tirou-nos da relativa zona de conforto em que nos encontrávamos, e ele ficou obcecado por saber das notícias publicadas no país. O inferno estava de volta. Ele ia à banca de jornal quase todos os dias, e dessa maneira foi informado de que em 25 de setembro um comando de 20 homens enviado por Pablo havia atacado os chefes do cartel de Cali durante um jogo de futebol em uma fazenda do município de Candelaria, no departamento do Vale. Em um intenso tiroteio, dizia o jornal, foram assassinadas 19 pessoas, entre elas 14 jogadores, mas Hélmer "Pacho" Herrera e outros chefes do cartel conseguiram escapar. A matéria dizia que Pablo havia atacado seus inimigos de Cali em retaliação a um ataque – fracassado – com uma poderosa bomba que lançariam de um helicóptero quando ele estivesse na fazenda Nápoles.

A certeza de que a guerra recrudesceria deixou meu filho cheio de desesperança; ele entrou em uma profunda depressão e chegou ao ponto de me dizer que não queria mais viver. Ficou gravada em minha cabeça a imagem do dia em que o vi se dirigindo aos trilhos do trem; mas consegui convencê-lo a esperar um pouco mais para ver o que ia acontecer.

Como eu tinha que aliviar o dia a dia de meus dois filhos, precisei inventar um mundo para fazer parecer que nada de grave estava acontecendo.

Por isso, matriculei Manuela em uma escola de equitação, e tinha que a levar duas vezes por semana a um lugar a uma hora de distância. Por sorte, Juan Pablo se dedicou ao montanhismo de bicicleta, e em poucas semanas perdeu vários quilos; e eu subia e descia com ele todas as montanhas que nos cercavam; tornei-me sua amiga de jogos e esportes, e não me importava fazer o que tivesse que fazer para que ele não pensasse na Colômbia.

A estratégia de manter a família distraída incluiu para minha irmã, Juan Pablo, Astado e eu duas semanas na famosa Clinique La Prairie, um retiro médico especializado na aplicação de células de cordeiro para retardar o envelhecimento e potencializar a saúde. Desligarmo-nos do mundo deu um pouco de fôlego a nossos dias difíceis.

Como sempre, os eventos na Colômbia não davam trégua, e na segunda semana de novembro soubemos pelo jornal que Pablo ampliara o grupo de pessoas importantes que estavam sob seu poder. Segundo a matéria, em 7 de novembro de 1990 havia sequestrado Maruja Pachón e Beatriz Villamizar.

As coisas deviam estar muito complicadas, porque na última semana de novembro recebemos uma carta de Pablo com notícias não muito animadoras.

> *"Quando vocês partiram, fiquei muito animado, porque os homens importantes mandaram me chamar e me prometeram mundos e fundos. Meu emissário era atendido diretamente por um homem importante, que lhe dedicava duas ou três horas. Uma mulher – também importante – me escrevia, mas depois vieram com mixarias, e eu não podia aceitar isso depois de ver o que fizeram com meu sócio [Gustavo Gaviria]. Acho que o que aconteceu com meu sócio nos prejudicou muito, porque, com isso, eles acharam que eu estava acabado. Agora estão muito assustados, e sei que vai dar tudo certo". A carta era enigmática, mas julguei entender que os contatos a quem Pablo se referia tinham a ver diretamente com o alto governo colombiano.*

Então, a guerra na Colômbia estava em seu mais alto nível no final de 1990, e ingenuamente acreditamos que poderíamos continuar em nosso exílio temporário. Nada mais equivocado; de uma hora para outra, tivemos que voltar à Colômbia quando descobrimos que os inimigos de Pablo já haviam nos localizado naquele rincão na Europa.

O desenlace foi muito rápido: um dia saímos para comprar banana-da-terra no supermercado em Lausanne, mas, como não havia, fomos de carro a várias localidades próximas. Por fim encontramos em Vevey, uma cidadezinha pequena perto de Montreaux. Quando estávamos saindo, Juan Pablo se aproximou e me disse em voz baixa:

"Mãe, acho que estão nos seguindo. Olhe para trás com cuidado, você vai ver dois rapazes de aparência latina. Eu os vi em todos os lugares em que entramos procurando banana-da-terra. Não estou gostando disso."

"É mesmo, Juan? Você acha?", perguntei, incrédula, imaginando que como ele estava tão deprimido, era capaz de inventar qualquer coisa para voltarmos à Colômbia.

Mesmo assim, mandei uma carta a Pablo falando das suspeitas de Juan Pablo. Ele deve ter averiguado muito rápido, porque, uma semana depois, nos primeiros dias de dezembro de 1990, mandou que saíssemos imediatamente de Lausanne e voltássemos a Medellín. Ele incluiu na mensagem as instruções para evitarmos a triagem da imigração.

Cinco meses depois de sair da Colômbia, retornamos em meio a uma convulsão pior que a que havíamos deixado. Como Pablo previra, não tivemos inconveniente algum e chegamos a um amplo apartamento no sétimo andar de um edifício na avenida Oriental de Medellín, próximo à clínica Soma e não longe do comando da Polícia Metropolitana.

Minha primeira impressão foi terrível, porque era evidente que a permanência naquele lugar seria muito difícil. As janelas estavam cobertas e não havia nada para fazer. A companhia de Pablo eram o Gordo e sua esposa, que faziam as vezes de donos do imóvel; além deles, estavam Popeye e a "India", uma jovem morena que Chopo mandara para fazer as coisas na rua, levar mensagens e comprar mantimentos. Também não havia TV a cabo, só jogos de tabuleiro e alguns livros.

Nos dias seguintes, meu marido me contou que pouco a pouco o governo estava cedendo às suas exigências de obter benefícios judiciais, incluindo a não extradição. Ele não me dizia, mas era evidente que com dez pessoas sequestradas podia exercer pressão suficiente. Nas muitas horas que passávamos juntos – porque ele também não podia sair devido às constantes operações contra ele –, tive tempo de entender sua estratégia, que aparentemente estava funcionando: em setembro anterior, o governo já havia expedido um primeiro decreto, o 2047, oferecendo algumas garantias processuais para quem se entregasse à justiça. Mas meu marido e seus advogados acharam isso insuficiente, por isso, enviaram uma mensagem ao governo com algumas recomendações, entre elas, que a extradição deveria ser suspensa com a simples apresentação do implicado perante um juiz.

Como ele disse a um advogado pelo telefone, a mensagem foi bem recebida na Casa de Nariño, porque o presidente Gaviria foi a Medellín e disse publicamente que estava disposto a modificar o decreto 2047:

"Porque estamos interessados na pacificação do país. É de nosso interesse que esses colombianos que cometeram delitos se submetam à nossa justiça. E por essa razão, no decorrer desta semana, vamos fazer toda a revisão que for necessária nesse decreto e, eventualmente, incorporar algumas modificações".

Pablo se dedicava em tempo integral a esses assuntos e assistia com interesse aos telejornais do meio-dia, das 19 horas e das 21h30, mas era desesperadora a maneira como mudava de canal – ele não queria perder as notícias sobre ele, os decretos e os sequestrados. Juan Pablo dizia a ele que ficar zapeando era muito chato, e o convenceu a comprar um televisor cuja tela podia ser dividida ao meio. O aparelho chegou logo, e assim ele pôde ver os dois canais ao mesmo tempo e aumentar e diminuir o som do noticiário de seu interesse.

Estar com Pablo me permitiu entender que ele tinha a faca e o queijo na mão e que movia suas peças de tal maneira que seu objetivo último de eliminar a extradição não era impossível. Foi o que compreendi no domingo, 9 de dezembro de 1990, quando ele nos disse para ver o telejornal – dariam a lista das 70 pessoas escolhidas para modificar a Constituição Nacional a partir de fevereiro do ano seguinte. Notei nele um sorriso astuto quando os jornalistas leram a lista final fornecida pelo Registro Nacional Civil da Colômbia. E disse:

"Esse negócio de decretos não me dá confiança. Assim como anunciam que os mudarão como eu mandei, no dia seguinte voltam atrás e os mudam de novo quando eu já estiver preso. Mas se estiver na Constituição, aí não podem me foder."

A loquacidade de meu marido me chamou a atenção, porque não era seu costume comentar o que fazia ou com quem falava. Mas, como parecia ter tudo a seu favor, ele falou de uma mensagem que recebera de seus inimigos do cartel de Cali propondo financiar integrantes da Assembleia Constituinte que garantissem abolir a extradição da nova Constituição.

"Eu mandei dizer que fizessem o que tivessem que fazer, que eu faria minha parte; que subornassem a quem tivessem que subornar, porque eu já tenho meus votos garantidos."

Na segunda-feira, 17 de dezembro de 1990, eu estava folheando o *El Tiempo* e vi publicado em uma das páginas internas o texto completo de um decreto identificado como 3030. Ao meio-dia, Pablo se levantou e eu comentei a novidade, que obviamente lhe interessou, mas disse que o leria depois do café da manhã/almoço de sempre.

Depois que comeu, ele ficou na sala de jantar durante cinco horas, mergulhado em um profundo silêncio enquanto lia o jornal. Quando fui lhe levar alguma coisa para comer, notei que ele havia sublinhado quase todo o texto e enchido várias folhas de comentários. Disse que não concordava com a maior parte do decreto e que diria ao governo que expedisse outro, porque esse estabelecia a confissão como requisito indispensável para ter acesso aos benefícios judiciais, e isso não era bom para ele.

No dia seguinte, 18 de dezembro, enquanto Pablo esperava a chegada do mensageiro que levaria seus comentários sobre o decreto, os noticiários falaram da inesperada entrega de Fabio, o mais novo dos irmãos Ochoa Vásquez, ocorrida no município de Caldas, Antioquia. Pablo ficou em silêncio, mas em seu rosto julguei entender que ele já sabia. O processo de entrega à justiça havia começado, mas faltavam acontecer muitas coisas mais.

1991

Uma pequena luz no fim do túnel surgiu na noite de 18 de abril de 1991, quando uma de minhas irmãs me ligou para contar que o padre Rafael García Herreros havia acabado de mandar uma mensagem cifrada a Pablo em seu programa *El Minuto de Dios*, que passa todos os dias antes dos telejornais das 7 horas da noite.

"Peço às pessoas que estão exercendo violência contra os familiares de Pablo Escobar que parem com isso, uma vez que estamos buscando uma aproximação com ele para o bem do país [...] Disseram me que ele quer se entregar. Disseram-me que quer falar comigo. Oh, mar! Oh, mar de Coveñas às cinco da tarde, quando o sol está caindo! O que devo fazer? Disseram-me que ele está cansado de sua vida, sua luta, e não posso contar meu segredo a ninguém. No entanto, está me sufocando por dentro [...] Dizem que ele quer falar comigo, um humilde padre, não sou bispo, nem canônico, nem sequer vigário episcopal. Mandou me dizer que acredite nele, que ele é um homem de palavra. Perguntei se fugiria de mim, do meu lado, ele disse que não", dizia a curta e enigmática mensagem do sacerdote eudista, que na época gozava de um enorme prestígio devido à sua maneira tranquila e clara de transmitir a palavra de Deus

Eu não sabia, porque fazia dias que não tinha notícias de Pablo, mas nas semanas seguintes o padre García Herreros teria um papel fundamental na entrega de meu marido à justiça. Muitas coisas aconteceram a partir de então – logo as irei contando –, mas na investigação que realizei em Medellín para este livro eu consegui reunir boa parte das peças.

O Padre García Herreros apareceu de repente por iniciativa de dom Fabio Ochoa Restrepo, que achou que o sacerdote, velho conhecido dele, poderia influenciar Pablo de alguma maneira para que acabasse com os atos violentos e aproveitasse as garantias judiciais que o governo estava disposto a ampliar para conseguir que se entregasse à Justiça.

Naqueles dias, a sensação de angústia crescia no país. Em 22 de janeiro, a Fuerza Élite deu um duro golpe contra Pablo ao matar os irmãos David Ricardo e Armando Prisco Lopera em operações realizadas em Medellín e no município de Rionegro. Em 24 de janeiro, quatro meses depois de seu sequestro, Marina Montoya foi assassinada em Bogotá. E no dia 25, a jornalista Diana Turbay morreu em uma confusa operação de resgate em uma fazenda em Copacabana, Antioquia.

A morte de sequestrados, a libertação de outros e a certeza de que aconteceria algo com os poucos que restavam levaram dom Fabio a mandar um emissário para falar com meu marido sobre a utilidade do padre García Herreros. De acordo com minhas averiguações, Pablo aceitou de imediato, assim como o sacerdote, que se comprometeu a intervir até onde fosse possível. Foi assim que uma dessas noites ele mandou a primeira mensagem cifrada a meu marido. Quando disse: "Oh, mar de Coveñas", referia-se a Omar, o mensageiro que levaria os recados de um e de outro.

A partir daí começou uma fluente comunicação, pela qual muito depressa falaram da possibilidade de se encontrarem; ao mesmo tempo, o programa *El Minuto de Dios* se tornou uma ponte de comunicação entre eles. "Quero ser sua garantia de que respeitarão todos os seus direitos e os de sua família e amigos. Quero que me ajude a saber que passos devo dar", disse o religioso uma daquelas noites em *El Minuto de Dios*. O complicado contato entre García Herreros e Pablo tomou certa forma, mas enviar e receber mensagens tornou-se mais difícil devido à intensidade das operações da Fuerza Élite. Acho que Pablo temia que acontecesse algo conosco, porque certa noite Godoy chegou ao esconderijo onde eu continuava com meus filhos e me disse que Pablo havia decidido mandar Juan Pablo e Manuela aos Estados Unidos para que estudassem inglês por um tempo. Eu perguntei por que, e ele respondeu que o patrão queria estar 24 horas por dia de olho na Assembleia Constituinte e na aproximação com o sacerdote García Herreros. Perguntei sobre mim, e ele disse que Pablo pretendia que eu também viajasse, mas depois. Godoy também me disse que, pelo que sabia, Pablo e o sacerdote pretendiam se encontrar em 18 de maio em algum lugar de Medellín.

Eu não tinha como falar com Pablo, de modo que organizei a viagem de meus filhos, que iriam acompanhados por meu irmão Fernando, dois guarda-costas e Andrea, namorada de Juan Pablo. Eles partiram na segunda semana de maio e eu fiquei com minha mãe em seu apartamento, onde me sentia protegida.

Os detalhes da viagem de meus filhos aos Estados Unidos me distraíram por vários dias. Por isso, eu não soube mais nada sobre os avanços das aproximações entre meu marido e o padre García Herreros, e nem se o encontro dos dois havia acontecido. Mas algo deve ter acontecido, porque na noite de segunda-feira, 20 de maio de 1991, escutei aflita a notícia de que Maruja Pachón de Villamizar – cunhada de Luis Carlos Galán – e Francisco Santos haviam sido libertados em Bogotá.

Colada ao rádio, ouvi que os repórteres puseram Maruja Pachón em contato com o padre García Herreros por telefone. "O senhor é o homem mais corajoso e generoso do mundo; o amor que tem pela paz da Colômbia é imenso", disse Maruja. E o padre respondeu: "Graças a Deus por seu retorno. Pablo está se comportando à altura. A mão de Deus está visível".

Sobre esse episódio, tive oportunidade de falar com Pablo um fim de semana, quando seus homens me levaram a um esconderijo nas montanhas de Envigado. Lá Pablo me contou que o sacerdote estava com muito medo de ir ao encontro com ele porque temia perder a vida devido ao clima de violência que se vivia naqueles dias em Medellín. Inclusive, inventou vários pretextos para adiar a viagem, entre eles, que havia perdido os óculos; mas tudo se resolveu. Por fim, o padre García Herreros chegou à fazenda La Loma, onde Fabio Ochoa o esperava, e uma hora mais tarde um homem conhecido como "o Médico" o levou a um apartamento em El Poblado.

Lembro que meu encontro com Pablo nesse fim de semana foi diferente, porque fazia muito tempo que eu não o via alegre, esperançoso:

"Tata, agora sim acho que as estrelas estão se alinhando. A Constituinte vai eliminar a extradição da nova Constituição e o contato de dom Fabio com o padre García Herreros está funcionando, porque o governo o escuta."

A partir desse momento, decidi ouvir *El Minuto de Dios* todas as noites e roguei para que a intercessão do padre García Herreros servisse para acabar com o pesadelo que vivíamos.

Mas os acontecimentos se sucediam de uma maneira vertiginosa. Em 21 de maio, um dia após a libertação dos sequestrados, o governo expediu o decreto 1303 que praticamente atendia às exigências de Pablo para se entregar à Justiça. Ao mesmo tempo, o padre García Herreros continuou muito ativo, e em 23 de maio enviou uma carta a Pablo – que eu guardei como se fosse um tesouro no dia em que a encontrei.

Dizia: "Pablo, estou fazendo o possível para ajudá-lo em tudo. Se quiser, defina o dia da entrega. Eu iria recebê-lo no lugar que você determinar, com Francisco Santos – que é muito grato a você –, Maruja e com a juíza de Instrução Criminal de Medellín; não sei se quer que seja na casa de Fabio Ochoa, ou onde disser, para que nenhum agente judicial ou policial ponha a mão em você, porque está sob o amparo da República. Falei com o ministro Botero (general Óscar Botero, ministro da Defesa), e ele é mais ou menos a favor; ele me disse que Maza (general Miguel Maza, diretor do DAS) está furioso; eu quero evitar totalmente que você caia nas mãos deles, vou levá-lo à juíza para que fique protegido. Tive uma reunião com Santos e Maruja, estão gratos porque você agiu bem com eles. Escreva-me depressa para proceder; não quero que nem a polícia nem o DAS o peguem. Tenha confiança em Deus que tudo vai acabar bem. Em Envigado, estão preparando um lugar onde você vai ficar muito bem. É o lugar que eu quero transformar em uma Universidade da Paz. A primeira-dama, dona Ana Milena, e o presidente concordam".

A libertação dos sequestrados e a presença latente do sacerdote García Herreros provocou uma espécie de alívio na pressão diária. Tanto que no final de maio de 1991, quando nossos filhos não estavam no país, Pablo mandou me buscar e ficamos escondidos em uma casa humilde de paredes de troncos situada no meio de uma densa vegetação em La Loma de Los Benedictinos, entre El Poblado e Envigado.

A partir desse momento ficamos juntos, porque ele passou a negociar com emissários do governo sua sujeição à justiça, e, ao mesmo tempo, a acompanhar da Assembleia Constituinte, que estava prestes a concluir suas deliberações e promulgar a nova Constituição em 19 de junho de 1991.

Contudo, apesar de ter dois ases na mão, ele estava ansioso, pensativo, porque achava que em algum momento o governo poderia descumprir os decretos de sujeição à Justiça.

"Pablo, o que mais você quer da vida? Veja que oportunidade estão lhe dando, não pense mais."

Como já havia mencionado várias vezes, ele tinha certeza de que a extradição seria eliminada da nova Constituição. Entendi isso melhor quando o vi um dia reunido com várias pessoas que falavam com ele e faziam anotações. Perguntei a um dos empregados, e ele me disse:

"Senhora, estão trabalhando na Constituição."

Era um fato. Pablo se entregaria assim que a extradição estivesse fora da nova Constituição Nacional e se submeteria à Justiça, que o processaria pelos delitos que havia cometido nos últimos sete anos. Mas teriam que provar os crimes, e ele estava disposto a lutar para mostrar que nem tudo de que o acusavam era verdade.

Quando se aproximava a hora zero de encerramento da Constituinte, meu marido manteve uma atividade febril para organizar o modo como chegaria ao presídio La Catedral, cuja construção havia sido encomendada, pelo que escutei um dia, a Godoy e a outro rapaz a quem chamavam de Monito.

O padre García Herreros teve um papel fundamental naqueles momentos, porque Pablo lhe enviou uma carta por um guarda-costas explicando seu plano para se entregar, que incluía um helicóptero, cujo piloto receberia as coordenadas do lugar onde deveriam buscá-lo, bem como o nome das pessoas que deveriam estar na aeronave.

Estávamos nessa quando, na manhã de 18 de junho de 1991, entrou uma ligação na frequência UHF do rádio. Eram Juan Pablo e Manuela, que haviam acabado de chegar a Miami depois de passar vários dias em Las Vegas, Los Angeles e São Francisco. Depois de escutar o relato da viagem, Pablo disse a seu filho que no dia seguinte se entregaria à justiça porque já sabia que a extradição seria eliminada da nova Constituição. Juan Pablo respondeu que tinha certos temores, mas meu marido o tranquilizou dizendo que estava tudo previsto segundo seus planos e que não mais podiam extraditá-lo. Depois, falou com Manuela, e disse que os problemas seriam coisa do passado e que faltava muito pouco para viverem juntos de novo. Antes de desligar, explicou que não se assustasse se o visse nas notícias e na cadeia, pois era o lugar onde escolhera estar.

Por fim, às 11 horas da manhã de 19 de junho de 1991, Pablo me disse:

"Arrume suas coisas para ir para casa e se organizar, para que nos encontremos no La Catedral. Vá à prefeitura de Envigado que de lá eles a levam."

Uma estranha, mas agradável, mistura de ansiedade e emoção tomou conta de mim, e imediatamente fui buscar tia Inés, meu ombro amigo, para que me acompanhasse à prefeitura, onde ela era bem-vinda. Um pouco depois das três da tarde estávamos prontas, e nos encontramos com dona Hermilda para ir até o La Catedral, guiadas pelo que as emissoras de rádio diziam.

Como sempre, muitas inquietudes tomaram minha mente: *Que futuro nos espera? Pablo cumprirá seu compromisso com o Estado? Respeitará os acordos?* Eram perguntas sem resposta. Pedi a Deus que desse sabedoria a meu marido nessa nova oportunidade que a vida lhe dava. Pedi que o padre García Herreros ficasse atento para que a ovelha negra – meu marido – não saísse do rebanho.

Já dentro da cadeia, depois de uma espécie de ato protocolar com discursos e promessas, Pablo se aproximou, deu-me um longo abraço e disse, solene:

"Meu amor, prometo que você não sofrerá mais; prometo porque você é a razão de minha vida e porque me deu dois filhos maravilhosos que merecem viver em paz."

Pablo notou que meu olhar suplicava para que se comportasse direito, que recuperasse sua família. Das profundezas de meu ser eu queria que assim fosse. Sentia uma imensa alegria por nós, pelo país, mas, ao mesmo tempo, sentia muito medo de que ele pudesse ser extraditado.

Genuinamente acreditei que nesse 19 de junho começaríamos uma vida nova. Confiei que ele deixaria seu passado para trás e pagaria suas dívidas. Confiei, confiei, confiei.

Mas, como dizia minha avó, pau que nasce torto nunca se endireita.

No capítulo 4, "As mulheres de Pablo", narro com detalhes a ilusão que vivi nas primeiras semanas que se seguiram à chegada de meu marido ao La Catedral. Mas também conto que muito brevemente sofreria uma desilusão.

O lugar tinha aparência de reclusão, mas, na realidade, tudo que havia ali fora decidido por Pablo, sem intervenção alguma do Estado. Os guardas, as visitas, as reformas e tudo que tivesse a ver com o dia a dia da cadeia era aprovado ou rejeitado por Pablo.

Por isso, não tardaram a aparecer nuvens negras que me indicaram que ele não cumpriria sua palavra. Que a promessa de começar uma vida nova era pura retórica.

Quando descobri que meu marido havia voltado às suas aventuras com mulheres, que os comentários indicavam que começaram a acontecer ali eventos fora da lei, eu me afastei o mais que pude, e só voltava lá para manter o relacionamento entre meus filhos e o pai deles.

Já não vale a pena contar que no La Catedral houve todo tipo de excessos, ou os luxos que havia no quarto de Pablo Escobar, porque, de alguma maneira, o Estado permitia tudo desde que seu principal inimigo estivesse bem guardado.

Pablo perdeu de vista o país, esqueceu seu compromisso com seu tesouro mais precioso: seus filhos. Perdeu contato com sua própria vida, e recuperar o poder econômico e militar o fez mergulhar em sua loucura.

1992

Em meados de junho de 1992, minha mãe e eu fomos ver Pablo no presídio La Catedral. Nesse dia, o ambiente estava pesado, estranho. Minha intuição me dizia que muitas coisas estavam acontecendo lá dentro, e que, em geral, a prisão era uma zona. Minha mãe também teve a mesma impressão, mas, diferentemente de mim, não ficou calada.

"Pablo, venha aqui que quero dizer uma coisa."

"O quê, sogra?"

"Se continuar com esse entra e sai e essa desordem aqui, meu filho, você não vai acabar o ano neste lugar."

"Fique tranquila, sogra, nada vai acontecer."

"Pablo, você é muito cabeça de mármore e nunca escuta nada."

Minha mãe desceu muito triste e me disse:

"Minha filha, eu lhe disse tanto para abandonar esse homem, e nada. Repito: ele vai fazer que matem você e meus netos também. Tata, valorizo em você o fato de nunca se queixar das decisões que tomou, mas, diga: Pablo a ameaça? Você tem medo dele? Alguma coisa muito estranha deve acontecer, e você não me conta porque certamente ele a proibiu."

Minha mãe sabia por que estava dizendo isso, e eu também. E como se fosse uma premonição, quatro semanas depois, nossa vida mudaria dramaticamente, porque Pablo havia estragado a grande oportunidade que a vida lhe dera de expurgar seus delitos.

Por volta das 19 horas de terça-feira, 21 de julho de 1992, recebi uma ligação de Juan Pablo, que estava muito acelerado. Disse que não sabia muito bem o que estava acontecendo, mas que havia acabado de falar com Pablo, que dissera que ficasse atento porque estava vendo movimentos anormais de tropas do Exército nos arredores do La Catedral.

Juan Pablo me disse que algo de ruim poderia acontecer, e combinamos que eu sairia com Manuela do edifício Torres de Saint Michel e iria ao edifício Altos, onde minha mãe morava.

As doze horas seguintes foram um verdadeiro inferno, porque os noticiários não tinham muita informação a respeito, e tive que me contentar com mais duas ligações de Juan Pablo, que disse que tudo indicava que seu pai, seu tio Roberto e mais 20 homens deles seriam transferidos para a Quarta Brigada do Exército em Medellín. Foi uma noite horrível, e a incerteza não nos deixou dormir. Não sabíamos se haviam matado todos ou se já estavam dentro de um avião rumo aos Estados Unidos. Choramos inconsoláveis, temendo o pior.

Já na madrugada de 22 de julho, os meios de comunicação informaram com certeza que meu marido havia fugido do La Catedral com seu irmão e nove dos seus principais lugares-tenentes. O escândalo estava só começando.

Juan Pablo chegou a Altos na noite desse mesmo dia e contou que havia falado várias vezes com Pablo por um potente rádio de banda larga, mas que perdera contato com ele quando acabara a luz na cadeia e ficara esperando-o em um esconderijo conhecido como a casinha de Álvaro.

Minha mãe, Juan Pablo e eu passamos a noite em claro esperando alguma notícia de meu marido; mas não chegou sinal algum. Os telejornais informaram que o governo só pôde confirmar doze horas depois que meu marido havia fugido – ele habilmente os fizera acreditar que estava escondido em um túnel dentro da cadeia com provisões para uma semana. Também disseram que os homens de meu marido mantiveram amarrados durante várias horas o vice-ministro da Justiça, Eduardo Mendoza, e o diretor dos presídios, coronel Hernando Navas, que haviam sido designados pelo governo para ir até a cadeia notificar Pablo da decisão de transferi-lo.

Na minha investigação para este livro, encontrei em Medellín um dos guardas daquela época, que pegou vários anos de cadeia por colaborar com meu marido. Ele me contou que Pablo fugiu à 1h30 da manhã de 22 de julho, quando o La Catedral ficou em trevas porque ele mandara cortar a luz. Também me disse que os militares ocuparam a cadeia às 4 horas da manhã e mandaram os guardas e os presos que não haviam fugido se deitar no chão. Duas horas depois, levaram-nos presos à Quarta Brigada.

Refletindo sobre o que havia acontecido nos últimos meses, concluímos que a ocupação do La Catedral era questão de tempo, porque os abusos eram mais que evidentes e a cadeia estava fora de controle. Recordamos vários episódios que havíamos vivido nos últimos meses.

Mencionei o susto que havia levado em fevereiro daquele ano, quando tivera que mandar uma mala com roupa para Juan Pablo porque ele ficaria umas semanas no La Catedral – Pablo havia descoberto um plano para sequestrá-lo durante um campeonato da Liga de Motociclismo de Antioquia. Meu marido achou que esse era o único lugar onde nosso filho poderia ficar seguro, já que seus inimigos estavam à espreita.

A guerra entre Pablo e os chefes do cartel de Cali não parou nem mesmo com meu marido preso no La Catedral. Soubemos disso quando Pablo comentou conosco que havia decidido construir algumas cabanas escondidas no mato e não dormir mais no quarto dentro da penitenciária porque seus inimigos haviam planejado lançar várias bombas de um avião. O problema era que, nas poucas vezes que fomos dormir nessas cabanas, Manuela e eu congelávamos de frio.

Juan Pablo também recordou que no processo de sujeição à Justiça, Pablo era obrigado a confessar seus delitos diante dos promotores destinados especialmente para instrução nos processos contra ele. Mas meu marido também descumpriu isso, e praticamente debochou da Justiça. Como me contou um guarda, no dia marcado para uma audiência, aconteceu o seguinte:

"Patrão, são 11 horas, o senhor tem audiência."

"Quando ouvir os helicópteros, chamem-me."

"Patrão, estamos ouvindo os helicópteros."

"Vou dormir mais um pouquinho, quando pousarem me chame."

"Patrão, já pousaram."

"Dê café e depois almoço a eles enquanto tomo banho."

Duas ou três horas depois, Pablo se dirigia a uma cabana equipada especialmente para os funcionários judiciais, e quando começavam a ler os processos, dizia que estava com uma forte dor de estômago, levantava-se e ia embora.

Lembrei que outro dia chegara mais de uma dúzia de panelas de mariscos para meu marido e seus homens mais próximos, mas ninguém sabia quem as havia mandado. Desconfiado, Pablo disse que dessem um pouco aos cães para ver se acontecia alguma coisa. Como não aconteceu nada, deram os mariscos aos soldados, que os devoraram, felizes. Não estavam envenenados, como pensara meu marido; e uma semana depois, minha sogra chegou e lhe perguntou o que achara dos mariscos. Envergonhado, Pablo entendeu o que havia acontecido e respondeu:

"Estavam deliciosos, mãe, muito obrigado."

Enfim, a lista das coisas que vimos no La Catedral era infinita, assim como a do que não vimos. Devia ser muita coisa, porque pouco tempo depois da fuga os meios de comunicação informaram que a decisão de transferir meu marido havia sido precipitada porque Pablo, de dentro da cadeia, ordenara o assassinato de Fernando Galeano e Gerardo "Kiko" Moncada – seus sócios, amigos e conhecidos da vida inteira – por questões relacionadas a dinheiro. Eu não quis acreditar nessa versão porque sabia do carinho que meu marido tinha por Kiko e a confiança que tinha em Galeano. No entanto, a confirmação posterior mostrou que Pablo havia cometido o grave erro de desafiar o Estado e seus inimigos, mas também seus amigos.

Só quatro dias depois da fuga tive notícias de meu marido. Foi no início da noite do sábado, 25 de julho de 1992, quando Popeye chegou ao apartamento de minha mãe e disse que Pablo estava nos esperando na casinha de Álvaro, o esconderijo situado na parte alta de Envigado.

Depois de uma calorosa saudação, ele nos contou alguns detalhes da fuga, e em particular algo que o estava incomodando: o fato de o Exército afirmar publicamente que ele havia fugido vestido de mulher. Machista até a morte como ele era, para Pablo essa afirmação era uma ofensa, e ele decidiu retificá-la nessa mesma noite. Pensou que a melhor coisa era falar diretamente com o diretor da RCN rádio, Juan Gossaín, e pediu a Popeye que ligasse para a emissora e o chamasse.

Minutos depois, o jornalista e meu marido já estavam falando ao telefone, e, por coincidência, Gossaín estava reunido com a codiretora do telejornal *QAP*, María Isabel Rueda, e o vice-diretor do jornal *El Tiempo*, Enrique Santos Calderón.

A conversa inicial sobre desmentir uma notícia falsa derivou a um empenho para fazer que meu marido se entregasse de novo à justiça. Mas ele impôs várias condições, entre elas, garantia de reclusão em um presídio de Antioquia e afastamento da polícia de qualquer processo relacionado com ele. Ficamos nisso até as quatro da madrugada. Pablo falou com os jornalistas em várias ocasiões, mas não chegaram a nada.

Nossa permanência na casinha de Álvaro começou a se estender, e a clausura virou um tédio. O primeiro a sentir o rigor do isolamento foi Popeye, que falou francamente com Pablo e disse que não aguentaria outro confinamento como o que já haviam vivido. Logo chegaram a um acordo, e Popeye foi substituído por Angelito. Lembro que pela primeira vez foi necessário fazer turnos à noite para vigiar os arredores: Angelito, Juan Pablo, Álvaro – o *caletero* – e meu marido revezavam-se a cada quatro horas até o amanhecer.

Naqueles meses de fim de 1992 começaram a acontecer coisas que indicavam que dessa vez a clandestinidade teria outro preço, porque os noticiários começaram a se referir à intensidade de buscas domiciliares realizadas em Medellín e seus arredores pelo recém-criado Bloco de Busca, e à possibilidade de que os homens que haviam fugido com Pablo se entregassem. Assim foi, e em dias sucessivos Roberto Escobar, Otto e Popeye se submeteram à Justiça e foram levados para o presídio de segurança máxima de Itagüí.

Nesse ambiente de guerra, Pablo lamentou a morte de Brances Muñoz Mosquera – Tyson – e Jhonny Edison Rivera – Palomo –, dois de seus homens de confiança, abatidos em Medellín entre outubro e novembro em operações do novo corpo especial da Polícia.

A casinha de Álvaro era segura, mas Pablo começou a ver pegadas de animais grandes; por isso, disse que seria necessário nos separarmos depois de seu 43º aniversário, que comemoramos em 1º de dezembro com um bolo pequeno e um jantar frugal. A noite foi discreta, e todos sentíamos um estranho ambiente de desassossego. O perigo era latente. Perto da meia-noite, eu disse a Pablo que se fosse indispensável que eu fosse para Medellín com meus filhos, que partíssemos depois do dia dos parabéns, porque fazia muitos anos que comemorávamos seu aniversário, e não queria que esse ano fosse exceção.

Ele concordou, e no domingo, 7 de dezembro, reunimo-nos no pátio dos fundos da casa, ao redor de uma estátua pequena da Virgem, sem saber que essa seria a última comemoração dessa data tão tradicional para nós. Rezei em voz alta enquanto Pablo e Juan Pablo escutavam com a cabeça baixa e Manuela brincava no pátio. Quando acabei, acendemos uma vela para a Virgem e uma para cada um de nós.

No dia seguinte, antes de partir para Altos, Pablo me disse:

"Diga a suas irmãs e irmãos que se mudem ou vão embora do país, porque a coisa vai ficar cada vez mais perigosa."

Ele sabia que a pressão sobre nós se intensificaria, porque a explosão de bombas e o assassinato seletivo de policiais havia voltado a Medellín, e isso só significava que as autoridades voltariam o olhar ao único contato com seu principal inimigo: a família dele.

Contudo, no Altos, tentei aliviar a pressão, e na sexta-feira, 18 de dezembro, organizei a pomposa celebração da novena do Natal. Os convidados haviam acabado de chegar elegantemente vestidos quando um dos guarda-costas disse que a "Elite" – como chamávamos o Bloco de Busca – estava ali.

A seguir, homens, mulheres e crianças foram separados em grupos, e depois de nos revistarem, pediram nossos documentos. A identidade de Juan Pablo estava em seu quarto, por isso ele preferiu dizer que se chamava Juan Pablo Escobar Henao, que tinha 15 anos e que seu pai era Pablo Escobar. O policial que escutou suas palavras chamou seu comandante, um coronel, e lhe contou quem era meu filho.

O que aconteceu a partir daí foi horrível, porque o oficial puxou Juan Pablo para o lado e disse a seus homens:

"Se ele se mexer ou piscar, atirem."

Então, o oficial ligou por rádio para a escola Carlos Holguín – sede do Bloco de Busca – e disse em voz alta que estavam com o filho de Escobar e que o levariam para interrogatório. Por sorte, poucos minutos depois, o ex-governador de Antioquia, Álvaro Villegas Moreno, chegou de pijama; ele morava no Altos, e disse ao coronel que queria se certificar de que a busca fosse feita segundo as normas legais.

A oportuna aparição de Villegas animou os presentes, assustados, que se queixaram do tratamento para com seus filhos e exigiram que pelo menos os deixassem comer. Os policiais concordaram.

Depois, o oficial disse a Juan Pablo que o seguisse, e meu filho perguntou aonde. Mas dois policiais enfiaram o cano de seus fuzis na barriga dele e o tiraram da fila. Pude ver que se dirigiam ao corredor, e pararam bem no momento em que apareceram uns 30 homens encapuzados. Fiquei aterrorizada, porque pensei que iam fazer alguma coisa com meu filho.

"Dois passos para frente! Vire à direita, agora à esquerda, agora de costas, diga seu nome e sobrenome em voz alta... mais alto!", ordenou um dos encapuzados.

A seguir, fizeram o mesmo com cada um dos homens presentes. Só duas mulheres foram submetidas ao mesmo procedimento: Manuela e eu.

Deus é grande, porque quando o coronel começava a dar instruções para levar Juan Pablo, às três da madrugada, chegou um delegado da Procuradoria que desautorizou a captura de um menor de idade e mandou que lhe tirassem as algemas. No entanto, o oficial insistiu em levar meu filho, e depois de uma acre discussão com o delegado, acabou se retirando do edifício.

A experiência apavorante dessa noite tornou evidente que agora sim a busca por meu marido incluiria indiscriminadamente sua família.

O susto que passamos naquela noite no Altos me levou a tomar a decisão de ir para outro lugar, porque ficar ali já não era seguro. Então, fomos para o apartamento de meu irmão Fernando em La Loma de Los Balsos. Era 21 de dezembro de 1992, e havíamos acabado de nos instalar quando os telejornais e os jornais locais revelaram, escandalizados, que meu marido havia realizado pessoalmente duas *blitze* na avenida Las Palmas, com 50 homens armados que se identificaram como funcionários do DAS. Nos dois lugares, diziam as reportagens, detiveram dezenas de carros que provinham do aeroporto José María Córdova, e depois de checar os documentos dos viajantes, deixavam-nos passar.

Fiquei surpresa com a atitude suicida de meu marido, e não encontrei uma explicação para isso. Também fiquei muito angustiada quando os jornalistas revelaram que Pablo esteve à frente de um grupo armado que na madrugada de 20 de dezembro explodiu com dinamite uma casa utilizada como fachada pelo capitão Fernando Posada Hoyos, chefe de inteligência da Polícia de Medellín. O oficial sobreviveu à explosão, e segundo os jornalistas, foi morto a seguir.

Assim, cinco meses depois de fugir do La Catedral, meus filhos e eu estávamos piores que antes, porque cada vez era mais difícil encontrar lugares para se esconder em Medellín. A guerra havia escalado a outro nível, e a sensação de impotência era insuportável.

Pablo deve ter percebido, porque em 23 de dezembro de 1992, quando nos encontramos com ele em um esconderijo no setor de Belén Aguas Frías – onde passamos o Natal e Ano-Novo –, o ambiente estava impregnado de muita preocupação, e não houve ânimo para comemorar nada. Complicava ainda mais as coisas termos de descer todas as noites por um caminho de terra até uma casinha de madeira, onde era mais fácil passarmos despercebidos porque as luzes não eram vistas na distância. Não esqueço que essa temporada foi especialmente difícil para Manuela, que chorava durante horas porque o frio era muito intenso e ela queria estar em outro lugar, com sua avó, com seus primos. Pablo a pegava no colo e tentava convencê-la, sem sucesso, do motivo de não podermos sair dali. A guerra estava nos alcançando e o futuro era muito incerto. Tanto que esse seria o último fim de ano que passaríamos juntos.

1993

Acho que não me engano ao afirmar que a hora final de Pablo começou a correr em 31 de janeiro de 1993. Nesse dia, o confronto com seus já muitos inimigos sofreu uma guinada radical quando os meios de comunicação divulgaram a existência de um grupo clandestino que seria letal: Perseguidos por Pablo Escobar, os Pepes.

Os Pepes surgiram de uma maneira violenta nesse dia, destruindo a fazenda de minha sogra no município do Peñol, no leste de Antioquia, e detonando carros-bomba em frente aos edifícios Abedules e Altos, onde habitava boa parte das famílias Escobar Gaviria e Escobar Henao.

Uma nova fase da guerra havia acabado de surgir, e teve efeitos imediatos, porque Angelito foi nos buscar no Zero-Zero e nos levou a um apartamento situado na avenida La Playa, a duas quadras da avenida Oriental de Medellín, no centro. Meu marido estava e bastante preocupado, disse que se os Pepes concentrassem seus ataques em sua família e na nossa, ficaria muito difícil para ele proteger todos nós, porque sua força militar estava dizimada.

Recordou o ataque de meados de janeiro, quando o paramilitar Carlos Castaño destruíra El Vivero – local de trabalho de uma de minhas irmãs – e sua casa no bairro El Diamante. E disse que o panorama tendia a se complicar, porque na segunda semana de janeiro havia perdido Víctor Giovanni Granados, o Zarco, e Juan Carlos Ospina, o Enchufe, dois homens de sua inteira confiança.

Com o surgimento de um inimigo com plena força – os Pepes –, meu marido disse, preocupado, que seria melhor para nós se Manuela e Juan Pablo fossem para os Estados Unidos, e depois eu, quando conseguisse um novo visto de entrada, porque o atual havia vencido. Depois de discutir os pormenores da viagem, decidimos que meus filhos iriam com Martha, esposa de meu irmão Fernando, seus dois filhos e Andrea, namorada de Juan Pablo. E também Copito e Algodona, o casal de poodles de Manuela, que se recusou categoricamente a deixá-los.

Antes de ir, Pablo disse que devíamos redobrar os cuidados para ir ao aeroporto de Rionegro, porque era previsível que os Pepes estivessem à espreita para capturar nossos filhos.

Nesse momento, já havia começado em minha família a debandada sugerida por Pablo em dezembro de 1991, quando as operações do recém-criado Bloco de Busca demonstravam que o acesso a nós e a nosso entorno fazia parte da estratégia para caçar Pablo. Praticamente toda minha família se desagregou; meus irmãos tomaram rumos diferentes e o contato entre nós foi intermitente, quase nulo por longos períodos.

Astado, minha permaneci e seus três filhos foram espavoridos para uma pequena cidade do centro dos Estados Unidos, e seu único contato com o país era um pequeno rádio Sony de sete bandas com o qual tinham que fazer peripécias para sintonizar alguma emissora colombiana de madrugada. Ficariam lá cerca de dois anos, em condições muito complexas devido à incerteza de saber se o longo braço dos inimigos de Pablo os alcançaria. Diante da possibilidade de ter que sair correndo a qualquer momento, só compraram alguns colchões, lençóis, um sofá-cama e utensílios básicos de cozinha. Por essa razão, a convivência familiar se tornou dramática, porque meus sobrinhos choravam o tempo todo. Minha irmã recorda com pesar a noite em que conseguiram sintonizar uma emissora e ouviram a notícia de que os Pepes haviam assassinado três pessoas em Medellín, conhecidas deles, e que deixaram cartazes em cima dos corpos acusando-os de colaborar com Pablo.

Na clausura do apartamento do centro de Medellín, foi com impotência que eu soube do grave processo de deterioração da saúde de minha mãe, que havia sofrido um AVC que a deixara prostrada, sem falar. Por meio de terceiros fiquei sabendo que ela estava muito mal e deprimida.

Outra irmã minha estava escondida em um apartamento distante em Medellín, porém um dia, quando saiu de carro, foi descoberta por Carlos Castaño, que a perseguiu por um longo tempo. Mas ela, hábil, conseguiu despistá-lo. Tempos depois, Pablo já morto, quando me reuni com Castaño para as negociações com os cartéis ele me falou desse episódio e disse que estivera a um passo de pegar minha irmã para matá-la. O mesmo disse de mim e de Manuela. Nós nos salvamos por milagre.

Com muito sigilo, conseguimos organizar o itinerário da viagem de meus filhos a Miami, cuja data foi marcada para 19 de janeiro de 1993. Às 4 horas da manhã, eu me despedi de Manuela, Juan Pablo e Andrea e os abracei muito forte, porque não sabia se seria a última vez que os veria. Na noite anterior, havíamos tido que ir à casa de Andrea pedir permissão à sua mãe para poder viajar. Falei com ela durante vinte minutos, e quando nos despedimos, ela pronunciou uma frase premonitória, como as mães costumam fazer:

"Minha filha, você vai para sofrer."

O mero deslocamento até o aeroporto foi uma peripécia, porque, na noite anterior, um guarda-costas foi e deixou um veículo no estacionamento do aeroporto, e entregou as malas a um contato de Pablo. Juan

Pablo e Andrea desceram até o Hotel Nutibara e pegaram um ônibus que os levaria ao terminal aéreo de Rionegro, e Nariz e o Japonês iriam atrás em um veículo pequeno. Os demais foram em um veículo modesto com mais dois guarda-costas.

Enquanto isso, eu fiquei sozinha no apartamento e rezei como nunca antes, rogando a Deus que protegesse a vida de meus filhos. Liguei a televisão, escutei o rádio e esperei. Mas, na hora do almoço, fiquei atônita quando ouvi em uma emissora que não os haviam deixado sair do país. Gritei baixinho para que os vizinhos não me escutassem; fiquei horrorizada de pensar que os Pepes poderiam sequestrá-los. Andei feito louca pelo apartamento esperando a notícia do sequestro de meus filhos, mas, de repente, disseram que haviam ido de helicóptero para o aeroporto Olaya Herrera, em Medellín. Onde estavam? *Vão matá-los,* pensei. Perdi contato, e arrumei uma mala com um pouco de roupa porque Pablo havia me dito que um de seus homens, o "Médico" Omar, iria me buscar.

Quase enlouqueci. Passaram-se mais de sete horas até o Médico chegar e me dizer para me acalmar porque estávamos indo encontrar com meus filhos e Pablo. Entramos em um automóvel, ele vendou meus olhos, e quando os abri, vi diante de mim Manuela, Andrea, Juan Pablo e meu marido. Abracei-os por um longo tempo e chorei sem parar. Os dias de vida que me restam não serão suficientes para lhes pedir perdão, porque nesse dia eles tiveram que jogar roleta-russa devido às decisões absurdas de seu pai.

Juan Pablo contou detalhes da aterradora aventura que viveram nesse dia, que começou quando entraram no aeroporto de Rionegro e ele viu homens suspeitos em vários carros. Depois, no terminal internacional, o funcionário do DAS os deixou passar, de má vontade, porque os documentos estavam em dia, inclusive o visto de turista para entrar nos Estados Unidos e a autorização de Pablo e minha, autenticada. Mas, quando já estavam sentados na sala de espera, Juan Pablo notou movimentos estranhos.

"No corredor do aeroporto, vi homens à paisana, mas encapuzados e armados com fuzis e metralhadoras que faziam ronda em grupos de seis. Contei mais de 20 encapuzados, e os funcionários das companhias aéreas, dos cafés e até do banheiro se olhavam desconcertados. Ninguém sabia quem eram nem o que estavam fazendo ali. Eram os Pepes."

O relato de meu filho era de arrepiar. De repente, chegaram vários policiais, e atrás deles quatro rapazes, funcionários da Aeronáutica Civil, com suas malas, dizendo que tinham ordens de abri-las. Impotente, meu filho observou a parcimônia do procedimento e notou a intenção de fazê-los perder o voo. Dito e feito. O avião partiu, e não havia outro voo mais tarde.

Juan Pablo disse que teve medo de que algo grave acontecesse com ele e decidiu ativar o plano B que havia organizado com o Japonês: ele tinha no bolso uma lista com os telefones diretos da Procuradoria Regional, dos meios de comunicação locais e nacionais e os números particulares de vários jornalistas importantes. O sinal combinado era que meu filho coçasse a orelha, e então, o Japonês começaria a ligar para divulgar o que estava acontecendo. A estratégia funcionou e o homem entendeu a mensagem.

Mas as coisas logo se complicaram, porque chegou o chefe da polícia do aeroporto e disse a eles que saíssem dali porque haviam perdido o voo. Juan Pablo começou a discutir com o funcionário, mas, de repente, chegaram vários jornalistas, alguns dos telejornais, e os encapuzados desapareceram.

O plano original da viagem previa como sair do país, mas nunca contemplamos como sair de uma encruzilhada como a que surgiu naquele dia. Procurando uma opção, Juan Pablo descobriu que naquele momento estava pousando um helicóptero particular que naquela época trasladava passageiros entre o aeroporto de Rionegro e o Olaya Herrera. Então, pediu a uma pessoa que, por favor ligasse para a empresa e solicitasse o serviço. Deu certo, e ficaram de enviar uma aeronave. Mas o guarda não os deixava sair. Por sorte, um funcionário da Procuradoria apareceu e facilitou a ida deles ao local dos helicópteros.

Quando estavam prestes a entrar na aeronave depois de abandonar suas malas devido ao excesso de peso – pois eram cinco pessoas e dois cãezinhos –, chegou um coronel da polícia e disse a Juan Pablo que da próxima vez não escapariam. Então, fechou o punho para socá-lo, mas se conteve, porque havia alguns cinegrafistas filmando o que estava acontecendo.

Mas a história de horror não havia acabado. Já no Olaya Herrera, Juan Pablo disse a um jornalista do noticiário do canal regional Teleantioquia que daria uma entrevista no edifício Altos com a condição de que não parasse de gravar. Assim foi, e quando chegaram ao estacionamento, meu filho contou ao repórter pormenores do que havia acontecido. Depois, saíram pela parte de trás do edifício e atravessaram um riacho que levava a outro edifício, onde tínhamos um apartamento e um carro. Essa foi a rota de fuga que Juan Pablo utilizou para deixar o perigo para trás. Mais tarde, todos nós nos encontraríamos em um novo esconderijo, aparentemente no centro da cidade, ao qual chegamos com os olhos vendados. Pablo estava lá, mas disse que em breve iria embora.

No dia seguinte, 20 de fevereiro de 1992, nos estertores da viagem frustrada aos EUA, o embaixador de lá anunciou o cancelamento dos vistos de Juan Pablo e Manuela. Pablo foi embora e nós ficamos, com o compromisso de não sair. Lá comemoramos o aniversário de 16 anos de Juan Pablo, mas o ambiente era tão lúgubre que só cortamos um bolinho caseiro que eu havia feito.

Não era brincadeira nem exagero. Com uma onda de violência, os Pepes demonstraram que estavam mais que dispostos a arrasar tudo que envolvesse meu marido. Assim, em 27 de fevereiro, destruíram a fazenda Corona, propriedade de Diego Londoño White; em 2 de março, assassinaram Hernán Darío Henao, HH, administrador da fazenda Nápoles, a quem erroneamente relacionaram com minha família por ter o mesmo sobrenome; em 4 de março, assassinaram Raúl Zapata Vergara, advogado de Pablo; no dia 20 desse mês foi Chopo; e pelas notícias soubemos que acharam o corpo de Pasquín, que havia desaparecido semanas antes.

Sentia-se a presença dos Pepes por todo lado. Por isso, víamo-nos forçados a mudar de esconderijo com frequência inusitada. Uma semana estávamos suportando o frio em Belén Aguas Frías; outra estávamos em uma fazenda escaldante no Magdalena; mais outras em um apartamento na Torre Suramericana, em Medellín; e mais uma em um estúdio ao lado da Quarta Brigada.

Assim, pouco a pouco, à medida que os Pepes e as autoridades atingiam Pablo, sua capacidade militar e econômica praticamente desapareceu. Mas nós, sua família, também sofremos o rigor do confronto, porque no empenho de tirar o oxigênio de meu marido, os Pepes voltaram sua sanha às pessoas mais próximas, como aquelas que trabalhavam para nós.

Nos últimos quatro meses de 1993, como já relatei com detalhes nos capítulos 1 e 2, os inimigos de meu marido acabariam vencendo. Uma conjunção de forças legais e ilegais conseguiu vencer Pablo, e, de quebra, deixou a nós, seus filhos e sua esposa, afundados em um turbilhão do qual vinte e cinco anos depois ainda não conseguimos sair.

A EFÊMERA ESPERANÇA DE MOÇAMBIQUE

CAPÍTULO 9

Em meados de fevereiro de 1994, o procurador-geral da nação, Gustavo de Greiff, ligou para meu advogado, Francisco Fernández, em Medellín, e lhe disse que o esperava o quanto antes em seu gabinete porque havia surgido uma possibilidade para que nós, a família de Pablo Escobar, por fim saíssemos do país.

Fernández pegou um avião imediatamente e poucas horas depois De Greiff lhe apresentou uma senhora de tez branca, de uns 65 anos. Vestida de preto, muito elegante, com um chapéu enorme cheio de plumas, ela se identificou como condessa Isabela. Ao seu lado, dois homens afrodescendentes, de terno e gravata, que pareciam seus secretários.

A mulher disse em perfeito inglês que presidia uma fundação que se dedicava à arrecadação de fundos para obras beneficentes na República Popular de Moçambique, e explicou que se os Escobar apoiassem sua causa, o presidente desse país distante no sudeste da África nos permitiria residir lá. Em compensação, eles nos dariam novas identidades, passaportes, uma casa bem localizada no melhor bairro de Maputo, a capital, e estudos para meus filhos. A condessa entregou uma pasta ao advogado com fotografias e informações de Moçambique, e combinaram de nos visitar dias depois no Hotel Tequendama, onde continuávamos hospedados.

Quando o advogado nos contou o acontecido, avaliamos a estranha situação que se apresentava, mas não a descartamos, porque proviera do próprio promotor De Greiff, que dava mostras genuínas de querer nos ajudar. Ele, mais que ninguém, sabia da difícil situação que atravessávamos naquele momento, três meses após a morte de meu marido.

Era uma porta que se abria, uma luz no fim do túnel, porque nesse momento eu mal havia começado o longo caminho de negociar com os inimigos de Pablo, que pretendiam ficar com todas as propriedades dele para recuperar as dezenas de milhões de dólares que, segundo eles, haviam investido para caçá-lo.

Como também não tínhamos muitas opções, porque inúmeros países já haviam nos negado qualquer possibilidade de acolhida, recebemos a condessa e os homens que a acompanhavam. Em uma longa conversa, eles falaram da ajuda humanitária que nos ofereceriam e da nova vida que teríamos em Moçambique – antes de mais nada, porque eram defensores dos direitos humanos e tinham ciência da encruzilhada em que nos encontrávamos. No fim da conversa, o advogado fez a pergunta de 1 milhão de dólares: quanto essa "ajuda humanitária" custaria? Juan Pablo ficou vermelho de vergonha, mas a condessa se esquivou e disse que era muito prematuro falar de dinheiro.

Quando a comitiva foi embora, meu irmão Fernando – que estava no hotel conosco naqueles dias – disse, pessimista, que Moçambique não era tão maravilhoso como as fotos mostravam, que mais se parecia com Urabá, a quente e pobre região bananeira situada na fronteira com o Panamá. E acrescentou que toda essa história parecia uma armadilha para nos matar; ou, na melhor das hipóteses, para acabarmos como comida de leões.

Contudo, os contatos prosseguiram, com a mediação do promotor De Greiff. Na verdade, pouco a pouco começamos a nos entusiasmar com a ideia de nos refugiarmos em Moçambique, porque na Colômbia nosso futuro era mais que obscuro; então, dos males, o menor, diz o ditado. Em meados de 1994, o plano Maputo ganhou mais forma ainda, porque nosso advogado teve que ir a Washington para definir com o diretor da fundação o valor da contribuição que teríamos que fazer e a forma de pagamento.

Em meio à convulsão que nos cercava, um belo dia o advogado Fernández – a quem serei grata pelo resto da vida por seu apoio incondicional, pela imensa compaixão que teve para conosco e por sua atitude positiva na busca das melhores opções – chegou com uma ideia que seria decisiva em nossa vida: mudar de nome e sobrenome. Segundo explicou, em seu exercício como advogado, ele sabia que uma velha lei contida no Estatuto Nacional de Notariado e Registro permitia corrigir erros nos nomes das pessoas ou modificá-los por meio de escritura pública em qualquer cartório. Ele disse que se tratava do artigo 6º do decreto 999 de 1988, que modificou o artigo 94 do decreto 1260 de 1970.

Incrédulos, dissemos que sim, e imediatamente ele foi ao gabinete do promotor De Greiff para explicar que o procedimento de mudar de identidade era fácil, mas que deveria ser feito com extrema discrição. O promotor lhe perguntou se tinha certeza de que a simples mudança de nome e sobrenome resolveria nossa situação, e ele respondeu que sim, e que estávamos dispostos a correr o risco, porque – entre outras coisas – a promotoria não podia cuidar de nós indefinidamente.

O promotor foi reticente no início, até que nosso advogado ameaçou nos aconselhar a convocar uma entrevista coletiva para denunciar a evidente proximidade dessa entidade com os inimigos de meu marido. A atitude de De Greiff mudou de imediato, e com sua aprovação, começamos a procurar novos nomes e sobrenomes na lista telefônica de Bogotá.

A instrução do advogado foi clara:

"O sobrenome deve ser normal, que pareça de boa família, que não tenha conotação que o relacione ao narcotráfico para que não sejam mais incomodados; a ideia é serem cidadãos comuns."

Após uma longa busca e o descarte de dezenas de opções, encontramos os nomes e sobrenome ideais; mas decidimos deixar um de nossos nomes originais para que a mudança não fosse tão traumática. Assim, dali em diante nos chamaríamos María Isabel Santos Caballero, Juan Sebastián Marroquín Santos, Juana Manuela Marroquín Santos e María de los Ángeles Sarmiento del Valle, minha nora. Meu irmão Fernando se recusou a mudar de nome, argumentando que era uma falta de respeito para com nossos pais. Por essa razão, meses depois ele não pôde ir conosco quando fomos para Moçambique.

Definimos nomes e sobrenome e passamos horas treinando novas assinaturas em folhas e mais folhas de papel. Além de tudo, isso nos ajudou a nos acostumarmos a ser quem passaríamos a ser.

Tenho que reconhecer que no gabinete do promotor fizeram o necessário para manter a privacidade dos trâmites, e até se encarregaram de levar ao Registro Civil Nacional as fotografias que tiramos em um laboratório situado no térreo do Tequendama. Por fim, em 8 de junho de 1994, Andrea e eu fomos a Medellín para assinar os documentos perante a tabeliã 12, Marta Inés Alzate Restrepo. Juan Pablo e Manuela ficaram em Bogotá porque eram menores de idade, e eu assinei por eles. O processo de mudança de identidade e a possibilidade de sair do país estavam avançando em um bom ritmo graças à intervenção direta do promotor De

Greiff, mas ficamos muito preocupados quando foi escolhido seu substituto: Alfonso Valdivieso Sarmiento, primo de Luis Carlos Galán.

A posse do novo promotor se deu em 18 de agosto de 1994, e uma semana depois o advogado Fernández marcou uma hora para falar de nosso caso. As palavras de Valdivieso o surpreenderam:

"Estou a par de tudo o que vem acontecendo com a família de Escobar."

Gratamente impressionado, Fernández recapitulou com Valdivieso os fatos ocorridos até o momento, e no fim da conversa concordaram em propiciar uma visita minha a seu gabinete.

Como eu faria para lhe pedir ajuda? Com que cara? Foram essas as inquietudes que surgiram enquanto eu me dirigia a seu gabinete.

Minhas dúvidas não eram infundadas, porque quando entrei na sala de Valdivieso, vi pendurada na parede do fundo uma fotografia de bom tamanho de Galán. Um paradoxo.

"Doutor Valdivieso, não sei como falar com o senhor, como lhe pedir ajuda depois de tudo que aconteceu."

"Senhora, o que aconteceu foi muito doloroso, mas compreendo sua condição de mãe, e por essa razão, apesar do dano, vou ajudá-la."

Nós não merecíamos sua ajuda devido à imensa dor que essa família teve que viver; porém, sem perceber, o doutor Valdivieso foi, talvez, a primeira pessoa a nos mostrar o valor do perdão. Ele me escutou, entendeu minha dor, nossa urgência de sair do país – única maneira de salvar nossa vida.

O resultado desse encontro foi gratificante, porque o promotor Valdivieso se dispôs a nos ajudar. A partir daí, íamos pelo menos quatro vezes por semana à promotoria, e passou a ser normal sua colaboração para resolver problemas logísticos relativos à nossa segurança e deslocamentos, entre outros aspectos.

Em novembro seguinte, quando já havia acabado o processo de entrega de todos os bens de Pablo aos chefes do narcotráfico e dos paramilitares que assim exigiram, o registrador nacional, Luis Camilo Osorio, nos visitou no apartamento que havíamos alugado no bairro Santa Ana, ao norte de Bogotá, para nos entregar as novas cédulas de cidadania e de identidade. Osorio chegou, e na sala de jantar do apartamento ele mesmo tramitou nossos passaportes, com a autorização da chancelaria. Dessa maneira, nunca tivemos que ir a um gabinete do Estado para tramitar nossas novas identidades, e como o promotor havia prometido, tudo foi feito de forma privada. A colaboração foi tão eficaz que o gabinete de proteção de vítimas e testemunhas da Promotoria também se encarregou de tirar o documento do serviço militar de Juan Pablo para evitar que o Exército conhecesse sua nova identidade.

Enquanto isso, as negociações com Moçambique prosseguiram e pudemos começar a organizar a viagem – depois de depositar um valor considerável em uma conta de Nova York em nome de uma entidade simbólica do governo conhecida como Ministério da Noz.

Com os novos documentos na mão já podíamos partir, de modo que a primeira coisa que fizemos foi nos despedirmos de minha família. Na última semana que estivemos na Colômbia, início de dezembro de 1994, todos os parentes de Medellín foram ficar conosco e compartilhar os últimos dias. Não sabíamos quando tornaríamos a nos ver, de modo que a tristeza era enorme. Minha mãe perguntava o tempo todo como nos chamávamos e aonde íamos, e apesar de sua insistência e seu pranto, não lhe dissemos nada. Era muito doloroso e até ofensivo recusar-nos a dar qualquer dado, mas, no fundo, sabíamos que era melhor, pela segurança de todos. Havíamos encontrado uma possibilidade de sobreviver, e tínhamos que cuidar dela a todo custo.

Por fim, em 14 de dezembro de 1994 saímos bem cedo do apartamento de Santa Ana para iniciar o longo trajeto rumo ao exílio que nos esperava. Às 5 horas da manhã, dentro de uma caminhonete alugada lotada de coisas, demos o último adeus e partimos – eu, Astado, meus dois filhos e Marleny, a empregada. Foi muito triste, porque desconhecíamos por completo o futuro que nos aguardava. Ao mesmo tempo, Ángeles – como minha nora passara a se chamar –, com a esposa e a filha do advogado Fernández, foram para Buenos Aires, onde nos encontraríamos para pegar o avião para a África. E encontraríamos nosso advogado em Guayaquil, Equador.

Ao sair do bairro, Sebastián – como Juan Pablo passara a se chamar – desceu do veículo e pediu a Puma, chefe das escoltas do CTI, que não nos acompanhasse mais, e reiterou que havia chegado a hora de buscarmos nosso próprio destino. Tempos depois, soubemos que ele perdeu o cargo por nos deixar ir sem averiguar para onde.

O trajeto por terra para o sul do país transcorreu normalmente, e até tivemos tempo de passar por Palmira para nos despedirmos de minha tia Lilia, e depois pela Basílica Senhor dos Milagres, em Buga, para pedir que nos protegesse e tirasse os obstáculos de nosso caminho. Nessa noite dormimos em Popayán, e no dia seguinte seguimos para Pasto.

Quando chegamos à ponte internacional Rumichaca, tivemos problemas para entrar no Equador, pois não tínhamos a assinatura de Pablo para tirar as crianças do país, nem a autorização da empresa que nos havia alugado a caminhonete. Astado, hábil como sempre, resolveu o problema da permissão de saída de meus filhos. Não lhe perguntei como, e ele só disse que estava tudo resolvido e que partíssemos. A saída da caminhonete foi possível porque a locadora de veículos mandou por fax o consentimento exigido pelas autoridades migratórias.

Já no Equador, depois de percorrer 380 quilômetros desde Tulcán – a cidade mais ao norte desse país –, pernoitamos, muito cansados, em um motel na cidade de Santo Domingo de los Colorados, não longe de Quito, a capital. No dia seguinte fomos para Guayaquil, onde nos encontramos com o advogado Fernández, e dali pegamos um avião para Buenos Aires, onde pegaríamos outro voo para a África do Sul, última escala até Moçambique.

Lembro que adoramos a capital argentina; o itinerário nos obrigara a passar uma noite lá antes de continuarmos com nosso périplo. Ficamos no Claridge Hotel, perto da Calle Florida, e pela primeira vez em muito tempo pudemos caminhar tranquilamente; até tivemos tempo de comer hambúrguer no McDonald's. Depois de percorrer por horas essa cidade tão linda, eu supliquei ao advogado que passássemos o Natal lá, mas ele respondeu, categórico, que de jeito nenhum, porque não podíamos correr riscos desnecessários, e em Moçambique estaríamos seguros.

No dia seguinte, pegamos um voo da Malaysia Airlines para Joanesburgo, onde trocamos de aeronave para ir a Maputo. De cara já não gostamos: era um aparelho velho que mais parecia um ônibus intermunicipal que um voo internacional. Depois de duas horas de desconforto, anunciaram a aterrissagem, mas, do ar, só víamos ruas empoeiradas sem pavimento.

No velho e muito deteriorado aeroporto de Maputo éramos esperados por uma comitiva governamental composta por cinco homens altos, de terno e gravata, muito elegantes. Depois de uma saudação cordial, mas protocolar, levaram-nos ao salão presidencial do terminal aéreo; um lugar amplo, com móveis antigos, cheios de pó... paupérrimo. Estávamos atônitos. Nenhum de nós se atrevia a dizer uma palavra, mas nossa cara de desconcerto dizia tudo. Era domingo; um bom tempo depois, foram nos buscar em dois automóveis Mercedes-Benz último modelo e um Toyota Corolla também recente. Saímos em caravana rumo ao melhor bairro da cidade, o das embaixadas, onde supostamente nossa futura residência nos esperava. O advogado e sua família foram levados ao Polana Serena Hotel, o melhor da cidade.

No trajeto, notamos que havíamos chegado a um país devastado pela guerra. As ruas eram uma poeira só, com edifícios destruídos de ambos os lados, cheios de marcas de impacto de balas de fuzil e foguetes. Não se viam muitos carros, e os poucos que circulavam portavam emblemas das Nações Unidas.

No caminho, outro carro bateu levemente no automóvel no qual iam Sebastián e Ángeles. O motorista baixou o olhar, manobrou e continuou rodando. Quando meu filho lhe perguntou por que não pedira os dados do outro condutor para acionar o seguro, o motorista respondeu que não havia seguradoras ali, nem como reclamar.

O melhor bairro de Maputo era um lugar de casas térreas, nada elegante, bastante normal. Chegamos à "nossa" casa, que parecia dos anos 1970 – essa sim, de três andares, decorada com móveis tigrados e grades em todas as janelas. E cheirava muito mal.

"Mandamos pôr as grades para que fiquem seguros", explicou um dos homens da comitiva.

Logo soubemos que nossa bagagem não havia chegado e estava extraviada, mas nos garantiram que fariam todo o possível para que a companhia aérea a enviasse assim que a encontrasse. Portanto, a situação era muito deprimente: estávamos em um país em guerra, em uma casa horrível e sem roupas.

Mesmo assim, tentei fazer que todos nós mantivéssemos a calma; fui à cozinha para preparar alguma coisa para jantar, mas só havia alguns ovos na despensa. Marleny foi a um supermercado próximo e pôs algumas coisas em uma cesta, mas, quando foi pagar, disseram-lhe que só podia levar metade do que havia escolhido, porque a comida tinha que ser dividida entre todas as pessoas. *Começamos mal,* pensei, e pedi ajuda ao Senhor para conservar a coragem. Em outras palavras, não havia muito para comer.

Enquanto isso, Sebastián e Ángeles esperavam sentados a uma mesa que havia no jardim, absolutamente decepcionados. Comemos ovos e arroz, e nesse momento chegou a esposa do advogado Fernández e nos disse para irmos ao hotel, porque lá havia comida.

"Venham, venham! No hotel tem até sorvete."

Sebastián aceitou imediatamente, mas eu propus que pensássemos bem nas coisas e que déssemos uma oportunidade à casa. Mas não houve jeito, e a insistência de Sebastián foi tanta que acabamos aceitando o convite.

O hotel parecia um oásis no deserto. Diferentemente do resto da cidade, era de um luxo impressionante, porque o governo o havia reformado para hospedar as centenas de funcionários das Nações Unidas que ajudavam na reconstrução do país. Mas tinha um porém: apesar da linda vista para o mar, as praias estavam infestadas de tubarões e não se podia nadar. Apesar da elegância, o café da manhã era composto por modestos ovos com presunto ou queijo e mais nada. No almoço, só serviam estrogonofe.

A hospedagem custava uma nota, e com o dinheiro que tínhamos só poderíamos ficar ali duas ou três semanas, que chegariam a custar 30 mil dólares. De qualquer maneira, decidimos passar aquela noite ali, e de manhã veríamos o que faríamos. Antes de me deitar fui ao quarto de Ángeles e Sebastián; meu filho estava tão deprimido que só disse uma frase, que me deixou muito preocupada:

"Mãe, não sei se sou capaz de ficar aqui."

No dia seguinte, as malas ainda não haviam aparecido. Então, desci ao saguão e encontrei uma loja de roupas; mas as únicas camisetas que vendiam eram tão caras que decidimos sair para procurar um centro comercial. Pedimos dois táxis por telefone, e chegaram duas latas-velhas. Na rua, dezenas de crianças nos cercavam pedindo esmola. A miséria era impressionante, e o mau cheiro, insuportável. Os taxistas nos levaram ao único centro comercial que havia em Maputo: uma galeria cheia de locais vazios, sem mercadorias. Por fim, encontramos umas camisetas de má qualidade, brancas e azuis com "Maputo" estampado. Compramos uma para cada um, e até as malas chegarem – dois dias depois –, nós cinco parecíamos uniformizados.

Durante o trajeto pela cidade, decidimos ir à única universidade que nos disseram que estava em funcionamento, mas encontramos uma casa com algumas carteiras onde só se podia cursar medicina. O lugar era também o necrotério onde os estudantes praticavam. Isso foi suficiente. Voltamos ao hotel com o ânimo no chão, muito decepcionados. Onde havíamos nos metido? Claramente, tínhamos sido enganados.

Para completar, os funcionários que haviam nos recebido sumiram. Um deles dissera para descansarmos que depois das festas de fim de ano conversaríamos sobre nosso futuro; mas, àquela altura do passeio, não estávamos dispostos a esperar até janeiro.

Tudo era um pesadelo. Não havia alegria no rosto de ninguém, e à noite a depressão invadiu todos nós. Esse momento tão tenso acabaria em uma grave crise familiar quando Sebastián, deitado na cama, tirou o cinto e disse em tom ameaçador:

"Mãe, se não formos embora deste lugar, vou me suicidar com este cinto. Vamos voltar à Colômbia, porque eu prefiro que nos matem lá a morrer de tristeza neste lugar deprimente."

As palavras de meu filho estavam longe de ser uma brincadeira. Ciente de que as coisas haviam fugido do controle, não hesitei um instante e fui em busca do advogado para lhe pedir que fizesse os arranjos necessários porque eu havia decidido sair de Maputo o quanto antes. O advogado Fernández ficou furioso com o que eu acabara de dizer e me recriminou com vigor. Depois, disse para eu não dar ouvidos ao principezinho, referindo-se a Sebastián, porque já tínhamos um acordo com o governo de Moçambique, ao qual havíamos pagado uma quantia significativa de dinheiro. E concluiu dizendo para eu não esquecer que nenhum outro país quisera nos receber, e que por conta de um capricho ele ia perder um ano de trabalho.

"Para você é muito fácil falar, porque amanhã vai passar o Ano-Novo em Paris, e eu tenho que ficar aqui com meus dois filhos e minha nora", respondi, contrariada.

Imediatamente comecei a procurar passagens, mas não sabia para onde; por isso, decidimos usar as passagens de volta para Joanesburgo. O problema era que só havia voos a cada quinze dias. O advogado intercedeu em nosso drama e propôs que permanecêssemos em Maputo, porque ele conseguiria professores para nos ensinar inglês enquanto procurávamos outras opções. A ideia me pareceu sensata, e apresentei a proposta a meus filhos. Mas eles a recusaram de imediato, porque não queriam ficar nem mais um minuto em Moçambique.

Então, a situação com o advogado se complicou a tal ponto que ele ameaçou não nos ajudar mais. Segundo ele, tínhamos que fazer um esforço e ficar pelo menos um ano para depois mudar de novo nossas identidades. Mas Sebastián insistia que não aguentaria nem mais um minuto naquele lugar, e menos ainda pagando a soma absurda de dinheiro que o hotel cobrava – e nem sequer havia sinal de televisão.

Por fim, o advogado Fernández entendeu a gravidade do que estava acontecendo e foi ao aeroporto comprar passagens. Teve tanta sorte que ligou com urgência dizendo para corrermos porque havia encontrado um voo para Joanesburgo que saía em três horas. Nesse momento, Ángeles estava brincando na piscina com Manuela, e tiveram que pôr a roupa em cima do maiô. Colocamos nas malas todas as nossas roupas, molhadas e amassadas, e saímos a mil. Deixar aquele país era um alívio, apesar de não termos um destino determinado.

O voo que saiu de Maputo não teve complicações. Quando chegamos ao aeroporto de Joanesburgo, paramos para olhar os painéis de partidas internacionais e decidimos pegar um voo para São Paulo, Brasil. Lá, veríamos o que fazer depois. A princípio, pensávamos em voltar para a Colômbia, mas sabíamos o grande risco que nos esperava, porque o acordo com os inimigos de meu marido havia incluído ir embora do país e não voltar.

Enquanto estávamos naquele dilema – mas já na África do Sul –, em Maputo nosso advogado enfrentava problemas com as autoridades, que o impediam de ir com a família a Paris porque supostamente havia promovido nossa partida precipitada. Por fim, depois de explicar o ocorrido durante várias horas, conseguiu que lhe devolvessem os passaportes, e assim, pôde pegar o voo para a França.

Quando chegamos a São Paulo, ficamos uma noite em um hotel. Gostamos do Brasil, mas a barreira do idioma complicava as coisas, porque não estávamos com ânimo para aprender português.

Depois de pensar muito no assunto e avaliar os prós e contras, tomamos a decisão de ir para o Rio de Janeiro e dali para Buenos Aires, onde talvez pudéssemos começar uma vida nova. Assim, arriscamos. Liguei para Astado em Medellín e lhe pedi que nos encontrasse na Argentina. Foi assim que chegamos a Buenos Aires às 3 horas da madrugada do dia 23 de dezembro de 1994.

Nosso advogado voltou à Colômbia em meados de janeiro de 1995, e de imediato informou à Promotoria que havíamos mudado de ideia intempestivamente. Nas várias vezes em que perguntou ao promotor Valdivieso se ficaríamos bem em nosso novo destino, este afirmou que não precisava se preocupar. Era óbvio: o Estado colombiano sempre soube onde estávamos.

Era início de 1995, e o caminho que nos esperava era incerto. Como construiríamos um futuro na incerteza? Não sabíamos, mas a verdade é que, juntos, nós nos atrevemos a dar os primeiros passos em busca de uma nova identidade. A Argentina nos deu uma segunda chance na vida, e desde o primeiro instante decidimos não a desperdiçar. Estávamos mais que dispostos a dar o melhor de nós, mas não demoraríamos a descobrir que a sombra de Pablo continuava ali, sempre ali.

ARGENTINA: UMA SEGUNDA CHANCE

CAPÍTULO 10

No primeiro intervalo liguei para casa, como sempre fazia quando ia à aula de *coaching* à noite. Mas dessa vez ninguém atendeu, apesar de minha mãe, Juana e a enfermeira estarem lá. Achei estranho, mas decidi esperar o fim da aula. Eu não conseguia me concentrar, porque desde o fim de semana estava preocupada com as ligações ameaçadoras dos advogados do Contador, que diziam que se não fôssemos embora da Argentina e deixássemos tudo com eles, revelariam nossas novas identidades.

Por fim, às 11 horas da noite a aula acabou. Insisti em ligar para casa, mas ninguém atendeu. Uma colega me ofereceu carona e me deixou na entrada principal do edifício da rua Jaramillo 2010, no bairro de Núñez, ao norte de Buenos Aires, onde morávamos havia dois anos. Subi até o apartamento 17N, mas, quando toquei a campainha, a empregada se assomou pela porta lateral, não a principal, e fez sinais desesperados para que eu fosse embora.

Dei meia-volta e fui para o elevador, mas um de meus cachorros saiu. Peguei-o e desci assustada. No hall do edifício, a única coisa que me ocorreu fazer foi entrar no salão social e ficar em um dos banheiros. Peguei o celular e liguei para a tabeliã.

"Está acontecendo algo estranho em meu apartamento", disse eu, muito angustiada. "A empregada disse para eu ir embora. Não sei quem está lá; por favor, ligue para o advogado e peça para ele avisar na Colômbia caso aconteça alguma coisa conosco. Tentei ligar para ele várias vezes, mas não atende. Por favor, ajude-me."

Desliguei, e em meio à atribulação decidi que o melhor seria sair do edifício pela porta dos fundos. Quando cheguei à saída, apertei várias vezes o interfone, mas o porteiro não abria. Insisti, mas em segundos estava cercada por policiais federais que gritavam:

"Alto lá! As armas! As armas!"

"Que armas?", respondi, aterrada. "É um cachorro e minha pasta."

Mostrei-lhe que só tinha livros e papéis. Então, notei que estavam mais assustados que eu.

"Vamos subir ao apartamento, senhora", disseram, sempre apontando as armas para mim.

Quando entrei, que surpresa! Vários policiais estavam havia algumas horas revirando à procura de "algo" que na verdade não sabiam o que era. Minha mãe, que naqueles dias estava nos visitando, estava apavorada. Juana, que bem naquela noite havia convidado uma amiga para dormir em casa, permanecia em seu quarto sem entender o que acontecia. Ángeles e Sebastián – que haviam chegado pouco antes, porque tinham sido convidados para jantar – vigiavam os policiais enquanto faziam a busca, para evitar que colocassem drogas em algum lugar e depois dissessem que as haviam encontrado em casa. Vários casos desse tipo haviam ocorrido na Argentina.

Perguntei a Sebastián o que estava acontecendo, e um dos policiais respondeu que estávamos presos por falsa identidade. Os agentes não tinham muita ideia do que fazer, pediam um documento e depois outro, mas dava para notar que não sabiam bem qual era o objetivo de tudo aquilo. Nesse momento, eu me acalmei um pouco e disse que ia tomar banho e trocar de roupa. Tranquei-me no banho e liguei de novo para a tabeliã e o advogado.

Peguei um pouco de dinheiro, meus documentos e minha escova de dentes e disse que podíamos ir. Depois de várias horas de busca, disseram para eu não me assustar, que era só um interrogatório. Eu estava mais preocupada com a angústia de minha mãe e Juana, e com como íamos explicar aos pais da amiga de minha filha a presença da polícia em casa. Pensei no Contador. Sem dúvida, ele estava por trás de tudo aquilo. Até onde chegava a cobiça desmedida de uma pessoa que não se importava em destruir uma família por dinheiro?

Enquanto aquilo acontecia, a televisão transmitia ao vivo a detenção da "Viúva Branca". Todos os canais davam a notícia de última hora.

Ángeles se despediu de Sebastián muito aflita, porque a polícia não quis dizer aonde estava nos levando. Descemos. Colocaram-nos em viaturas separadas e nos levaram, dirigindo feito loucos e na contramão pela avenida Libertador até a Unidade Antiterrorista da Polícia Federal Argentina, rua Cavia 3302, Buenos Aires, perto da avenida Figueroa Alcorta. As viaturas eram seguidas por inúmeros carros com as sirenes ligadas; parecia um filme. Ángeles mandou a empregada de táxi atrás de nós para poder saber aonde estávamos indo.

Sebastián me contou que quase pulou do carro, porque temia que não fossem policiais de verdade, pois o primeiro que se aproximara dele para informar que estava detido estava em evidente estado de embriaguez – e seu distintivo de policial era de tão má qualidade que parecia falso.

Depois de discutir com os agentes sobre quais identidades anotariam no registro de entrada dos detidos, tiraram nosso dinheiro, documentos e a escova de dentes. Queriam nos obrigar a assinar com nossos nomes originais, Escobar Henao, enquanto meu filho e eu dizíamos que nossa identidade legal era a atual, Marroquín Santos. Se assinássemos com os nomes antigos, isso sim poderia ser considerado falsa identidade. Eram cerca de 5 horas da manhã de 16 de novembro de 1999. A seguir, colocaram-nos em amplas celas com grades e piso de cimento. Cada um em uma.

Eu estava tranquila quanto à alegação de falsa identidade, porque a mudança havia sido legal na Colômbia. Além do mais, eu é que estava sendo enganada e extorquida pelo Contador e seus advogados, e já os havia denunciado. Se éramos as vítimas, por que estávamos encarcerados?

Portanto, acreditei que aquilo seria apenas coisa de três dias, no máximo. Eu não tinha ideia do que nos esperava. A lua de mel que começara quando chegamos à Argentina estava prestes a acabar.

\ \ \

Às 3 horas da madrugada do dia 24 de dezembro de 1994 entramos no Hotel Bahuen Suite, na avenida Callao 1856, no coração de Buenos Aires. Alfredo Astado havia feito as reservas assim que lhe avisamos que não ficaríamos em Moçambique. O local me pareceu desolador e escuro. Mais tarde, eu descobriria por que não havia gostado; ali tinha sido o centro secreto de operações da Secretaria de Inteligência do Estado, SIDE.

Decidi que não ficaríamos ali. Depois de um dia e meio de viagem, e apesar da hora, eu e Sebastián fomos procurar algo melhor. Pegamos um táxi e pedimos ao motorista que nos levasse a um apart-hotel bem localizado. Um pouco depois ele nos deixou na rua Guido, na Recoleta, em frente a um edifício antigo onde encontramos um lugar com salinha, cozinha e dois quartos. Era o que estávamos procurando. Pagamos um mês adiantado. Tínhamos um lugar seguro por pelo menos os trinta dias seguintes, o que para nós parecia uma eternidade. Fazia uma década que vivíamos como nômades, sem saber onde estaríamos na noite seguinte.

Com os quatro juntos, dormimos o dia todo, até que Astado ligou, às cinco da tarde. Devido ao fuso horário, achávamos que já haviam se passado vinte e quatro horas; mas não, era véspera de Natal de 1994. Havia se passado um ano desde a morte de Pablo e sentíamos uma profunda tristeza. Trocamos cartas de Natal – uma tradição familiar, um ritual que ainda conservamos. Apesar da tristeza, fomos caminhar pela cidade decorada e entramos no shopping Buenos Aires Design, cheio de gente feliz. Ninguém jamais suspeitaria que a família de Pablo Escobar estava naquele lugar. Sentamo-nos a uma mesa no terraço e jantamos. Usei o pouco de força que me restava e o amor para acompanhar a incerteza, e por fim conseguimos passar um momento lindo, cheio de afeto. Seguíamos nossa premissa de vida: um dia de cada vez.

Dormíamos muitas horas seguidas nos dois primeiros meses em Buenos Aires. A exaustão acumulada de tantos anos, de tantas angústias e medos, perseguições, buscas e atentados, estava cobrando seu preço. Astado chegava ao meio-dia no hotel e nos dizia para sair e conhecer a cidade, mas não tínhamos ânimo. A única coisa que queríamos era fechar os olhos e esquecer nossa realidade.

As poucas vezes que saía, eu pegava todos os folhetos que distribuíam sobre aulas de canto, de dança, de filosofia, de história da arte, de culinária... a ideia era ir vendo como começar a fazer uma vida. Sebastián reclamava da papelada que eu acumulava, mas minha prioridade era organizar uma vida normal – o que não era tão fácil, porque nunca havíamos levado uma vida normal.

Contudo, a Argentina era como o paraíso. Para nós, essa sensação de tranquilidade nas ruas era estranha. Procurávamos abraçar a paz do ambiente, o verde e a majestade de seus parques. No entanto, o desassossego não ia embora. Quando eu via um policial, mudava de calçada. Até quando duraria aquilo? – essa era uma pergunta constante.

Antes do fim do verão, comecei a procurar escola para Juana. Visitei várias, e por fim a matriculei no Jean Piaget. Para chegar ao nível da escola, ela teve que fazer aulas de reforço; por isso, duas vezes por semana, sem falta, eu a acompanhava. Sempre a esperava do lado de fora para não a deixar sozinha nem um instante. A adaptação a um novo país e a um novo nome era muito difícil para ela. Enquanto isso, Sebastián e Ángeles procuravam universidade e faziam cursos de computação.

Quando saímos da Colômbia, a novela *Café com aroma de mulher* era um sucesso; então, decidimos nos basear nela para "montar" a história que contaríamos às pessoas. Assim, quando nos perguntassem, éramos colombianos, oriundos de Manizales; tínhamos fazendas de café, havíamos tido que deixar o país por ameaças de sequestro, e meu marido, Emilio Marroquín, havia morrido em um acidente de trânsito.

A partir de então, todas as noites nos reuníamos e íamos recriando essa história com mais detalhes, conforme se faziam necessários. Na Argentina as pessoas fazem muitas perguntas, e isso nos incomodava. Na Colômbia isso não acontece tanto. Esse foi um dos primeiros choques culturais que sofremos: qualquer pessoa pergunta o que veio fazer, de onde vem, com quem, por quanto tempo, por quê. Isso nos deixava apavorados. Com a paranoia em que vivíamos, a coisa era muito pessoal para nós. Portanto, a preparação foi mais intensa, pois tínhamos que fortalecer nossas novas identidades.

Por outro lado, a Argentina foi o lugar onde tivemos que pôr os pés no chão. A época de luxo e gastos desmedidos acabara, e tínhamos que cuidar do dinheiro que nos haviam permitido tirar da Colômbia. Como qualquer outra pessoa, tínhamos que tentar ganhar dinheiro para arcar com as despesas do dia a dia. Além do mais, naquela época, o país estava entre um dos cinco mais caros do mundo: o peso estava empatado com o dólar. Era como viver na Suíça.

Foi em Buenos Aires que Sebastián aprendeu a andar de ônibus pela primeira vez na vida. Ángeles fazia praticamente tudo: as compras, o pagamento das contas, as coisas de Juana, porque não tínhamos mais o séquito de empregados. Quando ela foi morar com Sebastián, tive que fazer tudo sozinha de novo, e admito que ainda é difícil para mim.

Sebastián e Ángeles por fim encontraram a faculdade que queriam fazer. Ele entrou em desenho industrial no Instituto ORT e sua namorada em publicidade na Universidade de Belgrano. Antes que começassem as aulas deles e de Juana, comecei a procurar um apartamento para alugar; mas era impossível, porque não tínhamos contas bancárias nem cartões de crédito que nos respaldassem.

Por sorte, conhecemos Ingrid, uma garota argentina que nos emprestou um apartamento bem pequenininho por dois meses, e depois nos emprestou a escritura para nos afiançar em uma imobiliária. Assim, em março de 1995, alugamos um apartamento na esquina das ruas 11 de Setembro e Juramento, em Belgrano, onde moramos por dois anos. Tinha dois quartos e um estúdio, onde acomodamos duas bicamas e um escritório com biblioteca, um sofá preto e poltronas que viravam cama. Comíamos na mesa da cozinha, único móvel que os donos haviam deixado. Decidimos deixar tudo no estado em que encontramos – lembramos que, na época dos esconderijos, cada vez que começávamos a decorar, tínhamos que sair correndo.

A única coisa que compramos foram três bicicletas, que duraram apenas dois meses, porque um vizinho que estava de mudança as levou do estacionamento. Como não queríamos chamar a atenção, não dissemos nada, e muito menos pensamos em denunciá-lo.

Encaixarmo-nos na Argentina incluiu um episódio tragicômico. Um dia, entrei no ônibus, e quando estava na metade do caminho entre Belgrano e Santa Fé, o motorista parou e começaram a descer e subir passageiros. Então, escutei um barulho que parecia de bomba, de metralhadora, e a única coisa que consegui fazer foi fechar os olhos bem apertados. Pensei que haviam me matado. Passou-se um longo tempo, e o motorista se aproximou e me perguntou em que ponto ia descer, porque achou que eu estava dormindo. Olhei ao redor e não entendi por que não estava ferida. Desci na rua Juramento, a uma quadra de onde morava, e cheguei na minha casa chorando. Só quando contei a meus filhos o que havia acontecido foi que entendi que, na realidade, o barulho que tinha escutado fora produzido pelos trens que passam por cima das avenidas, algo muito comum em Buenos Aires.

Para Juana, começou a ficar muito difícil assimilar nossa nova vida. Várias vezes ela chegava da escola perguntando por que não podia se chamar Manuela, como antes. Eu tentava lhe explicar que era por causa das ameaças de sequestro, mas era muito difícil que uma menina de 10 anos entendesse isso. Como às vezes ela chorava a tarde toda e ficava bem deprimida, a escola me recomendou colocá-la em aulas de musicoterapia. Fiz isso e foi eficaz: graças à sua voz, ela pôde participar de várias apresentações e concertos infantis. Com isso, recuperou um pouco de sua alegria e por certo tempo fez amigos e levou uma vida mais ou menos normal.

Contudo, certa vez chegou do colégio muito assustada, porque um colega havia lido no jornal que a instituição havia recebido ameaças de bomba por ser uma escola judaica. Em um daqueles dias, Ángeles foi buscá-la à tarde e a professora lhe disse que em uma simulação de evacuação Juana havia passado muito mal, talvez porque não estava acostumada com algo assim. Mas, quando estavam saindo da escola, a menina perguntou a Ángeles se as ameaças eram por causa dela.

Apesar de nossos esforços para encontrar um lugar neste mundo, as coisas não caminhavam da melhor maneira. A tensão entre nós dentro de um apartamento tão pequeno tornou-se o pão de cada dia, e brigávamos muito. A pressão chegou a tal ponto que, um dia, Sebastián disse que tínhamos que deixar para trás a "escobarite aguda" e começar a focar na nova vida que tínhamos pela frente.

Por essa razão, decidi que iríamos a um psicólogo – mas não deixava de ser muito estranho fazer terapia para falar de uma vida fictícia, e Sebastián questionou isso várias vezes. Mas eu discordava, porque nas entrelinhas havia coisas de minha vida que eu poderia ir curando, como o luto por Pablo. Por fim fomos, mas não sem antes nos assegurar de que nossa história era coerente. Por isso, uma hora antes da sessão, entramos em uma lanchonete para repassar os dados: éramos de Manizales, meu marido havia morrido em um acidente etc. Sebastián entrou no consultório a contragosto, e ficou o tempo todo de cara feia, como se quisesse sair correndo. Mas, bem, para alguma coisa serviu.

Esse primeiro ano em Buenos Aires foi muito difícil: apenas tentávamos nos ajustar. Não tínhamos carro, levávamos uma vida bastante simples e sentíamos muita falta da comida colombiana, entre outras tantas coisas. Olhávamos com atenção cada quitanda à procura de nossas frutas e de algumas verduras, mas não as víamos em lugar nenhum. Até que, um dia, entrei em um supermercado Jumbo e me emocionei de tal maneira quando vi bananas-da-terra que comprei umas seis caixas. É que fazia mais de um ano que não via uma. Fiz tanto patacão para congelar que não cabiam em lugar nenhum, e tive até que ficar amiga do porteiro do edifício para pedir que guardasse alguns no seu congelador.

No início de 1996, minha mãe e Isabel, uma de minhas irmãs, foram nos visitar. Por precaução, foram para outro país e lá compraram as passagens para a capital argentina. Durante muito tempo meus parentes não chegaram direto da Colômbia para evitar que fossem seguidos, e algumas vezes faziam três escalas em lugares diferentes antes de pousar em Buenos Aires.

Quando nos visitavam, a questão dos nomes era uma confusão, porque também era preciso mudar o sobrenome deles. Dessa vez que Isabel foi nos visitar, uma amiga perguntou, com estranheza, por que nós duas tínhamos o mesmo nome. Claro, não havíamos percebido isso até esse momento, e tivemos que inventar uma história e um nome composto para ela.

Durante uma das estadias de minha mãe, houve um episódio que retrata como era difícil se adaptar a outra cultura. Um sábado à noite, algumas amigas me convidaram a ir a uma discoteca, e minha mãe, complacente, disse que ela e Isabel ficariam com as crianças. Em Buenos Aires, é costume sair para se divertir à meia-noite e ir a vários lugares. Estávamos em uma discoteca conhecida quando levaram à mesa leite com chocolate e *croissant*. Estranhando, perguntei a razão, e a resposta me deixou muda:

"Porque já está amanhecendo, María Isabel."

Eu não podia acreditar. Fui para a rua, e, de fato, o sol já resplandecia. Conhecendo minha mãe, imediatamente pensei que ela devia estar furiosa – segundo ela, uma mulher viúva jamais podia chegar em casa de madrugada. Corri para casa, mas quanto mais corria, mais o sol saía e ficava brilhante. Cheguei às 9 horas da manhã, tirei os sapatos, subi a escada bem devagar, mas no segundo andar ela estava me esperando. Tentei lhe dar uma explicação, porém ela não me deixou falar:

"Não tenho nada para ouvir, você é uma desavergonhada", gritou, e fechou a porta de seu quarto.

Apesar dos meus 35 anos, eu ainda tinha medo de minha mãe. Por sorte, meia hora depois chegaram a doutora Hebe San Martín e outro colega, com quem eu havia marcado uma sessão de terapia familiar. Eles souberam do que havia acontecido e focaram a conversa na falta de valores e no respeito aos filhos. Então, explicaram para minha mãe que a cultura de lá era assim e que era normal que os jovens e os adultos chegassem ao meio-dia depois de uma noite de diversão. Foi ótimo, porque minha mãe estava tão furiosa que havia pensado em voltar nesse dia mesmo para a Colômbia.

Em nosso apartamento da 11 de Setembro com a Juramento, também passei um dos grandes sustos de minha vida, quando, certa tarde, tocou o interfone e um policial federal perguntou por Sebastián.

"Já desço", respondi, muito assustada.

Imediatamente disse a meu filho que se escondesse no estacionamento enquanto eu descobria do que se tratava.

Desci de elevador em pânico, e a única coisa que pensava era que já haviam nos descoberto.

"Boa tarde, senhor", disse eu ao policial.

O policial deve ter visto que eu estava pálida e com a voz entrecortada, mas não devia saber de nada, porque se limitou a explicar que havia ido cobrar uma conta que Sebastián e um amigo não pagaram no Club de Tiro Federal, onde tinham ido treinar uma vez. O policial deixou a conta e eu lhe garanti que saldaria a dívida o quanto antes. Senti minha alma voltar ao corpo. Depois que o susto passou, eu disse a Sebastián que tivesse cuidado, porque qualquer descuido desses poderia nos pôr em evidência e arruinar o que estávamos tentando construir. Fora a primeira vez dele naquele lugar, e ele fora para agradar um conhecido que o convidara várias vezes. Mas havíamos combinado que seria a primeira e última vez, porque não era bom que o vissem mexendo com armas, mesmo que fossem esportivas.

Rigorosamente, a cada dois anos mudávamos de apartamento, para trocar de vizinhos, de relações, de tudo, e evitar que nos descobrissem. Quanto à correspondência com minha família, criamos uma linha de correio que ia primeiro aos Estados Unidos, depois ao Canadá e de lá à Colômbia. Em cada lugar tiravam os selos de procedência e punham novos, para apagar nosso rastro. Além do mais, ligávamos muito poucas vezes, e sempre de telefones públicos. Tentávamos desaparecer no mundo, e cada passo que dávamos tinha como objetivo preservar nosso grande segredo.

Uma das questões de maior cuidado era manter legalizada nossa estadia temporária na Argentina, e para isso, a cada três meses atravessávamos para o Uruguai e entrávamos outra vez com um novo visto de turista. Mas esses passeios não deixavam de ser um risco. Por isso, decidimos que seria melhor dar início ao processo de imigração para obter o visto de residência. Conheci o advogado Tomás Lichtmann, recomendado por minha terapeuta. Mas o trâmite era muito complicado, porque percebemos que os documentos que solicitávamos à Colômbia não teriam nenhuma utilidade se neles não constassem as novas identidades. Então arranjamos alguns com o aval da Promotoria da Colômbia, e outros — como os certificados de escolaridade de meus filhos — apresentando a cópia da escritura pública da mudança de identidade para solicitar que com a máxima discrição fizessem as correções cabíveis. Além disso, cada vez que fazíamos fila para entregar algum documento em um órgão público, morríamos de medo de que alguém nos reconhecesse, ou de que ao tirarem nossas impressões digitais disparasse algum alerta vermelho nas bases de dados da Interpol. Mesmo assim, corremos o risco, porque estávamos decididos a pedir a residência e deitar raízes no país austral.

Estávamos cuidando disso quando, um dia, minha mãe ligou de Medellín. Estava desesperada por conta do incontrolável estado de dependência química de meu irmão Fernando, que estava nessa havia mais de quarenta anos. Desde sempre eu sentia muita culpa por seu vício e pelo inferno que ele e sua família viviam. Várias vezes o acompanhei a clínicas de recuperação e pude comprovar o drama impressionante de quem está envolvido nessa tragédia.

Sem pensar duas vezes, disse a minha mãe que mandasse Fernando para a Argentina para ver se o ajudávamos, e imediatamente entrei em contato com o famoso psiquiatra Kalina, que me disse que o ajudaria.

Meu irmão chegou dias depois, e fomos à consulta com o doutor Kalina, que lhe pediu uma série de exames para avaliar sua internação na clínica.

Mas tudo foi por água abaixo quando Fernando soube que seria hospitalizado. Ouvir falar dessa opção deixava-o louco, furioso, e ele começava a dizer qualquer coisa. Fora de si, deu um jeito de falar com o especialista, e sem medir consequências, revelou que sua irmã era esposa de Pablo Escobar.

Imediatamente o doutor Kalina me chamou a seu consultório e me contou o que meu irmão lhe havia dito. Não caí desmaiada no chão porque estava sentada, mas entendi que a situação era muito perigosa. Felizmente, o médico foi compassivo e ouviu minha explicação:

"Doutor, a qualquer pessoa que vê meu irmão diz que somos parentes do presidente, que temos a ver com a guerrilha, que pertencemos à melhor família da Colômbia... as drogas fizeram isso com ele, e já não sabemos mais o que fazer."

O doutor Kalina me via chorar desconsolada, e quando fiz uma pausa, disse:

"Fique calma. Se a senhora não é esposa desse Escobar, não sofra, deixe-o falar."

Saí da clínica, liguei para a Colômbia e disse, desesperada, que fossem buscar Fernando, porque ele poderia delatar nossa identidade. Três dias depois, uma de minhas irmãs e seu marido chegaram e o levaram para Havana, Cuba. Mas, como ele também não aguentou, acabou voltando a Medellín.

Superado tamanho perigo, pouco tempo depois me recomendaram uma psicóloga que dava *coaching*, dona de uma instituição chamada Escola de Vida, na avenida Independência. Eu sempre gostara de psicologia. Por isso, comecei a fazer o processo de *coaching*. Mas no começo não foi fácil, porque eu tinha que refletir sobre uma vida que não podia tornar pública e falar na frente de meus colegas com os dados inventados. Era uma odisseia. As pessoas notavam que eu falava muito pouco, bem baixinho, e comentavam isso comigo. Diziam que eu parecia ausente deste mundo, e tinham razão: o medo me impedia de entrar em contato com minhas emoções, apesar de meus 35 anos. O pavor de que alguém nos reconhecesse continuava sendo real, mas, independentemente de tudo isso, acabei o curso de Liderança e *Coaching* Ontológico.

Com o passar dos meses, surgiu também a necessidade de trabalhar e fazer algo que nos propiciasse renda para viver melhor. Meu advogado da época, doutor Tomás Lichtmann, aconselhou que eu me apresentasse como imigrante com capital. Para isso, eu teria que fazer um investimento de 100 mil dólares e desenvolver um projeto que gerasse emprego para os argentinos. Foi quando Lichtmann me apresentou o Contador – que também era proprietário de uma pequena imobiliária – para cuidar da contabilidade de que eu precisava; segundo a lei, requisito indispensável nas solicitações de residência.

O Contador começou a nos orientar, e por meio de sua imobiliária procurei um lugar nos arredores da cidade. Eu sentia que minha família precisava de um lugar próprio, longe do barulho da metrópole, para encontrar um pouco de paz na natureza. Portanto, cheguei dizendo: "Investi em saúde, investi em saúde". Eles olhavam para mim sem entender nada. Foi assim que comprei uma casa no Club Campos de Golf Las Praderas de Luján, onde passamos dois verões e todos os fins de semana durante dois anos. Sebastián dizia que era uma loucura comprar uma casa longe sem sequer termos carro para ir, mas não me importava. No início, alugamos um para ir aos fins de semana, e depois, compramos a prazo um pequeno Mazda 121, no qual acomodávamos quatro cães e mais pessoas que o permitido.

A compra da casa não esteve livre de trapaça, infelizmente uma prática comum da qual fomos vítimas com muita frequência na Argentina. Eu havia combinado com os antigos donos que compraria a casa mobiliada, e marcamos uns poucos objetos que eles levariam. Mas o resto do mobiliário – entre o qual se encontrava um piano de cauda preto gigante da reconhecida marca Steinway & Sons – ficaria. O casal dono da casa não hesitou em substituí-lo por um fuleiro feito na China que nem sequer se parecia com original incluído no preço. Por mais que tenha tentado reclamar, o dono foi tão desrespeitoso, mal-educado e grosseiro que, uma vez concretizada a venda, decidi focar em curtir minha família nesse novo espaço.

Com sua atitude prestativa e o compromisso de ajudar uma família estrangeira, o Contador foi ganhando nossa confiança e amizade, e começamos a consultá-lo sobre cada passo que dávamos. Costumávamos convidá-lo para ir à nossa casa, e ele ia com sua esposa, sua filha e seus dois funcionários da imobiliária; e logo passou a fazer parte de nosso círculo íntimo. Juana, em especial, afeiçoou-se muito a ele – coisa que depois, quando os problemas chegaram, foi uma grande confusão, porque ele a manipulava com facilidade sabendo que se tratava de uma menor de idade.

Como o departamento de imigração exigia que eu apresentasse um plano de investimento no país, comecei a olhar opções de negócio com o Contador, e decidi comprar um lote que aparentemente não tinha nenhum futuro, porque ficava em uma área cheia de pessoas em situação de rua, recicladores de papelão e caminhoneiros, e por onde ninguém gostava de passar. Eu sempre achei que tinha visão para negócios imobiliários, e pude perceber antecipadamente que em uns anos a oferta de terrenos em Porto Madero cairia devido ao *boom* de casas de luxo, restaurantes e escritórios que o mostravam como o melhor lugar para morar na cidade perto do rio da Plata. Eu sabia que aquele era o lugar certo, e o tempo corroboraria que não estava enganada. Comprei o menor terreno do quarteirão, com apenas 223 metros quadrados, na esquina da avenida Ingeniero Huergo com a rua Estados Unidos. Paguei cerca de 200 mil dólares norte-americanos, e tempos depois, soube que o Contador havia elevado o preço de venda para ter um benefício pessoal extra, além de sua comissão.

Contudo, o dinheiro que tínhamos deu para o prédio, mas não para desenvolver o projeto que a imigração pedia; assim, ficou congelado até 1998, quando decidimos vendê-lo. Foi assim que começamos as negociações com a multinacional Shell, que se mostrou interessada em adquiri-lo, segundo uma carta de intenção, pela quantia de 500 mil dólares. Mas bem nesse momento começaram a divulgar pela cidade um documentário que o canal People & Arts apresentaria sobre a vida de Pablo Escobar. Entramos em pânico, temíamos que nosso rosto aparecesse no especial de TV.

No meio dessa agitação, o Contador me chamou certa noite ao restaurante Cló Cló, em La Costanera, com o pretexto de que queria conversar comigo. Para minha surpresa, durante o jantar ele ergueu o tom de voz, e de uma maneira agressiva disse que nós o havíamos enganado e que ele já sabia quem éramos. Acrescentou que descobrira por causa de uma entrevista que havíamos dado anos atrás no Hotel Tequendama em Bogotá, que fora publicada em uma revista argentina.

Fiquei gelada diante do que acabara de escutar e arranjei uma desculpa para ir ao banheiro. Liguei para Sebastián e disse que não havia jeito, que encontrasse uma maneira de eu levar o Contador ao apartamento. Uma vez lá, meu filho narrou toda nossa história, com riqueza de detalhes. O Contador se comoveu bastante, chorou comigo e afirmou que nos ajudaria incondicionalmente.

Poucos dias antes da transmissão do documentário sobre Pablo, decidimos fechar o apartamento e levar nossos móveis para um depósito, prevenindo-nos caso acontecesse alguma coisa. Dissemos aos poucos amigos que tínhamos que íamos viajar – minha mãe, que estava conosco naqueles dias, meus dois filhos, os cãezinhos e a bagagem da família – e que ficaríamos no litoral até o fim do verão. De novo coube a Ángeles fazer a mudança sozinha, porque nós sentíamos necessidade de ficar longe da cidade, por segurança. Então, ela chegaria depois que tudo já estivesse em ordem.

Durante esses momentos de incerteza, antes de irmos para o litoral cometi um dos piores erros de minha vida: deixei uma procuração e documentos em branco assinados com o Contador, para que, por meio de sua imobiliária, ele adiantasse o processo de venda do lote e da casa de Luján. Eu não sabia que suas intenções já não eram boas, e que, na realidade, ele estava maquinando uma estratégia para ficar com tudo.

No litoral, alugamos uma casinha em Cariló, a 360 km de Buenos Aires, longe da praia, e passamos lá o fim de ano de 1998, para evitar que os conhecidos nos relacionassem com a história de Pablo. Por sorte, minha mãe foi conosco. Para meus filhos, era um presente poder estar com ela, que tinha um ótimo humor e gostava de jogar baralho. Durante esse curto período nós nos divertimos muito, cozinhamos, caminhamos pelos bosques, brincamos com os cachorros e esperamos para ver se aconteceria alguma coisa. A casinha não tinha TV a cabo, de modo que não soubemos o que acontecera com o documentário; mas víamos as notícias, por via das dúvidas.

Esses dias de relaxamento foram bruscamente interrompidos por uma visita inesperada do Contador, que foi falar com Sebastián e comigo. Foi quando vieram à luz suas péssimas intenções: ele exigiu um pagamento mensal de 20 mil dólares para "cuidar" de nós e de si mesmo, dado o perigo que poderia acarretar trabalhar com uma família como a nossa.

"Você sabe que não tenho de onde tirar essa soma de dinheiro. O que há com você? Além do mais, não tem que cuidar de mim, minha segurança está na troca de identidade", repliquei.

O Contador respondeu que não nos preocupássemos, que depois conversaríamos sobre o assunto, e foi embora. Ele especulava que nossas novas identidades eram falsas, ignorando que justamente o procedimento legal pelo qual as havíamos obtido era nossa única fortaleza. Mas o tempo passou e ele não apareceu; não atendia ao telefone e não estava em lugar nenhum. Minha preocupação era imensa. Nosso dinheiro estava em suas mãos; por isso, decidi ir procurá-lo pessoalmente em seu escritório, onde seus sócios e cúmplices me esperavam. Disseram-me que ele estava no hospital, muito doente, com um pico de estresse, e não podia atender a ninguém. Desconsolada, eu já estava saindo quando me ocorreu pedir para usar o telefone do escritório, e liguei para o celular do Contador. Ele atendeu. Era tudo mentira.

"Você não estava na UTI?"

"María Isabel, eu lhe peço que compreenda que só estou me resguardando enquanto as coisas não se esclarecem. Fale com o advogado Lichtmann."

"Entregue minhas coisas e não tornaremos a nos ver; você cuidou da nossa contabilidade por alguns anos, de modo que não tenho nada a temer."

Mesmo assim, entrei em contato com o doutor Lichtmann, mas ele respondeu que "a batata estava quente" e que de jeito nenhum estava interessado em nos ajudar sabendo quem éramos. Fui a seu escritório, chorei, supliquei que não me deixasse sozinha, que eu tinha dois filhos adolescentes e uma menina, mas ele insistiu que não queria saber de nós. Literalmente nos abandonou e não quis sequer resolver a situação, sendo que fora ele que me recomendara o Contador e o apresentara como um bom "rapaz de bairro".

Apesar da situação tensa, em 25 de maio de 1999 decidi comemorar os 15 anos de Juana. Sebastián, minha mãe e meus irmãos se opuseram, porque não entrava na cabeça deles que eu fizesse uma festa em meio às ameaças do Contador. Pensei que depois de tantos anos de dor e angústia, podia ser uma boa ideia, e com alguns amigos e parte de minha família que chegou da Colômbia festejamos o aniversário de minha filha no Círculo Italiano. Já resignado, Sebastián havia dedicado horas e horas a aprender a dançar valsa, e foi comovente vê-lo dançando com sua irmã. Juana também cantou durante a celebração. Por umas poucas horas a tempestade que se avizinhava amainou um pouco.

Lembro que a professora de música de Juana era muito amiga dos diretores da orquestra sinfônica do Teatro Colón de Buenos Aires, e graças a ela consegui que tocassem a valsa por um preço bem razoável. O diretor me disse que ninguém na capital o havia contratado para interpretar esse clássico, e como ele só tinha filhos homens, nunca havia dado esse prazer a alguém.

Quando estávamos em plena celebração, levei outro grande susto, porque à meia-noite apareceu um policial na porta do Círculo Italiano. Uma tia minha que havia chegado da Colômbia se aproximou e em voz baixa me disse para sair, porque um policial federal estava me procurando. Enquanto eu ia atender-lhe, sentia meu coração querendo sair pela boca.

"Senhora, boa noite. É só para avisar que alguns carros estão mal estacionados."

Não passou disso. A festa acabou em paz, mas ver Juana crescer e saber que em sua idade eu já era casada com Pablo foi um choque emocional. Como havia sido possível, sendo uma menina, que eu houvesse tido um relacionamento com um homem tão mais velho? Eu costumava olhar atentamente para ela e me surpreendia com sua inocência, sua maneira de falar, de se comportar. Aí entendi as reclamações de minha mãe, minha rebeldia e a dor de meus pais ao me ver vivendo aquela relação quando era tão menina.

As coisas com o Contador pioraram. Durante boa parte de 1999 tentei negociar com ele, com a mediação dos advogados, mas a cada acordo que chegávamos ele acabava mudando de ideia. Sua ambição era desmedida, e a cada dia queria um pouco mais. No fim, foi tudo inútil, porque fiz até o impossível para preservar a nova vida que havíamos construído com tanto cuidado e evitar que nossa verdadeira identidade saísse à luz. Mas o Contador me pôs entre a espada e parede de tal maneira que uma noite falei com Sebastián e Ángeles e disse:

"Temos duas opções: ir embora do país ou denunciar o Contador. O que acham?"

"Mãe, você está disposta a ir para a cadeia?", perguntou meu filho.

"Sim, Sebas, porque não fizemos nada fora da lei. Não vamos para a cadeia por isso."

No dia seguinte, procurei meu advogado e lhe pedi que me acompanhasse ao fórum. Assim, pulei na água, e em outubro de 1999, no Tribunal 65 da Capital Federal, processei o Contador e seus sócios. No fórum, uma juíza me atendeu, e lhe revelei que eu era viúva de Pablo Escobar, que o Estado colombiano havia mudado nossas identidades e que nos últimos onze meses estava sendo alvo de ameaças dos sujeitos anteriormente mencionados, e que haviam me roubado várias propriedades.

Também relatei que a partir do momento em que soubera quem éramos, o Contador passara a cortar minhas relações com as pessoas que nos cercavam. A primeira coisa que ele fez foi falar com as mães das colegas de escola de Manuela, e depois de lhes contar minha história, disse que eu era um perigo, que não se aproximassem de mim. Depois, visitou a tabeliã, Susana Malanga, e a aterrorizou de tal maneira que ela saiu correndo. Também disse à juíza que, em um momento de desespero, eu comprara um telefone com gravador de chamadas para reunir provas de que o Contador recorria a todo tipo de artimanhas para me aterrorizar – entre elas, dizer que seus principais clientes eram narcotraficantes dispostos a depor contra mim. Eu havia guardado as gravações de todas as barbaridades que ele me havia dito em envelopes lacrados e depois os levara a dois cartórios de Buenos Aires para deixar registrado o que estava acontecendo comigo.

Como resposta, o Contador contratou um advogado muito controvertido na Argentina, que várias vezes ameaçou revelar nossa identidade se continuássemos exigindo o que era nosso.

Enquanto isso acontecia entre nós e o Contador, a notícia chegou às autoridades. Segundo sua justificativa, no início de outubro de 1999, Roberto Ontivero – um policial de patente mediana – afirmou que me identificara por acaso parada em um semáforo no cruzamento da Cabildo com a Juana Azurduy, com base em umas fotos que havia visto vinte anos antes na divisão de drogas perigosas da polícia, e que ali dizia que eu era Victoria Eugenia Henao, esposa de Pablo Escobar. Diz a investigação que Ontiveros anotou as placas da caminhonete em que eu estava e que depois descobriu a quem pertencia: à companhia uruguaia Inversora Galestar S.A., de minha propriedade, que o levou a meu nome, María Isabel Santos Caballero. Por isso ele suspeitou que eu havia mudado de identidade ilegalmente. Com esses dados, Ontiveros, que "por coincidência" estava perto de meu prédio, descobriu que ali morava uma colombiana, com sua filha e um casal jovem.

Com a informação reunida, Ontiveros informou o comissário Jorge "el Fino" Palacios, seu superior, chefe do Departamento Unidade de Investigação Antiterrorista, DUIA, da Polícia Federal Argentina, que, por sua vez, notificou o juiz federal Gabriel Cavallo. Assim, a justiça se empenhou para justificar uma suposta origem lícita da investigação, que buscava "todas as diligências investigativas tendentes a corroborar a existência ou não de atividades ilegais, especialmente no referente a lavagem de dinheiro ou outra conduta tipificada na lei de entorpecentes".

O processo indica que Cavallo tomou a decisão de prender Sebastián e a mim na segunda-feira, 15 de novembro de 1999, quando soube que um programa de televisão revelaria essa noite que a viúva de Pablo Escobar morava em Buenos Aires.

A operação foi realizada por Fino Palacios e mais 15 agentes.

Foi assim que Sebastián e eu acabamos presos. As duas primeiras semanas de cativeiro nos levaram a vários calabouços da cidade, e notava-se que não sabiam o que fazer conosco. Certa noite, deixaram-nos no Tribunales, um edifício antigo, sujo e cheio de roedores. Até esse momento não haviam nos deixado tomar banho. Eu supliquei ao juiz que permitisse que nos levassem roupa e comida, e ele concordou. Outra noite, colocaram-me em uma cela gigante, enorme, e às 2 horas da manhã pude tomar banho, com água gelada, o que foi muito reconfortante.

Às 4 horas da manhã começaram a chegar várias mulheres, uma mais assustadora que a outra. Em meio à fúria e aos insultos que gritavam para os guardas, elas começaram a contar as razões que as levaram àquele lugar: matei meu marido porque estava com outra, roubei de fulano, dei uma facada em sicrano... uma história pior que a outra. Eu escutava horrorizada e pensava: *Meu Deus, que história vou contar quando chegar minha vez de falar?* Por sorte, os guardas apareceram para me levar a depor no Tribunal Federal da rua Comodoro Py.

Nesse lugar, as celas eram menores, com uma porta de barras de ferro do teto ao chão e uma laje de cimento que fazia as vezes de cama – onde não podia me esticar, pois não media mais de 1,3 metro de comprimento.

Ali ficamos o dia inteiro esperando que nos levassem para depor. Em vários dias me ofereceram chimarrão, mas não aceitei. À tarde, davam-nos hambúrguer, mas a carne parecia estragada, roxa. Era horrível. Fiquei tomando água, mas a fome me levou a aceitar o chimarrão com pão. Sebastián não comeu nada nos quatro dias, porque tinha medo de que o envenenassem. Quando não aguentou mais, pediu água – e os guardas lhe serviram em um cinzeiro. Tudo era aos gritos; cada vez que entrávamos em uma nova cela queriam nos fazer assinar com nossos nomes antigos e sempre recusávamos; eram discussões eternas e horríveis que cada vez nos faziam sentir como animais.

A situação era desesperadora. Insistentemente eu pedi ao juiz que não nos mandasse para uma cadeia comum porque nossa vida podia correr perigo, e enfatizei que se isso acontecesse o culpado seria ele, e que era o que nossos advogados diriam aos jornalistas. Foi tal minha persistência que o juiz aceitou nos mandar para a Superintendência de Drogas Perigosas na Avenida Belgrano, perto do Palácio do Congresso Argentino, na Cidade Buenos Aires.

Durante os três primeiros meses não me permitiram sair da cela, que tinha 2 metros de comprimento por 1,5 de largura, um banco frio de cimento de 60 centímetros e uma latrina. Nas paredes estragadas liam-se frases escritas por pessoas que deviam estar muito desesperadas. Durante meu cativeiro, as luzes ficaram ligadas o tempo todo, para que vigiassem meus movimentos, e certamente para abalar minha psique, pois quem poderia descansar com uma luz branca intensa dentro de uma cela?

O ambiente era tenso e deprimente. No início me tratavam muito mal e me insultavam. Situação idêntica vivia meu filho; eu podia ver seus olhos e falar com ele a distância por um pequeno retângulo da porta usado pelos guardas para vigiar os presos de vez em quando. Era como se naquela cela estivesse o próprio Pablo Escobar, não eu. Nesses primeiros meses, muitos policiais e funcionários públicos da cidade passaram para "olhar para nós". Como poderiam perder o espetáculo de ver a viúva de Pablo Escobar presa? Quando me observavam, eu me sentia como um macaco na jaula de um zoológico.

Desesperada com a clausura, eu propus aos guardas que me deixassem lavar os calabouços que ficavam vazios quando levavam os presos a outras penitenciárias. Por sorte, concordaram. Assim, por volta das 11 horas da manhã eu saía de minha cela, ia até um banheiro pegar água em baldes e depois lavava cada cela com sabão. Às vezes fazia até 50 viagens, mas não me importava, porque gastava cerca de três horas nessa tarefa. Ficava grata por não estar trancada. Além do mais, quando eu acabava, eles me deixavam tomar um banho, que eu tentava estender o máximo que podia.

O trabalho intenso e constante me permitiu conhecer os guardas, que pouco a pouco foram percebendo que eu não era uma louca nem uma criminosa e começaram a me ver como um ser humano. Enquanto Sebastián esteve preso comigo, eu olhava pela janelinha de sua cela e dizia para me ajudar a lavar, para que não ficasse trancado; mas ele respondia que não, que estava tranquilo lendo.

"Mãe, foi você que se ofereceu. Eu não vou lavar o lugar para essa gente que nos enfiou aqui injustamente."

Enquanto eu tentava suportar minha difícil situação na prisão, fora as coisas estavam muito, muito complicadas. O *bullying* da imprensa argentina era cruel conosco. A mídia publicava todo tipo de infâmias e notícias falsas, e ninguém de minha família estava preparado para isso.

A mais afetada foi Juana, porque foi por uma notícia de jornal que ela soube que a "milionária família cafeicultora" era, na realidade, a família de um narcotraficante. Claro, nós nunca havíamos contado a ela o que seu pai fazia. Em questão de dias os alunos do colégio começaram a fazer *bullying* com ela, e os pais exigiram que cancelassem sua matrícula, ou tirariam seus filhos da escola. Ao mesmo tempo, os professores de Juana recusaram-se a lhe dar aula por ser filha de Pablo Escobar. Tiraram-na da escola sem compaixão. Minha filha sofreu um choque emocional. Não entendia por que os adultos a rejeitavam. Juana não conhecia sua história, havia se escondido durante anos a pedido de seus pais, mas nunca perguntara por que tinha que se esconder. Ela só obedecia. Era muito menina quando Pablo desencadeara nossa tragédia. E a crueldade dos adultos a levou a um transtorno emocional doloroso.

Juana entrou em uma depressão muito aguda e sua situação se tornou tão preocupante que o psicólogo pediu ao juiz que me deixasse receber as ligações dela. A partir desse momento, conversávamos umas cinco vezes por dia, e ela, chorando muito, fazia todo tipo de recriminações: que eu era burra, como podia ter me casado com um homem assim, que visse só quem eu havia escolhido como marido, que havia mentido para ela durante tantos anos... Eu não sabia o que fazer. A vida inteira eu tentara protegê-la evitando que soubesse a verdade, e só então me dava conta de meu erro terrível. A verdade é que eu nunca tive coragem suficiente para explicar a ela a tragédia que havíamos vivido na Colômbia.

O drama familiar que vivíamos era inenarrável. Ángeles teve que lidar durante alguns dias com Juana e minha mãe até que duas irmãs minhas chegaram da Colômbia para nos dar apoio. Minha mãe já tinha diabetes, e havia sofrido várias isquemias cerebrais – e a angústia do dia a dia não a ajudava muito. A pressão da mídia também fez Ángeles perder seus amigos da faculdade. As pessoas fugiam de nós. Até os quatro cães que eu tinha – uns poodles que havíamos levado conosco da Colômbia para que Juana não ficasse tão deprimida – estavam morrendo de tristeza. Por recomendação do veterinário, eu dormia com camisetas e depois as mandava para eles, para que sentissem meu cheiro.

À medida que passavam os dias, o processo judicial prosseguia. Sebastián e eu depúnhamos durante longas horas, e explicávamos um por um os documentos que a polícia havia apreendido no dia da busca; a maioria eram folhetos de edifícios que eu visitava para não perder contato com a arquitetura e a decoração, mas o juiz afirmava que eram de minha propriedade, chegando ao cúmulo de intimar todas as construtoras e arquitetos que apareciam nos folhetos que eu pegava na rua. A enorme fantasia que o juiz havia construído com sua imaginação sobre mim e minha família tornava impossível que fosse imparcial conosco. Cada vez que o juiz Cavallo me citava para depor, ele me olhava com fúria e me chamava pelo nome anterior, Victoria Eugenia, como se quisesse dizer que eu era uma mentirosa que tinha nome falso. Ele nunca usou María Isabel. Dizia que eu os havia enganado, que se lhe informasse sobre minhas contas bancárias na Colômbia e em outros países me soltaria. Minha impotência era maior cada vez que eu escutava seus pedidos absurdos. Eu não podia lhe dar essa informação porque não existia.

Os dias começaram a se estender, e o processo de instrução do caso também. Minha irmã Isabel foi me ver, mas não aguentou ficar na cela – tivemos que ir para um habitáculo adequado para receber visitas. Não esqueço sua cara de espanto quando entrou no calabouço. Minha mãe também me visitou várias vezes antes de voltar à Colômbia. Um dia, ela estava comigo e comecei a gravar uma fita cassete para que a levasse ao psiquiatra de Juana, mas demorei mais de uma hora, e quando ela saiu, os guardas a retiveram porque acharam que a gravação continha informações que poderiam usar contra mim. E para piorar, um dos meus advogados comentou, muito imprudente, que minhas irmãs também seriam detidas. O resultado foi que uma delas voltou correndo para a Colômbia e levou minha mãe.

Um mês e meio depois de nossa detenção, por fim chegou uma boa notícia: em 29 de dezembro de 1999, Sebastián saiu da cadeia. Mais que justo, porque ele nunca deveria ter estado ali. Ele não trabalhou com o Contador nem realizou operação alguma com ele. Foi muito duro para ele me deixar sozinha naquele lugar. Choramos juntos por um longo tempo.

Eu o abracei e disse que tivesse coragem, que tudo se ajeitaria, e acrescentei que o melhor presente que ele poderia me dar era me levar a carteirinha de estudante de arquitetura da Universidade de Palermo. Ele replicou que não podia começar a estudar com a quantidade de problemas que tínhamos. No entanto, um dia qualquer, encheu-me de orgulho, porque apareceu na cadeia com a carteirinha.

Falei a Ángeles – que foi outra filha para mim – da importância que seria fazer o curso de *coaching* para aprender a se fortalecer em momentos tão duros como os que vivíamos, e também para renovar seu círculo de amizades. Ela esgrimiu o mesmo argumento de Sebastián, mas, no fim, fez o que eu havia dito.

As habilidades que adquiri com o *coaching* me permitiram também estabelecer relações mais gentis com os guardas. Eu costumava lhes fazer perguntas pessoais e os escutava com atenção, de modo que, de uma hora para outra, passei de delinquente a terapeuta conselheira. Graças a essa proximidade, eles me permitiram descer ao segundo andar da cadeia, onde o calabouço era maior e tinha um sanitário decente, lavanderia pequena e cozinha; além disso, pude pôr meu colchão no chão. As coisas ficaram mais suportáveis.

Devido à clausura e à difícil condição emocional, eu comia de maneira desenfreada. Tanto que pedia a Ángeles que me levasse cada vez mais comida. Cinco meses depois eu pesava 120 quilos. Preocupada, um dia Ángeles me disse que se não parasse de comer, a próxima roupa que me levaria seriam lençóis para eu me enrolar, porque nada mais me servia. Assim, comecei a tomar consciência do grave mal que estava fazendo à minha saúde; e, por sorte, um preso da cela da frente me deu uma receita de sopa para emagrecer. Assim, entre sopa, chimarrão e sessões de ioga que fazia todos os dias de manhã e à noite quando passaram a me permitir ver televisão, consegui perder quase metade do peso que havia ganhado.

Como a luz da cela ficava sempre acesa, eu escrevia e lia muito. E para não ficar trancada, fazia qualquer coisa. Por isso, eu me ofereci também para pintar as celas, inclusive as grades, lavar as cortinas e às vezes até fazer comida para os guardas. À noite, quando eles acabavam de fazer as rondas para ver que se todos os detidos estavam em suas celas, eu convidava o comissário e o subcomissário para jantar. Quanto às guardas femininas, eu as ajudava com a maquiagem quando tinham algum evento especial depois do trabalho. Chegou uma hora que minha cela parecia um consultório terapêutico, porque, terminada a jornada de trabalho, os guardas da Superintendência de Drogas Perigosas apareciam e me faziam todo tipo de perguntas.

Enquanto isso, o acidentado processo judicial contra mim avançava muito lentamente. Devo ressaltar várias coisas: o promotor de instrução, Eduardo Freiler, ficou sabendo por uma ligação de sua esposa que havia sido designado promotor titular do caso; a promotoria argentina solicitou à promotoria colombiana todas as informações relacionadas às nossas identidades. A resposta chegou rápido e foi conclusiva: a troca de nomes havia sido legal e feita para que pudéssemos sair do país; e os meios de comunicação afirmavam que havia sido feito um acordo entre os governos dos dois países para que entrássemos na Argentina sigilosamente. Evidentemente, isso não era verdade.

Mas o vento da verdade começou a soprar a nosso favor, porque o promotor federal Eduardo Freiler estudou os documentos apreendidos e nossas declarações e notificou ao juiz Cavallo que não encontrara elementos suficientes para prosseguir com o processo, e pediu o encerramento.

Pressionado, Cavallo encaminhou uma consulta à Sala I da Câmara Federal para que analisasse se continuariam com a investigação, e nesse caso, substituiriam o promotor Freiler – e todos os promotores que se atrevessem a questionar suas violações ao devido processo.

Foi assim que, em tempo recorde, meu caso passou pelas mãos de sete promotores. O promotor Carlos Cearras foi forçado a encaminhar o caso a julgamento do mérito, mas com sérias reservas, que deixou por escrito, devido às imensas inconsistências e falta de provas condenatórias; por isso, ele mudou a acusação, o que facilitou minha soltura, visto que deixaram de me considerar chefe de associação ilícita – acusação que o juiz Cavallo veementemente fazia contra mim. Foi assim que na sexta-feira, 5 de abril de 2001, Cavallo não teve outra opção além de me soltar.

O que aconteceu depois nos favoreceu muito, porque o reconhecido promotor do julgamento do mérito, Jorge Aguilar, não somente ratificou nossa inocência perante os três juízes que compunham o Tribunal Oral Federal nº 6, como foi muito além, acusando o próprio juiz, Gabriel Cavallo, de privação ilegítima da liberdade, abuso de poder e prevaricação. Afirmou que todos os nossos direitos haviam sido vulnerados.

Um dos meus advogados, Ezequiel Klainer, ligou para Sebastián para contar a boa nova, bem no momento em que ele se dirigia à faculdade para trancar o semestre de arquitetura para poder se dedicar somente à minha causa. Contudo, o advogado explicou que o juiz havia imposto uma fiança de 200 mil dólares, e se não pagássemos, eu não poderia sair da prisão. Meu filho respondeu, grato, que pelo menos minha liberdade já havia sido concedida, e que começaria a ver como conseguir o dinheiro para pagar.

Feliz com a notícia, mas preocupado porque não tínhamos o dinheiro da fiança, Sebastián ligou muitas vezes para a cadeia, mas não conseguiu falar comigo porque o telefone estava sempre ocupado.

O dia passava normalmente, até que, de repente, um guarda me disse que havia uma ligação de Medellín para mim. Era Astado, que queria me dar os parabéns por ter recuperado a liberdade. Estranhei, e disse: "Que liberdade, Alfredo? Ninguém me disse nada."

Fui tomada pela incerteza, mas, como não sabia oficialmente de nada e a mídia também parecia não saber, distraí-me com duas colegas de *coaching* que haviam ido estudar comigo.

Enquanto isso, as horas passavam, e não tínhamos o dinheiro da fiança. Mas como Sebastián me contou depois, providencialmente ele encontrou Ricardo Solomonoff, outro advogado meu, na escadaria do tribunal. Ricardo havia acabado de voltar do sul da Argentina. Meu filho lhe contou que fora impossível conseguir a soma estabelecida por Cavallo, mas o advogado lhe disse para não se angustiar que ele a emprestaria.

"Doutor, se me emprestar o dinheiro da fiança, não tenho como garantir que poderei pagar, e não quero falhar com você. Sei que se trata da liberdade de minha mãe e que qualquer um aceitaria sem pensar", disse Sebastián, ciente de nossa realidade financeira.

"Sua mãe vai sair hoje, Sebastián; senão, Cavallo vai inventar outro delito para segunda-feira só para deixá-la presa sem justificativa. Já vou subir para notificar que o pagamento da fiança será feito hoje mesmo. Espere-me aqui, vamos juntos buscar o dinheiro", respondeu o advogado sem titubear.

No entanto, com grosseria, o juiz Cavallo disse a Solomonoff que não receberia o dinheiro porque era sexta-feira e não podia deixá-lo no gabinete.

Muito contrariado, Solomonoff escreveu uma carta à mão pedindo a Cavallo que ordenasse ao Banco de La Nación Argentina a receber o dinheiro, pois, do contrário, o processaria por privação ilegítima da liberdade. O juiz concordou a contragosto e mandou reabrir o banco fora de horário para depositar o dinheiro no cofre, depois de contado.

Às 22 horas, o advogado e meu filho chegaram à Superintendência de Drogas Perigosas, onde eu estava detida. Estavam esgotados. Eu não podia acreditar. Sebastián me abraçou e choramos juntos em um momento de emoção muito forte, e então ele disse para eu me vestir e arrumar minhas coisas porque iríamos embora. Orei. Agradeci a Deus.

Naquele momento, tive oportunidade de contar a Solomonoff que Cecilia Amil Martin, secretaria do Tribunal de Cavallo, havia ido à minha cela me interrogar sobre a origem do dinheiro da fiança. O advogado ficou colérico; não podia acreditar nas arbitrariedades a que ainda me submetiam estando eu prestes a recuperar minha liberdade.

A papelada demorou mais de duas horas, até que por fim assinei o documento que me dava a liberdade. Desci até minha cela, olhei-a pela última vez, fechei a porta, coloquei o cadeado e fui embora. Saí de outra clausura, muito diferente das que já havia vivido ao lado de Pablo, mas, talvez, a mais dolorosa que enfrentara.

Saí em liberdade condicional até 14 de novembro de 2005, quando o tribunal de julgamento do mérito encerrou o caso, e em 31 de agosto de 2006 a Câmara de Anulação Penal confirmou o veredicto. O resumo de tudo era que alguém quisera trocar nosso anonimato por dinheiro e por cargos no setor judicial. Eu vivi os dezoito meses mais dolorosos de minha vida. Fui castigada pela justiça sem condenação alguma e privada de minha liberdade durante esse tempo por ser viúva de Pablo Escobar.

O mais irônico é que ninguém se importou com o assédio moral que sofri nas mãos de quatro homens: um advogado, um contador e dois empregados. Durante dez meses fui vítima de suas intimidações porque viram que eu era muito vulnerável, com uma menina e dois adolescentes. Ainda por cima, eu, tola e ingênua, deixei com eles documentos em branco assinados, facilitando que tirassem de mim o que era meu. Eles me extorquiram, ameaçaram de morte, deram-me dias para sair do país, prometeram "carregar" meus carros com cocaína para que fôssemos presos...

O Contador também foi preso, mas acusado de lavagem de dinheiro. Mandaram-no para o presídio de Devoto, onde os reclusos quase o lincharam por ter se atrevido a roubar a viúva de Pablo Escobar. Mais tarde, tiveram que o transferir para o edifício onde eu e Sebastián estávamos, mas um andar acima. Foi muito desagradável saber que ele estava no mesmo lugar.

Um dia, eu tive que subir e o vi; tinha os olhos muito vermelhos, porque fumava muito, e seu rosto refletia a angústia por estar naquela situação. Eu não quis falar com ele; estava muito sentida, cheia de rancor, e ainda não entendia como ele havia chegado tão longe. Mas tenho certeza de que ele nunca imaginou que também seria preso. Supostamente, ele havia feito um acordo com o juiz Gabriel Cavallo para entregar a viúva de Pablo Escobar com seus milhões de dólares, e por isso não o tocariam. Mas o juiz, decepcionado por não encontrar tal fortuna, teve que o prender.

O Contador usou a mesma estratégia que eu para não ficar trancado; ofereceu-se como voluntário para pintar as paredes. Felizmente nunca nos cruzamos nem nos dirigimos a palavra. Ele ficou cerca de dois anos na cadeia, e saiu dois meses depois que eu. Há algum tempo eu o vi na saída de um supermercado; ele me chamou, mas eu lhe dei as costas e segui meu caminho.

Que fim levou a suposta fraude e o roubo? O Estado argentino nos devolveu duas propriedades que o Contador e seus sócios haviam tirado de nós.

Na noite em que recuperei minha liberdade, voltei ao apartamento da rua Jaramillo. Outra vez estava sob o mesmo teto que meus filhos e meus quatro cães. Abraçar Juana por um longo tempo foi inesquecível. Sebastián estava tão esgotado pelo que tivera que fazer naquele dia que mal se aguentava em pé. Vários amigos apareceram em casa para me cumprimentar. Recebi mil ligações da Colômbia. Decidi não me deitar, porque fazia quase dois anos que não via o amanhecer; então, esperei com paciência o sol nascer. De madrugada, bati fotos da paisagem e dei graças a Deus por estar livre outra vez. Contudo, era muito estranho estar em casa e poder dormir de novo com a luz apagada.

O FANTASMA DE PABLO NÃO NOS DEIXA EM PAZ

CAPÍTULO 11

"María Isabel, entre na Internet, leia o que *El Tiempo* publicou, e mais tarde conversamos."

Uma sensação de frio e medo percorreu meu corpo quando escutei o tom grave do editor de meu livro, que dera a entender que eu não encontraria uma boa notícia. Era meio-dia de 22 de outubro de 2017.

Entrei na página do jornal colombiano e a manchete que vi me deixou consternada: "Os *narcogiros* que envolvem a viúva de Escobar e 'Chicho' Serna. Milionário argentino acusa o jogador de futebol e herdeiros do chefe de receber dinheiro de José Piedrahíta". A matéria era ilustrada por uma fotografia de meu filho Sebastián e eu.

Nunca me opus a tornar pública a verdade sobre a vida de Pablo e de sua família. Por isso decidi penetrar minha própria história para divulgá-la neste livro; por isso esperei um quarto de século antes de me atrever a dizer palavra alguma. Mas meu silêncio absoluto também permitiu que boa parte dos meios de comunicação do planeta mentissem sobre mim e minha família.

O tom da matéria da Unidade Investigativa do citado jornal era habitual para mim, porque não era a primeira vez que lançavam conjecturas contrárias à verdade. É triste ver como nos atacam e jogam sobre nós todo tipo de suspeitas, amparados pela pouca honra que resta à minha família por conta de Pablo Escobar.

A matéria dizia que o detido empresário e advogado argentino Mateo Corvo Dolcet teria admitido à justiça de seu país que nos pagara uma grande quantia para que lhe apresentássemos José Bayron Piedrahíta – um reconhecido pecuarista e empresário colombiano detido em 29 de setembro de 2017 por solicitação de uma corte dos Estados Unidos, que o requeria por supostamente subornar um agente federal para que apagasse seus antecedentes. A publicação também afirma – citando um dos promotores do novo caso – que nós sabíamos quem era Piedrahíta, bem como a origem de seu dinheiro. No fim, dizia que nas próximas semanas um juiz argentino nos chamaria a depor e que certamente acabaríamos na cadeia.

Em edições posteriores, chegaram inclusive ao cúmulo de sentenciar: "O dossiê que afundou os Escobar. Áudios e documentos provam que fizeram parte de uma operação de lavagem de dinheiro de um poderoso chefe". Mas, depois de uma bem-fundamentada queixa de Sebastián, eles se retificaram, e em edições posteriores publicaram: "Zero áudio da viúva. *El Tiempo* afirmou que não existem interceptações como foi dito inicialmente. De fato, os números dos Escobar não aparecem entre os nove celulares que a justiça interceptou".

Em 14 de maio de 2018, quando Sebastián e eu fomos chamados a depor, decidimos que seria melhor deixar por escrito nossa defesa. Este é um resumo da minha:

Venho perante Vossa Senhoria para explicar quem sou, qual foi minha atividade desde que cheguei a Buenos Aires, há vinte e cinco anos; minha falta de participação em qualquer ação criminosa, de qualquer grau, seja vinculada a Mateo Corvo Dolcet, José Bayron Piedrahíta Ceballos ou qualquer outra pessoa, pois jamais participei de ação ou omissão ilícita, nem aqui, nem na Colômbia, nem em nenhum outro lugar, nem mesmo nos poucos anos que convivi com aquele que foi meu marido, Pablo Emilio Escobar Gaviria. Também para provar a inexistência de qualquer conduta relativa à lavagem de dinheiro.

Digo que é lamentável ter que me defender percorrendo esse passado cruel, amargo e devastador, não só porque isso implica reabrir feridas malcicatrizadas cujo trauma ainda não superei, como também por causa desse vínculo, por ser a "viúva de", já tive uma passagem amarga pelos tribunais federais deste país, devido a um processo pelo qual fiquei detida injustamente só por isso: por ter sido casada com Pablo Escobar.

Esse qualificativo, Senhor Juiz, que tirou de mim – este processo é a prova mais clara disso – toda e qualquer identidade afora esse rótulo, a tal ponto que o comunicado da própria Agência de Notícias do Poder

Judicial, por meio do Centro de Informação Judicial (CIJ), que fez pública minha citação a esta audiência, diz: "O Juiz Barral citou para depoimento a viúva e o filho de Pablo Escobar...".

Na oportunidade anterior em que fui julgada pela justiça federal com igual desprezo, a situação encontrou remédio na justa decisão adotada pela justiça argentina reivindicando minha conduta leal ao direito e, acima de tudo, revisando a origem de meu patrimônio. Patrimônio que, de novo, desde outubro de 2017, foi posto sob a lupa em consequência desse processo, e como se isso fosse legal.

Ainda acordo sobressaltada à noite pelo medo causado pelos momentos que vivemos na Colômbia, e essa é uma das tantas razões pelas quais sinto uma imensa gratidão à Argentina, porque viver neste país nos devolveu o ânimo de existir e me abriu as portas para poder educar meus filhos, ajudá-los a crescer e a se transformar em pessoas adultas de bem. Aqui estudamos, trabalhamos, e a vida me honrou tornando-me avó. Parte de minha luta diária, que me levou à quase insuportável rememoração dos piores anos de minha vida para transformá-los em um livro, é para que, dentro do possível, meu neto seja um feliz menino argentino com antepassados na Colômbia, e não "o neto de...".

Desde que nos radicamos na Argentina, eu trabalho no país como qualquer pessoa, para viver o dia após dia. Não sou nem fui herdeira dos milhões de dólares que a mitologia da história de meu marido conta. De fato, o Estado colombiano tomou quase 100% dos bens e propriedades que pertenceram a meu marido. Houve outra porcentagem de bens de que os inimigos de meu marido se apropriaram.

Se não fosse assim, jamais o Estado colombiano teria protegido a mim e a meus filhos, isso apesar das barbáries cometidas por meu marido. Não hesite em acreditar, Vossa Senhoria, que nós também fomos vítimas de seus horrores.

Pelo fomento do governo colombiano, como símbolo de paz, eu me reuni com os cartéis do país para colaborar na interrupção da guerra que Pablo Escobar havia começado contra o Estado colombiano e os cartéis com quem disputava o poder sobre suas atividades delituosas. Essas reuniões foram fundamentais para a Colômbia para evitar mais derramamento de sangue, e permitiram salvar a vida de muitos colombianos, entre eles advogados, amigos e família. Saiba, Vossa Senhoria, que meus filhos e eu, em 13 de janeiro de 1988, sofremos um atentado no qual usaram 700 quilos de dinamite, que explodiram em cima de nossa cabeça.

Quando Pablo Escobar começou a guerra, eu ouvia dizer que era com o cartel de Cali. Quando ele morreu, surgiram 40 chefes de cartéis de diversas cidades que eu não conhecia, e com quem, sob o incentivo e proteção do governo, tive que negociar durante um ano, enquanto continuávamos expostos à morte. Estou me adiantando aos fatos, mas tenha em mente, Vossa Senhoria, que jamais dentro desses cartéis ou encontros, jamais, jamais, conheci o senhor José Piedrahíta. Ele nunca se sentou a uma mesa de negociação, nunca *"mandó razones"*, como dizemos na Colômbia, nunca ninguém quis cobrar nem cobrou em seu nome, jamais alguém o citou. Eu conheci José Piedrahíta catorze anos depois de meu marido morrer, fora de qualquer contexto relacionado com o mundo do narcotráfico ou com as atividades de meu marido.

A partir disso, eu me dediquei a trabalhar para sustentar meus filhos. Ambos terminaram os estudos e se tornaram profissionais com título universitário. Sebastián, especialmente, dedicou seus maiores esforços a se tornar um profissional bem-sucedido. Ele é um filho e irmão dedicado e carinhoso e se tornou nosso arrimo emocional.

No ano de 1999 sofri uma extorsão por parte de um contador, a quem confiara minha identidade anterior; recebi ameaças constantes para que fosse embora do país, pois ele dizia que carregaria meus carros com cocaína. A história, infelizmente, hoje se repete neste processo.

Durante vários anos não tornei a ver Mateo Corvo Dolcet. Eu me formei *coach* organizacional e ocupei diversos cargos, nacionais e internacionais, nessa disciplina. Levo uma vida austera, levanto-me todos os dias como qualquer cidadã comum e me dedico ao trabalho.

Há vinte e cinco anos alugo os diversos apartamentos onde sempre moro porque não tenho dinheiro para comprar uma propriedade. O único bem que tive, vendi e o declarei, e o fruto da venda doei a meus filhos – tal como a receita federal sabe por minhas próprias declarações juramentadas – para que eles pudessem desenvolver sua vida.

Como disse, faz trinta e cinco anos que não vivo com Pablo Escobar (vivi com ele entre meus 15 e meus 22 anos apenas). Faz vinte e cinco anos que ele morreu e vivo exilada neste país há vinte e quatro. Então, há trinta e cinco anos vivo sem sua presença física, mas ainda perseguida por seus atos.

Fui investigada pelo Estado colombiano durante anos, também quando meu marido ainda vivia, pela DEA, a CIA, a Interpol, só por ser viúva de Pablo Escobar, e a única conclusão a que todas essas entidades chegaram é que sou e fui alheia a toda e qualquer conduta criminosa. Não tenho antecedentes criminais neste país nem em qualquer lugar do mundo. Só me dediquei a ser mãe, e já na Argentina, a estudar e trabalhar.

Pablo Escobar nos deixou de herança apenas o horror e a guerra. Nada mais. O Estado colombiano tirou de nós quase todos os bens que possuíamos, e o resto foi o butim dos inimigos de meu marido.

Sou discreta, vivo como uma cidadã comum, mas não me escondo. Meu filho, Juan Sebastián Marroquín, tem hoje 41 anos, e há dez anos teve a força de mostrar seu rosto ao mundo, de pedir perdão pelos horrores cometidos por seu pai. Ele escreveu dois livros, *Pablo Escobar, meu pai* e *Pablo Escobar em flagrante,* que foram traduzidos para 15 idiomas e contam o périplo que foi sua vida. Realizou dois documentários: *Pecados do meu pai* e *Escobar Exposed,* razão pela qual foi convidado pela ONU para celebrar o Dia Mundial da Paz em 2010, e há mais de cinco anos dá palestras pelo mundo falando do narcotráfico, mostrando aos jovens que esse é um caminho que não se deve seguir. Ele chegou a reunir 6.200 jovens em uma só palestra, e lhes mostrou o preço que pagou na vida pelas ações de seu pai. Só no México, até esta data, mais de 100 mil jovens já ouviram seu testemunho. Ele aprendeu a lição, e não ousaria repetir nem sequer minimamente o caminho ilegal de Pablo. No fim de seu livro, ele agradeceu a seu pai por ter lhe mostrado o caminho que não deveria percorrer.

Minha filha Juana, de 33 anos, ainda vive paralisada. Não conseguiu se livrar da dor deixada pela guerra contra esta família, pois o horror a acompanhou desde que estava em meu ventre. Infelizmente, até hoje ela sente que não cabe neste mundo, apesar de seu bom comportamento, pois a discriminação não a deixa crescer e a dor a persegue como uma sombra.

Minha atividade imobiliária foi realizada por meio de uma empresa, Nexo Urbano S.A., que constituí para tal fim, uma vez que meu nome já era conhecido e a associação de um projeto à "viúva de..." sempre poderia prejudicar sua imagem comercial.

Quando desempenhei essa atividade, Sebastián já estava dedicado 100% à sua profissão de arquiteto. O projeto no qual convergíamos era o que ele havia idealizado para o terreno que me pertencia, na Av. Ing. Huergo 913/5, esquina com a Estados Unidos, nesta cidade, que me havia sido restituído por ordem judicial quando fui inocentada – e que, com o passar dos anos, apesar de ter sido adquirido por um valor exíguo, sofreu valorização em função do desenvolvimento do bairro de Porto Madero e a possibilidade de explorar maior quantidade de metros quadrados.

Nesse contexto, creio que em 2007 reencontrei Mateo Corvo Dolcet em um evento imobiliário. Ele me contou que estava aposentado do exercício de advogado e que se dedicava totalmente ao mercado imobiliário, e em particular, ao desenvolvimento de seu próprio projeto em Pilar. Com a cordialidade que o caracteriza, ele me perguntou por Sebastián; eu falei de suas conquistas e combinamos de manter contato, pois, evidentemente, podíamos somar esforços para nossas atividades comerciais. Mateo me disse, especificamente, que precisava de investidores para desenvolver um ambicioso plano imobiliário nessa localidade.

No meio do ano, julguei produtivo realizar um evento em Medellín – cidade da qual procedo e onde poderia fazer alguns contatos sociais por meio de minha família para procurar investidores – porque o mercado imobiliário argentino tinha condições atraentes. Eu tinha interesse em fazer isso para obter financiamento para o projeto de Sebastián em meu terreno da avenida Huergo, e também para intermediar qualquer outra operação imobiliária na qual houvesse interessados.

A atividade profissional de Sebastián como arquiteto e seu excelente desempenho o haviam levado a se vincular estreitamente ao reconhecido arquiteto Daniel Silberfaden, na época presidente da Sociedade Central de Arquitetos. Eu ofereci a Silberfaden participar do evento em Medellín e divulgar sua atividade e projetos, e ele aceitou com prazer.

Quando fui à Colômbia, fiquei na casa de minha família, como faço sempre desde que pude voltar a esse país, ao passo que Silberfaden ficou no mesmo hotel onde realizaríamos o evento. Trata-se de um dos mais reconhecidos de Medellín.

Anexo um total de 14 fotografias, ainda parte de meus arquivos, que mostram esse evento e situam Silberfaden no local e na cidade de Medellín. Também anexo um CD que contém a apresentação institucional por meio da qual exibíamos aos participantes dos eventos os diversos projetos imobiliários em que poderiam investir.

Solicito ao Tribunal que proceda a sua visualização e análise; sua mera existência desnuda o absurdo da imputação. Pretendem seriamente afirmar que meu filho e eu nos beneficiamos com os 100 mil dólares provenientes do narcotráfico, e para isso arquei com todos os gastos, desenvolvimentos, convites, apresentações, elaboração de projetos e viagens que serão aqui explicados?

Para esse evento, convidei o presidente da Sociedade Central de Arquitetos de Medellín, Diego León Cierra, que por problemas de agenda não pôde participar. Pedi a minhas amigas e irmãs que me ajudassem a convocar desenvolvedores reconhecidos, e assim aconteceu. Chegou o dia do evento, e eu e Silberfaden realizamos duas reuniões por dia, durante três dias, que eu pude reconstruir consultando uma velha agenda.

A dinâmica foi uma reunião diurna sob a modalidade de café da manhã e uma vespertina com convite para um chá. A cada reunião compareciam cerca de 15 pessoas por grupo. Eram desenvolvedores que atualmente – vários deles – têm cinquenta anos de mercado imobiliário. Entre outros, compareceu o reconhecido arquiteto colombiano Laureano "Nano"

Forero, e muitas outras personalidades de alto nível interessadas em fazer negócios genuínos.

Foi um total de seis encontros, aos quais compareceram aproximadamente 60 pessoas (arquitetos, desenvolvedores, empresários e banqueiros). Quando acabávamos cada reunião, as pessoas se aproximavam para nos saudar e perguntar sobre oportunidades imobiliárias específicas na Argentina.

Como uma de minhas irmãs explicou em seu testemunho, Piedrahíta foi ao evento com sua esposa convidado por ela. Foi quando o conheci; ele se apresentou como gerente do Frigorífico Subagauca. Entregou-me seu cartão, que ainda guardo e anexo a esta apresentação.

Sua solvência econômica e a importância de seus negócios eram um fato público na Colômbia, pois quase todos os que participaram da reunião o conheciam e o tratavam naturalmente. De fato, seus empreendimentos no ramo da pecuária saíam nas revistas de economia da região. Piedrahíta nos cumprimentou pela apresentação e demonstrou interesse solicitando nossos dados para contato.

Não o vi mais até o fim do ano de 2007, quando ele esteve na Argentina por ocasião de uma feira pecuária, oportunidade em que me ligou e conversamos por uma hora. Ele me falou de seu desejo de investir no país, e para isso me solicitou que explorasse opções, que ele analisaria nos meses seguintes, quando voltasse. Voltou nos primeiros meses de 2008, com toda sua família.

Na época, procurei várias opções de investimento, entre as quais incluí, obviamente, o projeto de Sebastián e Silberfaden para o terreno de minha propriedade, além de projetos próprios de Daniel Silberfaden, um de Corvo Dolcet e alguns outros.

Pois bem, quando Piedrahíta chegou a Buenos Aires em companhia de sua família, no começo de 2008, eu lhe apresentei meu filho e compartilhamos alguns almoços familiares, aos quais nos convidaram por sermos compatriotas. Enquanto isso, Piedrahíta dava mostras de sua capacidade econômica e seriedade, pois deixava claro que queria fazer os investimentos a título pessoal, pois contava com fundos em bancos para isso, e que, inclusive, não descartava a possibilidade de se radicar ou de ter um segundo local de residência em Buenos Aires. Acho que a razão pela qual isso no fim não aconteceu foi porque a família dele não se adaptou à vida fora da Colômbia.

Piedrahíta inclusive nos contou sobre muitas atividades filantrópicas que desenvolvia na Colômbia, todas elas a título pessoal. Na época, um dos meios de comunicação indiscutivelmente mais destacados e respeitados da Colômbia classificava seus empreendimentos na pecuária como um dos mais importantes da região. Anexo a Revista *Semana*, artigo intitulado "Com marca regional" publicado no especial "O poder *paisa*" em outubro de 2007.

Tomei conhecimento da existência da publicação dado que Piedrahíta a entregou em minha mão. Isso sim é uma carta de apresentação; duvido que Vossa Senhoria encontre um só colombiano que se permita duvidar da seriedade jornalística e da imparcialidade informativa dessa revista.

Assim, acompanhei esse famoso pecuarista na visita a vários projetos. Fiz isso sempre na qualidade de agente imobiliária, papel que, como disse, eu desempenhava por meio da empresa Nexo Urbano S.A.

Primeiro, mostrei-lhe o projeto que Sebastián e Silberfaden haviam feito para o terreno de minha propriedade na Av. Huergo; mas, infelizmente, não foi de seu agrado. Depois, apresentei-lhe um reconhecido construtor local, que lhe falou, sem sucesso, dos projetos que estava empreendendo na época.

Por fim, entrei em contato com Mateo Corvo, com quem foi agendado um encontro na zona hoteleira de Porto Madero, onde Piedrahíta se hospedava com sua família. A coordenação desse encontro foi responsabilidade de Sebastián, a quem pedi que o fizesse, pois nas ocasiões em que havíamos visitado Matco Corvo Dolcet, sempre se dera entre eles um diálogo mais fluido. Por outro lado, depois de meu reencontro com Mateo, ao saber de seus projetos, eu incentivei a retomada da relação entre ele e Sebastián, pois achei que isso ofereceria oportunidades profissionais a meu filho. De fato, o contato foi reativado nesses meses, e mais ainda depois da apresentação de Piedrahíta, por questões absolutamente alheias àquele e a mim mesma e só vinculadas aos projetos arquitetônicos de Sebastián.

Obviamente, antes do encontro expliquei a Corvo que a aproximação desse ou de qualquer outro potencial investidor fazia parte de meu trabalho de intermediação imobiliária, e que se fosse bem-sucedida, a comissão seria a de mercado, que na época variava entre 4 e 5%. Corvo concordou sem hesitar. Ele e Piedrahíta se conheceram e rapidamente se interessaram reciprocamente em fazer negócios.

Insisto, a solvência de Piedrahíta, seu dom de se relacionar com as pessoas, sua especial dedicação à família, o modo como pagava seus gastos – sempre com cartão de crédito – impediam sequer que se pensasse que se tratava de um homem associado a uma atividade ilícita. De fato, ele costumava falar de seus esforços para criar a empresa pecuarista de evidente sucesso.

Incorporo uma série de documentos que obtive por meio de diversas entidades na Colômbia, que validam a probidade das atividades de Piedrahíta. Ele decidiu investir no projeto de Pilar. Os detalhes desse investimento foram-me absolutamente alheios, foram manejados por Corvo Dolcet e Piedrahíta.

Corvo me explicou que seria um investimento gradual, e que à medida que Piedrahíta fosse efetuando seus pagamentos me repassaria o equivalente à minha comissão. Combinamos o que eu receberia por qualquer tipo de investimento que Piedrahíta fizesse na Argentina por intermédio de Corvo: 4,5%.

Devo deter-me um instante aqui. Senhor Juiz, independentemente do imaginário popular, nossa família vive do que seus integrantes geram com seu trabalho. Então, meu principal interesse era que esse renomado e bem-sucedido pecuarista colombiano, que conheci na Colômbia – aonde fora com o presidente da Associação Central de Arquitetos de Argentina em busca de investidores –, comprasse meu terreno. Assim, eu poderia doar a meus filhos parte do dinheiro que obteria para que eles pudessem ter sua casa própria. Consegui isso anos depois com a venda do bem a um terceiro. Mas, fracassado esse negócio, como intermediária, eu queria despertar o interesse de Piedrahíta por outras oportunidades imobiliárias nas quais, como é de praxe, seus desenvolvedores reconhecessem minha participação como tal.

Piedrahíta foi o único interessado em investir nos projetos de Corvo Dolcet que lhe apresentei? Não; eu lhe apresentei várias pessoas, que, por diversos motivos, acabaram não investindo, mas haviam sim se interessado seriamente em fazê-lo. Foram ao local, reuniram-se, e creio que alguns até chegaram a negociar com Corvo. Meu filho guarda os e-mails que respaldam o que exponho, e ele aprofundará o tema em sua apresentação. Recorde o Tribunal que na época a atividade profissional de Sebastián era arquiteto e desenhista industrial, e por tal razão, sempre que em função de meu trabalho eu me relacionava com gente que achava que poderia enriquecer a carreira de meu filho ou dar-lhe trabalho, eu os punha em contato.

Naquela época, meu filho mantinha uma profunda amizade com outro estudante estrangeiro de origem equatoriana, o arquiteto Rafael Carrasco, com quem montou seu estúdio de arquitetura Estudio-Box, que por fim passaria a se chamar BOX Arquitetura Latino-americana. Por seu intermédio conhecemos o diretor de uma empresa de Nova York, Estados Unidos. A partir da minha intervenção, esse diretor se reuniu com Mateo Corvo para investir, mas, no fim, o negócio não se concretizou, por razões que desconheço.

Então, uma vez que apresentei Piedrahíta e Corvo Dolcet, praticamente deixei de ter contato com o primeiro, e mais tarde, decepcionada com Corvo, também deixei de me relacionar com ele. O motivo de meu afastamento de Corvo Dolcet foi simples: ele nunca foi claro na prestação de contas relativas à porcentagem que havíamos tratado, nem me comunicava quando, por seu intermédio, Piedrahíta fazia outros investimentos.

Ele ia me entregando pequenas remessas de dinheiro que nunca ultrapassavam os 5 mil dólares, e paulatinamente, à medida que o tempo passava, fazia-o de maneira cada vez mais reticente. Eu não tinha contato com Piedrahíta, e seria de mau gosto procurá-lo para saber sobre o status de seus investimentos, de modo que tinha que confiar na informação que Mateo Corvo me oferecia. Jamais Corvo Dolcet me entregou dinheiro algum espontaneamente; sempre foi em consequência de algumas ligações ou e-mails meus. Em alguns casos, eu copiava Sebastián ou lhe encaminhava as respostas, porque os pagamentos minguavam cada vez mais. Sebastián, na época, continuava tentando tocar um projeto arquitetônico de moradia para idosos no prédio de Pilar.

Foi por isso que, apesar de não ter absolutamente nada a ver com a Nexo Urbano S.A. nem com a comissão, Sebastián se envolveu, exigindo a Mateo que me pagasse o saldo devido. Infelizmente, ainda se aninha em minha mente a concepção machista que impera na Colômbia; de tal modo, eu pensava que se envolvesse Sebastián, não só colaboraria com suas possibilidades de conseguir trabalhos arquitetônicos, como também, sendo homem, ele seria respeitado por Mateo e faria que me pagasse devidamente. Esta causa demonstra meu duplo erro: Corvo me repassou muito menos dinheiro do que Piedrahíta havia investido em seus empreendimentos, e se eu não houvesse envolvido meu filho, ele não teria sido convocado a depor.

Reconheço ter sido insistente, e no início de 2011 a relação entre Mateo Corvo e eu estava abalada. As diligências de Sebastián e o interesse de Corvo e dele de levar adiante o projeto arquitetônico que meu filho desenvolvera com sua sócia fizeram que Corvo Dolcet prestasse contas informalmente sobre o capital investido por Piedrahíta – foi-me dito que 4,5% desses investimentos equivaliam a 101.950 dólares. Inicialmente, ele me pressionou para que eu aceitasse que o montante fosse pago mediante a entrega de ações do empreendimento Ínsula Urbana, com o que não concordei de modo algum.

Minha insistência fez que o saldo final do montante referido fosse quitado no início do ano de 2011. Como eu disse, este processo me permitiu saber, pela própria declaração de Corvo, que esse valor não foi proporcional aos investimentos de Piedrahíta. Mais tarde, eu disse a Sebastián que queria deixar constância desse pagamento, de modo que ele redigiu o documento que Vossa Senhoria encontrou em seu domicílio, assinado só por Sebastián, porque eu não estava presente. Esse documento, na realidade, meu filho nem sequer deveria ter assinado, pois não havia participado da intermediação que deu lugar à comissão; mas, ao que parece, Corvo lhe pediu que o assinasse como uma espécie de garantia contra reclamações posteriores.

Minha única participação nos fatos chegou até aí, e foi lícita sob todos os pontos de vista. A ausência de mais detalhes deve-se ao fato de haverem se passado mais de dez anos desde que apresentei Corvo Dolcet e Piedrahíta. Depois de tudo isso que expliquei, perdi contato com Corvo. Sebastián manteve relações por algum tempo, tentando avançar com aquele projeto, mas como isso não foi possível, também deixou de ter contato com ele. Ao mesmo tempo, ele começou seu trabalho de escritor, palestrante e produtor de documentários, e com tanto sucesso, repercussão e satisfação pessoal que abandonou sua profissão de arquiteto.

O trabalho imobiliário também não rendeu frutos para mim, de modo que a Nexo Urbano S.A. encerrou suas atividades. A partir daí, comecei a me dedicar e especializar na área de *coaching,* e em outubro de 2016 assinei um contrato com a Editorial Planeta Argentina para escrever meu primeiro livro – o que também me permitiu dar início a meu trabalho como palestrante.

Com surpresa e desânimo recebi pelos meios de comunicação a notícia sobre meu vínculo a esta causa, e todos os pesadelos foram reeditados. Apesar disso, confio em que o bom julgamento de V.Sa. saberá analisar os fatos e advertir a ausência de conduta reprovável de minha parte.

Sobre a composição de meu patrimônio, os meios de comunicação, com base nos autos do processo de Mateo Corvo Dolcet, chegaram a apontar que todo o empreendimento era meu; creio, inclusive, que mencionaram que a exploração do trem também seria minha! De novo querem fazer notícia com a "viúva" e os "milhões" de Pablo Escobar. Quanto mais o tempo passa, mais as notícias se tornam inverossímeis, e não são sequer atraentes para um roteiro cinematográfico, pois a verdade se impõe: eu trabalho dia após dia para atender a minhas necessidades financeiras.

A citação para prestar depoimento, em conformidade com a petição do Ministério Público, destaca também um fato "autônomo" ocorrido entre os anos de 2011 e 2012 vinculado à compra do imóvel – um apartamento de 100 metros quadrados – onde meu filho e sua família vivem atualmente.

Sobre essa operação, meu filho Sebastián fornecerá informações precisas, que abonará a movimentação financeira realizada, pois não participei dela. Ele adquiriu o imóvel com o fruto de seu trabalho e com minha ajuda. Sim, é verdade que antes dessa aquisição eu lhe doei dinheiro duas vezes. Uma quando recebi dinheiro pelo contrato de compra e venda, e outra quando escriturei a operação. Em ambos os casos se trata da operação de venda do imóvel da Av. Ing. Huergo 913/15, na cidade de Buenos Aires, que relatei anteriormente, cuja origem já foi ajuizada, revisada com um rigor poucas vezes visto e legitimada como lícita depois de os peritos contábeis da Suprema Corte de Justiça Argentina assim determinarem.

A doação está sendo qualificada como um indício de delito, o que não tem respaldo documental lícito. Sem dúvida, à luz de tudo que relatei, isso só acontece porque, antes de mais nada, para Vossa Senhoria e os promotores eu sou a "viúva de Pablo Escobar Gaviria". Se assim não fosse, o bom senso consideraria normal que uma mãe sozinha, ao vender seu principal bem, dividisse em partes iguais o dinheiro obtido com a venda para ajudar seus filhos a ter sua primeira casa própria.

Não tenho dúvida alguma de que, dado o papel importante da família para os habitantes deste país, a doação de pais para filhos seja, de longe, a mais comum. Enquanto para meus concidadãos possibilitar que seus filhos tenham suas próprias casas é entendido como a realizações do sonho da casa própria – o que gera orgulho, confraternidade e alegria –, essa mesma doação ocorrida na "família de..." é vista como um ato presumivelmente delituoso.

A licitude da origem de meu patrimônio poderá ser comprovada ao cotejar-se o conteúdo do processo 623 do registro do Tribunal Oral Federal nº 6 ao qual já me referi. Anexo cópia dos documentos que corroboram as doações, as declarações juramentadas que comprovam as datas, o recibo de compra e venda e uma cópia autenticada da escritura de venda do imóvel da avenida Huergo.

Além do mais, mediante a expedição de um ofício ao Banco Galicia, será possível comprovar que nessa instituição foi feita a operação de venda, e que desse mesmo banco eu transferi de minha conta à conta de Sebastián o valor de 50 mil dólares.

Encontro-me absolutamente sujeita à jurisdição do Tribunal, mas não posso deixar de declarar que esta citação foi feita por ser eu "a viúva de...". Devido a esse rótulo, considera-se que eu sabia há mais de dez anos que um investidor imobiliário, conhecido por todos como importante empresário pecuarista, era um narcotraficante, sendo que na época ninguém suspeitava disso.

Devido a esse rótulo, considera-se que meu filho utilizou fundos ilícitos para adquirir seus bens. Devido a esse rótulo, desconfia-se de minha conduta como mãe ao doar capital a meus filhos para ajudá-los a obter sua casa própria.

Minha relação de outrora com a justiça federal, embora com resultado justo e coerente com a verdade, só fez acrescentar mais estigmas e danos. Eu me apresento perante este tribunal com a esperança de que o acesso a uma decisão justa neste processo não tenha um alto custo para minha saúde; com tal fim, espero que meu relato seja imparcialmente avaliado, que toda dúvida seja dirimida mediante as provas de que pretendo me valer, e que na hora de me julgar, Vossa Senhoria e o mundo analisem a conduta de "María Isabel Santos Caballero", despojada de qualquer rótulo ou condicionamento devido a meus passados e superados vínculos familiares.

\\\

No dia seguinte à publicação da notícia, já estávamos na boca da imprensa argentina, e jornalistas de diversos meios de comunicação se encontravam plantados diante do edifício onde moro. O pesadelo estava começando de novo. Embora, no fundo, eu estivesse tranquila – não havíamos cometido delito algum –, ficava apavorada só de pensar em como tudo isso afetaria meu neto de 5 anos. Por isso entrei em pânico. Pensei que a qualquer momento a Polícia Federal Argentina chegaria para dar busca em meu apartamento e me prender.

O fantasma de Pablo ainda não nos deixa em paz. Esse novo processo trouxe outras consequências, não menos dolorosas. Eu costumava participar muito do processo de formação de Juan Emilio fazendo trabalhos manuais, fantasias, contando histórias para um dos grupos aos quais ele pertence. Mas é assombroso ver que muitos adultos preferem acreditar imediata e cegamente nas notícias que me pintam de novo como a pessoa que não sou.

Sofri em respeitoso silêncio, durante vinte e cinco anos, a condenação pelo irrevogável título "a viúva de". E em consequência disso, muitas vezes tive que renunciar a meus direitos como mulher. Eu me pergunto: o que posso ensinar de bom a meus filhos se continuo me resignando a renunciar a esses direitos? A força brutal do preconceito me fez perceber, de novo, que embora não houvesse sido condenada – mesmo antes de ser parte de um processo e de ser citada a depor –, já não era bem-vinda em um grupo que se reunia com o propósito de não negar a nossos netos o direito ao amor. Essas demonstrações de rejeição não mandam só a mim ao ostracismo social; mas a meu inocente neto pequeno também.

Sinto-me forçada a protegê-lo escondendo dele a realidade anterior que fere minha alma, porque é tão injusta quanto a perseguição de que somos vítimas eu e meu filho Sebastián. O que eu, como avó, poderia ensinar a meu neto se perpetuar meu silêncio absoluto? Seria esse um bom exemplo para ele? Continuo comprometida de muitas maneiras com seu crescimento, e não renunciarei a meu direito de avó, a lhe dar todo o amor e o respeito, e a compartilhar com ele minhas experiências para que possa crescer com os mesmos valores humanos e o respeito pela vida com que eu criei meus filhos.

Depois de comentar com minha nora o alcance das notícias da investigação, combinamos de falar com Sebastián, que naquele momento estava em Cannes, França, em um evento para produtores de cinema e televisão – o MIPCOM. Depois de insistir por mais de uma hora, Ángeles conseguiu localizá-lo, e ele ficou muito preocupado e triste, porque sempre escolhera ser um homem de bem que – apesar do mal exemplo do pai – abandonara a ambição de ser milionário pela segunda vez na vida pelo caminho da ilicitude. Sebastián aprendera melhor que ninguém as lições do passado letal de seu pai, e hoje dedica-se a convidar todos os jovens e adultos a ver suas palestras pelo mundo para alertá-los a não repetirem a história de Pablo.

Mesmo assim, meu filho decidiu que não interromperia sua agenda, porque tinha que ir a mais três cidades francesas – onde apresentou com grande sucesso e um público inusual a versão traduzida para o francês de seu primeiro livro, *Pablo Escobar, meu pai*. E decidiu ir depois a Barcelona para se encontrar com seus editores na Espanha e explicar os pormenores do caso. Dali, foi para a Cidade do México palestrar para mais de 5 mil alunos de várias instituições de ensino.

O alarde gerado pelas publicações da mídia provocou outro dano colateral: o Banco Caja Social fechou a conta poupança de Sebastián, na qual recebia exclusivamente os direitos autorais de seus dois livros. Não esqueço o desalento e indignação de meu filho, que não sabe mais o que fazer para não ser injustamente comparado com as atividades ilícitas de seu pai. É como se os bancos quisessem obrigá-lo a ser e a parecer um delinquente – afinal, se ele, como cidadão, não tem direito a uma simples conta poupança, qual será seu futuro? Como poderá viver dentro da legalidade apesar dessa exclusão financeira?

Depois de cumprir todos os seus compromissos no exterior, Sebastián voltou a Buenos Aires. Havia pedido que não fôssemos ao aeroporto buscá-lo porque era previsível que os jornalistas estivessem à espreita, ou que, na pior das hipóteses, fosse detido na imigração. Ele estava voltando com o coração na mão pensando que não chegaria a casa. Disse que havia sido o voo mais longo, doloroso e angustiante de sua vida, mas, graças a Deus, não sofreu inconvenientes para entrar no país, e nem havia jornalistas esperando por ele. Quando chegou à sua casa, ele chorou durante muito tempo abraçando Ángeles, e agradeceu ao Altíssimo por ter lhe permitido ver seu filho.

No momento da conclusão deste livro já se passaram dez meses desde o anúncio do processo contra nós. Durante esse tempo – como eu nunca havia visto antes –, meu filho não conseguiu esconder sua irritação. Até suas feições mudaram. Talvez agora ele sinta mais porque é pai. Eu entendo. Mais cedo ou mais tarde surgiriam os medos que ele sempre teve quando pensava na possibilidade de ser pai. A saga criminal de Pablo acabou atingindo Juan Emilio, seu único filho.

Desde que a Promotoria argentina tornou pública a investigação, alguns amigos se afastaram; mas também a maioria nos apoiou. Isso não deixa de ser doloroso. É o caso de um vizinho do edifício onde moro, que durante anos me propôs negócios e entrevistas com a mídia, que me conhece, e mesmo assim, fez um comentário desagradável no estacionamento.

"Como vai?"

"Bem, obrigada."

"Não esqueça que sou jornalista", disse ele, com uma arrogância desnecessária.

Sebastián também teve algumas palestras canceladas no exterior, e isso me preocupa, porque essa é uma de suas fontes de renda, e essa nova imputação implicou o pagamento de assessoria legal, que não estava previsto e que afeta os planos de sua família. As pessoas continuam acreditando que temos milhões de dólares; nada mais longe da realidade. Meus filhos e minha nora trabalham e vivem de seus respectivos trabalhos, como qualquer outra pessoa.

O melhor favor que os inimigos de Pablo fizeram à sua própria família foi tirar de nós toda sua herança perversa; mas o mais difícil é que, apesar de repousar em outras mãos, de vez em quando surgem sonhadores e incrédulos que ainda acham que durante décadas escondemos uma fortuna que na realidade não temos.

Essa nova cobrança das autoridades, que tem ocupado importantes espaços nos meios de comunicação, acabou com nossa tranquilidade. E também com nossa privacidade. O que fizeram com minha filha no dia 24 de abril de 2018 foi uma indignidade. Uma revista local publicou fotos dela quando saía de meu apartamento. A manchete era infame: "Obesa e deprimida, Manuela, filha de Pablo Escobar, reaparece". Enrique García

Medina foi o homem que bateu a foto e que tentou fazer o mesmo comigo jogando-se no capô de minha caminhonete. Um comportamento claramente reprovável, uma falta de respeito para com uma família que busca seu espaço no mundo.

Pouco se sabe sobre Manuela porque ela quer manter sua privacidade, e está em seu direito; ela quer que as pessoas entendam isso e lhe permitam viver em paz. No entanto, não falta um ou outro jornalista ou escritor oportunista que quer lucrar publicando histórias falsas sobre sua vida. Já foram ditas tantas mentiras a respeito dela que talvez este seja um bom momento para contar algumas verdades.

Manuela foi uma filha muito desejada. Antes de concebê-la, eu tive quatro abortos e uma gestação ectópica, e Pablo e eu nos submetemos a diversos tratamentos de fertilização que requeriam tempo e constância. Por fim, em setembro de 1983, engravidei.

No entanto, com oito meses e quinze dias de gestação tive que fugir do país devido à morte do ministro da Justiça Rodrigo Lara Bonilla. Manuela nasceu em 25 de maio de 1984, no Panamá, e poucos dias depois Pablo me forçou a mandá-la para Medellín porque era muito perigoso mantê-la conosco. Só dois meses depois a reencontrei, mas ela não me reconheceu em absoluto. Devido ao tempo que ficamos separadas, ela não deixava que eu a pegasse no colo nem que lhe desse a mamadeira.

Em seus dois primeiros anos de vida Manuela não teve contato cotidiano com seu pai, porque ele estava na clandestinidade. Eu morava com minha mãe, sempre em clima de tensão por conta das constantes buscas domiciliares de policiais e militares armados que chegavam de maneira intempestiva. Esses fatos ficaram gravados para sempre na mente de meus filhos.

Em 1985, quando nos mudamos para o edifício Mónaco, batizamos Manuela na igreja de Santa María de Los Ángeles, mas como aconteceria em tantas outras ocasiões na vida de minha filha, Pablo não esteve presente. Nas poucas vezes que ele aparecia fazíamos uma refeição em família, depois ele se deitava no berço com Manuela e lhe contava histórias até ela adormecer. Então, ele brincava um pouco com Juan Pablo e ia embora de novo.

Meu marido conseguiu viver três meses conosco em 1987 porque se livrara dos problemas judiciais, e todos os dias levou a menina à escolinha. Para Pablo, Manuela era seu anjo da guarda, sua bailarina, sua cantora, sua princesa, como costumava dizer a ela. E ele conseguiu mantê-la em uma espécie de bolha de cristal, porque nunca lhe contou quem era ou o que fazia.

Até que, em 1988, as coisas mudaram drasticamente, porque os inimigos de meu marido detonaram um carro-bomba no edifício Mónaco e tivemos que sair de lá para sempre. Manuela tinha então 3 anos e meio, e fomos morar um tempo com uma de minhas irmãs; dali em diante, os momentos com Pablo foram esporádicos, porque ele era um foragido da justiça, e suas amantes e aventuras também ocupavam boa parte de seu tempo.

Quando Manuela fez 5 anos, em 1989, comemoramos seu aniversário na fazenda Nápoles. Nesse dia, Pablo ficou durante um tempo e lhe deu de presente uma égua e seu filhote preto; mas a menina nunca pôde curti-los, porque sempre tínhamos que sair correndo e nos esconder. Desse aniversário surgiu uma história mentirosa que entrou no imaginário das pessoas, e atualmente muitos acham que é verdade. Estou me referindo ao famoso unicórnio que dizem que Pablo deu a sua filha. Que loucura! Chegaram a afirmar que Pablo mandara pregar um chifre na testa de um cavalo branco e grampear umas asas para que parecesse um unicórnio. Também disseram que o animal morreu devido à infecção causada pelas feridas. Não sei de onde saiu essa história tão atroz, mas a verdade é que isso jamais aconteceu.

Manuela e Juan Pablo cresceram no medo. As circunstâncias sob as quais Pablo vivia, derivadas das perseguições e buscas policiais, repercutiam diretamente em nossos filhos, que tiveram que assumir condutas não próprias de sua idade. No caso de Manuela, por exemplo, Pablo lhe dava instruções sobre como agir se alguém lhe perguntasse alguma coisa. Ele não explicava nada, simplesmente dizia:

"Se um policial ou uma pessoa lhe perguntar alguma coisa, sempre responda: 'Pergunte a minha mãe'. Nunca diga nada."

Hoje, depois de tanto tempo, ela continua obedecendo a essa instrução, e quando lhe perguntam algo, por mais trivial que seja, sempre responde: "Pergunte a minha mãe".

Enfim... Contar uma parte da história de meus filhos tem como objetivo mostrar que o caminho deles esteve cheio de espinhos. É admirável que tenham conseguido refazer a vida com dignidade. Por isso o que está acontecendo atualmente com a investigação que nos persegue é tão doloroso: porque meus filhos, e agora meu neto, estão no meio de uma tempestade que não dá sinais de amainar.

Ángeles foi muito forte nesta nova prova. Como em muitas outras no passado. Ela chegou na nossa vida quando tinha apenas 20 anos e escolheu ficar ao lado de meu filho em um momento de turbulência. Hoje eu me pergunto: *O que a levou a entrar em um barco que estava afundando?*

Por que ela não foi embora? Ela foi meu anjo da guarda. Dividimos a vida há trinta anos e nossos propósitos se tornaram os mesmos. Eu encontrei um ser humano maravilhoso que esteve comigo em minhas dores e me fez ver minha força.

Acho oportuno contar aqui que durante muitos anos Sebastián se recusou a ter um filho porque poderia passar pelo mesmo sofrimento que passaram ele e sua irmã. Era assaltado pelo medo de que um novo integrante da família fosse atingido pela saga criminal do avô. No entanto, depois de pensar durante muito tempo, eles decidiram que seu desejo de ter filhos poderia se sobrepor a qualquer contingência. Foi assim que nasceu Juan Emilio, em 21 de dezembro de 2012, e desde então nossa família se encheu de luz e esperança.

Juan Emilio significa uma reconciliação com a vida para mim; ele é o contato mais genuíno com a alegria. Quando estou com ele, eu me conecto com sua inocência, seus carinhos e caprichos. Sou uma avó muito presente em todos os seus momentos. Quando ele fica na minha casa, a organização desaparece. E se seus pais ligam para dizer que estão indo buscá-lo, ele diz: "Não, por favor, não se preocupem comigo, estou bem!".

Mas a realidade é cruel e inadiável, porque ele está crescendo a toda velocidade. Ángeles fala a seu filho sobre os livros que o pai do menino escreveu; Sebastián mostra a seu filho fotos do avô, e tem o propósito de, quando chegar a hora, não lhe esconder a verdade. Eu estou comprometida a contar a meu neto quem foi o homem com quem me casei, mas seguindo a linha de seus pais. Uma tarefa nada fácil para nós três.

À medida que os dias passam, fica mais complexo falar com Juan Emilio. Como no dia em que estávamos em meu carro e ele perguntou:

"Vovó, como meu avô morreu?"

Fiquei petrificada. Não sabia como responder, e também não queria mentir; por isso, mandei uma mensagem para Ángeles e Sebastián para que me aconselhassem o que fazer. Ele perguntou de novo, e me ocorreu o seguinte:

"Essa lembrança é muito dolorosa, meu amor... espere um pouco para saber."

Nesse momento, chegou uma mensagem de Sebastián, que sugeriu dizer ao menino que o avô havia morrido em cima de um telhado. Assim fiz, mas Juan Emilio fez outra pergunta:

"Mas como, vovó?"

"Meu amor, eu fico muito triste quando tenho que recordar isso. Além do mais, eu não estava com o vovô quando aconteceu."

"Onde você estava? Em outra cidade? Por que não estava com o vovô?"
"Eu estava brava com ele, por isso não estávamos juntos."
E mudei de assunto.

Nesses dois anos de reflexão para meu livro, entendi por inteiro a pressão a que Juan Pablo e Manuela foram submetidos psíquica e fisicamente; só agora me dei conta de que tenho muitas conversas pendentes, muitos pedidos de perdão pelo horror, pela clausura, por não poderem sair para estudar, pelo isolamento que os impediu de ter contato com outras crianças e com sua própria família. Hoje, apesar de tudo, meus filhos continuam apostando na vida e implorando que a sociedade os veja como os seres humanos que são. Só peço a Deus que meu neto não sofra as consequências dessa nova prova de fogo e que o fantasma de Pablo nos deixe em paz.

EPÍLOGO

O SEGREDO QUE GUARDEI DURANTE ANOS

Tive que me conectar com minha história e mergulhar nas profundezas de minha alma para ter coragem suficiente para revelar o triste segredo que eu guardei durante quarenta e quatro anos.

Certa noite, nas emoções despertadas pelo ato de escrever, quando a pressa de concluir este livro não podia esperar, decidi abrir meu coração com Sebastián, meu filho. Saber desse segredo foi devastador para ele, pois sua percepção enganosa era de que seu pai e sua mãe haviam vivido uma relação bem menos cruel que a que eu decidira lhe revelar. Desde então, o vínculo que meu filho sentia com seu pai nunca mais foi o mesmo.

Muito provavelmente o leitor vai sentir algo similar, e muitas contradições se despertarão se comparar minha revelação com o Pablo que eu descrevi até agora. Eu a escrevo como a vivi e senti. Foi só quando estava terminando este livro que tive a necessidade de compartilhar esse segredo, de contar essa verdade que certamente piorará ainda mais a percepção que se tem sobre o verdadeiro homem que foi meu marido.

Eu contei a Sebastián que naquela época eu tinha 14 anos e Pablo, meu namorado, 25. Um dia, ele me abraçou, me beijou, e naquele momento fiquei paralisada e gelada de medo. Eu não estava preparada, ainda não tinha a malícia sexual, não possuía as ferramentas necessárias para entender o que significava esse contato íntimo e intenso. Passaram-se três semanas, e sem imaginar os efeitos secundários, logo notei que algo estranho estava acontecendo comigo; mas jamais me ocorreu pensar que estivesse grávida.

Dias depois, Pablo me procurou quando estava passando perto de casa e me perguntou como estava me sentindo. Respondi que estava bem, e ele me pediu que o acompanhasse à casa de uma mulher. Não vi nada anormal em sua atitude, e um pouco depois, chegamos a uma casa em um lugar afastado e pobre de Medellín.

Quase imediatamente, uma senhora, que mal me cumprimentou, mandou eu me deitar em uma maca, e a seguir, introduziu vários tubos plásticos em meu ventre, desses que se usam para fazer acesso venoso, e se limitou a dizer que serviriam como prevenção. Em minha ingenuidade, eu perguntei: "Prevenção de quê?", e ela respondeu com segurança: "De que você possa estar grávida". Depois, a mulher disse que eu tinha que ter muito cuidado, e que quando começasse a sangrar, tinha que tirar os tubos plásticos.

Eu não saberia definir bem esse momento, mas não estava entendendo nada; só obedecia em silêncio. Depois da "intervenção", Pablo me deixou em casa e me pediu que seguisse ao pé da letra as recomendações e lhe informasse se acontecesse alguma coisa. Mas não era tão fácil manejar essa situação, porque em casa éramos oito irmãos e só havia um banheiro, de modo que tínhamos que o usar sem demorar muito. Durante os dias seguintes fiquei com esses corpos estranhos dentro de mim, e tive que ir à escola daquele jeito para que minha mãe não suspeitasse de nada. Eu sentia dores intensas, mas não podia contar nada a ninguém. Só pedia a Deus que aquilo acabasse logo.

Depois que contei a Sebastián, tive muitas dúvidas sobre se deveria contar a Manuela. Ao longo de nossa vida eu já havia escondido coisas dela para evitar ainda mais dor; mas achei que já era a hora. A reação de Manuela foi muito intensa, e ela fez várias perguntas que não pude responder sobre por que Pablo havia feito isso sem me consultar e por que não me alertara sobre os riscos de fazer um aborto nessas condições. A conduta de Pablo lhe pareceu ainda mais reprovável porque ele pôs em risco minha saúde e inclusive afetou minha capacidade de ter mais filhos.

A conversa de mulher para mulher com minha filha se tornou ainda mais dolorosa quando fiquei sem argumentos para explicar por que deixei passar tanto tempo para lhes contar. Respondi que jamais havia falado desse assunto com ninguém, nem mesmo com minha melhor amiga, porque um aborto ainda hoje é considerado um pecado imperdoável. Eu tinha pensado em levar esse segredo ao túmulo.

Ao revelar o que aconteceu, pretendo enfrentar meu passado e assumir a responsabilidade; não me sinto à vontade me autorretratando como vítima de meu marido devido ao grande respeito que devo às suas outras vítimas. Foram muitas as perguntas que não me atrevi a fazer, que tive que calar porque no lar de meus pais não havia espaço para dialogar, para abordar coisas como essa que aconteceu comigo, devido aos condicionamentos culturais e morais. Era um tabu, um assunto do qual não se falava.

Confesso que tudo isso aconteceu porque eu estava totalmente afastada da realidade. Nas terapias do trauma que faço com regularidade, perguntei a meu terapeuta, depois de lhe dar detalhes, e ele respondeu que o que aconteceu comigo deve ser considerado um estupro. É que naquela época – década de 1970 – vivíamos em um contexto social no qual ter relações sexuais com o namorado era uma transgressão, algo muito malvisto, especialmente em uma família com profundas crenças religiosas. Supostamente eu deveria me comportar como uma adolescente, sem direito a opinião, obrigada a guardar silêncio, submissa diante do futuro marido, e, acima de tudo, virgem ao chegar ao casamento.

Para poder suportar melhor desde que tomei consciência do que havia acontecido comigo, busquei um conceituado profissional para me ajudar a enfrentar e a desenrolar essa parte de minha intimidade. E, claro, o diagnóstico me deixou sem fôlego:

Podemos vislumbrar o início de uma carreira de psicopata, um manipulador. Aqui fica evidente como Pablo Escobar concebe o relacionamento afetivo: a mulher é sua propriedade. Ele pode dispor de seu corpo, tanto para ter relações sexuais como para impor um aborto, sem levar em conta a opinião dela e sem sequer lhe informar de que se trata o procedimento. Arrisca friamente a vida de sua mulher, coloca-a em perigo perante sua família. Ao longo do tempo, essas características vão se acentuando e agravando.

Podemos considerar que aquela menina de 14 anos foi abusada (tecnicamente se requer uma diferença de cinco anos entre o perpetrador e a vítima para considerá-lo um abuso, e, neste caso, trata-se de uma diferença de onze). Por um lado, a vítima é cativa de um feitiço que expropria sua vontade. O abusador a isola da realidade exterior, tornando-se seu único ponto de referência, manipulando, assim, sua realidade psicológica. Por outro, o complemento é o medo. O medo de enfrentá-lo, e as consequências que isso poderia acarretar – que poderiam chegar à morte (como aconteceu em outros casos).

Oprimida por esses dois elementos, a vítima se vê envolvida em uma realidade psíquica que ofusca seu entendimento e vela a realidade. Seu comportamento é guiado mais pelo estado interno do abusador que por suas próprias emoções ou julgamento, em uma tentativa – muitas vezes infrutífera – de acalmá-lo, de não provocar sua reação abusiva.

Não é simples falar de todos esses segredos que abriram feridas que até agora não tive a coragem, a vontade, as emoções ou a força para olhar de novo e fechar. Só hoje, neste último minuto, consigo dimensionar o que Pablo fez comigo quando era meu namorado, e depois meu marido!

Quero que saibam que, apesar de tudo, naquele momento eu não me senti obrigada, ou não quis ver a coisa assim, ou simplesmente também não encontrei outra saída. Mas perdoo Pablo porque sinto que, no fim, uma parte deu certo; tivemos dois filhos que nasceram dessa união, com a qual honramos a vida deles. Agradeço a eles porque são a força para eu ficar nesta vida. Eu me pergunto, na mais absoluta intimidade, se esse meu amor incondicional por Pablo tinha a ver com minha reação pessoal a toda aquela violência a que fui submetida aos 14 anos, ou se, ao contrário, essa essência de meu relacionamento com ele nunca se perdeu.

No fim dessa história de dor que hoje compartilho, sinto que pude reviver a crueldade de Pablo e meditar se realmente o que me uniu a ele foi o medo ou o amor.

**Acreditamos
nos livros**

Este livro foi composto em Fairfield LT Std e impresso pela Eskenazi Indústria Gráfica para a Editora Planeta do Brasil em abril de 2019.